GOLDMANN
RATGEBER

Buch

»Wir können nicht jeden Menschen, mit dem wir es zu tun bekommen, testen oder uns eine Schriftprobe von ihm geben lassen, aber wir können ihm ins Gesicht sehen.« – So Friedrich Märker, mehrfach ausgezeichneter Autor epochemachender Arbeiten zur Charakterkunde. Verständlich und überzeugend erläutert er den Einfluß seelisch-geistiger Eigenarten und Wesenszüge auf die äußere Erscheinung des Menschen, vornehmlich die Gesichtsbildung. Was die Alltagserfahrung bei der Begegnung mit Menschen intuitiv erfaßt – und diese Intuition droht uns durch die Anwendung der zahlreichen sonstigen Hilfsmittel verlorenzugehen –, wird hier erklärt und wissenschaftlich untermauert.

Mehr als 100 physiognomische Studien über berühmte (und berüchtigte) Gestalten – Napoleon, Hitler, Papst Johannes XXIII., Gandhi, Karl Valentin u. v. a. – zeigen Märkers psychologisch scharfsinnige Beobachtungsgabe.

Für dieses Werk erhielt der Autor 1974 den Buchpreis für Psychologie der Arbeitsgemeinschaft für Meinungsforschung, Lugano.

Autor

Friedrich Märker, geb. 1893 in Augsburg, studierte Philosophie, Literatur- und Kunstwissenschaft in Berlin, Kiel und München. Er war Dramaturg an den Münchner Kammerspielen, Leiter der Matineen des Düsseldorfer und des Leipziger Schauspielhauses, Schauspiel- und Kunstkritiker in Berlin, Dozent für Charakterkunde und Kulturpsychologie an der Volkshochschule Groß-Berlin, 18 Jahre Mitglied des Bayerischen Rundfunkrates und Präsident des Schutzverbandes Deutscher Schriftsteller. Neben vielen anderen Auszeichnungen erhielt er das Große Verdienstkreuz der Bundesrepublik Deutschland.

Friedrich Märker

DIE KUNST, AUS DEM GESICHT ZU LESEN

Vom Autor
neu durchgesehene Ausgabe

GOLDMANN VERLAG

Die Originalausgabe ist 1971 im Eugen Rentsch Verlag AG
Erlenbach-Zürich, erschienen.

Made in Germany · 12/84 · 1. Auflage · 1115

Umschlaggestaltung: Design Team München
Satz: Filmsatz Schröter GmbH, München
Druck: Presse-Druck Augsburg
Verlagsnummer: 10950
G. M/· Herstellung: Sebastian Strohmaier
ISBN 3-442-10950-7

INHALT

I

EINHEIT VON KÖRPER UND SEELE

»Jede Form der menschlichen Gestalt spricht zu uns, weil wir selbst, mit dieser Form bekleidet, den Geist fühlen, der sich in dieser Form offenbart.«

Herder

Der physiognomische Instinkt

Sie alle, verehrte Leser, haben sich schon oft als Physiognom betätigt – auch wenn die meisten von Ihnen sich vermutlich nie mit Physiognomik beschäftigt haben. Denn immer, wenn Sie von einem Menschen, den Sie nur vom Sehen kennen, sagen, er sei Ihnen sympathisch oder unsympathisch, sind solche Aussprüche naive physiognomische Urteile. Diese Urteile wurzeln in dem angeborenen Sinn für Körperformen und für die Mimik: im physiognomischen Instinkt. Man verliebt sich in eine Nase, einen Mund, ein Augenpaar – kurz in ein Gesicht, nicht um seiner Form an sich willen, sondern weil es Ausdrucksträger von Eigenschaften ist, die man gerne hat.

Ein junger Mann schwärmt von den schwellenden Lippen und den glänzenden Locken seines Mädchens, weil er instinktiv die erotische Kraft fühlt, die in dem Schwellen der Lippen und dem Glanz der Locken zum Ausdruck kommt. Nun kann man allerdings blassen, dünnen Lippen durch Schminke den Anschein des Schwellens geben und schlichtes, stumpfes Haar durch die Kunst des Friseurs in glänzende Locken verwandeln. Und sehr oft läßt sich der Instinkt durch dieses »Make-up« täuschen.

Ein Schutzmittel gegen solche Täuschungen ist die bewußte Beobachtung, zu der die Physiognomik anregt. Eine ihrer Aufgaben ist es, den Blick für den Unterschied zwischen wahr und falsch zu schärfen: zwischen den echten und den vom Friseur fabrizierten Locken, zwischen dem Lächeln des Wohlwollens und der Grimasse geheuchelter Freundlichkeit, zwischen den Spuren, die Güte im Antlitz hinterläßt, und den Runen, die der Haß (und sei er noch so gut getarnt) ins Gesicht schreibt.

Die Physiognomik sammelt Beobachtungen und Erfahrungen und bildet daraus Regeln. Sie lehrt uns zum Beispiel, auf welche Eigenschaften gepreßte Lippen, wulstige Jochbeine oder eine fliehende Stirne deuten. Nun sind aber die meisten körperlichen Merkmale charakterologisch vieldeutig. Eindeutig (oder annähernd eindeutig) werden sie nur für den, der die Prinzipien kennt und versteht, nach denen der menschliche Körper geformt wird. Nur wer gelernt hat, diese Formungsprinzipien zu erfassen und zu verstehen, kann die Abarten der einzelnen Gesichts- und Schädelmerkmale zuverlässig (oder halbwegs zuverlässig) deuten. Wem die Augen für dieses Sehen, das bewußte physiognomische Sehen, aufgegangen sind, der hat den physiognomischen »Patentschlüssel« gewonnen.

Der seit Jahrhunderten wie der Stein der Weisen gesuchte physiognomische Patentschlüssel kann aber nie in einer Sammlung von Regeln bestehen, die man dem Leser wie den Schlüssel zu einem Geheimfach übermittelt. Es gibt keinen anderen physiognomischen Patentschlüssel als das Sehend-Werden für das Entstehen und den Ausdruckswert von Körperformen.

Hauptzweck dieses Buches ist es, dieses bewußte physiognomische Sehen zu lehren – das nichts anderes ist als der wissend gewordene (uns allen angeborene) physiognomische Instinkt. Er soll bewußt gemacht und so befähigt werden, nicht nur naive, sondern wohlbegründete Urteile zu fällen.

Man kann es auch mit einem Wort Schopenhauers ausdrücken. Er schrieb, jedes Menschengesicht sei eine Hieroglyphe, die sich allerdings entziffern lasse, ja, deren Alphabet wir fertig in uns trügen. Die mit den Buchstaben dieses Alphabets geschriebene Mitteilung rascher und sicherer lesbar zu machen, ist der Hauptzweck dieses Buches.

Grenzen und Möglichkeiten der Physiognomik

Die Physiognomik erfordert das organische Sehen, das die Nuancen erfaßt, die Einfühlung, die hinter dem Sichtbaren die Seele erfühlt, und die Intuition, die aus allen Einzelheiten ein ganzheitliches Urteil bildet.

Das organische Beobachten wird in unserer technischen Zeit vernachlässigt. Die Menschen werden heute vor allem zum geometrischen, technischen, schematischen Sehen erzogen, d. h. zu einem Sehen, das die feinen Unterschiede der organisch gewachsenen, individuellen

Form nicht beachtet. Darum wird es sehr vielen Zeitgenossen schwer, ein Gesicht als individuelles Gebilde zu erfassen – als ein Gebilde, das sich aus einem Kern in eine nuancenreiche Vielfalt entwickelt hat.

Mit der Verkümmerung des lebendigen Sehvermögens hängt auch die Vorliebe zusammen, den Charakter mit Hilfe von Tests zu erkennen. Am sichersten ist selbstverständlich die Verbindung beider Methoden, denen womöglich noch die graphologische Untersuchung hinzugefügt werden sollte. Aber die Physiognomik hat zweifelsohne einen Vorteil, der sie unersetzlich macht: Wir können nicht jeden Menschen, mit dem wir zu tun bekommen, testen oder uns eine Schriftprobe von ihm geben lassen, aber wir können ihm ins Gesicht sehen.

Da die physiognomische Beurteilung organisches Sehen, Einfühlung und Intuition voraussetzt, ist sie eine Kunst. Da die Physiognomik aber auch Beobachtungen und Erfahrungen sammelt und daraus Regeln bildet, ist sie eine Erfahrungswissenschaft. Die Physiognomik ist also Kunst und Wissenschaft. Sie gehört in das Zwischenreich wie die Kunstwissenschaft und die Literaturwissenschaft. Selbst die Medizin ist ja nicht nur eine Wissenschaft, sondern auch eine Kunst: Oft erfordert die Diagnose Intuition, also eine Kraft, die unwissenschaftlich ist, weil sich ihr Urteil nicht völlig mit dem Verstand begründen läßt. Und die Heilwirkung, durch die gerade der wahre Arzt sich vom akademischen Rezepteschreiber unterscheidet, beruht auf irrationalen, also wieder unwissenschaftlichen Kräften.

Heute besteht die Neigung, nur die Lehre vom unmittelbaren Ausdruck (die Mimik) gelten zu lassen. Aber auch dieses Teilgebiet der Physiognomik kann nie wissenschaftlich exakt sein. Mimik läßt sich nie »berechnen«, sondern immer nur deuten. Und zu der richtigen Deutung gehört, daß der Deuter die Ganzheit der Person erfaßt hat, was wieder und noch weniger auf »wissenschaftlich exakte« Art geschehen kann. Es erfordert die Intuition oder »die Tätigkeit eines Resonanzorgans« – wie manche sagen, die das Wort »Intuition« zu unwissenschaftlich finden.

Die Physiognomik ist eben teils eine Kunst, teils eine Erfahrungswissenschaft; sie sollte daher am ehesten auf unseren Kunstakademien gelehrt werden. Denn ein Mensch ohne des Künstlers Feingefühl für die individuellen Formen der menschlichen Erscheinung wird es als Physiognom immer schwer haben.

Der Physiognom bemüht sich, aus der körperlichen Erscheinung den Charakter abzulesen. Was ist der Charakter? Das, was wir den individuellen Charakter nennen, ist – vergleichsweise gesprochen – die Lava, die sich aus dem Urfeuer der Erdmitte absondert, flüssig zunächst und dann allmählich immer starrer werdend. Ohne Vergleich gesagt: Unser individueller Charakter ist der fest, sozusagen mit Händen greifbar gewordene Teil der Seele, die als Ganzes jede Möglichkeit des Menschseins in sich schließt. Jeder gesunde Mensch trägt alle Grundeigenschaften des Menschen keimhaft in sich. Die Bildung des Individuums beruht darauf, daß einzelne Eigenschaften, z. B. Mut oder Wißbegier, besonders stark angelegt sind und besonders stark ausgebildet werden, andere dagegen, die Genußsucht etwa, schwach angelegt sind und unentwikkelt bleiben. Das ergibt unseren Charakter: Er ist der festgewordene Teil der Seele, die in ihrem Wesensgrund alle menschlichen und alle unmenschlichen Möglichkeiten umschließt.

Er ist fest geprägt und doch nichts Starres, Unwandelbares. Die Umwelt mit ihren Geboten und Verboten, lockenden Vorbildern und strafrechtlichen Abschreckungen beeinflußt ihn mehr oder weniger stark. Ebenso das Über-Ich in uns, d. h. die allgemeinmenschlichen Kräfte: die Verführungen und Lockungen, die aus uns selbst kommen und uns manchmal zu Handlungen treiben, die unserem sonstigen Charakter widersprechen. Durch innere und äußere Mächte überwältigt, beginnen wir oft ein Werk, das »über unsere Kraft geht« – also unserem individuellen Sein nicht entspricht –, oder wir begehen eine Tat, die »unter unserer Würde« ist. Oft verleugnen wir in unseren Handlungen unseren Charakter.

Daß jeder Mensch nicht nur einen individuellen Charakter, d. h. eine bestimmte Anzahl besonders ausgeprägter und besonders gearteter Eigenschaften hat, sondern darüber hinaus auch noch all die Möglichkeiten des menschlichen Wesens in sich schließt, macht jede physiognomische und psychologische Beurteilung eines Einzelmenschen schwierig.

Vor allem erschwert es die Selbstbeurteilung. Viele Menschen können nicht klar zwischen den allgemeinmenschlichen Möglichkeiten in ihrer Seele und den ausgebildeten Eigenschaften unterscheiden, die ihren individuellen Charakter ausmachen. So wird mancher Geizhals, von dem jeder, der ihn kennt, genau weiß, daß er ohne Güte ist, widersprechen, wenn man ihm sagt, er sei ohne Güte. Er widerspricht nicht nur aus Heuchelei oder weil er sich durch das Eingeständnis eines Fehlers nicht schaden will, sondern auch, weil er dunkel weiß, daß da irgendwo in ihm die Möglichkeit zur Güte sitzt. Aber leider weiß davon nur er allein. Die anderen merken nichts von seiner Güte; denn sie blieb eine allgemeinmenschliche Anlage, sie wurde nicht zu einer Charaktereigenschaft.

Weil die meisten sich nicht darüber klar sind, welche Eigenschaften zu ihrem individuellen Charakter gehören und welche anderen Eigenschaften nur als allgemeinmenschliche Möglichkeiten in ihnen liegen, gelang folgendes Experiment, das man in Amerika durchführte: Man untersuchte einige Menschen nur zum Schein, schrieb auf Karten je eine Charakterschilderung, die recht allgemein gehalten war, und verteilte diese Karten willkürlich an die nur zum Schein Untersuchten. Jeder von ihnen fand, sein Charakter sei richtig beurteilt worden.

Gelingen wird solch ein Experiment um so leichter, je weniger Selbstkritik die Versuchspersonen haben und je weniger scharf geprägt ihr Charakter ist.

Je klarer und schärfer ein Charakter geprägt ist, d. h., je entschiedener bei ihm aus dem allgemeinen Menschsein einzelne Eigenschaften ausgebildet, andere unterdrückt wurden, desto weniger wird er der Täuschung unterliegen, die allgemeinmenschlichen Anlagen in sich mit seinem individuellen Sein zu verwechseln. Bei Menschen mit klar und scharf geprägtem Charakter entwickelt sich der Kopf zum Charakterkopf; sie sind physiognomisch und psychologisch am sichersten zu beurteilen. Dagegen ist es schwer, über ein Individuum, das noch nicht klar geprägt ist, ein sicheres Urteil abzugeben. Bei Menschen, die sich über die kindliche Stufe des allgemeinen Menschseins kaum hinausentwickelten, kann man als Physiognom nur wenige individuelle Eigenschaften vom Gesicht ablesen – weil nur wenige vorhanden sind.

Der Physiognom kann dem Menschen keinen Charakter geben. Diese Feststellung klingt überflüssig, aber man erlebt immer wieder, daß gerade Menschen, die einen unentschiedenen Charakter haben, von Physiognomen als entschiedener Charakter gezeichnet werden möchten.

Mit Bestimmtheit kann der Physiognom also nur feststellen, was festgeprägt, was Charakter wurde. Erhält eine allgemeinmenschliche, also nicht (oder noch nicht) zum Charakter verfestigte Kraft der Seele für Augenblicke oder für längere Zeit – als Haß, Zorn, Verliebtheit oder Furcht, als Sehnsucht nach Liebe oder nach dem Tod, als Gier nach Beifall oder nach Geld – besondere Wirkungsstärke, dann kann der Physiognom es in der Mimik erkennen. Als Psychologe weiß er um den allgemeinmenschlichen Teil der Seele mit all seinen Möglichkeiten und seinen vielfältigen Kräften. Wie jeder Psychologe kann er nur mit begrenzter Bestimmtheit voraussagen, wie die festgeprägten und die allgemeinmenschlichen Eigenschaften in einer bestimmten Situation zu einer vielleicht einmaligen Handlung zusammenwirken.

Diese Grenze ist die allgemeine Grenze des menschlichen Wissens und Vorausberechnens. Der Physiologe kann feststellen, ob ein Mensch lange oder kurze, kraftvolle oder schwache, rasche oder langsam bewegliche Beine hat, aber er kann nicht wissen, ob ein Mensch morgen nach Süden oder nach Westen wandert, ob er in einem Jahr rasch oder langsam läuft. Würde jemand an den Physiologen solche Anforderungen stellen, erklärte man ihn zum Narren, an den Physiognomen werden jedoch ständig solche Fragen gerichtet.

Der Physiognom kann feststellen, ob ein Mensch reiche oder karge, warme oder kalte, spannungskräftige oder schlaffe Gefühle hat, und er weiß als Psychologe, daß reiche, spannungsvolle, hitzige Gefühle zu heftiger Liebe und vielleicht zu Selbstaufopferung führen können – aber auch, werden sie abgewiesen, zu ebenso heftigem Haß, vielleicht sogar zum Mord. Allerdings kann er nicht am Montag wissen, ob der Mensch mit hitzigem Temperament am nächsten Wochenende in heiterer oder gehässiger Stimmung sein wird.

Daß ein liebevolles, naives Mädchen aus Heimweh einen Mord begehen kann, davon weiß er als Psychologe, aber er kann das nicht zehn Jahre vorher feststellen, ebensowenig wie der Arzt eine Lungenentzündung viele Jahre vorher ankündigen kann. Der Physiognom kann bei dem heimwehleidenden Mädchen jedoch herausfinden, daß es krank im Gefühl ist und daß sich etwas »Dämonisches« vorbereitet.

Der Physiognom sieht, daß jemand denkt: scharf denkt, tief oder oberflächlich, sorgenvoll oder boshaft denkt; nicht aber (sofern er Physiognom und nicht Hellseher ist), *was* der Grübler denkt. Er sieht, daß jemand liebevoll fühlt oder gehässig brütet, nicht aber, nach wem das Gefühl sich sehnt oder wen es vernichten möchte, welche zärtlichen Bilder es hervorbringt oder welche Marterszenen.

Der Physiognom kann nicht voraussehen, daß ein Mensch, der im allgemeinen, d. h. seinem geprägten Charakter nach, mutig und ehrlich ist, in einer besonders gefährlichen Situation, die ihn vielleicht zudem bei geschwächter Kraft überrascht, seinen Charakter verleugnet, die Grenzen seines bestimmten So-Seins öffnet und sich einer allgemeinmenschlichen Eigenschaft, der Hinterhältigkeit »bedient«. Aber der Physiognom kann, wenn dieses Auskneifen sich wiederholt – der

Charakter sich also vom Ehrlichen, Mutigen zum Hinterhältigen hin wandelt –, die Züge der Hinterhältigkeit sehen.

Er kann nicht mit Bestimmtheit voraussagen, ob ein Mensch, aus dessen Gesicht Willensschwäche, Vorsicht und weichliche Genußsucht sprechen, sich gelegentlich einmal – unter dem Druck der öffentlichen Meinung oder aus Liebe zu einer Frau – mutig benimmt; aber wenn aus dem weichlich-feigen Jüngling im Lauf des Lebens ein mutiger Mann wurde, wenn der Mut von einer gelegentlichen, ausnahmsweisen Haltung zu einer Charaktereigenschaft geworden ist, dann kann er den Mut auch sehen.

Der Physiognom ist kein Hellseher. Er kann also nicht wissen, daß ein nüchterner, empfindungskalter Mensch, der gerade an seine statistische Rechenarbeit denkt, vor acht Tagen einem jungen Mädchen einen liebeglühenden Brief geschrieben hat. Er vermag dem Mädchen, fragt es ihn um Rat, nur zu sagen, daß der Bewerber seinem Charakter nach nüchtern und kalt ist, daß er aber trotzdem ehrlich verliebt sein kann, denn auch der Liebeskalte hat, besonders in der Jugend, gelegentlich das Bedürfnis nach Liebe, und gerade bei ihm äußert es sich oft übersteigert, verkrampft. Und dieses Übersteigerte, Hektische, Verkrampfte wird sich in Gegenwart der Geliebten im Gesicht des jungen Mannes deutlich zeigen. In seinem Gesicht wird der Widerspruch zwischen dem persönlichen Charakter und der Situation zu lesen sein, der Kampf zwischen dem geprägten So-Sein und einem allgemeinmenschlichen Trieb, der es stört, überwältigt, zu etwas treibt, das ihm, dem einmaligen Charakter, nicht entspricht.

Auch Napoleon war manchmal (z. B. in Josephine Beauharnais) sehr verliebt. Trotzdem wird ihn niemand, der seine Lebensbeschreibung kennt, für einen liebevollen Menschen halten. Zu seinem individuellen Charakter gehörten Kälte und Härte bis zur Grausamkeit; Liebe dagegen war bei ihm nur Auswirkung des allgemeinen Menschseins.

Der Physiognom sieht den Charakter, im Falle Napoleons also das Harte, Lieblose; um die allgemeinmenschlichen Möglichkeiten – um die Möglichkeit, daß auch ein Napoleon verliebt sein kann – weiß er als Psychologe. Wird aus der Möglichkeit die Tatsache des Verliebtseins, dann sieht er das selbstverständlich auch, wo und solange es wirksam ist.

Der Mensch handelt, denkt und bekennt nicht immer seinem individuellen Sein entsprechend. Der Feige kann mutig handeln, der Lieblose verliebt sein, der Herrschsüchtige sich zur Demut bekennen, der Egoist sich (aus Ekel an seiner Ichsucht oder aus Heuchelei) für die Selbsthingabe begeistern.

Diese Widersprüche zwischen Charakter und Tat, Charakter und Denken, Charakter und Bekennen, Charakter und Schein, und zwischen individuellem und allgemeinmenschlichem Sein erschweren die Beurteilung des individuellen Charakters, die psychologische wie die physiognomische. Andererseits bietet gerade die Physiognomik die Möglichkeit, die Grenze zwischen dem Charakter und der anderen Seite zu ziehen. Sie macht sehend für den Unterschied zwischen der echten und der geheuchelten Frömmigkeit, dem schwärmerisch erträumten und dem wirklichen Heldentum, der echten und der nur gespielten Tatkraft, der angeborenen, aus dem Herzen und der nur anerzogenen, aus den Lachmuskeln stammenden Liebenswürdigkeit.

Der Psychologe weiß, daß es Wohltaten gibt, die nicht aus Güte, sondern aus Herrschsucht stammen. Der Physiognom deckt auf, ob jemand gütig oder herrschsüchtig ist, und gibt damit die Möglichkeit, die Taten der Menschen tiefer zu verstehen und gerechter zu beurteilen. Der Geizhals, der lieber sein Leben wagt, als daß er einem Einbrecher einen alten Strumpf überläßt, tut, äußerlich betrachtet, das gleiche wie die Mutter, die ihre Kinder verteidigt, und doch ist seine Tat eine ganz andere, denn sie hat ganz andere Wurzeln.

Diese Wurzeln deckt die Physiognomik auf. Sie gibt das Beweismaterial für echt und unecht, für die Grenzen des individuellen Charakters gegenüber der allgemeinmenschlichen Anlage und gegenüber dem Einfluß der Umwelt.

Der Physiognom kann nicht sagen, ob ein Mensch zum Mörder oder zum genialen Organisator und erfolgreichen Staatsmann wird, aber er kann helfen, die wahren Motive des Mörders zu entschleiern, und er kann Tatsachen für die Feststellung liefern, inwieweit ein Staatsmann seine Erfolge seinen besonderen Gaben verdankt oder den glücklichen Umständen.

Man kann zwei Arten der physiognomischen Beurteilung unterscheiden: die Charakterisierung eines Menschen, von dem man nichts kennt als sein Aussehen, und die Deutung seines Verhaltens, das uns durch Erzählungen bekannt wurde oder das wir selbst erleben. Ohne die Physiognomik bliebe es vielleicht immer rätselhaft, oder wir würden es erst durchschauen, nachdem wir bereits betrogen wurden.

Die von der Physiognomik unterstützte Deutung des Verhaltens in der Politik, bei geschäftlichen Verhandlungen oder in der Liebe kann sich zu einem Mit-dem-anderen-Denken, -Wollen und -Fühlen entwickeln. Dieses physiognomisch-psychologische Einswerden befähigt uns manchmal, das weitere Verhalten des Partners mit einiger Sicherheit vorauszusagen.

Einheit von Körper und Seele

Einem (von Natur oder durch Enttäuschung und Leid) Mutlosen ruft man zu: Kopf hoch! Und meint damit: Laß den Mut nicht sinken! Reiß dich zusammen! Richte dich seelisch auf! Tatsächlich belebt sich der Mut, wenn der Kopf mutig hochgehoben wird. Genauer gesagt: Wer die Muskelkraft aufbringt, den Kopf wie der Mutige zu tragen, erhebt gleichzeitig auch seine Seele aus der Bedrücktheit. Und wer seine Ängstlichkeit seelisch überwindet, der wird den Kopf anders tragen als zuvor: Es besteht ein nicht scharf abgrenzbarer Zusammenhang und ein stetes Sich-gegenseitig-Beeinflussen von Körper und Seele. Der Mensch sieht nicht nur so aus, sondern wird tatsächlich heiterer, wenn er seine Muskeln zum Ausdruck (nicht zur bloßen Grimasse!) der Heiterkeit spannt.

Für das gegenseitige Sich-Beeinflussen von Körper und Seele noch einige Beispiele: Nach einem guten Essen sind die meisten Menschen besserer Laune als vorher (Einwirkung des Physischen auf das Psychische). Wird unser Fühlen von Furcht umklammert, krampft sich auch der Herzmuskel zusammen, und wird das Herz, etwa infolge Verkalkung, beengt, fühlt der Mensch Angst (Angina pectoris). Lebhafte Tätigkeit der Keimdrüsen begünstigt das Entstehen von Liebesgefühlen, und die Erinnerung an eine schöne Frau kann die Tätigkeit der Keimdrüsen erregen, sie kann uns aber auch gleichgültig lassen. (Die Sprache unterscheidet richtig zwischen blassen und lebhaften Erinnerungen. Diese verursachen Lust und Unlust, beinahe wie die Erlebnisse selbst, jene ziehen als Schatten durch uns: Sie heben etwa unser augenblickliches Wohlbefinden nicht auf, aber sie dämpfen es.) Alkohol verwandelt manchen überkritischen Menschen für eine Weile in einen ruhig-beschaulichen, und manchen maskenhaft ruhigen in einen fahrigen Raufbold. Hunger macht gehässig und neidisch. Frühzeitige Kastration wirkt nicht nur auf den Körperwuchs (überlange Extremitäten, Fettansatz infolge herabgesetzten Stoffwechsels etc.), sondern auch auf den Charakter. Eineizwillinge sind im Aussehen und im Charakter zum Verwechseln ähnlich.

Es steht einwandfrei fest, daß über den Körper (durch Nahrungsmittel, Arzneien oder Operationen) auf die Seele und von der Seele (durch Vorstellungen, Wünsche, Ängste) auf den Körper eingewirkt werden kann. Zwischen unserem Körper und unserer Seele bestehen gesetzmäßige Zusammenhänge; sie sind allerdings so kompliziert, daß sie sich kaum je vollkommen klären lassen. Wir wissen, daß mangelhafte Entwicklung der Schilddrüse mit Apathie, ihre übermäßige Tätigkeit dagegen mit Erregungszuständen verbunden ist, aber die Wissenschaft kann (vorerst jedenfalls) nicht alle Einflüsse des vielfältigen Drüsenapparates exakt berechnen. Vor allem verlieren sich die Zusammenhänge zwischen Körper und Seele in der Tiefe völlig im Unerforschlichen.

Der Körper als Erscheinung, Ausdruck, Merkmal, Spur und Werkzeug der Seele

Aufgabe der Physiognomik ist es nicht, zu untersuchen, wie Körper und Seele aufeinander einwirken, sondern: wie die Seele am Körper sichtbar wird. Zorn z. B. läßt den Menschen stampfen, brüllen, mit der Faust auf den Tisch hauen. Seine Nasenflügel beben und seine Augen flammen, funkeln, quellen vor und werden blutunterlaufen. So kommt Zorn *unmittelbar zum Ausdruck*. Diese leidenschaftliche Äußerung versteht auch das unerfahrene Kind. Rast der Zorn sehr oft durch ein Gesicht, hinterläßt er *Spuren*: Die Wangen sind tief und steil durchfurcht, die Lider vom Blutandrang überdehnt, viele Äderchen im Augapfel geplatzt, die Augen haben immer (d. h. auch bei friedlicher Stimmung) etwas starr (drohend) Vorquellendes.

Zwischen der Spur und dem unmittelbaren Ausdruck gibt es viele Übergänge – wie zwischen dem Zornausbruch und der ruhigen Stimmung eines Cholerikers. Und der Beurteiler findet, je nach seiner feineren oder weniger feinen Einfühlungsgabe, in einem Gesicht entweder nur die Spuren des Zorns oder auch sein feinstes Erbeben. Ebenso sind für den einen die blauen oder braunen Augen eines Menschen *Ausdruck* von Gefühlskälte oder Gefühlswärme, während sie für den anderen nur ein *Merkmal* sind, von dem er vielleicht weiß, daß es auf starker oder schwacher Neigung zur Pigmentbildung beruht und auf Vorfahren schließen läßt, die in sonnigen oder sonnenarmen Zonen lebten.

Der Sensible spürt in der Feuchtigkeit oder Trockenheit der Augen das Sentimentale oder Nüchterne, für ihn liegt darin also ein (feiner) *Ausdruckswert*. Für den kühlen Beobachter dagegen sind das nur *Merkmale*, aus denen er mit Hilfe des charakterologischen Wissens auf lebhafte oder geringe Drüsentätigkeit und von ihr auf leichte Erregbarkeit der Sinne: Schwärmerei, Rührseligkeit, Sentimentalität schließen kann oder auf zweckhafte Nüchternheit. Und dem Arzt, der das Auge durch seinen Spiegel betrachtet, ist es nur das (kurz- oder weitsichtige) Sehorgan: ein *Werkzeug* der Seele.

Das Auge ist unser Seh-Werkzeug, der Mund unser *Werkzeug* zur Nahrungsaufnahme und zum Sprechen. Aber durch die Art, wie jemand kaut und spricht, werden *seelische Eigenschaften* sichtbar: Bei lustvollem Durchkosten der Sprache und der Speisen werden die Lippen fein gespannt und in zarte Berührung gebracht, wie die Finger, die ein kostbares Gewebe prüfen. Ein gehässiger Tyrann dagegen verzerrt, wenn er seine brutalen Befehle gibt, den Mund zur »Fresse«.

In diesen Mundbewegungen kommt für den sensiblen Beobachter die Seele unmittelbar zum *Ausdruck*. Wird die Mimik der innig-lustvollen Anteilnahme oder des brutalen Hasses oft wiederholt, dann prägt sie den Mund zu einer ständigen charakteristischen Form. Die Lippen sind dann etwa brutal verzerrt, auch wenn der Mensch augenblicklich keine tyrannischen Befehle gibt: Sie sind nicht mehr Ausdruck, sondern *Indizien*. Sie weisen auf vergangene Gefühlserregungen – wie der Fingerabdruck auf den geflohenen Mörder. (Der Kriminalist sucht mit Hilfe der Indizien den Verbrecher, der Physiognom schließt aus den Spuren, die sie hinterlassen haben, auf die Leidenschaften.)

Mädchenlocken sind wirklich lockend, jedenfalls für den Verliebten. Für ihn kommt die erotische Kraft im Glanz und in der Wellung der Haare unmittelbar zum *Ausdruck*. Für den Greis dagegen sind die Locken vielleicht nur noch Anlaß zu physiologischen Feststellungen, nur noch *Merkmale*. Ganz unmittelbarer *Ausdruck* einer Erregung werden die Haare, wenn sie sich entsetzt sträuben. Und die Art, wie ein Mensch sie frisiert, kann ein *Charaktermerkmal* sein, oder ein *Zeichen* dafür, was er seiner Umwelt vortäuschen möchte. Die Frisur verrät, vielleicht im Gegensatz zum eigentlichen Sein, das Streben nach pedantischer Ordnung oder nach bombastischer Würde, nach Schlichtheit oder nach erotischer Verführungskraft (Pomade, Lockenwickler, Färbung), nach Originalität oder nach modischer Anpassung.

Einen Charakter nur an *Spuren* und *Merkmalen* zu erkennen, ist oft so schwer wie die Überführung eines Verbrechers allein durch Indizien. Deshalb sagt ein Spruch: »Rede, damit ich dich sehe!« Bringe zum *Ausdruck*, was dich bewegt, damit dein Charakter sichtbar werde! Deshalb sind die Künstler der Menschenbehandlung auch bestrebt, den Gesprächspartner zu erregen. Wenn die erstarrte Form lebendig und die Spur von Ausdruck erfüllt wird, ist es leichter, den Charakter zu erfassen. Dieses seelische Sich-Ausliefern fürchtend, sind in Unterdrückung lebende Menschen bemüht, jede Reaktion in jeder wie immer gearteten Situation zu vermeiden und eine starre Maske vor einer unbeweglichen Seele zu tragen.

Auch die Knochenteile von Gesicht, Nase, Kinn und Jochbeinen haben mehr oder weniger starken Ausdruckswert und tragen die deutlichen oder schwachen Spuren vergangener (oft wiederholter) seelischer Erregungen. Lang andauernde Neigung zu zähneknirschender, zermalmungssüchtiger Grausamkeit zum Beispiel macht die Jochbeine wulstig. Wulstige Jochbeine können die Spur, aber (für den sensiblen Beobachter) auch Ausdruck zermalmungssüchtiger Grausamkeit sein. Ähnliches gilt von den Händen, die sehr deutlich Ausdruck der Brutalität (Pranke) oder zarten Fühlens sein können. Zu bedenken ist bei der Beurteilung der Hände (wie aller Körperteile), daß schwere Arbeit die Knochen und Muskeln verdickt. Es gehört zur Kunst des Charakterologen, die durch harte Körperarbeit verursachte Plumpheit von der Wulstigkeit seelischer Brutalität zu unterscheiden. Dazu muß er nicht nur den einzelnen Teil scharf und sensibel beobachten, sondern die ganze Erscheinung.

Unmittelbar für jedermann verständlicher *Ausdruck* ist die Hand, wenn sie (mit vorgestrecktem Zeigefinger) gebieterisch erhoben wird. Immer, wenn der Zeigefinger sich ausstreckt, um herrscherlich Befehle zu geben oder schulmeisterlich die Richtung zu weisen, wird die sogenannte Herzlinie der Hand energisch zur Wurzel des Zeigefingers emporgespannt. Hat sich diese Bewegung sehr oft wiederholt, hinterläßt sie ihre Spur in der Handfläche: Die Herzlinie bleibt zur Wurzel des Zeigefingers emporgezogen. Man kann also sagen: Endet die sogenannte Herzlinie in steilem und straffem Anstieg zur Wurzel des

Zeigefingers, so mag dies ein *Merkmal* für einen herrschsüchtigen, schulmeisterlichen Charakter sein. (Solche Spurenbildungen sind die Grundlage einer »wissenschaftlichen« Deutung der Hände.)

Lange Beine sind für den Läufer (den Jäger), kurze für den Gärtner günstigere *Werkzeuge*. Zu unmittelbarem *Ausdruck* werden die Extremitäten in den Bewegungen: Der Zornige rast stampfend vorwärts, der Unentschlossene oder Hinterlistige geht in Windungen, der Gernegroß wippt auf den Zehen. Diese Verschiedenheiten des Gangs sind nicht nur unmittelbar Ausdruck der Seele, sondern wirken auch formend auf den Körper. Bei dem Gernegroß zum Beispiel entwickelt sich der vordere Teil des Fußes stärker als die Ferse. Das zornige Stampfen oder das unentschlossene Schlängeln beeinflussen u. a. die Form des (jugendlichen) Gehirnschädels; sie werden in ihm zur *Spur*, wie das Streben des Gernegroß in der Fußform.

Der Gang ist von der Seele (der von Erbmasse und Schicksal bedingten) abhängig und von der Schwere oder Leichtigkeit, Breite oder Länge des Körpers (dessen Artung auch wieder von der Erbmasse und dem Schicksal bestimmt wird). Und der Gang wirkt zurück auf die Form des Körpers. So formt die Seele (und in ihr die vom Schicksal modifizierte Erbmasse) über den Gang weiter am Körper.

Wie Gesicht und Hand ist der Körper als Ganzes (mehr oder weniger deutlich verstehbare) *Erscheinung* der Seele, ihr *Ausdruck* und ihre *Spur*. Wenn wir ein gesundes Kind sehen, so stellen wir nicht nur mit dem Verstand fest, daß es noch sehr jung ist, wir können es auch unmittelbar fühlen: Das ganze Kind ist Erscheinung knospender Lebenskraft, die uns angenehm berührt und erfrischt. Andererseits wirken mürrische Greise lähmend, verstimmend, weil wir nicht nur mit dem Verstand erkennen, daß die Lebensfülle in ihnen vertrocknet ist, sondern es unmittelbar aufnehmen. Lacht das Kind jauchzend, oder raunzt der Greis, den Mund bitter verziehend, dann wird die knospende oder vertrocknete Lebenskraft zum *Ausdruck*. *Spuren* davon sind die Gesichtsfalten, die das jauchzende Lachen oder das bittere Raunzen hinterlassen werden oder schon hinterlassen haben.

Der rolandhafte Körper ist *Erscheinung* einer wuchtigen Kraft, die – in ursprünglichen Verhältnissen – Macht gibt. Diese Macht ist ganz anderer Art als die des Manns am Schaltbrett, der durch einen Fingerdruck die Explosion einer Atombombe auslösen kann. Es ist eine Macht, die ohne (physikalische, chemische, diplomatische, intrigante, organisatorische) Hilfsmittel, allein dadurch errungen wird, daß der

»Roland« auftritt. Auch wenn er nur dasteht, wird die wuchtige Kraft wirksam, die in der Breite, Schwere und Härte der Knochenteile des Gesichts und des ganzen Körpers *Erscheinung* wurde. Spannt er sich zum Kampf, kommt die wuchtige Kraft in jeder Bewegung zum *Ausdruck*. Diese Spannungen hinterlassen im Gesicht – zum Beispiel in den Wangenfurchen – ihre *Spuren*.

Bei dem Techniker am Schaltbrett, der eine elektrische Sprengung mit enormer Wirkung durch einen Fingerdruck auslöst – wie man eine Glühbirne einschaltet –, kommt keine besondere Willensspannung zum Ausdruck. Darum hinterläßt sein Tun in seinem Gesicht auch keine Spur wuchtiger Kraftentfaltung. Das Gesicht kann kinderglatt sein. Denn seine Taten stammen nicht aus eigener Kraft. Er war nur ein Funktionär, der eine untergeordnete Dienstleistung auszuführen hatte. Viele Funktionäre sind heute (wie früher viele Könige) sehr mächtige Männer, obwohl sie weder besonders stark noch besonders klug sind. Ihre Macht beruht (womit nicht gesagt sein soll, dies sei bei allen Funktionären so) nur darauf, daß sie vor einem Schalthebel sitzen oder eine Apparatur bedienen, durch die sich große Wirkungen auslösen lassen. Wenn ihre Macht (wie etwa im Löwen) nicht in ihnen selbst wurzelt, wird sie in ihrem Körper auch nicht zur Erscheinung.

Die Stimme als Ausdruck der Seele

Die Stimme verrät Gefühle und Absichten so unmittelbar wie das Auge. Deshalb sollte die Physiognomik durch bewußte Beobachtung und Deutung der Stimme ergänzt werden.

Dr. Oskar Jancke, prominenter Mitarbeiter des Südfunks Stuttgart, erzählte mir einmal, er sammle Bandaufnahmen, die er charakterologisch analysiere. Damit wies er den Weg für eine Kunst, die Stimme zu deuten. Leider starb er zu früh.

II

TEMPERAMENTE

Typus und Individuum

Kommen der Metzger Huber und der Schneider Maier aus ihrem kleinen Heimatort in eine Großstadt, heißt es vielleicht von beiden: »Typische Kleinstädter«. Und doch ist Huber von Maier als Individuum sehr verschieden. Der Schneider ist etwa hager und hastig, der Metzger dagegen robust. Vom einen sagt man vielleicht: »Ein typischer Schneider«, vom anderen: »Ein typischer Metzger«. Dennoch unterscheiden sich Schneider und Metzger von ihren Berufskameraden wieder durch die eigene Individualität. Der eine Metzger mag ein kalter, harter Willensmensch sein, der andere ein derber Genießer. Vom einen sagt man vielleicht: »Er ist ein typischer Schlagetot«, vom anderen: »Ein typischer Genießer«. Und doch unterscheiden sich die typischen Genießer wieder durch ihre Individualität voneinander: Der eine ist ein ästhetischer, unser Metzger dagegen vielleicht ein robuster Genießer.

Diese Beispiele zeigen, daß die Feststellung, zu welchem Typus ein Mensch gehört, immer nur einen Teil seiner Eigenschaften erfaßt. Er kann außer den für den Kleinstädter typischen Eigenschaften auch die des typischen Schneiders oder Metzgers, Eigenbrötlers oder Philisters, Strebers oder Schlagetots haben.

Insofern ist das Typische ärmer als das Individuelle.

Die Individualität des Metzgers Huber oder des Schneiders Maier ist außerdem eine sichtbare, greifbare Wirklichkeit. Der »typische Metzger« dagegen existiert nur in der Bindung an viele Individualitäten. Er wurde aus der Erfahrung mit vielen Metzgern herausgefiltert.

Wie der typische Metzger erscheint »die typische Frau« oder »der typische Melancholiker« immer nur in der Bindung an eine Individualität, die von den Kräften, die den Typus bilden, zwar (mehr oder weniger entscheidend) bestimmt wird, aber weiter, reicher ist als diese. Andererseits modifizieren die individuellen Eigenschaften die typischen: Ein ehrgeiziges Individuum ist auf eine andere Art melancholisch als ein ehrlos boshaftes; ein lebensfroher Metzger repräsentiert den »typischen Kleinstädter« anders, etwa lauter, als ein nachdenklicher Schneider; in einer sehr sinnlichen Frau kann das typisch Weibliche so stark ausgeprägt sein wie in einer arbeitsamen, aber es erscheint in ihr auf andere Weise.

»Typen sind Denkbilder, keine Photographien, was die ›exakte‹ Lehre immer wieder verkennt«, sagt G. R. Heyer in seiner Schrift »Das körperlich-seelische Zusammenwirken in den Lebensvorgängen«. Hieraus folgt, daß es kaum einen Menschen gibt, dessen individueller Charakter sich mit dem Bild deckt, das hier von seinem Typus, etwa vom Sanguiniker, gezeichnet wird.

In den später folgenden physiognomischen Skizzen versuche ich die Vereinfachung der Typen dadurch zu differenzieren, daß ich den individuellen Charakter einiger Sanguiniker, Melancholiker, Choleriker und Phlegmatiker in seiner Vielfalt herausarbeite. Ich fülle die kargen Umrißlinien des Typus mit den feinen Linien der Individualität und vervollständige das grobe Charakterbild, das sich aus der Zugehörigkeit zu einem Typus ergibt, durch die besonderen Charakterzüge eines Einzelmenschen. So vertiefen und weiten sich die Typenschilderungen. Kurz gesagt: Ich verbinde die Typenlehre mit der individuellen Charakterkunde.

Temperament und Charakter

Nach Rudolf Hermann Lotze unterscheiden sich die Temperamente durch:

- die besondere Art und den besonderen Grad der Erregbarkeit durch äußere Eindrücke (rasch oder langsam, leicht oder schwer, flüchtig oder nachhaltig, heftig oder sanft erregbar),
- die größere oder geringere Neigung, an einer angeregten Vorstellung zäh festzuhalten oder von Vorstellung zu Vorstellung zu schweifen,
- die Schnelligkeit, mit der diese Vorstellungen wechseln,
- die Neigung zu Lust- oder Unlustgefühlen,
- die besondere Art und Stärke der Lust- und Unlustgefühle,
- die Neigung, diese Erregungen offen oder reserviert, heftig oder sanft, rasch oder langsam in Worten und Handlungen zu äußern.

All diese Eigenschaften, die wir als »Temperament« zusammenfassen, gehören (als sein Unterbau) zum Charakter. Aber der Begriff

»Charakter« ist – wie bereits erwähnt – weiter: Das Temperament ist nur ein – allerdings sehr wichtiger – Teil des Charakters.

Unter Charakter verstehen wir die Ganzheit der Eigenschaften eines Menschen, die aus dem allgemeinen Menschsein herauskristallisiert, d. h. (relativ) fest wurden. Goethe dagegen (der auch Physiognom war) spricht einem Menschen nur dann Charakter zu, wenn er als eine »Persönlichkeit« von bedeutenden Eigenschaften auf seine Weise verharrt und sich durch nichts davon abbringen läßt. Und Kant definiert: »Einen Charakter schlechthin zu haben, bedeutet diejenige Eigenschaft des Willens, nach welcher das Subjekt sich selbst an bestimmte praktische Prinzipien bindet, die es sich durch seine eigene Vernunft unabänderlich vorgeschrieben hat. Ob nun zwar diese Grundsätze auch bisweilen falsch und fehlerhaft sein dürften, so hat doch das Formelle des Wollens überhaupt, nach festen Grundsätzen zu handeln (nicht wie ein Mückenschwarm bald hierher, bald dorthin abzuspringen), etwas Schätzbares und Bewunderungswürdiges an sich.«

Goethe fordert vom Charakter bedeutende Eigenschaften und Festigkeit, Kant das Handeln nach Prinzipien. Nach unserer Definition ist der Charakter zwar auch etwas (relativ) Festgewordenes, aber in einem anderen Sinn. Nach Kant und Goethe hat der Mückenschwarm keinen Charakter, weil er bald hierhin, bald dorthin abspringt, nach unserer Definition ist es eben der Charakter des Mückenschwarms, sich den unberechenbaren Mächten, von denen wir alle (mehr oder weniger) abhängen, zu überlassen und bald hierhin, bald dorthin zu schweifen. Mit anderen Worten: Für den heutigen Charakterologen gibt es auch schwankende, schwache, wie das Schilf im Wind sich jedem Druck beugende, für Kant und Goethe dagegen nur feste Charaktere, die gegen jede Unsicherheit Widerstand leisten. Nach Kants Definition hätte der Choleriker, den seine Temperamentsausbrüche zum Bruch seiner Vorsätze hinreißen, weniger Charakter als der Phlegmatiker, der vielleicht nur aus Trägheit stur bei seinen Prinzipien bleibt. Für den heutigen Charakterologen gehört der Sieg des Zornes über die Vernunft beim Choleriker und das sture Festhalten an Vorsätzen bei manchen Phlegmatikern eben zu ihrem Charakter.

Damit kommen wir zum Unterschied der Begriffe »Temperament« und »Charakter« zurück. Wie wir sahen, ist der Charakter auch von der Vernunft abhängig, der Erfahrungen machenden, Prinzipien als Dämme und als Anreize setzenden Vernunft. Im Charakter überschneiden, bekämpfen oder versöhnen sich Temperament und Vernunft. Der

Charakter ist aber nicht nur ein Ergebnis aus Temperament und Ratio. Er ist, wie gesagt, die Ganzheit der (relativ) konstant gewordenen Eigenschaften.

Der Charakter dreier cholerisch veranlagter Menschen unterscheidet sich nicht nur durch die größere oder geringere Heftigkeit des Temperamentes und die leichtere oder schwerere Zugänglichkeit für die Sprache der Vernunft, sondern vielleicht auch dadurch, daß der eine genußsüchtig, der andere ein gefühlloser Tyrann, der dritte trotz aller abstoßenden Heftigkeit des Betragens ein selbstloser Kämpfer für Gerechtigkeit ist.

Bei den folgenden Schilderungen des Sanguinikers, Melancholikers, Cholerikers und Phlegmatikers zeige ich nicht nur die allgemeinen Äußerungen der Temperamente, sondern auch ihre Wirkung im Gefüge verschiedener Grundcharaktere.

Grundunterschiede der vier Temperamente

Die griechischen Ärzte Hippokrates (geb. 460 n. Chr.) und Galenos (geb. 129 n. Chr.) nannten als Ursache der verschiedenen Temperamente das Überwiegen des Blutes, des Schleimes, der schwarzen Galle und der gelben oder weißen Galle. Aus dem Vorherrschen eines dieser Säfte sollten sich das warm-feuchte (sanguinische), das warm-trockene (cholerische) oder das kalt-feuchte (phlegmatische) und das kalt-trockene (melancholische) Temperament ergeben. Heute wissen wir, daß die Zusammenhänge nicht so einfach sind. Die Temperamente werden nicht nur durch Blut, Schleim, Galle, sondern durch den ganzen sehr komplizierten (kaum je völlig erforschbaren) Gehirn-Drüsenapparat bedingt. Wie jeder Mensch seinen besonderen Gehirn-Drüsenapparat, so hat jeder sein besonderes Temperament. Man kann also sagen: Es gibt so viele Temperamente wie Individualitäten.

Diese unendliche Zahl verschiedener (individueller) Temperamente kann man mit dem gleichen Recht, mit dem man andere Typen bildet, in vier Hauptgruppen gliedern – wie die Griechen es taten. Und diese Temperamentstypen, aus dem alltäglichen Umgang mit Menschen in Jahrhunderten als Erfahrungswissen entstanden, sind auch heute zum raschen Erkennen der Menschen sehr gut geeignet. Allerdings wissen wir jetzt, daß das Besondere der Temperamente nicht nur in der Wärme oder Kälte und der Feuchtigkeit oder Trockenheit wurzelt, sondern – wie bereits ausgeführt – vor allem in der verschiedenen Erregbarkeit, der Über- oder Unempfindlichkeit und in dem Vorherrschen von Lust- oder Unlustgefühlen.

Es gibt vielerlei Arten der Lust und Unlust. Was den einen als angenehm anzieht, schreckt einen anderen ab. Der eine freut sich über die anmutige Blumenwiese, empfindet das Gebirge dagegen als öd; der andere liebt die erhabene Gletscheröde und findet die Blumenwiese fad. Viele fühlen sich in geschwätziger Gesellschaft wohl und werden krank in der Einsamkeit, manche suchen die Stille der Klöster, der Friedhöfe und der Studierstuben und werden unwirsch, wenn sie einen Gast empfangen sollen. Die meisten verlangen nach der Lust des natürlichen Lebens (Essen, Trinken, Lieben), manche stehen den alltäglichen Genüssen gleichgültig gegenüber und suchen die Befriedigung ihres Lustverlangens in der Kunst, in der Philosophie oder der Religion.

Es gibt so viele Arten der Lust und Unlust wie es befriedigte Strebungen und unerfüllte oder unerfüllbare Wünsche gibt. Den einen bewahrt seine glückliche Veranlagung davor, Unmögliches zu wollen, der andere fände es unter seiner Würde, das handgreiflich Nahe und nicht das Sternenferne zu erstreben. Manche sind schon zufrieden, wenn sie nach harter Arbeit behaglich bei einem Glas Bier sitzen können, viele träumen vom Weltfrieden oder der Weltmacht, der schönsten Frau oder einer unvergänglichen Liebe und bleiben zeitlebens unzufrieden, weil ihr Wunsch unerfüllbar ist.

Wenn man im Alltag von einem Menschen sagt, er neige zu Lusterlebnissen, so meint man nicht die perverse Lust des Sadisten, auch nicht die Lust des Denkers, Schachspielers oder Florettfechters, sondern die Lust an natürlichen Reizungen der Sinne und Gefühle: die Lebenslust, die gesunde Genußfreude, zu der ein gut durchblutetes, schwellendes Gesicht und ein heiterer, strahlender Blick gehören. In diesem Sinn wird das Wort zunächst auch in der Lehre von den Temperamenten gebraucht. Wir werden jedoch sehen, daß wir es differenzierter anwenden müssen als üblich.

Sanguiniker

Der Sanguiniker ist der Mensch mit rasch arbeitenden Drüsen, leicht fließendem Blut, leicht und rasch arbeitendem Empfinden, Fühlen und Wollen, Verstehen und Urteilen. Er ist schnell und lebhaft erregbar und zwar vorwiegend durch heitere, anmutige Reize. So leicht, wie er reagiert, kommt er meist auch »über alles hinweg«. Er faßt rasch auf und vergißt ebenso rasch: ist schlagfertig, wendig und elastisch. Er ist »sonnig« (hat aber gelegentlich Depressionen).

Er nimmt gerne an den Erlebnissen anderer teil, ist aber kein tiefer Gemütsmensch und verweilt nur widerwillig bei einer lang dauernden Angelegenheit. Er sägt keine »dicken Bretter«, bohrt ein Problem selten »bis zum Urgestein« und neigt eher zur heiteren Oberflächlichkeit und Flüchtigkeit, zur gedankenlosen Untreue und zum charakterlosen Opportunismus, zum unbedachten Leichtsinn, zum Flunkern und zur Leichtgläubigkeit.

Da er gerne freudige und freundliche Mienen um sich sieht, schenkt er ohne lange Überlegungen, er nimmt aber auch ohne Hemmungen. Er ist großzügig, unternehmungslustig und waghalsig, begierig nach Sinnes- und Gefühlsreizen, lebensoffen, gesellig und gesprächig; oft auch, da er eher zu schwache als zu starke Hemmungen hat, aufdringlich, vorlaut, geschwätzig und taktlos. Infolge seiner leichten Erregbarkeit neigt er dazu, durch unbedachte Worte oder Taten zu verletzen. Er mischt sich in Dinge, die ihn nichts angehen, greift, auch wenn er von einer Sache nichts versteht, wichtigtuerisch zu und läßt vielleicht seine eigentliche Arbeit liegen. Es flitzt ihm alles »leicht von der Hand« – die Ohrfeigen und das Streicheln, das Arbeiten und das Spielen.

Man kann ihn einem seichten Bach vergleichen, der rasch in anmutigen Wellen dahinplätschert, manchmal Mulden, aber keine reißenden Untiefen hat und die Blöcke, die in seinem Bett liegen, ohne gewaltiges Aufschäumen umfließt. Seine Erregungen sind (im Gegensatz zum Choleriker) nicht heftig und wie Böllerschüsse explodierend, sondern sprudelnd wie eine Wiesenquelle und sprühend wie ein Gartenspringbrunnen.

Er ist ein lebhafter, meist gutgelaunter Gesellschafter, ein verbindlicher Diplomat, ein genußfähiger anmutiger Lebemann oder ein unternehmungslustiger, vielseitig beweglicher Geschäftsmann. Oft allerdings auch ein »Luftikus«, ein »Windbeutel«, ein leichtfertiger Verführer oder ein Projektemacher und »Hans-Dampf-in-allen-Gassen«, der vieles munter beginnt und nichts beendet.

Zu dem Typus, der seit Jahrtausenden als Sanguiniker, d. h. als ein vom feuchtwarmen Blut Bestimmter, bezeichnet wird, gehört die mehr oder weniger starke Lust an Erlebnissen des »Blutes«, der Sinne, der Empfindungen und der »irdischen« Gefühle. Der eigentliche Sanguiniker ist der heitere Lebensgenießer.

Wenn wir von der ursprünglichen Bildung des Typus, d.h. von seiner engen Bindung an das »Blut« absehen, und die neuere Definition anwenden, ist der Sanguiniker ein Mensch, der leicht erregbar ist, dessen Erregungen ohne heftige Sprünge oder jähe Stockungen in lebhaftem, raschem, anmutigem Fluß ablaufen, und der mehr zu Lust- als zu Unlustreizen neigt, wobei sich dreierlei Lustreize unterscheiden lassen: die des Erkennens, des Wollens und des Empfindungs- und Gefühlslebens.

Der Sanguiniker, der, wie Wieland (Abbildung 15) und Voltaire (Abbildung 92), seinen Verstand gerne arbeiten läßt (was man nicht von allen Sanguinikern behaupten darf), beobachtet mit flüssiger Behendigkeit, und zwar mit Vorliebe die hellen, heiteren, zum Lachen reizenden Seiten der Erscheinungswelt. Wendig zieht er Schlüsse, kombiniert mit flinker Leichtigkeit und urteilt lieber in der Form eines Scherzes und Witzes als mit einer sachlichen Kritik oder gar mit einer mürrischen Strafpredigt. Manche Sanguiniker mit gut entwickeltem Intellekt werden zu Virtuosen des Gedankens, zu verblüffenden Denkspielern und geistreichen Plauderern. Der Wert ihres Denkens liegt eher in der (auch vor Kalauern nicht zurückschreckenden) Fixigkeit, mit der sie entfernt Liegendes überraschend assoziieren, und in der Anmut, mit der sie ihre Einfälle formulieren, als in der Tiefe, eher in der Schlagfertigkeit als in der Richtigkeit des Denkens. Sie sind eher geistreiche Plauderer als systematische Denker.

Der Sanguiniker, der besonders gern seinen Willen betätigt, ist, wie schon geschildert, wendig und rasch bei der Hand, neigt aber auch zur Unstete, Voreiligkeit und leeren Betriebsamkeit. Er will, wie einer dieses Typus von sich sagte, »keine Viertelstunde still sitzen, alles sein und nichts bleiben«. Der heitere Lebensgenießer sucht immer neue sinnliche, der sanguinische Willensmensch, der heiter Betriebsame, immer neue Reize des Willens. Jener verursacht Unruhe vor allem im Reich der Empfindungen und »irdischen« Gefühle (der Liebe und Ehe), dieser im Bezirk der Taten, Geschäfte, Veranstaltungen. Kann jener ein leichtsinniger Don Juan sein, ist dieser ein leichtfertiger Intrigant.

Den betriebsamen Sanguiniker findet man oft unter den schaumschlägerischen Projektemachern, Großsprechern, Wichtigtuern und Hochstaplern, auch unter den Tennisspielern, Läufern, Florettfechtern. Kommt zu der Lust am Tätigsein ein mehr oder weniger starker Leistungswille, dann entsteht ein sanguinischer Leistungstypus, zu dem viele Diplomaten, Detektive und Sportler gehören.

Um Fehlschlüssen vorzubeugen: Nicht jeder wendige Wille ist sanguinisch, d. h. rasch und leicht zur Tätigkeit reizbar und mit Lust ihr hingegeben.

Die Bewegungen des Sanguinikers sind freudig, flüssig, locker, leichthin schwebend, elastisch, anmutig-abgerundet (sie sind nicht: straff, zackig, schroff, stoßend oder schleppend). Er neigt zum Zehengang. Die Form seines Gehirnschädels ist typischerweise anmutig abgerundet, ohne scharfe Kanten und schroffe Steilheiten. Er trägt den Kopf, heiter aufnahmebereit, zurückgeneigt, wodurch die Stirne eher fliehend als steil wird. Sie ist außerdem eher gegen die Mitte vorgewölbt als flach und breit. Die Knochenteile des Gesichts sind ohne scharfe Knicke, Kanten und Wülste, die Fleischteile von heiteren Lustgefühlen sanft schwellend und durchwärmt. Die Lippen des heiteren Lebensgenießers sind locker gefügt und lächelnd gebogen, schwellend, aber nicht zu voll und nicht zu dünn, nicht vorgierend wie bei den Faunischen und nicht verklemmt wie bei den Leistungsgierigen, die ihr Genußverlangen unterdrücken. Die Wangen des Sanguinikers verfetten nicht wie bei dem Trägen und zerklüften nicht wie bei dem Mann der jäh und heftig ausbrechenden Leidenschaften. Sie wölben sich mehr oder weniger ebenmäßig, sind glatt und haben oft einen prickelnden (»feuchtwarmen«) Glanz, der an harzige Kastanienknospen erinnert. Die Fleischteile sind gut durchblutet und runden das (im allgemeinen eher schmale als breite) Gesicht ebenmäßig ab. Alles ist locker und fließt leicht dahin. Auch der Blick gleitet rasch und lebhaft, er ist schauend weltoffen, nicht punkthaft konzentriert. Die Augen gleißen oft wie Perlmutter. Sie sind mehr oder weniger feucht, eher warm als kalt, keinesfalls eisig und trocken. Sie sind eher strahlend als matt und eher flach- als tiefliegend, die Brauen eher schauend hochgewölbt als kritisch herabgezogen.

Den prickelnden (»feuchtwarmen«) Glanz, die zum Streicheln lokkende samtweiche und samtglatte Abrundung des Gesichts und die feuchtwarmen strahlenden Augen findet man selbstverständlich eher bei den Sanguinikern im ursprünglichen Sinn, bei den heiteren Lebensgenießern, als bei den andern sanguinischen Typen. Bei den intellektuellen Sanguinikern sind die Fleischteile und die Augen kühler, ist die Stirne breiter, höher und steiler. Bei den heiteren Betriebsamen hat das Gesicht zudem eine etwas härtere (aber doch elastisch-geschmeidige) Spannung, und die Knochenteile sind im allgemeinen besser durchgebildet als bei den ausgesprochenen Genießern. Das typische Gesicht des sanguinischen Willensmenschen hat einen länglichen, leichten Ober-

und Unterkiefer, eine schmale, hohe (eher geschmeidig als heftig gebogene und eher glatt als knotig geformte) Nase, eher ein zu feines als zu schweres, gut gewölbtes Kinn und eine ohne Steifheit zurückgeneigte, eher schmale und gegen die Mitte vorgewölbte als breite und flache Stirn. Vor allem aber muß in der Gesichtsmuskulatur elastische Spannkraft und im Blick wendige Bewegungsfreude liegen.

Siehe die Abbildungen: 7 Königin Luise, 8 Königin Charlotte, 9 Liselotte Pulver, 14 Kiesinger, 15 Wieland, 16 Trenker, 17 d'Annunzio , 73 Briand, 92 Voltaire, und die dazu gehörenden physiognomischen Skizzen.

Melancholiker

Der Sanguiniker lacht gerne und sucht bei allen Begegnungen die heitere Seite. Der Melancholiker ist ohne nachweisbaren Grund traurig, mürrisch, deprimiert. Er ist schwermütig, liebt das Schattige und wird vom Düsteren magnetisch angezogen. Seine Bereitschaft, an den alltäglichen Freuden des Lebens, am Sonnenschein, am guten Essen oder am nachbarlichen Geschwätz teilzunehmen, ist gering. Auf die Unlustreize der Umgebung reagiert er dagegen meist sehr lebhaft. Er liebt, so paradox es klingt, den Ärger. Da er zur Lust unfähig ist, will er wenigstens Unlust: Ärger fühlen. Das Sich-Ärgern, Meckern, Raunzen, Quengeln kann bei ihm zum ständigen Umgangston werden. Auf diese Weise bringt er das stockende Blut etwas in Wallung und erwärmt die erkaltende Seele.

Trauer beschwert und bedrückt, wirkt hemmend, stockend, verlangsamend auf alle Funktionen des Organismus. Freude dagegen läßt das Blut leichter fließen. Man kann es auch umgekehrt ausdrücken: Wo der Organismus reibungslos arbeitet, wird der Mensch heiter; bedrückt dagegen, traurig, melancholisch wird er, wo das Blut stockt und die Nerven sich verkrampfen.

Der Sanguiniker neigt zu den mit seelisch-körperlichen Lösungen verbundenen Eigenschaften: Sorglosigkeit, Leichtsinn, Heiterkeit, Optimismus, der Melancholiker zu den mit physisch-psychischen Zusammenziehungen (Hemmungen) verbundenen Eigenschaften: Angst, Vorsicht, Mißmut, Hypochondrie, Pessimismus, Sparsamkeit, Geiz.

Das Denken des Sanguinikers ist, wie gesagt, rasch, leicht, wendig,

»optimistisch«, neigt aber zu Oberflächlichkeit, Flüchtigkeit, Voreiligkeit, zu unverbindlichem Spielen mit Gedanken und zu kalauernder Witzelei. Das Denken des Melancholikers ist eher schwerfällig, bohrend, tief und gründlich, mit der Neigung zu Hintersinnigkeit, Pedanterie und Haarspalterei, zu Skeptizismus und Mißtrauen, zu Bosheit und Negativismus, aber auch (aus Unlust an der Wirklichkeit) zu weltflüchtiger Ideologie.

Der Sanguiniker läuft »leichten Herzens« in die tödliche Gefahr, weil er sie nicht ernst nimmt. Der Melancholiker stirbt in seiner pessimistischen Phantasie vielleicht zehn Tode, bevor er in den Kampf zieht. Es ist aber auch möglich, daß er – aus seiner Verachtung des Lebens oder seiner Unempfindlichkeit gegen Lust- und Unlustreize – mit eiskalter, roboterhafter Gleichgültigkeit oder stoischer Ruhe in den sicheren Tod geht. Der Sanguiniker beginnt rasch ein Werk und läßt es oft ebensoschnell unfertig liegen, der Melancholiker bedenkt zehnmal das mögliche Scheitern, bevor er etwas anfängt, führt dann aber das einmal Begonnene vielleicht durch – trotz aller Schwierigkeiten – mit zäher, bis zum Fanatismus gehender verbissener Ausdauer. Bei ihm findet man die Märtyrertreue, aber auch das selbstmörderische Querulantentum.

Willensstarke Melancholiker haben – da sie das Leben nicht lieben und von seinen Genüssen nicht verführt werden – oft die selbstloseste Aufopferungsfähigkeit, manchmal aber auch die Neigung, das Leben, das ungeliebte, zu zerstören – aus (vielleicht unbewußtem) Ekel, Haß oder Neid (Neigung zu Sadismus, Nihilismus, Anarchismus, Selbstmord).

Nun wird vielleicht eingewendet, auch unter den Sanguinikern gebe es Selbstmörder. Das ist richtig. Aber der Selbstmord eines Sanguinikers hat typischerweise andere Hintergründe als der eines Melancholikers. Sie zu untersuchen, erhellt wieder den Unterschied zwischen den beiden Temperamentstypen:

Der Sanguiniker liebt das Heitere und leidet jäh und heftig, wenn – im Rhythmus des Lebens – die Tage kraftverschwendender Fröhlichkeit vom Katzenjammer des Aschermittwochs abgelöst oder der Flug optimistischen Planens durch einen Fehlschlag gestört wird. Dazu kommt, daß er zu voreiligen Handlungen neigt, weil die Hemmungen bei ihm schwach sind. Der Melancholiker dagegen neigt vielleicht ohne besonderen Anlaß (chronisch) zur Selbstvernichtung. Aber die Verkrampfung, die zu seinem Wesen gehört, hindert ihn lange daran, der dunklen Versuchung zu folgen.

Es lassen sich vier Arten von Melancholiker unterscheiden: den Melancholiker des bittersüßen oder wehmütigen Lebensgefühls, den Melancholiker mit Weltgefühl oder mit der Hingabeneigung an Ideen, den Melancholiker mit negativem Gefühl und zuletzt den Melancholiker mit verödetem Gefühl.

Der Melancholiker des bittersüßen Lebensgefühls ist mit den Dingen des sichtbaren, greifbaren und schmeckbaren Lebens ringsum zwar (mehr oder weniger) lebhaft verbunden, nur erfüllen sie ihn nicht (wie den Sanguiniker) mit Lust, sondern mit Wehmut oder schmerzlicher Wollust. Für ihn hat das Dunkle und Düstere, Traurige und Vergängliche (das für den Sanguiniker ein Unlusterlebnis wäre) etwas Anziehendes, genauer: für ihn ist es ein zwielichtiges Erlebnis aus Lust und Unlust. In bittersüßer Anteilnahme genießt er in der herbstlich sterbenden Natur das Leuchtend-Vergängliche, im strahlenden Frühling denkt er an die Kürze des Blühens, in der Liebe an die Bitterkeit des Abschiednehmens und beim Anblick des heiter spielenden Kindes an die Schwere des wartenden Lebens. Manche dieser Melancholiker haben eine besondere Vorliebe für die Vergänglichkeitsstimmung der Friedhöfe (die den Sanguiniker in Goethe abschreckte), für hängende Trauerweiden und blasse Mondnächte. Sie lieben die pessimistische Dichtung in der Art Lenaus und »freuen« sich am weltschmerzlichen Werther und am nebeltriefenden Ossian. Oder sie fliehen in die Welt schwärmerisch gefühlvoller Träume und reflektieren sentimental über ihre Unfähigkeit zum feurigen »blutroten« Erleben. (Die Abbildungen 18 Moissi, 19 Stifter, 32 Pestalozzi zeigen Melancholiker des wehmütigen Lebensgefühls.)

Im Gegensatz zum Melancholiker, dessen Gefühle zum Kreis des »Irdischen«, des »Lebens« gehören, nur daß sie bittersüß oder wehmütig wurden, schwingt die Seele des zweiten melancholischen Untertypus in einem ganz anderen seelischen Bezirk. Ihn bestimmt weniger das müde gewordene Lebensgefühl als das Weltgefühl (Abbildung 20 Eichendorff) oder die Hingabe an Ideen (Abbildung 22 Fourier). Er hängt nicht mit bittersüßer Melancholie an den Dingen des sinnlichen Lebens, sondern flieht es. Die »irdischen« Gefühle sind in ihm (mehr oder weniger) geschwächt oder erstorben. Statt der Lebensliebe fand er eine neue – die Weltliebe; statt der Wirklichkeit bedenkt er das weltweite Reich der Ideen. Der Melancholiker des Weltgefühls liebt die ahnungsvolle Stille des Waldes und wendet sich vom zeugerisch-mörderischen Gewebe aus Tieren und Pflanzen im Walde vielleicht angewidert ab. Er liebt die »unendliche« Weite des stürmenden oder grün wie Gefilde der Seligen glänzenden Meeres, aber nicht das an Liebesabenteuern und Kämpfen reiche Leben des Matrosen. Er liebt die »Menschheit« – und arbeitet mit Selbstaufopferung an der Idee der Versöhnung aller Völker und Religionen – ist dabei aber vielleicht lieblos gegen seinen Nächsten. Er sehnt sich nach der Brüderlichkeit aller Menschen und haust vielleicht in eisiger Einsamkeit und ist mürrisch gegen den Nachbarn, der bei ihm Hilfe sucht.

Der dritte Untertypus des Melancholikers liebt weder die Erde noch den Himmel. Sein Wesen ist von negativen Gefühlen und Gedanken bestimmt. Haß zehrt an seiner meist von Anfang an mehr oder weniger kargen Art, und die Bitterkeit des Ekels und des Neids machen sie noch enger und verkrampfter, als sie von Natur aus schon war. Der wehmütige Melancholiker trauert vielleicht lieber mit den Menschen, als mit ihnen zu lachen, geht lieber zu einer Beerdigung als zu einer Hochzeit und findet – im Extrem –, es wäre richtiger, den Tod statt der Geburt als freudiges Ereignis zu feiern. Der Melancholiker des negativ gewordenen Gefühls reagiert auf fremdes Unglück nicht als bereitwillig Mitleidender, sondern eher mit Schadenfreude, und auf fremdes Glück mit Neid und Erbitterung. Der Sanguiniker empfängt die Menschen im allgemeinen wie gute Freunde (er hat Lust an dem neuen Reiz, den sie bringen). Der wehmütig-gefühlvolle Melancholiker begrüßt seine Gäste, als wolle er sagen: »Auch ein armer Mitleidender im Jammertal des Lebens«, oder: »Was für neue Beschwernis wirst du mir bringen?«; der Melancholiker des negativen Gefühls neigt zu mehr oder weniger unfreundlichen (mürrischen) Begrüßungen, da jeder neue Reiz ihn stört: Er raunzt und quengelt über die »Fliege an der Wand«. Viele Vertreter dieses Untertypus sind zänkisch; manche neigen zum Sadismus, zur Tyrannei und zum blutig-fanatischen Durchsetzen »ihrer« Ideen, die meist mehr oder weniger wirklichkeitsfremd sind. Der Sanguiniker braust auf, wenn er gekränkt wurde, vergißt die Beleidigung aber meist rasch; der Melancholiker mit negativem Gefühl kann lange über die Verletzung seiner Ehre brüten und seine Rache durch Jahrzehnte heimtückisch verfolgen.

Vertreter dieses Untertypus, des Melancholikers mit negativen Gefühlen, zeigen die Abbildungen 23 Schopenhauer und 24 Judas. Hitler war ein Melancholiker mit ins Zerstörerische entarteten negativen Gefühlen und der Neigung zu cholerisch-hysterischen Ausbrüchen (Abbildungen 103 und 104).

Zwischen dem zweiten und dritten Untertypus: Alternde Frau (12), Gottfried Benn (21), Dostojewski (36), Schiller (96).

Bei dem vierten Untertypus des Melancholikers sind auch die negativen Gefühle mehr oder weniger erstorben. Er ist weder zur Lust noch zur Unlust reizbar: stumpf, öde. Nicht gleichmütig wie der Phlegmatiker, sondern gleichgültig, »temperamentlos«. Weder Lob noch Tadel, weder der Erfolg noch das Unglück anderer berühren ihn. Er hat nicht nur für seine Umwelt, er hat auch für sich selbst kaum noch ein Gefühl: Seine Seele ist verödet, ist »tot«. Das Gefühlsleben ist verödet, aber der Wille und der Intellekt sind noch reizbar bei Fouché (25), Richelieu (65), Rockefeller (66). Siehe auch die Abbildungen 29 (Heinrich VIII), 27 (Hölderlin), 53 (Karl Valentin) und 67 (Robespierre).

Der Heitere geht beschwingt mit erhobenem Kopf, der Trauernde senkt die Stirne: Er geht »kopfhängerisch« mit schleppenden, versteiften, verkrampften, stockenden, unschlüssigen Schritten. Die Kopfform des ausgesprochenen Melancholikers ist daher – vorausgesetzt, die Melancholie bestimmte als ererbtes Übel sein Wesen von früher Jugend an – nicht dynamisch gestreckt oder anmutig abgerundet, sondern eher lastend-breit. Die Stirne neigt zu grüblerischer Steilheit oder zum müden, bogigen Vorhängen, das Mittelhaupt ist oft blasenförmig ausgewölbt, das Hinterhaupt (da der Kopf nach vorne hängt und der Gang zögernd, stockend ist) nicht nach hinten schwingend, sondern kurz und von lahmer Steilheit.

In manchen Fällen trägt der Melancholiker den Kopf »hoch in der Luft«, um über die gleichgültige oder störende, Trauer erregende oder verachtete Erde hinweg ungehemmt in das Land der blassen Träume von einer besseren Welt zu sehen. Wird der Kopf von früher Jugend an so getragen, dann ist die Stirne nicht trauernd oder grüblerisch steil, sondern zurückgeneigt, aber nicht in der elastischen Biegung des Sanguinikers, sondern eher brettartig-steif und oft mit einer Wölbung, die an die Stirn der Kinder und der Primitiven erinnert und mit dem phantasievollen Wiegen und Schleudern des Kopfs zusammenhängt.

Das Gesicht des negativ fühlenden Melancholikers (dritter Untertypus) ist lustlos-blaß, spitz, trocken und hohl, sein Blick ist oft stechend oder gereizt-glitzernd. Der »verödete« Melancholiker (vierter Untertypus) hat etwas Totenkopf- oder Mumienartiges, sein Auge ist leer, hart, kalt. Die vor der Wirklichkeit in das Reich der Weltgefühle und der Ideen fliehenden Melancholiker (zweiter Untertypus) haben einen leuchtenden, schwärmerisch-geweiteten oder mystisch-vertieften

Blick, ihr Gesicht ist mehr oder weniger lustlos. Und bei dem Melancholiker mit wehmütigem Lebensgefühl (erster Untertypus) sind die Kennzeichen des sinnlichen Genießens von Unlust beschattet, der Blick ist feucht-schmachtend oder seelenvoll-müde. Sein Gesicht erinnert an einen matt beglänzten Novembertag im braunbelaubten Wald.

Choleriker

Der Choleriker ist allzu leicht und allzu heftig zu Lust und Unlust erregbar. Je nachdem, ob die Willens- oder die Gefühlsseite stärker entwickelt ist, neigt er zu kühnen, oft auch tollkühnen, unbedachten, rücksichtslosen Handlungen oder Gefühlsausbrüchen. Er wird leicht »hingerissen« zum Genuß und zur Tat, zu Versprechen und zu Verbrechen, die er danach vielleicht heftig bereut. Jäh schwankt er zwischen entflammten Beteuerungen unauslöschlicher Liebe und unversöhnlichen Hasses – und hat beides vielleicht rasch vergessen, als sei es nie gewesen. Er wundert sich, wenn der Partner so stur ist, an dem Gelöbnis oder der Drohung festzuhalten, da bei ihm selbst die Heftigkeit des Erlebens größer ist als die Nachhaltigkeit, die Liebe hitziger als treu, die Rache flammender, bedenkenloser als nachtragend. Er frißt seine Wünsche und Befürchtungen nicht in sich hinein wie mancher Melancholiker, der einen alten Streit immer wieder von vorne anfangen kann, sondern schreit, brüllt, tobt seine Erregungen aus sich heraus, womit die Sache für ihn oft erledigt ist: Er wird »rasch wieder gut«. Er regt sich, finden die anderen, unnütz auf und macht wegen Kleinigkeiten ein »großes Theater«.

Auch beim Melancholiker gibt es manchmal Gefühlsausbrüche und Affekthandlungen. Sie sind Entspannungen lange dauernder, unerträglicher seelischer Verkrampfungen und Stauungen. Man kann sie mit der Entladung eines langsam und schleichend heraufziehenden, reglos lastenden Gewitters vergleichen; die des Cholerikers dagegen mit der Explosion eines Pulverfasses: Sie sind die Folge der allzu heftigen und allzu raschen (der ganz unmittelbaren) Reaktionsfähigkeit.

Der eine Choleriker ist eher zu heftigen Lust-, der andere zu heftigen Unlust-Erlebnissen erregbar, besonders aber neigt der Choleriker zum Zorn. Im Zorn wird eine Kränkung oder eine Enttäuschung, kurz, ein (verkrampfendes und blaß machendes) Unlustgefühl mit jäher Heftigkeit in die (teilweise) Lust des Wutausbruchs gelöst. Diese explosive Umwandlung von Unlust in (halbe) Lust bezahlt der Zornige oft teuer: nicht nur mit Reue und Erschöpfung, also neuer Unlust, sondern mit der Zerstörung von Freundschaften, dem Ruin der wirtschaftlichen Existenz oder ähnlichem.

Zorn ist ein kämpferischer Zustand. Seine positive Wirkung ist, daß er den Mut und die physische Kraft steigert. Er beschleunigt das Tempo des Überlegens und Fühlens, der Bewegungen und Empfindungen. Andererseits wieder beseitigt er die Hemmungen der Vorsicht und Klugheit und macht verwegen und tollkühn, unbesonnen und ungerecht. In der äußersten Steigerung wirkt er lähmend auf Denken, Fühlen und Wollen: Er macht »sprachlos« oder sinnlos schreiend und tobend wie ein Besessener.

Der Zornige kann ein »gutmütiger Polterer« sein, der seinem Ärger mit heftiger Stimme Luft macht und dann rasch wieder wohlwollend wird. Er kann aber auch ein Tyrann sein, der seine Macht und seinen Menschenhaß in vulkanischen Wutausbrüchen genießt. (Im Gegensatz zum feurig-wutschnaubenden cholerischen ist der melancholische Tyrann eher verschlossen, schweigsam, finster-brütend, sein Sprechen schneidend und kreischend. Es kann aber auch vorkommen, daß er von seinen zerstörerischen Gefühlen zum hysterisch-schreierischen Dauerredner fanatisiert wird.)

Die Unmittelbarkeit und Heftigkeit des Reagierens zu unterdrücken, war ein Hauptziel unserer bisherigen Erziehung. Die zweckhaft-rechnenden und bedenkenden, wach beobachtenden und vorausdenkenden Kräfte des Intellekts sollten auf Kosten der unmittelbaren Reaktionsfähigkeit gestärkt werden. Seit 1945 etwa besteht bei vielen Zeitgenossen der älteren Generationen sogar eine ausgesprochene Abneigung gegen jeden Zorn. Dies läßt sich auf eine allgemeine seelische Ermüdung, extremes Zweckmäßigkeitsdenken und auf den nachwirkenden Abscheu vor den kreischenden Wutausbrüchen im dutzendjährigen Reich zurückführen. Als Aktion dagegen – gegen die heutige Verehrung kaninchenzahmer Temperamentlosigkeit, gegen die »friedfertige« Kompromißlerei bequemen oder auch feigen Nützlichkeitsdenkens und gegen die neue Tyrannei, die nicht bodenstampfend befiehlt, aber durch bürokratische Organisationen das Individuum entrechtet, gegen die Stagnation einer müden, mitläuferischen Welt – erhoben Angehörige der jungen Generationen, laut und ungebärdig, wie bei Rebellen üblich, die Forderung nach einer »antiautoritären« Erziehung, in der die aggressiven Kräfte nicht unterdrückt, sondern ausgelebt werden sollen.

Jedenfalls: Der Zorn an sich ist weder gut noch böse. Aristoteles schrieb in der »Nikomachischen Ethik«: »Beim Zürnen, Begehren, Bemitleiden und überhaupt bei aller Empfindung von Lust und Unlust gibt es ein Zuviel und Zuwenig, und beides ist nicht gut. Dagegen diese Affekte zu haben, wann man soll und worüber und gegen wen und weswegen und wie man soll, das ist die Mitte und das Beste, und das ist die Leistung der Tugend.« Und der italienische Staatsmann und Humanist Castiglione meinte, als er in seinem »Hofmann« das Ideal des Renaissance-Menschen zeichnete: »Wenn die Begierden nun durch Mäßigkeit gezähmt sind, so fördern sie die Tugenden: Der Zorn unterstützt die Tapferkeit, der Haß gegen die Verruchten fördert die Gerechtigkeit.«

Unser Zorn kann »der Zorn der Gerechten« sein, der die »Händler« aus den »Tempeln« peitschen möchte, und er kann aus neidischer Eifersucht stammen, und – zur Wut gesteigert – die Zerstörung des eigenen Lebens und der ganzen Welt begehren.

Am ehesten ist dies bei den Menschen mit melancholisch-cholerischem Temperament zu befürchten. Früher war dieser Welthaß nicht zu verwirklichen, im 20. Jahrhundert ist er es. Insofern ist die heutige (an sich übertriebene) Abneigung gegen die Choleriker nicht unberechtigt – und die Erziehung zur Aggressivität gefährlicher als zuvor.

Bei den Cholerikern lassen sich drei Unterarten bilden: den Menschen des rasch und stürmisch aufflammenden »Bluts«, der wie Goya (Abbildung 37) heftig nach Genuß begehrt, feurig liebt und flammend haßt, eine Geliebte vielleicht brutal überwältigt und einen Gegner im Affekt niederschlägt, der aber kein Täter im eigentlichen Sinn ist. Dann den cholerischen Willensmenschen, der um Besitz und Macht, vielleicht aber auch (wie der Reichsfreiherr vom Stein, Abbildung 69) um Gerechtigkeit kämpft. Und drittens den cholerischen Intellektuellen, den der Zorn zu vorschnellen Urteilen hinreißt. Ein solcher Mensch ist vielleicht unbestechlich, wenn Geld oder Liebe ihn verführen sollen, aber doch oft ungerecht, weil die rechthaberische Streitsucht seinen Verstand trübt. Sein Laster ist die übermäßige Reizbarkeit zu heftig geäußertem Widerspruch.

Der cholerische Untertypus des rasch und stürmisch aufflammenden »Bluts« hat heftige, aber mehr oder weniger organisch abgerundete

Körperbewegungen. In seiner Kopfform verbindet sich typischerweise das Abgerundete mit dem Höckrigen. Sein Nasenende ist warm geschwellt, manchmal fleischig dick, oft auch von überstarkem Blutandrang gerötet. Die Nasenflügel verraten die Neigung, sich zu blähen und heftig (leidenschaftlich) zu spannen. Die Wangen sind fleischig-sehnig, gut durchblutet und straff, oft sind sie von den drängenden Spannungen hitziger Triebe tief gefurcht und ruinenhaft ausgehöhlt. Die Augen glitzern feurig und drängen eher nach vorne, als daß sie tief liegen; vom starken Blutandrang heftiger Leidenschaften sind im Augapfel häufig Äderchen geplatzt. Die Augenlider wurden vom Blutandrang überdehnt und hängend. Die Brauen sind eher wirr und gesträubt als glatt, dazwischen stehen steile, tiefe Falten.

Auch bei cholerischen Willensmenschen stehen steile Falten über der Nasenwurzel, aber sie sind (wie die Wangenfurchen und alle Falten) schärfer, härter. Seine Augen sprühen, aber man denkt dabei eher an das Glitzern besonnten Eises oder das Funkenstieben geschlagenen Granits als an lodernde Flammen. Das Nasenende ist nicht warm abgerundet, sondern eher hart (wutschnaubend) gebläht, seine Flügel sind kraftvoll, aber härter gespannt. Das Nasenbein kann knotig und klobig, derb oder scharfkantig sein, oft ist es jäh gehöckert. Der Unterkiefer ist typischerweise vorgeschoben – entweder klobig, hoch und kinnlos, oder das Kinn ist vorgewölbt, vielleicht auch hexenhaft spitz vorschießend. Das ganze Gesicht im Extrem: zackig, zerklüftet, hart, knollig und klobig. Die Profillinie ist nicht, wie beim Sanguiniker fließend, sondern stokkend und schießend. Der Gang ist stoßend, schleudernd, stampfend und zackig; die Kopfform dementsprechend: eckig, steil, höckerig.

Das Gesicht des cholerischen Intellektuellen unterscheidet sich von dem des cholerischen Willensmenschen durch ein feineres Knochengerüst. Es ist weniger zerklüftet und (oft) von der Stirne beherrscht. Das Nasenende ist schlecht durchblutet oder bebend gebläht und vielleicht zugespitzt. Die (kargen) Nasenflügel sind scharf gespannt.

Siehe die Abbildungen 2 (Donna Isabel), 13 (Liselotte von der Pfalz), 37 (Goya), 38 (von Eck), 39 (Björnson), 40 (Julius II.), 41 (Knigge), 42 (Imhoff), 49 (Bauer von der Rauhen Alb), 60–62 (Bismarck), 64 (MacArthur), 68 (Danton), 69 (Stein), 80 (Cosimo de Medici) und die dazu gehörenden Texte.

Der Sanguiniker reagiert mit Vorliebe auf das Erfreuliche, der Melancholiker auf das Traurige. Der Phlegmatiker ist weder für Lust- noch Unlustreize besonders empfänglich, sondern gleichmütig und »kaltblütig«. Er ist eher unter- als überempfindlich, also auch schwer erregbar. Der Ablauf seiner seelischen Funktionen ist langsam und gleichmäßig. Ohne Sprünge, zögernd gehen bei ihm die Erregungen über in den Ausbruch und in die Handlung, dafür aber sind sie oft sehr ausdauernd. Meist ist der Phlegmatiker ruhig und besonnen in seinem Verhalten, weder verletzend unfreundlich noch heftig werbend; nicht geschwätzig-gesellig und nicht menschenfeindlich schweigsam, oft aber »maulfaul«.

Unter den Phlegmatikern findet man Menschen mit »eisernen Nerven«; sie werden durch nichts erschüttert und bewahren auch in gefährlichen Situationen die Ruhe, und zwar ohne besonderes Bemühen um Selbstbeherrschung – einfach, weil der matte Spiegel nicht grell aufblinkt, auch wenn ihn die Sonne bescheint.

Der Phlegmatiker ist kein leidenschaftlicher Liebhaber, aber vielleicht sehr treu. Seine Anhänglichkeit wurzelt allerdings weniger in der Bindekraft warmen Gefühls als in schwacher Zugänglichkeit für neue Reize und in Trägheit. Auch als Kämpfer gehört er nicht zu den Attackenreitern, die im feurigen Ansturm siegen, sondern eher zu denen, die beharren oder fast unmerklich, Schritt um Schritt, vorwärtsgehen, stetig und geduldig.

Dem Phlegmatiker wird es leichter, objektiv zu urteilen, als dem Melancholiker, der gerne schwarz, und als dem Sanguiniker, der gerne rosig färbt. Der Phlegmatiker neigt zum nüchternen Beobachten und Sammeln von Tatsachen und zu deren sachlicher Wiedergabe – im Gegensatz zum grüblerisch-kritischen oder ins Reich der Ideen sich erhebenden Melancholiker und zum geistreich (oft aber auch unzuverlässig) kombinierenden und witzig (oft aber auch bedenkenlos) mit Worten spielenden Sanguiniker. Ein typischer Phlegmatiker war der schwäbische Hutmacher, der, von einem Kunden nach dem Unterschied zwischen zwei Hüten gefragt, antwortete: »Ha no, dös isch a Huat, und dös isch a Huat.«

Es entspricht dem phlegmatischen Wesen, die Welt zu nehmen, wie sie nun einmal ist, und sie zu lassen, wie er sie vorfindet. Er ist also im allgemeinen kein Weltverbesserer, kein Revolutionär und kein Märtyrer. Er bejaht das Gewohnte, Althergebrachte, ist also konservativ. Wie mit dem Staat und der »Welt«, ist er leicht zufrieden mit sich, seinem Besitz, seiner Frau und seinen Kindern.

Auch der Sanguiniker nimmt die Welt, wie sie ist, aber seine Zufriedenheit ist lebendiger, sie ist nicht nur ein ruhiges Hinnehmen, sondern freudige Zustimmung. Außerdem neigt er zur Abwechslung und Veränderung, zum Neuen und zum »Modernen«, weil er frische Reize liebt.

Der Sanguiniker ist flüchtig und rasch, der Phlegmatiker ausdauernd, anhänglich und langsam – aber in einem anderen Sinn langsam als der Melancholiker. Dieser ist es aus bedrücktem, beschwertem Gefühl. Ihm ist es vielleicht, als könnte auch er aufjauchzend ins Leben stürmen, wenn er nur seine Trauer abzuschütteln vermöchte. Er ist wie die Teilnehmer eines Trauerzuges, deren Lebenstempo durch den verkrampften Schmerz stockt; der Phlegmatiker dagegen ist wie eine Schnecke, die auch bei guter Gesundheit und unbeschwerter Laune langsam kriecht.

Je nachdem, ob die Willens-, die Empfindungs- oder die Gefühlsseite stärker entwickelt ist, liebt der Phlegmatiker die ruhige, gleichmäßige, mehr Geduld, Bedachtsamkeit und Ausdauer als Schwung und Wendigkeit erfordernde Tätigkeit oder ein stilles, behäbiges Leben im Kreis der Familie und der Freunde, oder auch beides.

Geht die schwere Erregbarkeit des Phlegmatikers in Stumpfheit über, dann reagiert er nicht mehr langsam und ruhig, sondern wird wie der Melancholiker, in dem die Empfänglichkeit für Lust- und Unlustreize erstorben ist: völlig gleichgültig. Unbeteiligt sieht er das Sinnlich-Lockende, unbewegt nimmt er vom Unrecht Kenntnis, das anderen, vielleicht sogar ihm selbst geschieht. Stumpf läßt er sich bestrafen, wenn er seine Pflicht aus Gleichgültigkeit nicht erfüllte, roboterhaft vollzieht er die Befehle seines Herrn, vielleicht sogar, wenn sie verbrecherisch sind. Taub gegen Schmerzen, erträgt er die Schläge des Schicksals und mitleidlos sieht er vielleicht seine eigenen Kinder verkommen.

Der Sanguiniker bleibt schlank, weil das Blut in ihm rasch pulsiert und die Drüsen lebhaft arbeiten. Der Phlegmatiker neigt zu Verfettung und »Verschleimung«. Viele Phlegmatiker haben noch im Alter ein faltenloses, rosiges oder blasses »Kindergesicht«.

Der Sanguiniker geht elastisch, der Melancholiker schleppend, der Choleriker stampfend und vorschießend; die Bewegungen des Phlegmatikers sind behäbig, ruhig und träge, weich-schleppend (watschelnd) oder hart-schwerfällig, gleichmäßig (mit Neigung zum Drehenden, Schiebenden oder schiffartig Schaukelnden). Seine Kopfform ist rundlich-breit oder wuchtig-breit.

Bei dem phlegmatischen Willenstypus (dem Menschen mit eher ausdauerndem als jähem, eher trotzig-standhaltendem als aggressivem Willen) sind der Ober- und Unterkiefer hart, breit und schwer oder sogar wuchtig. Der Empfindungs- und Gefühlstypus (der Mensch, der gerne ausdauernd, wenn auch ohne rechte Freude, ißt und trinkt) neigt zur Verfettung (Schweinsäuglein, Hängebacken, Doppelkinn, Specknacken). Beide haben eher blasse als feurigrote Lippen und ein abgerundetes Nasenende. Ihre Haut ist manchmal käsig, schwammig, teigig oder (bei Menschen mit »eisernen Nerven«) schwartenhaft. Beim typischen Phlegmatiker liegen die Augen flach, drängen aber nicht nach vorne wie beim Choleriker mit seinen heftigen und beim Sanguiniker mit seinen sanften Blutwallungen. Bei sehr vielen Melancholikern liegen die Augen tief, sei es, weil Unlustgefühle ihr von Anfang an mehr oder weniger karges Wesen auszehrte und zusammenzog, oder, weil sie gewohnt sind, Stirnhaut und Brauen in besorgtem oder kritischem Nachdenken herabzuziehen, wodurch ein Druck auf die Augen entsteht.

Die Augen selbst sind beim Phlegmatiker fischig, wässerig oder regentümpeltrüb, jedenfalls ohne Feuer. Sie blicken schläfrig oder ruhig, müde oder schwer beweglich, fest, gleichgültig, gelassen oder unerschütterlich.

Siehe die Abbildungen 4 (Masurin), 43 (Lübke), 44 (Amundsen), 45 (Humboldt), 46 (Hindenburg), 48 (Badenser), 51 (Bauer aus der Lüneburger Heide) und die dazu gehörenden physiognomischen Skizzen.

Physiognomische Skizzen

Abbildung 1 Elisabeth Bergner: Die Lippen sind kindlich locker gefügt, aber nicht schwellend von lustvoller Durchblutung. Sie verlaufen in sensiblen Strichen. Das Gesicht von Schauspielern ist typischerweise umfangreich, bei Elisabeth Bergner aber kindlich klein und fein. Es ist kühl und zart. Und es verrät eine Seele, die, da sie leicht verletzlich ist, vor der rauhen Wirklichkeit zurückscheut in die Welt der Träume und der Kunst. Ausdruck dieser Weltflucht ist die für Elisabeth Bergner charakteristische Neigung, eine Schulter hochzuziehen, als wolle sie den Kopf darunter verbergen. Diese Scheu macht sie eigentlich zur Nicht-Schauspielerin – und ihr besonderer Reiz als Schauspielerin ist gerade, daß sie nicht ins grelle Rampenlicht, sondern sich verbergen möchte.

Abbildung 2 Donna Isabel, von Goya, und Abbildung 3 Amme, von Franz Hals: Beide Frauen haben ein gut durchblutetes Gesicht – einen vollen Mund, ein fleischiges Nasenende und sinnliche Augen. Bei der Spanierin sind die Lippen »blutig« von ausschweifender Wollust, und das Nasenende hat die lockere Fülle, gleißende Glätte und hitzige Zartheit, die man oft bei Menschen findet, die nur dem sinnlichen Genuß leben und alle härtenden Anstrengungen der Arbeit meiden. Das Nasenende der Holländerin ist derb-fleischig, die Wangen fügen sich dem Lächeln nicht geschmeidig, sondern bilden Wülste, die besonders über den (kräftig entwickelten) Jochbeinen auffallen. Der Mund ist von lustvollen Blutwallungen schwellend, aber nicht so wollüstig geschweift und reizbar gespannt, sondern dicker, derber. Die Augen der Amme sind warm und mild, die der Spanierin raubkatzenhaft groß und leuchtend: Begehrliche Glut (der Sinne) mischt sich in ihnen mit grausamer Kälte (der Seele).

Beide Frauen sind sehr vital. Die Amme ist es auf bäuerische Art, sie ist leicht und mit naturhaft-einfachen (deftigen) Genüssen zu befriedigen.

Die Sinne Donna Isabels sind unersättlich und suchen die intensivste, hitzigste Lust. Genuß stillt sie nicht, sondern macht sie nur brennender, sie suchen die Wollust der Raserei, der fleischigen und zerfleischenden Raserei. Donna Isabel will genießen und als schöngeputzte Liebesgöttin umschmeichelt werden. Treue und Liebe im tieferen Sinn kennt sie nicht. Ihre leidenschaftliche Zuneigung schlägt rasch in die Leidenschaft des Hasses um.

Die Amme mit den milden Augen ist ihrer Familie und ihren Nachbarn in herzlicher Gemütswärme treu verbunden und lebt deren Freuden und Leiden mit, als seien es ihre eigenen. Sie will eher geben als nehmen, eher fraulich-mütterlich umhüten, als für sich sorgen. Bei der Arbeit wie beim Tanz hat sie eine harmlose Fröhlichkeit, die sich manchmal zu schwerfällig-unbändiger, kreischend-lachender Lebensfreude steigert.

Abbildung 4 Masurin und Abbildung 5 Tibetanerin: Elisabeth Bergner ist sensibel-schüchtern, Donna Isabel feurig-begehrlich, auf die Amme paßt, was auf den Phlegmatiker allgemein zutrifft: Sie ist anhänglich und langsam..., liebt die ruhige, gleichmäßige, mehr Geduld, Bedachtsamkeit und Ausdauer als Schwung und Wendigkeit erfordernde Tätigkeit und ein stilles, behäbiges Leben im Kreis der Familie – der sie dient und Wärme gibt. Auf die Masurin läßt sich ein anderer Satz aus der Schilderung des Phlegmatikers anwenden: Geht die schwere Erregbarkeit des Phlegmatikers in Stumpfheit über, dann reagiert er nicht mehr langsam und ruhig, sondern er ist sowohl Lust- als auch Unlustreizen gegenüber mehr oder weniger unempfindlich. Stumpf erträgt diese Frau ihr Schicksal und die Ungerechtigkeiten, die ihr und anderen geschehen. Stumpf tut sie die Arbeit, die ihr befohlen wird. Stumpf läßt sie sich bestrafen, wenn sie ihre Pflicht nicht erfüllte (nicht aus Rebellion, sondern einfach, weil die Wirkung des Befehls erloschen war). Sie ist nicht ohne Trotz, hat aber nicht den Schwung, »aufzumukken«. Am wenigsten stumpf ist sie beim sinnlichen Genuß, wobei das Quantum für sie sehr viel wichtiger ist als die Qualität. Ihr Genießen ist ohne durchkostende Feinfühligkeit und ohne Zärtlichkeit. Die knollige Nase und der dicke, derbfleischige Mund sind wie aus Kartoffeln geschnitten und verraten primitive, grobe Sinnlichkeit, Stumpfheit gegen die feineren Reize des Empfindens, völligen Mangel an Takt und Spürsinn. Der Blick ist mißtrauisch versteckt, die Nase-Mund-Linie von harten, groben Spannungen des Genießens, Arbeitens und des verbissenen Trotzes geprägt. Die kindlich-bogige Stirn hängt von der kopfhängerischen Haltung hoffnungsloser Gleichgültigkeit gegen die Umwelt und gelegentlichem dumpfen Brüten etwas vor.

Die Stirn der Tibetanerin ist eingeengt, wie man das oft bei primitiven Menschen findet (geringe Entwicklung des Vorderhirns und damit des Bewußtseins und des Verstandes), außerdem ist sie von schwartenhafter Haut bedeckt, die von vielen, raschen, mehr instinktiv triebhaften als intellektuell klaren Überlegungen wirr zerfurcht wurde. Während die Masurin dumpf dahinlebt, hat die Tibetanerin zwar keinen entwickelten, aber einen wach gewordenen Verstand, den ein sehr lebendiger, listiger Instinkt unterstützt. Das verraten die Augen, die sich, verschmitzt und zu wieselhaft raschen Reaktionen bereit, hinter verkniffenen Lidern verbergen. Die Wangen sind zäh-sehnig, der Mund wie ein Schlitz, der vor allem, zweckhaft, der Nahrungsaufnahme, kaum dem Durchkosten dient. Die dick- und derblippige Masurin ist zwar ohne die fraulichen Gefühlskräfte der Amme, aber das Sinnliche (im derben, oberflächlichen Sinn) ist immerhin ihre Hauptkraft. Bei der Tibetanerin ist es der Wille – ein zu trotzigem Widerstand und grausamem Gegenschlag rasch und heftig reizbarer Wille. Außer den Augen verraten dies die wulstigen Jochbeine, die wie zwei hartschalige Kokosnüsse neben der niederen, roh-knotigen Nase hängen. Die Masurin tapst fast wehrlos durch ihr armseliges Leben, die Tibetanerin schleicht sich listig und grausam wie ein beutegieriges Raubtier durchs Gestrüpp. Ihr ganzes Gesicht ist Erscheinung einer urweltlich wilden, zum Ertragen primitiver Nöte fähigen Seele. Ihre Hauptkraft ist der zäh ausdauernde und rasch reagierende, rohe und listige Selbsterhaltungstrieb.

Abbildung 6 Elisabeth I. von England und Abbildung 7 Luise von Preußen: Das Gesicht von Königin Luise ist gut, das Gesicht von Königin Elisabeth weit weniger gut durchblutet: Unlustgefühle prägten das Gesicht der englischen, Lustgefühle das der preußischen Königin. Betrachten wir zunächst deren (sanguinisch-flüssiges) Gesicht: Anmut und Adel der Empfindung, Zärtlichkeit und sensible Wollust kommen in den rein und edel geformten, fest und doch graziös-spannungsvoll angesetzten Nasenflügeln zum Ausdruck, dem schöngebildeten, um ein Geringes zu dicken Mund, dessen Unterlippe Genußfreude verrät, und dem weiblich-kleinen, von feinem Fleisch überdeckten Kinn. In den Wangen: sanfte Hingabe und das Bedürfnis der zarten Kinder- und Frauenseelen, gestreichelt und umschmeichelt zu werden. Die Brauen sind schauend hochgewölbt. Schaufreude auch in den Augen, sie glänzen feucht und haben große Pupillen – was auf Naivität, Phantasie und schwärmerische Gefühle deutet.

Bei Königin Elisabeth sind die Augen trockener und kälter, die Lippen zwar wollüstig-begehrlich, aber mehr wählerisch als triebstark. Die männlich gehöckerte Nase und die hohe, in Wirklichkeitsbezogenheit zurückgeneigte Stirn beherrschen das Gesicht. Dieser Mund liebte die sinnliche Schönheit des Grafen Essex, aber der harte, von Grausamkeit nicht freie Wille und die politische Klugheit waren stärker und erzwangen seine Hinrichtung. Bei diesem Sieg über das Gefühl wirkten auch die böse Laune und der Neid der häßlichen Frau mit, die Rebellion des Mannweibes gegen die (sexuelle) Abhängigkeit von einem Mann und die Angst vor dem Beliebteren. Elisabeths Gesicht ist seltsam widerspruchsvoll. In ihm mischen sich das Geducktsein des Schwächlichen und ein sehr starkes Selbstbewußtsein, feige Bereitschaft, sich den

Verhältnissen zu unterwerfen, und der herrschsüchtige Wille, sich vorbehaltlos durchzusetzen, heimlich nehmende, geschickt lavierende List und die Neigung, männlich derb und offen zuzupacken, sparsame, krämerische Kleinlichkeit und königliche Großartigkeit. Diese Widersprüche drücken sich vor allem im Auge und in der Disharmonie zwischen dem fuchshaft zugespitzten, schwächlichen Untergesicht und der männlich-kraftvollen großen Nase aus, die allerdings unten etwas zu spitz, zu kleinlich rechnerisch geriet.

Bei Königin Elisabeth waren der realpolitische Verstand und der herrschsüchtige Wille vorwiegend, bei Königin Luise zärtliche Gefühle und genußfreudige Empfindungen. Selten ist ein reiches Gefühlsleben mit starkem Verstand verbunden. Beide behindern sich gegenseitig in der Entwicklung. Der Königin von Preußen fehlte, im Gegensatz zu Elisabeth, die Gabe kalter Erkenntnis und sachlicher Berechnung, ohne die man sich auf dem klüftereichen Gebiet der Politik kaum bewegen kann. Im Kreis der Familie und der Freunde konnte sie sich liebenswürdig anpassen – soweit es ihr nicht ohnedies gelang, die Umwelt durch ihr anmutiges Benehmen, ihre weiche, melodische Stimme und ihre Schönheit für sich zu gewinnen. Aber das Kräftespiel der Staaten mit seinen schwankenden Möglichkeiten vermochte sie nicht zu überschauen und die jeweiligen Motive der Staatsmänner nicht zu erkennen, verstehen und richtig zu werten. Die übertriebenen Hoffnungen, die sie auf den bewunderten Zaren Alexander setzte, und die Empörung über seine politische »Untreue«, der Haß gegen Napoleon und die Versuche, ihn umzustimmen, die plötzlich erwachte Liebe zu den »armen Österreichern« und die bittere Empörung, daß die Habsburger bereit waren, die Kaisertochter mit dem verachteten Emporkömmling zu verheiraten – all dies waren naive und zum Teil sehr peinliche Reaktionen einer gefühlvollen Frau. Ihr Unglück war es, durch Umstände, vor allem dadurch, daß ihr Mann kein Staatsmann war, zu einer Tätigkeit veranlaßt zu werden, für die ihr nicht nur die intellektuellen Fähigkeiten, sondern auch die charakterlichen Eigenschaften fehlten, die guten wie die negativen.

Abbildung 8 Königin Charlotte von England: Die Augen verbergen sich, zu raschen Reaktionen bereit, hinter halbgeschlossenen Lidern, aber ihre »List« gilt nicht wie bei der Tibetanerin dem Kampf der axtbewehrten Fäuste, sondern dem kokettierenden Liebesspiel. Sie schimmern und gleißen wie Perlmutter (wie man das oft bei Frauen mit

Sex-Appeal findet) und verraten außerdem einen klugen, wachen Verstand. Die Wangen sind (auch dies deutet auf erotische Kraft) glatt wie Email, die Nasenflügel von lustvoll spielerischen Gefühlen anmutig gespannt. Die sanft schwellenden, einander leicht berührenden, schön gebogenen Lippen verraten zärtliche, elastisch-lockere, nicht ausschweifende Genußfähigkeit. Die Stirn ist anmutig gewölbt, glatt und hell, sie ergänzt das Gesicht harmonisch. Man vergleiche sie mit der Stirn der Amme (Abbildung 3), die aus dickerer Schale plumper gewölbt, seitlich etwas eingeengt und im Verhältnis zu dem übrigen, sehr vitalen Gesicht etwas zu klein ist. Das Gesicht der Amme verrät einen auf das Häuslich-Handgreifliche beschränkten Verstand, das der Königin Charlotte die Klugheit der Salondame. Vor allem aber liegt über diesem (von Lust sanft durchbluteten, sanguinisch-glatten und gleitenden) Gesicht der Schmelz und der Glanz heiterer, zärtlicher Gefühle. (Ich besprach Gainsboroughs Porträt, nicht die wirkliche Erscheinung der englischen Königin; aus anderen Bildnissen ist zu schließen, daß sie viel weniger schön und edel war.)

Abbildung 9 Liselotte Pulver: Bei Königin Charlotte wird das Sanguinisch-Leichtflüssige, wohl beherrscht, zur spielerischen Überlegenheit der Salondame. Liselotte Pulver ist naiver, ihr Temperament reizbarer, leichter enthemmt, sprudelnder. Sie ist fröhlich und lustig wie die Kinder, die überall einen Grund zum Lachen finden, immer darauf aus sind, sich und andere durch schelmische Streiche, koboldhafte Umtriebe und Neckereien zum Lachen zu bringen. Sie liebt es, ihre Lustigkeit ins Burschikose zu übertreiben und Rollen zu gestalten, auf die der folgende Satz aus unserer Charakterisierung des Sanguinikers paßt: »Er ist unternehmungslustig und waghalsig, begierig nach Sinnes- und Gefühlsreizungen, lebensoffen, gesellig und gesprächig, oft auch, da er eher zu schwache als zu starke Hemmungen hat, aufdringlich, vorlaut, geschwätzig und taktlos. Infolge seiner leichten Erregbarkeit neigt er dazu, durch unbedachte Worte und Taten zu verletzen.«

Bei Betrachtung des locker fließenden Gesichts Liselotte Pulvers spürt man, daß sie Lust empfindet. Wie der Mürrische murren, will sie lustig sein, sich dem Lachreiz hingeben und nicht salondamenhaft beherrscht mit ihm spielen, sondern ihn koboldhaft auskosten. Insofern ist der ziemlich weit, aber anmutig geöffnete, ohne Hemmungen lachende Mund für sie ebenso charakteristisch wie für die Salondame der locker gefügte, lächelnde Mund des vorigen Bildes. Bei beiden

Damen verraten die Augen einen wachen, rasch reagierenden Verstand, bei der Salondame ist der Blick, wie wir wissen, kokettierend-beobachtend, bei Liselotte Pulver etwas schelmisch und (ihre Wirkung) beobachtend, also nicht ganz so frei lachend wie der Mund.

Abbildung 10: Lola Montez, die König Ludwig I. von Bayern becircte: Der ziemlich hohe und scharfkantige Nasenhöcker verrät zielbewußten Selbstdurchsetzungswillen. Die Lippen sind ohne Wärme und ohne liebende Genußfreude, die Wangen glatt und kalt. In Verbindung mit den weißgrauen, faszinierenden Augen geben die starken Jochbeine dem Gesicht etwas Grausames. In den Augen Donna Isabels ist seelische Kälte mit sinnlicher Glut gemischt, die Augen der Tänzerin haben nur die Blankheit des Eises. Lola Montez spielte mit der Liebe. Und dieses Spielen war ihr teils Ersatz für die Liebesunfähigkeit, teils Mittel zur Macht und zur Befriedigung ihrer Eitelkeit und ihrer Luxusbedürfnisse. Königin Elisabeth erzwang sich Liebe (oder das Stillen ihrer Lüste) durch die Macht des Thrones; Lola Montez kam zur Macht, da ihre Schönheit Liebe weckte und sie selbst unbefangen blieb.

Abbildung 11 Greta Garbo: Daß Frauen, die selbst nicht lieben, Liebe wecken: Ist es ihr ebenmäßiges Gesicht, ihre kristallklare Kälte, die besonders den hitzigen Mann reizt? Ist es der Hauch jungfräulicher Unberührtheit, der bei manchen Frauen erhalten bleibt – trotz vieler »Liebes«-Nächte? Vielleicht liegt die Lösung des Problems in jenem triumphierenden Ausruf einer widerstrebend bezwungenen Frau: »Meine Seele hast du doch nicht gehabt!« Greta Garbo wurde berühmt in einer nach sexuellen Genüssen gierigen Welt, nicht weil sie selbst leidenschaftlich war, sondern weil sie, die Blasse mit den kühlen Lippen und den klaren leidenschaftslosen Augen es verstand, eine schöne Traumgestalt erotischer Reinheit darzustellen.

Abbildung 12 Alternde Frau: Nach einer schweren Jugend wurde dieser Frau von ihrer verbitterten Mutter auf dem Sterbebett das Versprechen abgenommen, nie zu heiraten. Sie flüchtete in das Reich der Träume, Sehnsüchte und Ideen und unterdrückte ihre Empfindungen und Gefühle. Oft war sie so sehr in ihre übersinnliche Welt versponnen, daß sie auf Anrufe aus der Wirklichkeit unwirsch oder, als sei sie taub, überhaupt nicht reagierte. Ihr Blick ist lebensmüde und starr und sehnsüchtig in erträumte Fernen gerichtet, der Mund blaß, schmal, erstorben und vergrämt etwas nach unten gebogen. Falten der Bitterkeit ziehen vom Nasenende (das wie das Kinn auf keine schwächliche Anlage deutet) durch die blassen, schlecht durchbluteten Wangen. Die Stirne ist seitlich etwas eingeengt und grüblerisch steil.

Abbildung 13 Liselotte von der Pfalz: Diese kraftstrotzende (sanguinisch-cholerische) Frau ist bereit, rasch zuzufassen, um, ohne besonderes Zartgefühl, zu helfen, aber auch, um derb zuzuschlagen. Sie ist heiter und gesellig, mitteilungsbedürftig und teilnehmend auf oberflächliche Art, aber nicht menschenfreundlich im tieferen Sinn. Der schmale, harte (im Verhältnis zu dem übrigen massigen Kopf zu kleine) Mund, dessen linker Winkel vielleicht von der Neigung, den Eckzahn verächtlich zu entblößen, etwas hochgezogen ist, deutet auf boshafte, spottlustige Härte, das knollige Nasenende in Verbindung mit dem Vordrängen der Augen und dem Bauernmagd-Prallen und -Drallen des ganzen Kopfes auf rüpelhafte Zornausbrüche. Die heiter-kalten Augen sind nicht nur aus lebhafter, neugieriger Freude an der bunten Vielfalt der Welt aufmerksam, sondern auch, weil Liselotte nach den Schwächen der Menschen sucht, um über sie zu lachen und sich »fühlen« zu können. Auch aus der Kopfhaltung spricht Geltungsbedürfnis. Das breit niederdrückende und hart vorstoßende Kinn würde besser in ein Männergesicht passen und verrät die kampflustige Willenskraft der Prinzessin, die gar zu gern ein Junge gewesen, als Kind lieber mit Degen und Flinten umgegangen wäre als mit Puppen, am französischen Hof Ärgernis erregte, weil sie immer im Jagdkleid erschien, und von ihrem kleinen Gatten, Herzog Philipp, dem Bruder Ludwigs XIV., als »häßliche Dorftrampel« beschimpft wurde.

Abbildung 14 Kurt Georg Kiesinger: Ich wiederhole einiges über das typische Aussehen des Sanguinikers: »Die Form seines Gehirnschädels ist... ohne scharfe Kanten und schroffe Steilheiten. Er trägt den Kopf heiter aufnahmebereit zurückgeneigt, wodurch die Stirne eher fliehend als steil wird. Sie ist außerdem eher gegen die Mitte gewölbt als flach und breit. Die Knochenteile des Gesichts sind ohne scharfe Knicke, Kanten und Wülste, die Fleischteile von heiteren Lustgefühlen sanft schwellend und durchwärmt. Die Lippen des heiteren Lebensgenießers sind locker gefügt und lächelnd gebogen, schwellend, aber nicht zu voll und nicht zu dünn. Der Blick gleitet rasch und lebhaft, er ist schauend weltoffen, nicht punkthaft konzentriert. Die Augen sind mehr oder weniger feucht, oft gleißend, eher strahlend als matt und eher flach als tiefliegend, die Brauen eher schauend hochgewölbt als kritisch herabgezogen. Die Wangen wölben sich mehr oder weniger ebenmäßig, sind glatt und haben oft einen prickelnden Glanz. Die Fleischteile sind gut durchblutet und runden das (im allgemeinen eher schmale als breite) Gesicht ebenmäßig ab.« Bei Kiesinger ist das Nasenbein geschmeidig gebogen, das Nasenende bei ihm, der einst davon träumte, »ein deutscher Dichter zu werden«, sensibel. Sensibler, als dies für einen Politiker in vielen Situationen vorteilhaft ist. (Weshalb Konrad Adenauer feststellte: »Herr Kiesinger, Sie haben eine zu dünne Haut. Sie müssen sich ein dickeres Fell anschaffen!«) Die Augen verraten hellen, lebenstüchtigen Verstand und elastischen, freundlichen Durchsetzungswillen. Sie lächeln schelmisch, wie die heiter und fein genießerischen Lippen, und liegen nicht nur flach, wie es für den Sanguiniker typisch ist, sondern haben – wie z. B. die Augen Briands, Abbildung 73 – auch das (nur für den erfahrenen Blick erkennbare) konzentriert Vordrängende des Redners. (Auf späteren Bildern wird das Rednerische noch deutlicher spürbar.) Das sensibel-zartfleischige linke Lid wurde vom Blutandrang temperamentvollen Redens und überhaupt vom Andrang des leicht erregbaren Bluts überdehnt. Daß es so weit über das Auge herabhängt, mag auch mit der diplomatischen Neigung zusammenhängen, den Blick zu verbergen. Die linke Braue wurde in freundlich-spöttischem Scherzen hochgezogen. Sanguinische Lust am Lachen grub deutliche Spuren in die Wangen. Das Läppchen des verhältnismäßig kleinen Ohrs ist ein schwellendes vitales Polster. Das Kinn breit, hart, gespalten und (was auf späteren Bildern deutlicher wird) energisch vorwärtsdrängend und etwas niederdrückend. Der Selbstdurchsetzungswille, erkennbar am Kinn und am Blick, unterstützt vom lebenstüchtigen Verstand, trieb Kiesinger, als er am Scheideweg zwischen heiterer Poesie und Politik stand, auf den steinigen Pfad zum Bundeskanzleramt.

Das ganze Gesicht verrät Elastizität, leichten Fluß der Erregungen des Empfindens, Willens und Verstands und die sonnige Freundlichkeit des Sanguinikers, die, wie spätere Bilder zeigen, bei Kiesinger oft zur »gewinnenden« Maske wird, hinter der sich ein deftiger Selbstdurchsetzungswille gut oder schlecht verbirgt.

Das sanguinische Temperament mit seiner Konzilianz und seiner Neigung, Gegensätze weniger tief zu erleben und optimistischerweise weniger ernst zu nehmen als die meisten Melancholiker, mag eine der

Voraussetzungen dafür sein, daß Kiesinger Kanzler einer Koalition zwischen CDU/CSU und SPD wurde. Womit aber nicht gesagt sein soll, es sei ausschließlich ein Hang der Sanguiniker, eine starke Opposition dadurch zu schwächen, daß man sie an der Regierung beteiligt.

Sanguinisch ist Kiesingers Schlagfertigkeit und Wendigkeit. Sanguinisch das Flüssige seiner Reden. Man denke etwa an Herbert Wehners stockend-explosive (cholerische) Sprechweise. Typisch für den Sanguiniker, der immer das Angenehme sucht, ist auch, daß Kiesinger von sich sagte: »Ich mag einfach keine grimmigen Gesichter, weder bei anderen noch bei mir.« Das grimmige Gesicht paßt allerdings schlecht zu ihm, wie wir während und nach der Bundestagswahl 1969 gesehen haben. Wenn er, der Sensible, als Wahlredner den harten Kämpfer spielte, wild wetterte und mit den Knöcheln brutal auf das Pult klopfte, wirkte er unecht, krampfig, oft auch bösartig – wie ein Bonvivant, der die Rolle eines Bösewichts spielen muß.

Sanguinisch ist, daß er das Aktenstudium nicht schätzt und es vorzog, sich als Kanzler Vorträge halten zu lassen, weshalb seine Mitarbeiter ihn einen »Hörkanzler« nannten; ferner seine (ganz unschwäbische) Vorliebe für Repräsentation. Als Ministerpräsident von Baden-Württemberg hat er den bisherigen Repräsentationsfonds mehr als verdoppelt. Er wollte, sagte er seinen Kritikern, seinen Staat nicht nur verwalten, sondern auch »Staat machen«. Sanguinisch ist, daß er zwar selbstbewußt, aber auch, wie alle Eitlen, sehr abhängig von der Meinung seiner Umwelt ist.

Typisch für den Sanguiniker ist, daß er harte Auseinandersetzungen meidet, indem er, der vom Regierungssprecher Conrad Ahlers als »wandernder Vermittlungsausschuß« bezeichnet wurde, gerne Kompromisse schließt – daß er ausweicht, vertagt, manipuliert –, daß er strittige Probleme ausklammert oder elegant darumherum redet, statt sie zu lösen. Er selbst antwortete auf den Vorwurf, er sei ein Zauderer, er wolle gelassen prüfen, bevor er sich entscheide. Einerseits ein sanguinischer Kunktator, war er andererseits sanguinisch voreilig, als er, statt sich, der politischen Klugheit entsprechend, so lange wie möglich für das frei zu halten, was eine andere Stunde vielleicht fordert, den Schwur tat, solange er Kanzler sei, werde die Mark nicht aufgewertet.

Sanguinisch unbedacht handelte er, als er der FDP (obwohl für den aufmerksamen Beobachter so gut wie sicher war, daß sie mit der SPD koalieren wolle) ein den Konkurrenten SPD unfair übertrumpfendes Angebot machte. Zu einem für das Ansehen seiner Partei schädlichen Zornausbruch gesteigert war seine sanguinische Erregbarkeit, als er der FDP nach deren Bündnis mit der SPD drohte, er werde sie aus den Landtagen und Stadträten »hinauskatapultieren«.

Typsich für den Sanguiniker, der das Dolcefarniente, den Genuß und die angenehme Übereinstimmung mit der Welt, nicht aber (im Gegensatz zu vielen Cholerikern und manchem Melancholiker) den Kampf liebt, ist Kiesingers Ausspruch: »Nur Dummköpfe oder Zyniker sind in diesem Geschäft (der Politik) glücklich gewesen.«

Abbildung 15 Christoph Martin Wieland: Des geistreichen Spötters, anmutigen Plauderers und vorurteilsfreien Genießers Augen sind hell und leicht vordrängend und liegen flach unter zartfleischigen Polstern und schauend hochgewölbten, auf geschmeidige Vitalität deutenden Brauen. Sie verraten einen klaren, weit-ausgespannten, aufnahme- und mitteilungsfreudigen, mit Elastizität über das Geschaute sich erhebenden, gewiß nicht tiefsinnigen, aber sehr wachen und wendigen Geist. Der Mund ist genußkräftig, locker gefügt und heiter-spöttisch geschwungen, die Stirn in Wirklichkeitsbezogenheit zurückgeneigt und klar, das Nasenende fleischig-sinnlich und der Nasenflügel von kräftigen Spannungen geprägt. In seiner Glätte, Flüssigkeit und teils feinen, teils derben Elastizität verrät das ganze Gesicht den Sanguiniker, der das Leben heiter überlegenen Geistes, anmutig, manchmal aber auch ausschweifend genießt.

Abbildung 16 Luis Trenker: Schon daß Trenker seiner Autobiographie den Titel »Alles gut gegangen« gab, weist auf den optimistischen Sanguiniker. Man kann auch sagen: Daß er mit allen Gefahren, Schwierigkeiten und Gemeinheiten so gut fertig geworden ist, verdankt er seinem sanguinischen Temperament, das nicht übelnehmerisch nachträgt und sich nicht verbiestert. Sanguinisch ist die Unruhe in ihm, die ihn keine »dicken Bretter« bohren läßt, aber unternehmungsfreudig von Plan zu Plan, elastisch von Tat zu Tat eilen und viele Berufe ausüben ließ. Er, der Tiroler Kirchenmalersohn, war oder ist Hütejunge, Brotausträger für einen Bäckermeister, Rucksackträger für Touristen, Bergführer, Skilehrer, Architekt, Buchautor, Filmschauspieler, Regisseur, Filmautor, frei vortragender Geschichtenerzähler, und vor allem äußert sich die sanguinische Unruhe des Willens bei ihm in der

»Freude an der Bewegung in den Bergen«. Das »Gipfelglück« zu erleben, gibt seinem Bewegungsdrang das liebste Ziel. Daß er immer wieder vom Ballast und Dunst der Täler frei wird und nach hartem, gefahrvollem Aufstieg in die Freiheit und Weite der Bergeshöhen erleichtert aufatmet, das erhält ihm die sanguinische Elastizität, die bei den meisten im Lauf des Lebens erlahmt.

Trenkers Bewegungsfreude ist nicht die des Tänzers, sondern des Bergsteigers, der seine sanguinische Reizbarkeit mit ihrer Neigung zum heiteren Leichtsinn beim Steigen sorgsam beherrschen muß und seinem Temperament erst am Gipfel die Zügel freigeben darf, was vielleicht mit einem jauchzenden Jodler geschieht. Dementsprechend ist das Gesicht nicht von leichten, anmutigen, sondern von elastisch gespannten Bewegungen geprägt. Nase und Kinn sind kräftig, ausdauernd und halb zielbewußt, halb instinktiv vorwärtsdrängend. Die gut durchbluteten und von tiefen Falten durchzogenen Wangen wurden vom kraftvollen Lachen und (wie die Nasenflügel) von starken Willensspannungen geprägt. Die Lippen sind nicht genießerisch wie bei den sanguinischen Gefühls- und Empfindungsmenschen, aber gewiß auch nicht asketisch. Die Augen wirken lustig, naturburschenhaft lebensklug, schalkhaft, rasch und wach. Auf Wachheit deutet auch die klare, hohe Stirn, die (sanguinisch) gegen die Mitte vorgewölbt und etwas zurückgeneigt ist. – Das Gesicht eines kraftvollen und munter beweglichen, elastisch vorwärtsdringenden, lebenstüchtigen und lustigen Mannes.

Abbildungen 17 und 17a d'Annunzio: Auf Abbildung 17 sind die Lippen hitzig schwellend und genußkräftig, in ihrer lockeren Berührung kommt Neigung zum differenziertesten Genuß des »Fleisches« und der Worte zum Ausdruck und Selbstgenuß der Eitelkeit. Auf Eitelkeit deutet auch das hochgezwirbelte Schnurrbärtchen. Das Nasenbein ist gerade und elfenbeinglatt, das Nasenende weder tiernüsternartig einsaugend noch vorschnüffelnd, weder plump wie bei Denkträgen noch rechnerisch spitz: anmutig schmal und anmutig profiliert. Der Gehirnschädel ist im ganzen anmutig gewölbt. Der Kopf gehört einem spielerisch-elastischen, feurig-sinnlichen, eitlen Mann, der das Leben heiter genießt, aber auch über die Vergänglichkeit der Liebe nachdenkt und um das Trügerische des Glanzes und um die Ernüchterung nach der Berauschung weiß – dies verraten die Augen. Die warmen, dunklen, phantasievoll träumenden und aufmerksam schauenden, forschend abtastenden und von Erfahrungen vertieften und getrübten Augen. Wie oft bei Wortreichen, sind sie etwas vordrängend. Die Augenbraue ist gegen die Nasenwurzel emporgezogen, wie man das bei Menschen findet, die erwarten, daß man auf sie ganz besondere Rücksicht nehme. Die etwas zu steile Profillinie der klaren, glatten Stirn und ihre Versteifung am Übergang zum Scheitel deuten, wie die Hinterhauptlinie, die etwas weniger ausgewölbt ist, als dies für die elastisch-spielerische Menschenart typisch ist, auf des Dichters Neigung, sich vom Lebensgenuß abzuwenden und in der Phantasiewelt der eigenen Brust zu versinken – wobei der Gang unelastisch und der Kopf etwas gesenkt wird.

Das andere Bild (17a) zeigt den Dichter als den militärischen Aktivisten, der 1919/20 als Freischarführer die Internationalisierung des Hafens Fiume verhinderte. Die Unternehmungslust des Sanguinikers ist zum Pathos gesteigert, die Eitelkeit erstarrt zur Pose. Die Augen sind weit geöffnet und vordrängend, sie schauen in verhüllte Weiten, wie man dies von einem ganz großen Führer erwarten muß, sind aber eher dichterisch träumend als realistisch planend, eher von reicher Phantasie erfüllt als von täterischer Energie. (Man vergleiche mit Julius II., 40; Napoleon, 54; Mussolini, 57; MacArthur, 64.) Die sonst sensibel-genießerisch gefügten Lippen sind in posierter Anstrengung gepreßt, ohne daß sie sich zum Ausdruck kraftvoller Willensspannung fügen, die auf dem anderen Bild elegant glatten Wangen (für die Dauer der Pose) gefurcht – weich-geschmeidig gefurcht. Der Kopf ist mutig aktionsfreudig gehoben. Dadurch wurde der Höhepunkt des Scheitels (für die Dauer der Pose) etwas nach vorne verlagert, während er bei dem anderen Bild ungefähr in der Mitte liegt, wie dies für den anmutig-spielerischen Sanguiniker typisch ist.

Wie drückt sich der Charakter, den wir von den Bildern abgelesen haben, in d'Annunzios Dichtung aus? Ihre Grundzüge sind: das spielerische Springen von Beobachtung zu Beobachtung, das launische, man kann auch sagen willkürliche Wechseln von Thema zu Thema, das Häufen von Vergleichen, das ein Spielen mit den Dingen ist, die »Beweglichkeit des Geistes und die Leichtigkeit der Redegabe«, die d'Annunzio seinem Ebenbild Stelio Effrena (in dem Roman »Feuer«) nachrühmt, das Streben nach dem Glänzenden und nach formeller Vollendung und die Neigung zum Preziösen, zum Artistischen und Zeremoniellen. D'Annunzios Werke sind Ausdruck sanguinischer Lebensfreude und des unwiderstehlichen Verlangens nach Genuß, Ehre, Besitz, seiner Neigung, sich an Empfindungen und Gefühlen spielerisch zu berauschen, und seines Feuers, seines Reichtums an

Lebenskraft und seiner Klarheit. (Die Klarheit ist bei ihm vor allem Reife des Empfindens und Fühlens, weniger die Klarheit des Geistes.)

Abbildung 18 Alexander Moissi: Für den physiognomisch geschulten Blick ist gewiß, daß hinter der hell durchleuchteten, umfangreichen Stirn Wielands (Abbildung 15) öfter und ausdauernder gedacht wird als hinter Moissis nicht hoher, etwas eingeengter und sozusagen dämmeriger Stirn. Ebenso gewiß ist für den physiognomisch Geschulten, daß Moissis feinfleischiges, gut durchblutetes und zart abgerundetes Nasenende, seine warm durchblutete, locker gespannte Haut und seine seelenvoll-melancholischen Augen auf mehr Gefühl deuten als die Köpfe von Lola Montez (Abbildung 10) oder Fourier (Abbildung 22). Moissis Mund ist locker gefügt – ohne die gefühlsfeindlichen Einwirkungen des Willens und des Intellekts. Der Blick zeigt keine zielstrebige Konzentration, ist schwärmerisch etwas nach oben gedreht und »abwesend«, wie man das oft bei Menschen findet, die mehr mit dem Gehör als mit den Augen leben. Das Knochengerüst seines Gesichts ist zwar – im Gegensatz etwa zu den romantischen Dichtern Eichendorff und Novalis (Abbildung 20 und 93) – umfangreich, wie dies für den Schauspieler typisch ist, aber es ist gewiß nicht wie Granit, sondern eher wie lockerer Tuffstein. Moissis Wille paßte besser zu den ästhetischen Scheinkämpfen der Bühne als zum realen Kampf um Macht und Besitz. Hierzu fehlte ihm die widerstandsfähige und Widerstände zerbrechende Härte. Bezeichnenderweise war Moissis Nasenwurzel, wie die Eichendorffs, des jungen Negers, der jungen Lettin und Goethes, nur halbhoch – im Gegensatz zu Männern mit konzentriert durchhaltendem Willen, etwa zu Schiller, Yorck, Amundsen, Julius II., Fourier. (Vergleiche die Abbildungen 20, 89, 90, 98, mit 97, 63, 44, 40, 22.)

Für das wirkliche Leben war Moissis Seele zu weich, zu zart und zu sehr die Reinheit liebend. Das machte ihn melancholisch. Wer ihn spielen sah und hörte, weiß, daß Wehmut seine schöne Stimme durchklang – auch wenn er den verliebten Romeo verkörperte – und die auf diesem Bild festgehaltene traurig-müde Seitlich-Neigung des Kopfes für ihn typisch war.

Abbildung 19 Adalbert Stifter: Neigung zu Wehmut und weltferner Stille, zu schmerzlicher Sehnsucht und bittersüßer Rührung – das war Stifters Grundstimmung. Diese Melancholie kommt in seiner Erzählung »Der Hochwald« – die ihn berühmt machte – bezaubernd zum Ausdruck. Auf ihrer ersten Seite stehen bezeichnenderweise die Eigenschaftswörter »schwermütig schön« und »düsterprächtig«. Das Gelassen-Schwermütige in Melodie und Rhythmus der Sprache wird außerdem durch Ausdrücke wie »schmerzlich schön«, »düster-schön«, »süße düstere Zärtlichkeit«, »in wehmütig feierlichem Nachmittagsdufte« unterstützt. Schloß Wittinghausen, wo die Erzählung (während des 30jährigen Krieges) spielt, nennt Stifter schon vor Beginn der Handlung eine »wehmütige Stätte«, und er rühmt ihre Umgebung: »Es wohnt unsäglich viel Liebes und Wehmütiges in diesem Anblicke.« Dann singt die von ihrem heimlichen Geliebten verlassene Clarissa ein Lied, von dem ihre Schwester sagt, es sei »so unheimlich, es ahne einen Unglückseliges an und der Inhalt sei schauerlich«. Schauerlich und so traurig wie der Grundton des Erzählers es ahnen ließ, ist auch ihr Ende: Die Ritterburg wird vom Kriegsbrand zerstört, der Burgherr und sein Sohn werden von den Schweden erschlagen. Die beiden Töchter, die sich in einem Haus mitten im Hochwald verborgen halten, überleben, aber Clarissas Geliebter, der schwedische Königssohn Ronald, ist gefallen. Er wurde – ohne es zu wollen – der Urheber des Unheils. Vor Jahren war er als Gast in die Burg gekommen, hatte Clarissa verführt und war fortgegangen – auf Wunsch seines Vaters und auch, »weil sein tobend Herz ihn fortriß, töricht, schweifend in die Leere, als seien draußen namenlose und ungeheure Dinge«. Als die Schweden sich Clarissas Heimat näherten, kam er wieder, verlobte sich mit ihr im einsamen Waldhaus und versprach, daß Schloß Wittinghausen verschont werde. »War es nun Verblendung, war es Verhängnis«: Ronald, als Parlamentär zur Burg gehend, wurde für einen Spion gehalten, Clarissas Vater, der vom Verrat, aber noch nicht von der Verlobung wußte, entbrannte in Zorn und warf eine Lanze nach ihm. Damit hatte der Kampf begonnen, der die Ritterburg zu einer wehmütigen Stätte machte.

Letzlich schuld ist also das tobende Herz, das den jungen Menschen fortreißt, töricht in die Leere schweifend, ungeheure Dinge zu suchen. Einige Jahre vor dem Erscheinen dieser Erzählung schrieb der damals 31jährige Stifter an einen Freund: »Kennst Du denn nicht von jeher meine Eigenschaft, daß ich nie etwas leiste, eben deshalb, weil ich sonst nichts will, als das Ungeheuerste und Überschwenglichste und Schönste und Erhabenste und Alles? So ist immer ein namenlos schöner Wolkenhimmel da, aber an Schwingen fehlt es.« An Schwingen fehlte es dem jungen Stifter, seine Studien als Student der Rechte und der Naturwissenschaften abzuschließen – trotz großer Wißbegierde, Begabung und einer Arbeitskraft, die ihn später sehr umfangreiche Romane schreiben und gleichzeitig die vielfältigen Pflichten eines Schulrats erfüllen ließ. Besonders erstaunlich wird der Fall, wenn man bedenkt, daß er mit einem Amt wahrscheinlich das Mädchen zur Frau gewonnen hätte, von dem er sagte, er werde es lieben bis an seinen Tod. Oder sollte es etwa so gewesen sein, daß er, ohne sich dessen bewußt zu sein, die Ehe mit Fanny Greibel, der Tochter eines wohlhabenden Kaufmanns, vermeiden wollte – trotz seines leidenschaftlichen Werbens um sie? Er, oder vielmehr der Dichter in ihm, wünschte vermutlich, daß die melancholische Liebessehnsucht in ihrer Reinheit erhalten bleibe. Wie Felix in der Erzählung »Das Heidedorf«, die autobiographische Züge trägt, opferte er »aus Liebe zur Dichtkunst die Liebe zu seiner Braut«. Stifter stand damals am Scheidepunkt zwischen dem Weg des Dichters oder des Bürgers und entschied sich dafür, seine Jugendliebe als Muse zu bewahren, das heißt, auf das Glück der Ehe mit ihr zu verzichten. Sie wurde »die Braut seiner Seele«, »die Heilige, zu der sein besseres Ich betete«. Was ihn nicht hinderte, 1837 Amalia Mohaupt, die sinnlich schöne Putzmacherin, zu heiraten. Mit ihr genoß er die guten Dinge der Erde.

Stifter liebte das Leben, aber nicht so, wie es war: laut, hart, rücksichtslos. Er wünschte sich immer das Schönste und Erhabenste und Überschwenglichste. Solche Wunschträume sind die Menschen im »Hochwald«: edel, gütig, treuherzig, einfältig, ehrwürdig. Die Liebenden reden übertrieben, wie allzu gefühlvolle sentimentale Lyriker. Ohne wirklichkeitsfernes Pathos dagegen sind die Schilderungen des Walds. Sie entstanden aus der innigen Einfühlung und der Beobachtungslust einer tiefen Naturliebe, genauer gesagt, der Liebe zur schwermütigen Schönheit des Böhmerwalds, die Stifters Grundstimmung entsprach.

Bei allen Menschen – bei dem einen weniger als bei anderen – ändert sich im Lauf des Lebens das Temperament – von innen her und durch Einwirkungen von außen: durch Überarbeitung oder Schlemmerei, durch Erfolge, Krankheiten und Enttäuschungen. »Innige, empfängliche Gemüter«, schrieb Stifter, »leiden in dieser Welt mehr als harte, und oft fürchterlich.« In der Jugend überwand er seine seelischen Verletzungen beim Zusammentreffen mit der Wirklichkeit immer wieder durch die regenerierende Kraft und das Verlangen nach Erlebnissen, Geselligkeit und Liebesgemeinschaft. Mit zunehmendem Alter aber wirkten die

Enttäuschungen erkältend und auszehrend. 1852 klagte er: »Nach beinaher Verödung meines Gemütes infolge der bitteren Erfahrung, daß ich fast Menschenverächter geworden bin, habe ich wieder zu arbeiten begonnen.« 1856: »Die Kläglichkeit der Menschen, mit denen ich zu tun habe, und denen ich nicht aus dem Wege gehen kann, trübt die Hoheit der Stimmung... Ich weiß, daß Tieferes in der Seele schlummert, das nur nicht geweckt werden kann, weil es mit holden Stimmen und göttlichen Kräften gerufen werden muß, jetzt aber nur mißtönige Fuhrmannslaute mir in die Ohren kreischen. Sie werden mich nicht höhnen, wenn ich Ihnen sage: Oft möchte ich bitterlich weinen.« 1858: »An der Welt im Großen habe ich Ekel. Die Natur und einzelne Menschen sind noch Freunde für mich.« Und 1863: »Wie ist alle Welt so kalt, so leer... nur die Natur schaut mich noch mit innigen Blicken an.«

Als Dichter konnte Stifter seine negativen Gefühle überwinden oder wenigstens verbergen. In seinen späteren Erzählungen gestaltete er nicht – wie diese Briefzitate befürchten lassen – die Schlechtigkeiten, die ihn ärgerten und anekelten, sondern eine edle Gegenwelt. Im »Nachsommer« waltet das »sanfte Gesetz«, das nach Stifters Meinung das menschliche Geschlecht leitet. Die Menschen dieses Romans benehmen sich immer verhalten, um dieses sanfte Gesetz nicht zu verletzen und stets das tun und sagen zu können, was die jeweilige Situation nach der Sitte fordert. Während im »Hochwald« Clarissas und Ronalds Gefühle übersprudeln wie ein Gebirgsbach im Frühjahr, bleiben Natalie und Heinrich, die einander heimlich lieben, im »Nachsommer« kühl und glatt wie der Marmor, über den sie zunächst bewundernd reflektieren. Dann sprechen sie sehr gebildet von Edelsteinen, bis »ein Zufall die gegenseitig unbekannte Stimmung zu Tage bringt« und Heinrich sich zu seiner Liebeserklärung vortastet, die er endlich mit vornehmem Abstand ausspricht. Eine edle Welt – eine Welt ohne Unmittelbarkeit.

Auf unserem Stifterbild sind die Augen typisch für einen Melancholiker des wehmütigen Lebensgefühls, allerdings schon sehr enttäuscht, müde, zaghaft-mißtrauisch und abwehrend. Aber ohne Haß und Vergeltungssucht. Das Gesicht ist weichfleischig, mild durchblutet und dämmrig überschattet. Auf bittere Erlebnisse deuten die Linie vom weichfleischigen Nasenende abwärts und die Senkung der Mundwinkel. Die Lippen sind in Bitterkeit, trotziger Selbsbehauptung und Selbstbeherrschung gepreßt. Der Wulst neben dem ausdauernd breiten und kräftigen Kinn bildete sich durch die Erschlaffung der vom Willen oft und lange gespannten Muskulatur. Der Unterkiefer ist umfangreich und in lässiger Spannung etwas vorgeschoben; man spürt dahinter eine reiche Vitalität. Zwischen dem Unterkiefer und den Augen, die zwar männlich standhaltend in die Welt blicken, aber eine sanfte, die einsame Stille suchende Seele verraten, besteht ein gewisser Widerspruch – wie zwischen dem melancholisch verträumten und dem anderen Stifter: dem tätigen Schulrat, dem vitalen Genießer und dem unermüdlichen, exakten Gestalter. Aus der Kenntnis von Stifters Werken kann man sagen: In den Augen ist noch etwas von dem einst überreichen melancholischen Gefühl lebendig, das ihn etwa zwanzig Jahre früher den »Hochwald« schreiben ließ. Aber dann kamen die Enttäuschungen und Bitterkeiten. Diese negativen Erlebnisse überwand er durch die Zügelung, die über dem ganzen Gesicht liegt. Zusammen mit seiner Liebe zum Stillen und Milden befähigte die Selbstdisziplinierung ihn, im »Nachsommer« eine Welt aufzubauen, in der das sanfte Gesetz waltet.

Abbildung 20: Josef von Eichendorff liebte die Stille des Morgens und die verhüllte Nacht, aber vom Mittag, dem geschäftig-staubigen und lauten, sprach er nicht gerne. Seine Sehnsucht nach einer schöneren, reineren und leiseren Welt läßt ihn wandern, bis die Augen vom Glanz der weltflüchtigen Phantasien »selig-blind« sind. Sie gibt ihm auch sein Lieblingsmotiv: auf hohe Berge und Bäume zu steigen und weit über verdämmernde Wälder und Ströme hinwegzusehen.

Die Wirklichkeit ist ihm »Plunder«, vor dem er flieht. Muß er sich mit ihr auseinandersetzen, dann gleicht er sein Versagen und seine Machtlosigkeit kindlich dadurch aus, daß er sie ins Lächerlich-Groteske verzerrt und (wie in der Novelle »Aus dem Leben eines Taugenichts«) zu einem »krummbeinigen Kerl mit vorstehenden glotzenden Augen und einer roten, etwas schiefen Nase« macht. Seine Naturschilderungen sind zwar durch Landschaften an der Donau und am Neckar, in Schlesien und Italien angeregt, aber nicht wiederzuerkennen. Sie sind Phantasielandschaften und Wolkenkuckucksheim-Gegenden. Auch für seine Figuren benutzte Eichendorff zum Teil Vorbilder aus dem Leben, aber sie wurden keine Individualitäten, sondern schemenhafte Personifikationen von Gefühlen und Ahnungen: Eichendorff verflüchtigte das Gegenständliche in Duft und Klang.

Eichendorffs Gesicht ist feinknochig, von kindlich-zartem Fleisch überdeckt und im Verhältnis zu dem breit gewölbten Gehirnschädel etwas zu klein. Die Nasenwurzel liegt tief – wie bei vielen Menschen, deren Wille nicht eisern durchhält. Der Mund ist edel geschwungen und sehr sensibel: Die Gefühle und Empfindungen suchen nicht nach handgreiflichen Genüssen; sie werden vor allem im zärtlich-liebenden Wort des Lyrikers befriedigt. Die Augen sind rein und tief wie Bergseen und blicken träumerisch sich sehnend nach einer wesenhaften Welt. Man vergleiche mit dem Gesicht Tolstois (Abbildung 33), der kraftvoll mit der Wirklichkeit verbunden war.

Abbildung 21 Gottfried Benn: Eichendorff flüchtete in die Stille des Waldes und der Bergeshöhen, wo es sich gut träumen läßt, die Wirklichkeit in ihrem eigentlichen Sein hat er nicht erlebt. Gottfried Benn als Arzt mußte den Gorgonen gegenübertreten. Er, der frauenhaft sensible Dichter, hielt ihrem Anblick stand – ohne, wie die Sage berichtet, in Stein verwandelt zu werden. Ganz frei blieb er aber nicht von der versteinernden Wirkung des Blicks in die furcht- und abscheuerregende Nachtseite des Lebens. Mit der Härte des Stoikers, der seine Verzweiflung beherrscht und hinter kaltem Zynismus oder scheinbarer Sachlichkeit verbirgt, schildert er in seinen ersten Gedichten einen ersoffenen Bierfahrer auf dem Tisch des Leichenschauhauses, ein junges Mädchen, das lange im Schilf gelegen hatte, den Backenzahn einer Dirne, den der Leichendiener für sich herausgeschlagen hat, das Durcheinander von aufgeschnittenen und zerlegten Leibern im Sektionssaal oder einen Gang durch die Krebsbaracke.

Gottfried Benns Dichtung blieb immer eine Geburt aus dem Blut des Ungeheuers Medusa, aber die gorgonische Versteinerung löste sich, »die Gebundenheit ging hinüber in Strömen und Vergehen«, die Eisesstarre wurde von einem Blau überglänzt, für das er ein neues Wort suchte; er nannte es »ein frevelhaftes Blau« und »sphinxblau«, weil für ihn das Saturnische und Rätselhafte unseres Lebens daran haftete.

Die erstarrte Weltverzweiflung befreite sich in gefühlsbetonten Bildern und Gedanken, blieb aber Weltverzweiflung – Verzweiflung über dieses Leben, das alles hinabschlingt in den Bestienschlund und »dessen Mythen logen«, Schmerz über »das Weben ohne Masche«, über dieses »Spiel von Bestien« und über des Menschen Ende: »... November, Einsamkeit, Tristesse, Grab oder Stock, der den Gelähmten trägt, die Himmel segnen nicht, nur die Zypresse, der Trauerbaum, steht groß und unbewegt.«

Wenn diesem verletzten und gereizten, gemarterten und verzweifelten Gefühl die Schönheit begegnet – in Gestalt einer Frau, einer Blume, des reinen Schnees oder des weiten Meeres –, dann erbebt es in einer Liebe, »brennend, verzehrt, wüstendurstig«. Neben den melancholischen Versen klingen manchmal Töne der Beglückung und der Entzükkung, wie nur der tief Leidende sie kennt. »Wer die Zerstörung flieht, wird niemals stehn, wo Glück um Glück zum Strand die Rosen wehn.« Die Welt ist krank und wird versöhnt durch die schönen Gebilde, die ewig sind. In ihnen ist das »Steingeröll der großen Weltruine, der Ölberg, wo die tiefste Seele litt, eine Stätte ohne Blut und Strang«. Die Kunst ist für Benn, was für den Christen der Glaube an ein jenseitiges Leben ist. Für ihn bedeutet sie »die letzte metaphysische Tätigkeit innerhalb des europäischen Nihilismus«, die letzte Möglichkeit einer Erlösung.

Im Gedicht kehrt der Mensch zum Anfang zurück, »wo still die Wasser stehn«. Im Gedicht sind »die Dinge mystisch gebannt durch das Wort«. Das Böse verliert die schmerzend stechende Flamme, der Eiter seinen Ekel, Golgatha seine Verzweiflung über den saturnischen Gott, der ewig seine Kinder frißt.

Die Welt magisch zu bannen, ist der Grundantrieb in Benns Dichten. Er muß das Ungeheuerliche, Entsetzen und Abscheuerregende, krank Zerfallende nachzeichnen wie der Primitive den Hirsch, den er jagen will. Sonst könnte er es nicht ertragen.

Neben dem Wunsch nach einem Leben, das vielfältig, bunt und erregend ist wie unsere Wirklichkeit, aber schmerzfrei und unvergänglich wie die Dichtung, nach einem Leben, das, nicht mehr vom Stirb und Werde bewegt, formstill als Kunstwerk in der Vollendung dasteht, neben dieser ästhetischen taucht eine nihilistische Version auf: von der Stunde, da das Letzte weicht und »das Nichts auch diese Bilder bleicht«, oder der (aus dem Leid des Gorgonen-Erlebnisses entstandene) Wunsch: »O daß wir unsere Ururahnen wären. Ein Klümpchen Schleim in einem warmen Moor... Schon ein Libellenkopf, ein Möwenflügel wäre zu weit und litte schon zu sehr.«

Ein anderes Bild zeigt die seelische Reaktion der dichterischen Sensibilität auf die Härte der Umwelt. Dort blicken die Augen wie durch die Schlitze eines Helms: böse über das Böse, abwehrend, verachtungsvoll, angewidert, aber auch entschlossen, nicht zu weichen, nicht hinwegzusehen, sondern standhaft zu beobachten und unerbittlich zu analysieren. Auf unserem Bild kommt eine andere, passivere Grundstimmung des Dichters unmittelbar zum Ausdruck. Der Blick ist weltschmerzlich müde, man kann sogar sagen: an der Welt verzweifelnd. Das Gesicht hat etwas gequält Keuchendes und Verdurstendes. Wonach es dürstet, wissen wir aus der literarischen Skizze: nach Schönheit und nach der Erlösung im Nicht-Sein. Die standhaltende Festigkeit ist hier, wenn überhaupt, nur am kräftigen, urtümlich gespaltenen Kinn erkennbar. Die Wangen sind zwar weich-fleischig, aber die Sensibilität des Gefühls- und Empfindungsmenschen wird hier so deutlich wie am lebenden Gesicht. Sensibel einfühlsam ist am ehesten das Nasenende. Die Stirn ist weit, zielbewußt gewölbt und klar. Gottfried Benn hatte (was der Blick bestätigt) ein hochentwickeltes Bewußtsein und einen scharfen Intellekt. Dies vermehrte die Dissonanzen seiner Seele. »Das Bewußtsein haßt«, wie er in einem Brief schrieb, »die Narzissenfelder«. Aber der sensibel fühlende und empfindende Dichter liebte »das Glück der Blumen«, besonders die »schwefelgelbe, heiße süße Rose Diane vaincue«. Wie der Intellekt das Gefühl, verletzt das Gefühl den Intellekt. »Nichts stört das Fühlen so sehr wie das Denken« (C. G. Jung). Das Gefühl »haßt das wissenschaftlich Utilitarische, die kaufmännisch gewordene Erkenntnis, das Mechanistische des Lebens« und sehnt sich (wie Benn 1933 in einem Aufsatz »Der neue Staat und die Intellektuellen« schrieb) nach der schöpferischen Substanz, nach Bildern und Gegenbildern, die aufsteigen »aus der ewigen, vom Untergang umkränzten, der ichlos strömenden, der stygischen Flut«.

Da Benn als Dichter der ichlos strömenden Flut, dem launisch schweifenden Gefühl folgte, und den gesetzmäßige Zusammenhänge suchenden Intellekt haßte, sind seine Gedichte, wo sie nicht von traditionellen Formen beeinflußt wurden, ein alogisches Nebeneinander von Eindrücken – blutig abscheulichen und dazwischen beglückend schönen.

Die Feindschaft des Gefühls gegen den Intellekt ließ Gottfried Benn anfangs mit Hitler sympathisieren, bald aber sah er, welcher Art dessen Feindschaft gegen den Geist war und charakterisierte sie (1934) mit dem Satz: »Die Fresse von Cäsaren und das Gehirn von Troglodyten.«

Abbildung 22 Charles Fourier: Nach dem Bericht seines Biographen Pellarin war der französische sozialistische Theoretiker schon in der Jugend mehr vernünftig als lebendig – ohne Lustigkeit, Heiterkeit und Phantasie, aber fleißig und eifrig. Er wollte sich über alles, was er sah und hörte, Rechenschaft geben und war wenig geneigt, jemandem aufs Wort zu glauben. Er liebte die Ordnung, die Wahrheit und seine Ideen von der Gerechtigkeit. Und er sehnte sich nach der Einheit aller

Menschen. Dieses Verlangen bekundete sich bei ihm vor allem in seinen theoretischen Schriften, aber auch darin, daß er gern Veranstaltungen zusah, bei denen viele Menschen zu einer geordneten Einheit zusammengefaßt waren. Wie die Kinder lief er zu Paraden und militärischen Manövern.

Seine besondere Anteilnahme galt den Unterdrückten und den Schwachen, denen er zu ihrem Recht verhelfen wollte. Er bemühte sich für Fremde mit dem gleichen Eifer wie für Bekannte, denn die Wurzel seiner Opferbereitschaft war nicht oder weniger das Mitgefühl als die geistige Liebe zur Idee der Gleichberechtigung und Einheit aller. Er war mit den Menschen intellektuell und intuitiv, aber nicht mit den Kräften des Gemüts verbunden und hatte wenig nachbarlich-menschenfreundliche Tuchfühlung. Gegen seine Freunde war er aufrichtig und hilfsbereit, aber streng, sagte ihnen offen die Wahrheit und konnte sie »bei lebendigem Leibe sezieren«. Zu den Frauen benahm er sich höflich, dienstfertig und rücksichtsvoll, aber die eigentliche erotische Liebe scheint er nicht gekannt zu haben; sein Biograph Pellarin konnte keine einzige Liebesbeziehung feststellen.

Fourier liebte das Alleinsein. Er sträubte sich, irgend jemand in seine persönliche Atmosphäre eindringen zu lassen. Darum erlaubte er, als er nach dem Tod seines Vaters mit seinen Schwestern zusammenwohnte, keiner das Betreten seines Zimmers, dessen Schlüssel er stets bei sich trug. Als er berühmt geworden war, liebte er es nicht, sich zur Schau zu stellen oder zur Schau gestellt zu werden. Und in seinem letzten Lebensjahr weigerte er sich, seine Junggesellen-Wohnung zu verlassen und sich in weibliche Pflege zu geben, obwohl er bettlägerig war. Seine Ablehnung entschuldigte er damit, daß niemand sich seinetwegen Mühe machen sollte. Der eigentliche Grund dürfte aber gewesen sein, daß er alle persönlichen Gefühlsbeziehungen scheute und sehr auf seine Unabhängigkeit bedacht war. Darum klagte er auch nie in all den Leiden seines schwachen Körpers.

Fourier kämpfte kühn und mit unbeugsamem Eigensinn für das, was er für recht hielt. Er hatte einen zähen, zielbewußten Willen, aber die täterische Kraft war bei ihm sehr viel schwächer als die grüblerisch-denkerische Neigung: die Nase lang, fein und spitz (intellektuell), die Stirn hoch und klar, grüblerisch steil und breit; sie beherrschte das asketisch hagere Gesicht.

Fouriers (blaue) Augen verraten einen zielbewußt bohrenden, weithin planenden Verstand, tiefdringende und vielumfassende Intuition,

Kühle, Kargheit und Feinheit der Gefühle, ehrliche Offenheit, Härte, Strenge und Festigkeit. Sie blicken weltfremd, weltflüchtig und melancholisch, konnten aber (nach Pellarin) bei angeregten Diskussionen Blitze schleudern. (Etwas Cholerisch-Heftiges liegt auch in dem knotigen Höcker des Nasenbeins.) Die Brauen sind von der Gewohnheit langandauernden, energischen Nachdenkens herabgezogen, die Wangen kühl und hohl, die Lippen asketisch schmal und kalt, ihre Winkel in der Bitterkeit des enttäuschten Idealisten gesenkt. Das ganze Gesicht ist lustlos, schlecht durchblutet.

Abbildung 23 Schopenhauer: Dem deutschen Philosophen und dem französischen Sozialisten ist gemeinsam, daß sie die Einsamkeit suchten, aus Mangel an verbindenden Gefühlen und Empfindungen zur Schroffheit gegen den einzelnen neigten und daß sie das Reich der Ideen und Gedanken liebten. Aber im Gegensatz zu dem von Natur aus asketischen Fourier hatte Schopenhauer sehr starke sinnliche Triebe, die er vergebens bekämpfte und deren Erlöschen im Alter er als Erlösung empfand. Die Sehnsucht nach der Befreiung von den Trieben (vom »Willen«) und die angeborene Neigung zum Pessimismus bilden den Kern seiner Philosophie: Das innerste Wesen des Menschen ist der »Wille zum Leben«. Alles Leben aber ist Leiden. Unsere Mitmenschen sind also Mitleidende, die wir bedauern sollen. Für Schopenhauer ist dieses Mitleiden der Ursprung der Liebe. Rettung von der endlosen Qual des Begehrens, aus dessen Befriedigung immer wieder neues Begehren hervorgeht, gibt es nur durch die Verneinung des »Willens zum Leben«, die im Verlöschen des Individuums endet – im Nirwana.

Trotz seiner Sehnsucht nach dem Nirwana war Schopenhauer ängstlich darauf bedacht, sein Leben keiner Gefahr auszusetzen. Obwohl er an sich selbst erlebt hatte, daß der »Wille zum Leben« immer wieder neu erwacht und die Qual des Wollen-Müssens nur im Tod enden kann, bekannte er sich zur Freiheit »Freiheit des Willens« – wenn auch in seinem besonderen Sinn.

Er versetzte, wie er es erlebt hatte, die ganze Notwendigkeit in das Wirken und Tun (Operari) und als Philosoph, der Plato und Kant studiert hatte, die ganze Freiheit in das Sein und Wesen (Esse). »Jedes Wesen«, schrieb er, »wirkt mit strenger Notwendigkeit, dasselbe aber existiert und ist, was es ist, vermöge seiner Freiheit. Bei mir ist also nicht mehr und nicht weniger Freiheit anzutreffen als in irgendeinem früheren System.« Die Notwendigkeit beherrscht den Verlauf der Welt, aber ihr Wesen ist die Freiheit – »ein schlechthin freier Wille«, dem »Aseität« zukommt, d. h. der in und durch sich selbst so ist, wie er ist.

Trotz seiner Lehre, alle Mitlebenden seien Mitleidende, die wir bedauern sollen, verachtete er die Menschen. Der wesentliche Grund dafür war: Er wollte mit allen über philosophische Probleme diskutieren, aber die meisten schätzten dies nicht und konnten es nicht. Sie frönten »dem Willen zum Leben«, statt ihn zu bekämpfen, sie liebten, was er an sich selbst bekämpfte und verachtete, und bemühten sich nicht, wie er sagt, das »Geistige im Menschen« von den Begierden des an den Schmutz der Erde gebundenen Individuums zu befreien. Dieses Streben war für ihn der »Adelsbrief der Natur«.

Schopenhauer liebte zwar wie Fourier das Reich der Gedanken, aber was er dachte, blieb immer seinen negativen Gefühlen verhaftet – seinem »Willen zum Leben«. Weil er diesen »Willen zum Leben« verachtete, bekämpfte und zu vernichten strebte, war seine Philosophie pessimistisch.

Auch für den, der nichts von Schopenhauers Leben und Philosophie weiß, ist leicht erkennbar, was unser Bild (die einzige Photographie, von der Schopenhauer sagte, sie sei »sehr gut geraten«) ausdrückt: Die fast farblosen Augen mit den punkthaft verengten Pupillen verraten die Kälte und Härte einer ersterbenden, gefühlsarm gewordenen Seele, aber auch die Wachheit eines scharfen, unbestechlichen Intellekts. Die Brauen sind von der langandauernden Konzentration des Denkens herabgezogen. Die Lippen, die in der Jugend voll und locker waren, sind jetzt kalt, hart gepreßt, verklemmt und vom jahrzehntelangen Bemühen um Knebelung der elementaren sinnlichen Triebe und vom menschenfeindlichen Sarkasmus in die Breite gezogen. (Zum Teil ist die Verbreiterung auf den Verlust der Zähne zurückzuführen.) Auch die dicken Wülste unter dem Mund wurden von derben, heftigen Leidenschaften gebildet – und vom Willen, sie zu unterdrücken. Die Falten neben den immer noch spannungsvollen Nasenflügeln wurden von scharfen Erregungen (der Ungeduld und des Zornes, des Hasses, des Spottes und der Verachtung) und vom schmerzlichen Kampf um Selbstbeherrschung geprägt. Die Stirn ist hoch, klar, zielbewußt gewölbt und von vielen scharfen Denkerfalten durchfurcht. Obwohl die weißen Haarbüschel sie betonen, bestimmt sie den Gesamteindruck des Kopfes nicht so sehr wie bei vielen anderen Philosophen. Bei Schopenhauer fragt man nicht nur: »Was hat er gedacht?«, sondern vor allem: »Was hat er erlebt und erlitten?« Sein Gesicht fasziniert als ein zerfurchtes

Dokument des Streits zwischen Trieb und Geist. Er gehörte nicht zu den reinen Denkern, die in ihrer Schulmeisterstube, arm an Erlebnissen, über die Probleme der Philosophie und über die Gedanken anderer Denker nachdenken – fast wie eine Denkmaschine. (Bei diesen beherrscht die Stirn meist das im übrigen mehr oder weniger ungeprägte Gesicht.) Schopenhauers Geist war mit seinen eigenen Erlebnissen und den daraus von ihm selbst gezogenen Gedanken beschäftigt. Er war ein Stratege, dessen scharfer Verstand einen Ausweg zwischen seiner Begierde nach dem Leben und seiner Sehnsucht nach dem Freiwerden von diesem Leben suchte. Das Ergebnis dieses Ringens wird an den Augen dieser ein Jahr vor Schopenhauers Tod aufgenommenen Photographie sichtbar: Mit hart errungener stoischer Ruhe warten sie – auf das Nirwana.

Abbildung 24 Judas, nach Holbein: Die Seiten der Oberlippe sind hochgezogen wie beim Einnehmen einer unangenehmen Arznei. Die Bitterkeit dieses Munds stammt aus des Geizigen und Lieblosen verächtlichem Widerwillen gegen die Lockungen des Lebens und aus dem Neid auf die Freuden der anderen. Die Nase ist im oberen und im unteren Drittel gehöckert und am Ende krallenförmig gebogen: Sie deutet auf die bald jähe, bald schleichende Rücksichtslosigkeit und Raffgier des Geizhalses und Wucherers. Das Kinn ist jäh und brutal vorstoßend und bildet zusammen mit der Nase eine offene Zange, wie man das oft bei grausamen, boshaften und habgierigen Menschen findet. Die Augen haben eine beinahe farblose Regenbogenhaut und verengte Pupillen. Sie verraten seelische Härte und rechnerische Kälte und verstecken sich lauernd hinter den Lidern. Die bogigen Falten in der unteren Stirnhälfte entstanden durch die Gewohnheit, die eine Braue in zynischer Anmaßung hochzuspannen und sie dann wieder in heimtückischem Lauern gegen die Nasenwurzel herabzuziehen. Die Stirn ist sehr steil und oben etwas vorgewölbt: Dieser Judas trug den Kopf meist gesenkt – heimtückisch über seinen Plänen brütend und vom Wissen um das Verächtliche, Widerliche seines Handelns geduckt. Judas ist kein Bauernfänger, der auf die Eigenheiten seiner Opfer gewandt Rücksicht nehmen muß; er ist ein lauernder Grübler, der seinen verräterischen Plan in weltabgekehrter Stille ausbrütet und durchdenkt. Bei der Ausführung ist er eigensinnig-hinterhältig wie die Profillinie der Stirn und brutal wie die Zange aus klobigem Nasenbein und Kinn. (Sehr richtig sagte Lavater über dieses Judasbild von Holbein, das seinen »Physiognomischen Fragmenten« entnommen wurde: »Wenn Judas so ausgesehen hätte, wie Holbein ihn zeichnete, so hätte Christus ihn gewiß nicht zum Apostel gewählt... Holbeins Judas ist ein Dieb... In seinem Gesicht sind wenig Spuren von der mir noch immer ehrwürdigen Größe seiner Seele. Holbein zeigt uns nur den Verräter.«)

Abbildung 25 Joseph Fouché: Der tonsurierte Physik- und Mathematiklehrer der Oratorianer, der sich (aus angeborener Scheu vor endgültigen Bindungen) nicht zum Priester weihen ließ, der Jakobiner, der des Kaisers Napoleon Spitzel wurde und als dessen Polizeimeister die Macht, die ihm der Korse gegeben hatte, gegen ihn gebrauchte, indem er mit dessen Feinden, den Bourbonen und Engländern, den Österreichern und Russen konspirierte. Das Ziel seiner Doppelspiele mag zeitweise gewesen sein, die Republik wiederherzustellen, aber nicht aus politischer Überzeugung, sondern weil er dann selbst an ihre Spitze treten wollte. Er war ein politischer Schachspieler, getrieben vom Geltungsbedürfnis des körperlich schwächlichen, häßlichen Intellektuellen.

Aufgabe des Intellekts ist es, zwischen nützlich und schädlich, richtig und falsch, Wahrheit und Lüge zu unterscheiden. Bedingung für ein erfolgreiches Suchen ist die Vorsicht, denn die Grenzen sind sehr oft fließend, sie können sich von heute auf morgen verschieben, und was an diesem Ort richtig, mag an einem anderen falsch sein. So macht der Intellekt zum Skeptiker, Relativisten, Einerseits-andererseits- und Weder-noch-Menschen, falls nicht aus seelischen Gründen Kräfte mitwirken, die feste Ziele und Bindungen schaffen. Bei Fouché fehlten sie. Als Intellektueller mit erschöpfter Seele konnte er zwar Treue schwören, aber nie Treue empfinden. Seine Eide waren immer Scheineide, Meineide. Es fehlte ihm nicht nur die naive Verbundenheit durch Gefühle und Empfindungen, sondern auch die geistige Verpflichtung durch moralische Gesetze. Deshalb konnte er sich nie von innen her binden, deshalb entschied er sich jeweils nach dem amoralischen scheindemokratischen Grundsatz: »Immer mit der Mehrheit!« Vor seiner Wahl in den Konvent im Jahre 1792 versprach er den Bürgern von Nantes, Eigentum und Handel zu schützen. Dementsprechend setzte er sich im Konvent zu den Gemäßigten, den Girondisten. Als er aber ausgezählt hatte, daß die radikale Bergpartei stärker war, ging er zu ihr über und stimmte für die Ermordung Ludwigs XVI. Noch am Tag zuvor hatte er den Girondisten eine Rede vorgelesen, in der er Gnade für den König forderte. Um seine neuen Parteifreunde davon zu überzeugen, daß er wirklich zum radikalen Revolutionär geworden war, meldete er sich als Strafrichter über das gegen die Revolutionäre in Paris revoltierende Lyon. Dort herrschte er als einer der wildesten Jakobiner und erwarb sich den Beinamen »Mitrailleur de Lyon«. Hunderte der Aufsässigen ließ er aneinander fesseln und durch Kanonenschüsse zerfetzen, die schönsten Paläste niederreißen und die Kirchen plündern. Aber all dies nicht aus der Zerstörungssucht und dem Blutdurst des plebejischen Jakobiners, sondern nur aus politischer Kalkulation. Nachdem der politische Wind umgeschlagen war, versuchte er kaltblütig, seine Lyoner Massenmorde einem anderen zuzuschreiben und sich selbst den Anschein des Gemäßigten zu geben.

Er wechselte seine politischen »Überzeugungen« wie die Postkutschen und empfand das nicht als Verrat, d. h. er war kein Zyniker, der sich über beunruhigte Treuegefühle und über moralische Bedenken lächelnd hinwegsetzt, sondern hielt es für selbstverständlich, jeweils seinen Vorteil zu suchen. Sonst hätte er, der Vorsichtige und Kluge, vielleicht doch nicht gewagt, die Republik an die Bourbonen zu verraten und Ludwig XVIII. gegen das Versprechen zum Thron zu verhelfen, ihm, dem »Königsmörder«, ein Ministeramt zu geben.

Sein Mangel an Gefühlsbindungen und moralischen Bedenken machte Fouché zu dem »vollkommenen Verräter« (wie Napoleon ihn nannte), der bei einem Kampf immer schweigsam abwartete und dann mit dem Sieger ging. Der auch immer daran dachte, daß dieser Sieger sehr wahrscheinlich nicht für alle Zeiten an der Macht bleiben werde, weshalb er vorsorglich mit all dessen Rivalen intrigant Verbindung suchte. Er ging nicht nur immer mit dem Sieger, sondern spann Netze um den Sieger, mit denen er ihm seine (des Intriganten) Macht zeigen und ihn zwingen konnte, auf ihn Rücksicht zu nehmen und ihn zu fördern.

Fouchés Seele war kalt, öd. Wie es für seelisch Erschöpfte typisch ist, kannte er weder eine Gewissensqual des Verräters noch ein Gefühl der Beschämung, wenn man ihn grob als Verräter beschimpfte. Vielleicht blieb seine Herrschsucht nicht ganz ruhig, aber in den vitalen Tiefen, aus denen der Zorn beleidigten Ehrgefühls aufflammt, rührte sich nichts, da sie erloschene Krater waren. Außerdem beruhigte ihn, den Sammler von geheimen Berichten, das Bewußtsein, sich durch die Verbreitung wahrer und falscher Nachrichten oder den Verrat von Informationen an die Gegner des Beleidigers rächen zu können. Er kannte nur das Streben vieler Leidenschaftsloser, die kalte Begierde, Macht zu erringen – durch das Wissen um die Schwächen und Fehltritte der anderen. Geld begehrte er, der trockene, lustlose Schreibtischmensch, nicht als Mittel zum Genuß, sondern vor allem, weil es Macht gibt, die Macht, Widerstrebende zu bestechen und Spitzel zu bezahlen, die seinen Wissensdurst befriedigten. Der Erkenntnistrieb, Grundtrieb der Philosophen und Naturforscher, war bei dem einstigen Physik- und Mathematiklehrer in den Bezirk der Geheimagenten, Spione, Boudoir- und Hintertreppenschnüffler abgedrängt. Außerdem war dieser pervertierte Erkenntnistrieb mit zäher geistiger Willenskraft verbunden, die aber nicht napoleonisch zupackte und zuschlug, sondern nach Art der fleißigen Spinnen leise Netze spann, von denen jeder einzelne Faden so schwach war wie Fouchés Stimme. Reglos selbstbeherrscht wartete er, bis das Opfer sich in seinem Gespinst verfing.

Er war frei von Emotionen, blieb fast immer unerschütterlich ruhig und hatte kaum je das Bedürfnis, sich auszusprechen. Verschlossen, schweigsam und ohne Verlangen nach den üblichen Genüssen folgte er mit lautlosen, vorsichtigen Schritten der kalten Lust des Intrigierens.

Dies wissen wir. Und was sehen wir? Ein schlecht durchblutetes, kaltes und hartes, pergamenttrockenes und intelligentes Gesicht. Die fleischlosen Wangen wie mit dem Messer durchschnitten und die Jochbeine von scharfen, lang andauernden Spannungen verdickt. Der Mund blutlos (lustlos) dünn und, wie sehr oft bei »Unmenschen«, zu klein. Die Oberlippe strichhaft (gefühllos) schmal und etwas (schlangenhaft listig) gekrümmt, sie ist fest (schweigsam) über die untere gefügt. Das hohe, breite und scharfkantige, gespaltene und niederdrükkende Kinn deutet auf rücksichtslosen Greifwillen, die wulstige Verdickung unter dem Mund auf Bemühen um Selbstbeherrschung. Die Brauen sind beobachtend hochgespannt, die Lider tief gesenkt, um dem Gegner den Blick in den »Spiegel der Seele« zu verwehren. Von den Augen wurde berichtet, sie seien katzengrau, glashart und fischhaft kalt gewesen. Dieses »fischhaft« deutet vielleicht auf ein magisches Gleißen. Falls dem so war, wäre seine Fähigkeit, die Menschen zu durchschauen, nicht nur das Ergebnis seiner geheimen Informationen, seiner Erfahrung und seiner scharfsinnigen Berechnung gewesen, sondern auch der Witterung. Der Blick ist klug und geduldig beobachtend, ganz auf die Außenwelt gerichtet und gelassen über das Erspähte und Erfahrene nachdenkend, unfest und bereit zum Ausweichen. Die Stirn neigt sich in Wirklichkeitsbezogenheit zurück. Das Haar ist dünn. Gesicht und

Kopfhaltung verraten einen bedächtig gezügelten, insgeheim mit agiler Ausdauer vorwärtsdrängenden, listigen und brutalen, aktentrockenen und kalten Charakter.

Abbildung 26 und Abbildung 27 Hölderlin: Eichendorff liebte die einsame Stille der Wälder und die träumerische Weite der Bergeshöhen, Hölderlin war von unstillbarem Verlangen nach Schönheit erfüllt. Wie sein Hyperion suchte er »das Phantom der goldenen Tage, die da kommen sollen ...« und fühlte sich als ein »Bürger in den Regionen der Gerechtigkeit und Schönheit, ein Gott unter Göttern in den Träumen, die am Tage ihn beschleichen«. Wie Hyperion war ihm »hie und da, als hätte sich die Menschennatur in die Mannigfaltigkeit des Tierreichs aufgelöst«. Beide, der zart-reizbare Dichter und sein Held, wenden sich enttäuscht und verzweifelt von den Menschen ab. Was sie im menschlichen Leben vergeblich suchten, finden sie in der Einsamkeit der Natur: »die liebende All-Einheit und die Schönheit«.

Das ästhetische Durchfühlen einer idealen, rein seelischen Traumwelt und die Aussprache dieser Phantasieerlebnisse war Hölderlins unwiderstehliche Begierde. Sein Dichten ist die Klage des von der Wirklichkeit enttäuschten Verlangens nach lustschenkender Schönheit, und es ist verzaubertes Träumen von vollkommener Schönheit und von einer Welt, »in der alles geschieht aus Lust«. Wie im Herbst das Sterben heiter-farbig aufleuchtet und lebengebendes Licht den tödlichen Nebel durchwirkt, so waren bei Hölderlin Lust und Trauer gemischt.

Hölderlins Jugendbildnis zeigt das pfirsichzarte Gesicht des Übersensiblen, der wie ein Schneckenfühler vor der Wirklichkeit zurückweicht und sich sogar seinen Verwandten und alten Freunden gegenüber »oft wie Eis fühlt«. Die Öffnung des anmutigen Nasenendes ist etwas verengt, als lasse der Dichter die Luft (die Außenwelt) ungern in sich einströmen. Die Umgebung der Augen ist zartfleischig wie bei den Kindern, die das bunte Leben mit feinen, aufnahmefreudigen Sinnen anschauen, aber noch nicht angestrengt nachdenken. Die Augen sind nicht warm und nicht menschenfreundlich, sondern kühl und fremd. Sie haben die Reinheit und Unberührtheit der Kinderaugen, die von der Wirklichkeit noch nicht getrübt und erfüllt wurden. Sie haben etwas Weltblindes, In-sich-Gefangenes und doch auch Aus-sich-hinaus-Drängendes. Etwas Kühl-Dämonisches. Sie verraten, daß Hölderlin von einer Macht besessen war, die ihn (ohne Rücksicht auf sein Wohlergehen) zwang, in zarten Tönen von seiner Sehnsucht und seinem

Wissen um eine schönere Welt zu singen. Der Mund ist edel geformt und elastisch gefügt, sinnlich und doch keusch. Keusch wie der Liebende, der seine Gefühle nur in zarten, melodiösen Worten auslebt.

Das Gesicht des jungen Hölderlin ist sanguinisch glatt-gleitend und harmonisch in sich geschlossen wie ein Ei oder eine Frucht, das des alten Hölderlin melancholisch zerklüftet und zerfallen wie eine Ruine. Dort erscheint eine edel und klar gestaltende, auf dem Altersbild eine dumpfe und fahrige, zerbrochene, der zielbewußten Konzentration unfähig gewordene Seele. Das Pfirsich-Fleischige und Sensibel-Beseelte ist verschwunden, die früher feinen Knochenteile sind vergröbert, aber nicht wie etwa bei der tibetanischen Frau (Abbildung 5) von elementar geballter, sich hart behauptender Kraft, sondern von unkontrollierten Willensstößen und vom Zähneknirschen des seelischen und körperlichen Schmerzes, der Verzweiflung und des ohnmächtigen Trotzes gegen die »gewaltige Nacht«, die ihn »herzlos« ins Dunkel hinabstieß, wenn »das Herz wieder wach wurde«.

Wie Hölderlins Seele vom Übersensiblen ins Taube, so wandelte sich sein Gesicht vom Schneckenfühler-Zarten ins gesteinhaft Öde und Harte. Diese beiden Bilder sind ein sinnfälliger Beweis, daß nicht nur die leicht und rasch veränderlichen Teile des Gesichts (vor allem Auge und Mund), sondern auch die Knochenteile vom Leben und der während der Jahre sich wandelnden Seele umgeformt werden und daher physiognomisch beachtenswert sind.

Abbildung 28 und Abbildung 29 Heinrich VIII.: Er war sechs Fuß und vier Zoll hoch und ebenso stark wie groß. Seine Bildnisse haben etwas Lemurenhaftes. Sie atmen Eishöhlen-Atmosphäre, die Kälte der Gefühls- und Empfindungsarmut, die seelenlose Härte des Schlächtergesellen, der lebende Organismen wie Steine zerschlägt.

Heinrichs Augen, wie ein unbekannter deutscher Maler sie festgehalten hat (Abbildung 28), sind wässerig, kalt und hart. Der Blick versteckt sich mißtrauisch hinter halbgeschlossenen Lidern und schwebt zwischen starrem Fixieren und lauerndem Intuieren; ihn prägte Heinrichs Entschlossenheit, einen entdeckten oder auch nur verdächtigen Gegner offen oder heimtückisch brutal zu vernichten. Die Lippen sind hier sehr blaß. In ihrer Berührung mischt sich Lockerheit des oberflächlichen Genießens und des Lauerns mit Härte. Sie erinnern an eine Falle, die schwer zu öffnen ist, wenn sie einmal zuschnappt. Im Verhältnis zu Augen und Mund sind die Knochenteile des Gesichts allzu umfangreich. Das Kinn ist auffallend hoch, breit und von cholerisch-jäh und gewalttätig sich ballender Kraft vorgetrieben; der Oberkiefer amboßhaft breit und schwer: ein Zeichen für Heinrichs eigensinnige Beharrlichkeit. Auf einem Bildnis, das Holbeins berühmtem Werk sehr ähnlich ist, aber Luke Hornebold zugeschrieben wird (Abbildung 29), spürt man in der wulstigen Muskelspannung der Wangen, der ungewöhnlichen Breite, Höhe und Schwere des Ober- und des Unterkiefers und der mauerfesten Wölbung der Schläfengegend die Brutalität des Mannes, der seine Gegner zermalmt, wie Mühlsteine das Korn zermahlen.

Über des reifen Mannes Wangen wurde gespottet, sie seien »vor Faulheit so gemästet, daß man die Augen kaum gewahren kann«, in der Jugend aber waren sie »rosig wie bei einem Märchenprinzen«, und mit zunehmendem Alter wurden sie fahl wie ein Kellergewächs. Dem entsprach Heinrichs seelische Wandlung. Der Humanist Mountjoy schrieb über den jungen König im übertreibenden Stil der Zeit an Erasmus von Rotterdam: »Wenn Ihr sehen könntet, wie alle Welt hier erfreut ist, einen so großen Fürsten zu besitzen, wie all ihre Wünsche nur seinem Leben gelten! Ihr könntet Eure Tränen vor Freude nicht zurückhalten. Die Himmel lächeln, die Erde jubelt, alles träuft von Milch, Honig und Nektar! Die Habgier ist aus dem Lande verbannt. Die Freigebigkeit streut Reichtum mit spendenden Händen aus. Unser König trägt keine Begier nach Gold, Juwelen oder kostbaren Metallen, sondern nach Tugend, Ruhm und Unsterblichkeit...« Aber diese Begeisterung wurde rasch enttäuscht. Heinrich machte die Prophezeiung wahr, er werde seine Regierung so sanft antreten wie ein Lamm, und rasender werden als ein Löwe. Um Anna Boleyn, in die der 35jährige mit der Heftigkeit einer ersten Liebe bis zur Hörigkeit verliebt war, heiraten zu können, löste er, der als Verteidiger des Katholizismus begonnen hatte, England von Rom und beugte das Recht der Kirche und die Gesetze seines Landes. Er ließ Thomas Morus hinrichten, weil der Humanist ihn nicht als Oberhaupt der Kirche anerkennen wollte, und wurde an den meisten seiner Ratgeber zum Mörder, wenn er (wieder einmal) seinen politischen Kurs änderte und das Vermögen, das sie unter seiner Duldung zusammengerafft hatten, an sich bringen wollte. Mit seiner neuen Geliebten feierte er Feste, während im Tower, an dem er in der Barke vorbeifuhr, Anna Boleyn, gepeinigt von der Angst vor dem Henker, ihren feinen Hals umfaßte. Seine Töchter behandelte er so kalt, als glaubte er wirklich, sie seien Bastarde. Das Gesetz war die Magd, und das Gewissen der Spielball seines Vorteils und seiner Begierden. Dabei war er immer eifrig darauf bedacht, nicht nur vor der Welt, sondern auch vor sich selbst den Schein des Rechts und der Ehre zu wahren. Um seine moralische Buchhaltung in Ordnung zu halten und seinen Begierden trotzdem folgen zu können, stocherte er so lange in der Wahrheit herum, bis er einen Punkt gefunden hatte, an dem er sie in das Gegenteil verdrehen konnte. Das Ehrgefühl war in dem alternden König so weit erhalten geblieben, daß es ihn zum Pharisäertum zwingen und (wobei auch die egoistisch kluge Rücksicht auf die Umwelt mitwirkte) vor der zynisch-offenen Lust an Schurkereien bewahren konnte. Es war ein Überbleibsel in der »seelischen Impotenz«, von der Francis Hackett spricht. Die Fähigkeit des Mitleidens und das Zusammengehörigkeitsgefühl, das durch gemeinsame Erlebnisse entsteht, kurz: die seelische Bindekraft war fast völlig erstorben. Der Alternde war verwesende, gefräßige Begierde nach sinnlichem Genuß, Besitz und vor allem Macht. Manchmal, wenn ein Erfolg seine erkaltende Seele erwärmte, hatte er wieder Anwandlungen der Gutmütigkeit (die man oft bei riesenstarken Menschen mit phlegmatischem Einschlag findet), dann wieder brach er plötzlich los in der barbarischen Wildheit und boshaften Grausamkeit einer sterbend sich verkrampfenden, gegen die sinnlose Öde der eigenen Brust sich empörenden und nach Zerstörung der blühenden Umwelt neidisch begehrenden Seele.

Mit zunehmendem Alter war Heinrich zwar seelisch kälter und härter geworden, aber liebesfähig im allgemeinmenschlichem Maß dürfte er nie gewesen sein. Sein Frauenverbrauch ist gewiß nicht aus überstarker leidenschaftlicher Liebeskraft, sondern aus einem Mangel zu erklären: Seine Verliebtheiten waren jähe Rebellionen der vom harten Kampf- und Machttrieb verdrängten und in der Unterdrückung primitiv (schülerhaft, pubertätshaft) gebliebenen erotischen Gefühle. Nach der Eruption entstand eine abgründige seelische Leere, in die sich Heinrichs Geltungsbedürfnis und Herrschsucht wie Bluthunde stürzten. Jede Bitte, die er in der Verliebtheit ausgesprochen hatte, wurde nun unbewußt als Demütigung, jedes Zögern und spielerisches Sich-Versagen der Geliebten als Unbotmäßigkeit gegen die Allmacht des Königs angesehen und als »Hochverrat« verurteilt.

Abbildung 30 Strindberg: Strindberg, der von sich selbst sagte: »Ich bin hart wie Eis und doch gefühlvoll bis zur Empfindsamkeit«, liebte das Kindlich-Zarte und suchte – trotz aller Mimosenhaftigkeit – das Grausame. Er träumte sentimental von einem Leben paradiesischer Stille und fand in der Ehe immer wieder die Hölle. Denn seine Vorstellungen von der Frau waren keusche Visionen der Sehnsucht und gleichzeitig Ausgeburten der Lust, zu quälen und gequält zu werden. Er war voll unersättlicher Lebenssehnsucht und fand, daß es »schrecklich ist, zu leben«. Er hatte »das eine Auge auf die Sterne gerichtet« und befahl sich immer wieder: »Verbrenne, was du angebetet hast.« Er neigte zur Mystik, aber sein grüblerischer Verstand machte ihn zum Skeptiker. Seine Dichtungen sind scheinbar realistisch, im Grunde jedoch gespenstisch wie Angstträume, in denen Grausamkeit und sentimentale Sehnsüchte verwoben sind.

Strindbergs Mund ist von Unlustgefühlen zusammengeschrumpft. Er hat (das wird durch den forsch aufgezwirbelten Schnurrbart, der es ausgleichen sollte, betont) etwas mimosenhaft Empfindliches und Altjüngferliches. Enttäuschungen und schroffe Reaktionen darauf prägten die scharflinigen Senkungen der Lippenwinkel. Die Oberlippe ist – durchkostend – etwas vorgeschoben. Die Augen haben ein begehrliches Gleißen und einen sentimentalen feuchten Schimmer: Sie verraten Kühle und Reizbarkeit der Gefühle, Selbstdurchsetzungsdrang und geducktes Selbstvertrauen. Sie schauen fest in die Wirklichkeit und blicken dennoch analysierend und intuierend durch sie hindurch, sind neugierig und doch abwehrend. Die Haare verraten Härte, Elastizität und Reizbarkeit. Das Nasenende ist breit und rund, wie man das oft bei Menschen findet, die sich von der Umwelt gerne beeindrucken lassen. Es hat etwas Formlos-Exzessives, ist weniger sinnlich-fleischig als das Stifters oder Tolstois und Goyas, knorpeliger, härter, und mehr vom Verstand durchwirkt. Daß bei Strindberg die intellektuellen Kräfte sehr stark entwickelt waren, beweisen vor allem Augen und Stirn. Die Stirn ist hell, breit, hoch, steil, im Verhältnis zum Gesicht, besonders zu dem mimosenhaft zusammengeschrumpften Mund, etwas zu umfangreich, und läßt auf denkerisch-grüblerische Neigungen schließen, die aber, wie die Augen verraten, mit starken unbewußten phantasievollen Strebungen vermischt waren.

Abbildung 31 Byron: Ist dies das Gesicht eines Melancholikers? Goethe schrieb: »Ihm ist nichts im Wege als das Hypochondrische und Negative, und er wäre so groß wie Shakespeare und die Alten«. Byron selbst sagte einmal, es sei »ein Unglück, geboren zu werden«, und gestand im Nachwort zu seiner Jugenddichtung »Childe Harold«, deren Held er selbst ist, »sie sollte zeigen, daß früheste Verderbtheit des Gemütes und der Moral Ekel an entschwundenen und das Versagen bei neuen Vergnügungen zur Folge habe, und daß sogar die Schönheiten der Natur und die Lust an Reisen für ein solches Gemüt verloren oder doch übel angewandt sind«. Und im »Manfred«, in dem Goethe »die Glut einer grenzenlosen Verzweiflung« fand, läßt Byron sein dichterisch überhöhtes Ebenbild ausrufen: »Mein Selbstzerstörer war ich und will's auch ferner sein.«

Byron hatte von Natur die leicht reizbare, hemmungslose Genußfähigkeit des Sanguinikers, aber »früheste Verderbtheit des Gemütes« – vor allem wohl die Liebe zu seiner Halbschwester, die ihm eine Tochter gebar – zerstörte sie und verkehrte sie ins Negative. Der von seiner Ehefrau entfesselte Skandal vertrieb ihn aus England.

Zu dieser schuldhaften Liebe kam sein Hochmut, der den Zwanzigjährigen schreiben ließ: »Ich könnte die Gesellschaft meines besten Freundes nicht länger als einen Monat ertragen. Die Menschheit... wird tagtäglich so viel ekelhafter, daß ich (wenn es nicht ein Quantum Ehrgeiz und die Überzeugung gäbe, daß wir in diesen Zeiten unsere wechselseitigen Pflichten erfüllen müssen) mein Leben lang hier in unveränderter Einsamkeit wohnen würde.«

»Ekelhafter« – dies erinnert an Byrons Nachwort zu »Childe Harold«, in dem er von den Folgen »frühester Verderbtheit des Gemütes« sprach. Daß ihm die Menschen zuwider waren, hing auch (wie bei Hölderlin) mit der ästhetischen Veranlagung zusammen, mit des Dichters durch die Phantasie übersteigerten Ansprüchen an ihre Schönheit und Erhabenheit. Zu berücksichtigen dürfte ferner sein, daß er, dessen Vater das Vermögen seiner reichen Frau durchgebracht hatte, die ersten Jahre seines Lebens in Armut verbringen mußte. Durch den Tod eines Großonkels wurde er vermögend und Lord. Diese plötzliche soziale Erhöhung brachte ihn zunächst aus dem Gleichgewicht und mag mitgewirkt haben, daß sein Selbstbewußtsein immer etwas Provokantes hatte.

Also nochmals: Ist dies das Gesicht eines Melancholikers? Die mädchenhaft zarten Lippen sind etwas vorgehend und liegen genießerisch locker übereinander. Die Unterlippe ist gegen die Mitte zu schwellend und seitlich verkürzt: Sie deutet auf sensible monoman-wählerische Wollust. Die Oberlippe verschmälert sich rasch und senkt sich etwas gegen den Mundwinkel, der von einem feinen Ekelschatten umspielt und zuerst etwas nach oben gewölbt und dann wie ein Häkchen nach unten gesenkt ist. Genußfreude und Verachtung sind in ihr gemischt. Das Kinn ist wollüstig überpolstert, füllig und weiblich – weich gewölbt. Die Nasenlöcher sind monoman abwehrend verengt, was besonders deutlich wird, wenn man etwa mit Tolstoi oder Bismarck (33, 60) vergleicht, bei denen sie weltoffen gebläht sind. Das ganze Nasenende ist dünn, empfindlich, kühl und deutet, wie das (degenerierte) Ohrläppchen, auf eine Schwächung der Vitalität. Im Zusammenklang mit diesem Untergesicht wird der halbverdeckte Blick sicher deutbar: Er sucht nach der Schönheit, die Byrons auswählerischer Wollust entspräche und verschließt sich vor den meisten Objekten – unzufrieden und hochmütig-verachtungsvoll. Hochmütiges, aber anmutig-elastisches Hochtragen des Kopfes formte auch an der Zurückneigung der geschmeidig gewölbten Stirn.

Abbildung 32 Pestalozzi: Das sorgenvolle und müde, weiche und wehmütige Gesicht eines enttäuschten Menschenfreunds. Die Lippen liegen in feiner Berührung übereinander und dehnen sich in weicher, wohlwollend lächelnder Spannung in die Breite – wie bei dem väterlich-gütigen Papst Johannes XXIII. und im Gegensatz zu Hitlers von Wut, Brutalität und Haß verzerrtem und zerdrücktem und zu Byrons monoman verkürztem Mund. Sie haben etwas von der zärtlichen Lindheit, mit der man zu Kindern spricht und über ihre Scheitel streicht. Dies ist ihre Lust. Das breite, elastische, gut durchblutete und membranenhaft feine Nasenende deutet (zusammen mit dem Mund) auf gütiges Verständnis und natürlichen Takt. Die schmerzlich tiefe Furche vom Nasenflügel zum Lippenwinkel wurde von Enttäuschungen und vom langandauernden Bemühen um Geduld geprägt. (Um die Geduld des Erziehers, der den Drang der eigenen Gefühle und des eigenen Willens ruhig und in feiner Strenge gegen sich selbst überwindet, um verständnisvoll auf die Eigenart der Zöglinge eingehen zu können; der duldet, aber auch mit liebevoller Strenge zu einem besseren Sein emporziehen will.) Das Kinn ist von beherrschter Energie vorgeschoben, ausdauernd breit und vorgewölbt, aber nicht so zielbewußt klar und nicht rücksichtslos scharfkantig wie etwa bei Yorck (Abbildung 63). Die Augen haben etwas sorgenvoll Starres und wehmütig Enttäuschtes; sie sind leuchtend und von den Strahlungen einer kindlich-reinen, von edlen und tiefen Gefühlen erfüllten, eher träumenden als praktisch denkenden Seele geweitet. Sie sehen das Handgreifliche und Nützliche nicht, aber die dickhäutigen Falten um die Brauen und um die Nasenwurzel verraten verkrampfte und wirre, unruhige und dumpfe Anstrengungen und mögen von Pestalozzis erfolglosem Kampf herrühren, seine menschenfreundlichen Ziele unter den verständnislosen Menschen zu verwirklichen und seine von Güte und Kinderliebe getragenen Gründungen vor dem Zusammenbruch zu bewahren. Bei Pestalozzi ist die Stirn weniger präzis geformt als etwa bei Fourier (Abbildung 22): Sein Wesen war weniger vom zielbewußten Wollen und Rechnen als vom tastenden, geduldig-vorsichtigen Fühlen bestimmt.

Abbildungen 33 bis 36 Tolstoi und Dostojewski: Der junge Tolstoi war der Meinung, »es könne kein irdisches Glück für einen Menschen geben, der eine so breite Nase, so dicke Lippen und kleine graue Augen habe, wie er«. Das Bildnis des 23jährigen zeigt ein sehr vitales Gesicht. Der Unterkiefer ist greif- und stoßgierig vorgeschoben, das Kinn gespalten, weich überdeckt und verrät wollüstige, rücksichtslos zupakkende Triebe. Der Mund ist auf dem hier veröffentlichten Bild: dick, wollüstig und weich, locker und genußgewohnt; auf anderen Jugendbildern ist er hitzig glänzend und prall gespannt. Die Wangen sind gut durchblutet und schmal, wie oft bei Wollüstigen (ein guter Hahn wird nicht fett). Die Augen seelisch kalt und sinnlich begehrend; ihr Blick ist auf die Umwelt gerichtet, gelassen wartend und sehr aufmerksam beobachtend, nicht ohne Nachdenklichkeit, aber nicht denkerisch. Die Stirn, halbhoch und klar, läßt (zusammen mit den Augen) auf einen wachen Verstand schließen, der sich allerdings nur schwer gegen die elementaren Triebe durchsetzen kann. Das Nasenende ist breit gebläht, fleischig-dick, etwas nach oben gehend und verrät eine mehr instinktive und sinnliche als intellektuelle Weltoffenheit. Trotz seiner augenblicklichen Passivität hat es etwas cholerisch-begehrlich Einsaugendes. Im Vergleich zum Nasenende eines anderen Mannes der elementar begehrlichen Sinne (Abbildung 37, Goya) wird besonders deutlich, daß es derb, plump, grob ist. Bei Goya ist es elastischer, feiner. Tolstois Jochbeine »bedrängen« die Augen wie oft bei Menschen mit zäh durchgreifendem Willen. Bei Dostojewski dagegen (wie bei Eichendorff und Novalis, Abbildung 20 und Abbildung 93) sind die Augenhöhlen kindlich weit und das ganze Knochengerüst des Gesichts ist schwach und nach unten stark verschmälert, wie es für Menschen mit geringer Vitalität bezeichnend ist. Wie beim jungen Tolstoi die hitzig-wollüstige Empfindung die seelische Härte verdeckt, so verbargen die gut durchbluteten Wangen die derben Jochbeine. Trotz oder gerade wegen der Wildheit seiner Triebe hat Tolstois Gesicht etwas Melancholisches. Ist es die Trauer, die nach orgiastischem Genuß die Seele beschattet? Oder war der junge Tolstoi nicht nur mit seinem Gesicht, sondern im Unterbewußtsein auch mit seinem Charakter unzufrieden, obwohl er Scham und Reue leugnete? Die Altersbilder jedenfalls sind gar nicht heidnisch unbeschwert. Manche sind verzweifelt fragend oder erfüllt vom Kampf zwischen sinnlicher Leidenschaft und Geist. Auf unserem sind die Begierden nach Genuß und Herrschaft (augenblicklich) erloschen, die Augen blicken, altersklar, alterskalt und altersrein, in die Ferne, fragend und so fromm, wie Tolstoi werden konnte. Aber die Nase ist noch immer so breit, wie sie einst von Leidenschaften gebläht wurde. Nur fehlt ihr jetzt die sinnliche Spannung und hitzige Durchblutung. Das Gesicht des alten Tolstoi war, wie ein Zeitgenosse schrieb, das »eines Bauern«, eines in cholerisch-leidenschaftlichen Ausschweifungen ausgebrannten Bauern, der nicht wie viele alte Russen zu einem milden ergebenen Väterchen wurde, sondern zu einem Grübler, der hoffend glaubt, aber auch schwermütig zweifelt. Das Fromme in den Augen des alten Tolstoi wird vielleicht auch für den physiognomisch wenig Geübten bei einem Vergleich mit Schopenhauer (Abbildung 23) deutlich, der mit hart errungener stoischer Ruhe auf das Nichts wartet.

Auf dem Bild des 42jährigen Dostojewski (Abbildung 35) ist der Unterkiefer klein und schwach, das Kinn zurückliegend, der Mund (den ein Zeitgenosse als »wulstig« bezeichnete) dick und wenig geformt: haltlos. Die Augen (die von manchen als »stechend« empfunden wurden) sind hier kritisch und mit Energie eindringend, aber nicht in das Nahe, Handgreifliche, sondern in die fernen Gestalten, weitgespannten Pläne und Gedanken seiner Phantasie und seines Geistes. Auf dem anderen Bild schauen die Augen in tiefem Ernst durch die Erscheinungen hindurch, intuierend und kritisch prüfend; sie sind (wenigstens für den Augenblick) beinahe kindlich rein. Die (auf überstarke Entwicklung des Vorderhirns – des Bewußtseins und Verstandes deutende) Stirn wirkt hier noch breiter und höher. An den Seiten ist sie auffallend ausgebuchtet, wie sehr oft bei Menschen, die den Kopf meist (in tiefem Nachdenken) zur Seite neigen und gesenkt halten. Schon am jungen Dostojewski fiel diese Kopfhaltung auf. Die Schläfen sind hohl, was auf einen Willen deutet, der nicht »durchhält«. Das Nasenende entspricht Dostojewskis vom Intellekt stark durchsetzter Einfühlung. Auf beiden Bildern ist das Gesicht blaß, schlecht durchblutet. Es verrät Mangel an

Vitalität, an erotischem Gefühl und sinnlicher Genußfähigkeit. Es ist melancholisch-kalt. (Dies wird besonders deutlich im Vergleich zu Tolstois wild begierigem oder Eichendorffs von zärtlichen Gefühlen durchwärmtem Gesicht.) Bei dem früheren Bild ist die geringe Lustfähigkeit des Melancholikers von sinnlicher Begierde getrübt. Es ist wie feuchter Schnee; das spätere Bild dagegen wie klares, durchsichtiges Eis. Beide Bilder haben etwas Keuchendes. Das mag mit Dostojewskis epileptischen Anfällen zusammenhängen, wahrscheinlich aber auch mit seinem Kampf zwischen der Ahnung des Wesenhaften und den zwar schwächlichen, aber hektischen Trieben. Die Haltung seines Kopfes und der Ausdruck seines schwachen, vom mächtigen Gehirnschädel überwölbten Gesichts mit den intuitiven Augen ist bezeichnend für den Menschen, der vor allem mit Gedanken und Ahnungen in die Umwelt greift und sich nicht »repräsentieren« und durchsetzen will, sondern gewohnt ist, als unbeachteter Zuschauer schüchtern vor der eigentlichen Bühne des Lebens zu sitzen. Tolstois weit in die Umwelt geschobenes, kräftiges heidnisches Bauerngesicht ist dagegen typisch für den Menschen, der »von allen gesehen, gekannt und geliebt werden möchte«, mit gierigen und harten Händen ins Leben greift und für Gedanken und Ideen wenig Verständnis hat.

Dies sieht man an den Bildern. Nun sei skizziert, was die Biographien und Dichtungen über den Charakter Tolstois und Dostojewskis verraten. Sie bestätigen die physiognomischen Feststellungen nicht nur, sondern ergänzen, vertiefen sie und machen sie verständlicher. (Was wieder zeigt, wo die Grenzen der Physiognomik liegen.)

Bezeichnend für Tolstoi ist ein Bericht seines Schwagers Behr: »Im Sommer trägt er immer eine Blume bei sich – nur eine, aber eine duftende... Man muß es gesehen haben, mit welchem Genuß er die an seine Nasenlöcher preßt...« Tolstoi mußte, was ihm gefiel, an sich pressen, mußte es besitzen, mußte es zu seinem Eigentum machen, damit er es ganz empfinden konnte. Er war ein leidenschaftlicher, aber egoistischer Liebhaber.

Er war sehr gesellig, hatte unter seinen vielen »Freunden« aber keinen Freund. Dostojewski dagegen liebte die Absonderung, nicht aus Hochmut, sondern weil er die Stille suchte, in der das Fluten der Seele hörbar wird, und auch, weil er unter der Härte und Lautheit der Mitmenschen litt. »Es war eigentlich nicht, daß ich die Menschen nicht hätte leiden können, aber sie wurden mir gewissermaßen schwer.«

Dostojewski behauptete zwar als junger Ingenieur, in Petersburg für

Minuschkas, Claruschkas und Mariannen »fürchterliches Geld« ausgegeben zu haben, aber sein Freund Dr. Riesenkampf schrieb: »Zu weiblicher Gesellschaft schien er sich immer gleichgültig zu verhalten, und fast hatte er sogar eine gewisse Abneigung gegen sie.« Jedenfalls war er nie vital. Seine von Natur aus schwachen Empfindungen und Gefühle waren gehemmt und von der Neigung zersetzt, mit dem Verstand und der Ahnung in das Innere der Erscheinungen einzudringen, ihre Struktur zu erkennen und ihr Wesen zu erfassen. Seine Schilderungen geschlechtlicher Exzesse sind zum einen Teil Revolutionen der unterdrückten Triebe, zum anderen Teil entstammen sie der Neugier und Lüsternheit des durch alle seelischen Sensationen schweifenden Psychologen. Als Ersatz für die natürliche Lust der Sinne dürstet Dostojewski nach ekelhaften Lastern und nach der Reue über seine Perversionen. Er schämt sich ihrer »bis zur Selbstverfluchung«. Tolstoi dagegen bekannte zwar in seiner »Beichte«: »Lüge, Diebstahl, Wollust jeder Art, Völlerei, Vergewaltigung, Totschlag ... Kein Verbrechen, das ich nicht begangen habe«; aber auch: »Ich schäme mich niemals. Mögen alle wissen, was ich treibe. Ich habe vor Niemandem in der Welt Geheimnisse!«

Für Dostojewski war die Kunst ein Mittel, die verborgene Welt ins Licht zu heben, Tolstoi dichtete, weil er gestalten wollte, was seine Augen in der Wirklichkeit ringsum gesehen und was er an ihr erlebt hatte. Er konnte die feinen Nuancen der »natürlichen« Empfindungen und Gefühle festhalten: die elementare Atmosphäre der Verliebten, der Familie und der Schlacht. Hierin liegt der hohe Wert seiner (realistischen) Kunst. Charakterisch für seine Geistigkeit ist eine Stelle in »Krieg und Frieden«, wo die Frage auftaucht, ob der Oberbefehlshaber Kutusow das Recht habe, einen ganzen Truppenteil in den sicheren Tod zu senden. »Fürst Andrei wirft einen Blick auf Kutusow ... und gewahrt die sorgfältig gewaschenen Wülste der Narbe an der Schläfe, wo die Kugel von Ismail ihm durch den Kopf gedrungen war, und das ausgelaufene Auge. ...« Der Anblick dieser Narbe entscheidet die Frage: »Ja, er hat das Recht, so ruhig über den Untergang so vieler Menschen zu verfügen.« Eine primitive Art der Motivierung.

Tolstoi liebte und schuf wie Pan, der den Körper umfaßt und Körper zeugt, Dostojewski zersprengte die greifbare Welt der vielen Erscheinungen, um die ersehnte allweite Einheit wiederherzustellen. Seine Dichtungen sind Offenbarungen der Seele. Von deren Irrgängen und Schlupfwinkeln, Tiefen und Abgründen sprach er so sicher wie andere von etwas, das sie handgreiflich vor sich haben. Aber die Beschreibung des Aussehens seiner Figuren und ihre Umgebung interessierte ihn nur oberflächlich. Hierbei arbeitete er weniger mit der sinnlichen Erlebniskraft des Künstlers als mit der sachlichen und kritischen Beobachtung. Seine Figuren (besonders die Hauptpersonen seiner besten Dichtungen) sind zu großem Teil Manifestationen der seelischen *Möglichkeiten*, die Dostojewski in sich selbst und in der Anlage der Menschen fand, in die er sich hellseherisch versetzte. Viel weniger als die Gestalten Tolstois, der vor allem vitale Egoisten schuf, gleichen sie daher der Individualität ihres Dichters und den Russen des Alltags.

Daß Tolstoi die reale Erscheinung, Dostojewski das Wesen der Dinge erfaßte, ist ihr Hauptgegensatz. Ein anderer wichtiger Unterschied liegt in der verschiedenen Entwicklung des Bewußtseins. Tolstoi, der alle intellektuellen Bemühungen wütend verachtete und das Analphabetentum und überhaupt das Primitive und Elementare schätzte, war bewußt genug, für seine Empfindungen und Gefühle den differenzierten Ausdruck zu finden, die Grenzen der ihm zugänglichen Welt der Sinne zu bemerken und über geistige und religiöse Probleme grüblerisch nachzudenken. Bei Dostojewski war das Bewußtsein überstark entwickelt. Er hob seine Ahnungen nicht nur in das hellste Licht, sondern durchleuchtete sie röntgenstrahlenhaft, um ihren innersten Kern zu finden. Wie Novalis und Eichendorff ahnte er die erlösende Macht des Seelengrunds, sprach seine intuitiven Erlebnisse aber nicht unmittelbar (lyrisch, gefühlvoll) aus, sondern durchforschte sie, analysierte sie, bis sie sich – in Nichts auflösten. Dostojewski erlebte die göttlichen (und dämonischen) Mächte, die in und hinter der individuellen Seele wirken, aber sein überstarkes Bewußtsein wollte diese irrationalen Mächte mit den Messern und Zangen des analytischen Verstands bloßlegen und fassen. Da der analytische Verstand, nachdem er Schale um Schale vom Wesen entfernt hat, statt des Kerns, aus dem sie wurden, immer das Nichts findet, oder vielmehr: da der Verstand für den Kern, den nur irrational faßbaren, blind ist, behauptet er, es »gäbe« keinen Kern. Darum hat Dostojewski, wie er selbst sagte, den »Atheismus mit einer Kraft ausgedrückt, wie niemand in Europa« – obwohl er dem schöpferischen Seelengrund durch seine tiefdringende intuitive Kraft näher kam als die meisten Europäer.

Dostojewski berührte die irrationalen Urgründe der Welt und zerstörte seine Funde mit dem Seziermesser des Verstands. Intuitiv wurde er eins mit allen Menschen, gleichzeitig durchschaute und zergliederte er sie mit kriminalistischer, kaltherziger Schonungslosigkeit.

Die Verbindung von Intuition, messerscharf analysierendem Intellekt und Gefühlskälte gibt seinen Werken etwas Gespenstisch-Unwirkliches und doch Überdeutliches, etwas blitzlichthaft Aufzuckendes und brutal Bedrängendes. Sie machte ihn, der die Erde »ein Fegefeuer für himmlische Geister« nannte, auch in der Jugend »nie lustig« war und »kein Zutrauen zu den Menschen hatte«, zu einem Melancholiker. Und zwar zu jenem Untertypus, der mit den Menschen zwar intuitiv verbunden ist, ihre Nähe aber meidet, den die Wirklichkeit mit Ekel, Haß und Vernichtungslust erfüllt und der in das Reich der Ideen flieht, in dem man ungestört von der Erlösung durch grenzenlose Liebe und alles opferndem Mitleid, aber auch (ungefährlich) von der Befriedigung grausam-zerstörerischer Triebe träumen kann.

Seine Sehnsucht nach alles umfassender Liebe und selbstlosem Mitleid band Dostojewski – trotz seines Atheismus – an das Christentum, im Gegensatz zu Tolstoi, der erst dann versuchte, an das Christentum zu glauben, als die lustgierigen Empfindungen und Gefühle zu erlöschen begonnen hatten. Bis dahin galt für ihn der heidnische Satz: »Stirbt man, so wächst Gras über einen.« Mit diesem Glauben konnte er sich abfinden, solange er jung war. Vielleicht aber hatte er – wie Gorki vermutet – immer gehofft, die Natur werde mit ihm eine Ausnahme machen und ihm körperliche Unsterblichkeit gewähren. Als er aber sah, daß er des Lebens Höhe überschritten hatte und altern mußte wie alle anderen, wandelte sein Lebenshunger sich in Todesfurcht, und aus diesem Entsetzen entstand der Wunsch, an die christliche Unsterblichkeit zu glauben. Nun schrieb er als Bußprediger und christlicher Prophet. Aber seine Sprache wirkt unecht, sie ist kraftlos und nicht mit der Ausdrucksfähigkeit des »heidnischen« Tolstoi zu vergleichen. Er wollte sein Vermögen unter die Armen verteilen, überschrieb es aber seiner Frau und seinen Kindern und blieb, dies entscheidet, zeitlebens im Mitgenuß seines Reichtums – als Gast. Er litt niemals Not, sondern lebte in einer Einfachheit, die man als höchstes, verfeinertes Epikuräertum bezeichnete. Er aß zwar vegetarisch, duldete aber stillschweigend, daß seine Speisen auf sehr raffinierte Weise und mit Bouillon zubereitet wurden. Er trug die Kleidung eines Bauern, aber sie war parfümiert und aus feinem, weichem Stoff. Sein Arbeitszimmer war einfach, aber diese Einfachheit ist für Arbeitszimmer bekanntlich das Angemessenste; es hatte auch eine kostbare Stille. Nach seiner Bekehrung empfing er seinen Schwager mit feierlichem Ernst, doch plötzlich, als wollte er den Besucher oder sich selbst für die Langeweile seines Asketentums entschädigen, sprang er ihm auf die Schulter.

»Ich habe nicht zu Mittag gegessen«, notierte er in seinem Sterbejahr. Die Schwermut quälte ihn. Aber sie quälte ihn doch nicht so sehr, daß er die Tatsache übersehen hätte, daß er, der die Not der Bettler teilen wollte, *einmal* nicht zu Mittag aß.

Tolstoi litt unter diesem Widerspruch, der ihm den Spottnamen »Gutsbesitzer in Christo« eingetragen hatte. Einem Studenten, der ihn beschwor, als Bettler von Stadt zu Stadt zu ziehen, antwortete er: »Daß ich in der Familie mit Frau und Tochter in beschämenden Luxusbedingungen inmitten von Armut lebe, das hört nicht auf, mich immer mehr und mehr zu peinigen.« Er war über die Not der Armen ehrlich empört, litt mit den Elenden und wollte ihre Ohnmacht aufheben. Er war ihr Freund, ihr Bruder – ihr reicher Freund, der seinen und der anderen Besitz als Unrecht empfand. Er hatte den Mut, dem Zaren Nikolaus II. mitzuteilen, daß er die Autokratie, die das Volk zu Parias mache, für überlebt halte, fühlte Mitleid mit den Verbrechern und mit ihren Henkern und war deshalb gegen die Todesstrafe. Er war kein Atheist, mußte aber immer wieder mit der Frage ringen, ob es Gott gäbe. Jedenfalls lehnte er die Dogmen der Kirche ab und wurde deshalb von ihr ausgestoßen. Er bejahte die revolutionären Ideen und Versuche als Schriftsteller, und wurde deshalb unter polizeiliche Bewachung gestellt.

Bei seinem Tod fürchteten die Herrschenden, die Revolution werde ausbrechen. Das Volk begnügte sich jedoch damit, zu singen: »Ewiges Gedenken«, was verschieden ausgelegt wurde: Gott, nimm den Exkommunizierten in dein Reich auf! Oder: Tolstois Ideen sollen weiterleben! Weshalb zuletzt auch das Singen verboten wurde.

Abbildung 37 Goya: Eichendorffs Leben verlief abseits in der träumerischen Stille, Goya dagegen verbrachte seine Jugend im Stierzirkus, am Wirtshaustisch, bei Lautenklang und Gesang, bei Tanz und Raufereien, im Volksgewühl der Straße und bei Liebesabenteuern. In seiner ersten Schaffensperiode malte er farbenglühende, naturwahre, von unerhörter Lebenskraft erfüllte Werke: neben Porträts Szenen aus dem Volksleben und aus dem Genußleben der Gesellschaft. Im Jahre 1792 befiel ihn eine verhängnisvolle Krankheit, die ihn mit Ekel und Haß erfüllte.

Goya hatte ein großes, zu männlicher Kraft des Willens und Empfindens gereiftes Gesicht. Auf dem Gemälde von Lopez ist es Ausdruck heißblütiger, explosiv drängender, geballter Kraft, die allerdings zu zerfallen beginnt und krampfhaft zusammengehalten wird. Der Mund ist vom Bemühen um Selbstbeherrschung gepreßt, die Oberlippe von Lust und Ekel disharmonisch gekrümmt. Man beachte am rechten Mundwinkel den Widerspruch zwischen der Nach-oben-Biegung einstiger (lachender) Genußfreude und der bitteren, verächtlichen Nach-unten-Krümmung. Dieser Widerspruch wiederholt sich in den Linien von dem cholerisch-knolligen Nasenende zum Mund. Das linke Auge blickt mürrisch und in kritischer Schärfe unter dem von hitzigen Blutwallungen schwer hängend gewordenen Lid hervor; das andere Auge ist schauend und intuierend. Diese Augen nehmen die eigenartige Form und Farbe der Dinge (mehr kritisch als genießend) in sich auf und blicken durch das Sinnlich-Faßbare hindurch – bis zu jener Schicht, wo der wahre Charakter hinter den Masken sichtbar wird, aber nicht (wie Eichendorff) bis zu jener Tiefe, in der das Individuelle aller Erscheinungen in Duft und Melodie aufgelöst ist.

Abbildung 38: Leonhard von Eck, in der Reformationszeit Kanzler des Herzogs von Bayern, wäre wahrscheinlich kein fanatischer Gegner der Protestanten geworden, hätte er dadurch nicht die Möglichkeit erhalten, seine wilden Triebe nach Macht und Streit, Unterjochung und Vernichtung auszutoben. Nicht die Idee, sondern seine hitzigen Süchte machten ihn glühend-fanatisch.

Im Vergleich zu Dostojewskis, Eichendorffs oder Moissis Kopf (35, 20, 18) wird das Cholerisch-Kämpferische Leonhard Ecks besonders spürbar. In dessen düster-glühenden, starr auf ein ungewisses fernes Ziel gerichteten, vordrängenden Augen vermischen sich leidenschaftliche, zum Haß neigende Gefühle mit kämpferischen Trieben zum feurig-streitsüchtigen und rücksichtslosen Fanatismus. Ebenso kommt in ihnen (stärker noch als in Kiesingers Augen) rednerischer Drang zum Ausdruck. Das Nasenbein ist zielbewußt, aber bockig-breit und aggressiv gehöckert, das Nasenende knorpelig-hart, wie man das oft bei Menschen ohne Einfühlungsgabe und Takt findet; außerdem ist es zornig-witternd gebläht. Die Oberlippe ist energisch breit-gedrückt und liegt fest und doch nicht (was für den Redner ungünstig wäre) verklemmt über der leidenschaftlich vorgeschobenen, sinnlich-schwellenden Unterlippe. Ecks Mund verrät, daß seine Gefühle und Empfindungen mehr hitzig als fein und vom Willen zwar nicht geknebelt, aber gehärtet sind. Er verschweigt sie nicht wie Schopenhauer (23) oder

Julius II. (40), er spricht sie aus, ja sie drängen mit kämpferischer Intensität aus ihm. Das Kinn ist ausdauernd-breit und klar gewölbt; die Jochbeine sind barbarisch gewulstet und die Wangen tief durchfurcht von ebenso heftig-brutalen wie fanatisch-unnachgiebigen und ungeduldig zuckenden Leidenschaften.

Einem Menschen mit solchem Gesicht ist es kaum je um Wahrheit und Gerechtigkeit, ihm ist es immer darum zu tun, einen Gegner niederzuringen, mit welchen Mitteln auch immer, sich durchzusetzen und dabei seine Grausamkeit auszuleben.

Abbildung 39 Björnson: Im hohen Nasenbein zeigt sich aggressiver Wille, im spitzen Nasenende kritischer Verstand und in den spannungsvoll geblähten Nasenlöchern die leicht reizbare Leidenschaft des intellektuellen Kämpfers, im Kinn männlich-aggressive und ausdauernde Kraft. Der Mund weist auf Härte und Festigkeit hin und die Unterlippe auf einige Sinnlichkeit, die aber vom Erkenntnis- und Kampftrieb (gepreßte und eingezogene Oberlippe) beherrscht und unterdrückt wird. Einige sinnliche Leidenschaft liegt auch in den ziemlich fleischigen, aber kühlen Nasenflügeln. Das Auge läßt auf Klarheit, scharf spähende und kritische Vernunft, Festigkeit, Aggressivität und ein sehr starkes Selbstbewußtsein schließen. Die Stirn ist hoch und klar, in Wirklichkeitsbezogenheit zurückgeneigt und oben seitlich etwas ausgebuchtet, was – zusammen mit diesen Augen und diesem Nasenende – grüblerische Neigungen vermuten läßt. Der Erfolg des Denkens war bei Björnson allerdings immer vom cholerischen Kampftrieb beeinträchtigt. Die Brauen sind grimmig nachdenkend gesenkt, wirr und stachelig, wie man es oft bei Jähzornigen und Widerspenstigen findet. Zwischen den Brauen finden sich scharfe Falten energischen Wollens und Denkens.

Abbildung 40: Papst Julius II., der den Kirchenstaat wiederherstellte und dabei seinen Hauptleidenschaften folgen konnte – Krieg zu führen und zu erobern. Er kannte keine Furcht und keine Bedenklichkeit und ließ sich durch keinen Mißerfolg bewegen, seine Ziele aufzugeben. Sein Gesicht ist Ausdruck geballter Kraft, ungewöhnlich heftiger Triebe und einer ebenso ungewöhnlichen Selbstbeherrschung. Aus dem Auge spricht die Spannung des cholerischen Willens, dessen Ausbruch droht. Er ist weithin planend und über grausamer Vernichtung brütend, aber (vorerst noch) beherrscht. Die Braue ist grimmig-nachdenklich herabgezogen, das Nasenbein breit, aggressiv gehöckert und schon am Ansatz hoch, das Nasenende leidenschaftlich gebläht, fleischig, aber auch geistig, elastisch, die Oberlippe brutal lauernd eingeklemmt, die Unterlippe sinnlich und trotzig vorgeschoben, das Kinn kräftig und klar gewölbt. Zähneknirschende Rachsucht bildete die tiefe Kerbe neben dem Lippenwinkel. Heftigste Erregungen des Zorns, der Herrschsucht und die Bemühungen, sie zu beherrschen, prägten die harte Furche vom Nasenflügel am Mund vorbei zum Kinn und die Wangenfalten. Auch das rechtwinklige, roh verdickte, amboßplumpe Kiefereck wurde von unmäßigen Kräften des Zorns und der kämpferischen Triebe geformt und von der (den Ober- und den Unterkiefer mahlend, malmend aufeinander pressenden) Beherrschung der cholerischen Affekte. Im Zusammenhang mit dem Gesicht deutet der dynamisch gewölbte, wuchtige Hinterkopf auf elementaren, zielstrebigen und doch elastischen Bewegungsdrang und unverrückbares Standhalten.

Abbildung 41 Freiherr von Knigge: Vom Verfasser des »Umganges mit Menschen« mag mancher naiverweise annehmen, er müsse ein besonders taktvolles Gesicht gehabt haben. Aber das Bild zeigt ein rücksichtslos vorstoßendes, hartes Kinn. Seine Nase deutet auf einen Willen, der sich nicht höflich und klug anpaßt, sondern sich mit Schwung und Zielsicherheit durchzusetzen strebt. Das vorschnüffelnde Nasenende paßt eher zu einem kalten Spionierer als zu einem Menschenfreund. Der Blick ist herrschsüchtig und mit angespannter Aufmerksamkeit auf die Umwelt gerichtet, die er durchschauen (und dadurch beherrschen) will. Der Mund hat nichts Liebenswürdig-Weltmännisches. In ihm liegt Kälte, Kleinlichkeit und Herrschsucht. Die steilen Wangenfalten deuten auf heftige Erregungen. Man beachte das Unterkiefereck: Es ist wulstig verdickt vom Bemühen, die cholerische Rücksichtslosigkeit zu beherrschen. Die Stirn ist hoch, weit und klar.

Knigge, der cholerische Intellektuelle, schrieb sein Buch über den Umgang mit Menschen nicht, weil er besonders taktvoll war, sondern im Gegenteil, weil seine herrschsüchtigen Triebe es ihm schwer gemacht hatten, sich taktvoll zu benehmen. Sein berühmtes Buch ist eine Selbstkritik und eine Untersuchung, warum er trotz seiner Begabung im Grunde gescheitert war. Die guten Lehren seines »Umgangs mit Menschen« sind das Ergebnis seiner eigenen Mißerfolge und Fehler. Um ein Beispiel zu nennen: Er war Freimaurer geworden und verriet aus Ärger darüber, daß er »Lehrling« blieb, deren »Geheimnisse«.

Abbildung 42 Hans Imhoff (ein von Dürer geschaffenes Bildnis, das vermutlich den Nürnberger Kaufherrn darstellt): In der Schwere und Breite des Gesichts kommt starkes Beharrungsvermögen zum Ausdruck, in der Spannung des fleischigen, geblähten Nasenflügels heftig vorwärtsdrängende Kraft des Willens und der Sinne. Auch in der prall quellenden Unterlippe liegt Leidenschaftlichkeit. Das Bemühen um Zügelung der elementaren Triebe wird an der schmalgepreßten Oberlippe sichtbar, den Wülsten unter dem Mund und der Wangenfurche. Das Kiefereck ist vom zähneknirschenden Zorn und dem Bemühen, ihn zu beherrschen, herausgepreßt. Die Brauen wurden, über der Nasenwurzel tiefe Falten bildend, in gezügelter, heftiger Aggressivität herabgezogen. Der Blick ist unnachgiebig hart und drohend kämpferisch, verrät aber auch, daß der seelische Gewittersturm, vorerst jedenfalls, am offenen Ausbruch gehindert wird.

Abbildung 43 Heinrich Lübke: Ein typischer Phlegmatiker. Aus der allgemeinen Charakterisierung dieses Typus sei wiederholt: Der Phlegmatiker ist weder für Lust- noch Unlustreize besonders empfänglich, schwer erregbar, gleichmütig. Der Ablauf seiner seelischen Funktionen ist langsam und gleichmäßig. Ohne Sprünge und zögernd gehen bei ihm die Erregungen in die Handlung über. Sein Verhalten ist ruhig-besonnen, weder verletzend unfreundlich noch heftig werbend, nicht geschwätzig-gesellig und nicht menschenfeindlich-schweigsam, oft aber »maulfaul«. Typisch für den Phlegmatiker, gehört Lübke nicht zu den Attackenreitern, die im feurigen Ansturm der Taten und Worte siegen (oder untergehen). Er ist ein schlechter Redner, der sogar vorbereitete Manuskripte schwerfällig abliest. Er geht Schritt um Schritt vorwärts, langsam, bedachtsam, zaghaft, stetig, geduldig. Typisch für den Phlegmatiker ist auch, daß Lübke ohne Pathos und Fanatismus, kein Weltverbesserer, sondern im Wesen konservativ ist, daß er die politischen Probleme sachlich betrachtet und sich vor allem für Tatsachen (der Landwirtschaft), nicht für Ideen interessiert.

Nach seiner Wahl zum Bundespräsidenten schrieb die dänische Zeitung »Information«: »Die auffallendste Ähnlichkeit mit Theodor Heuss ist das weiße Haar und das freundliche Gesicht, aber darüber hinaus hat Heinrich Lübke mit Heuss gemeinsam, daß er immer ruhig, beherrscht und entgegenkommend ist.« Die Zeitung rühmte seine leidenschaftslose, streng sachliche Darstellung der deutschen Agrarpolitik, warnte aber vor der Vermutung, man könne mit ihm Schlitten fahren, weil er besonnen und gleichgewichtig ist.

Trotz dieser Ähnlichkeit mit Heuss bestehen große Unterschiede: Theodor Heuss (Abbildung 71) sagte von sich selbst, er sei ein »böser Bube« gewesen, Lübke war ein Musterschüler. Heuss scheute sich nicht, im Interesse seiner Mitschüler ein Lehrerpult aufzubrechen und zu lügen, Lübke war brav. Heuss ein freier Geist, Lübke ein typischer deutscher Beamter. Heuss war phlegmatisch-sanguinisch, behäbig, humorvoll, ironisch – Lübke war sachlich, temperamentvoll-kühl, reserviert, zaghaft. In seiner Sprechweise, Haltung und Mimik kommt deutlich die Scheu vor »Tuchfühlung« und vor heftiger Annäherung zum Ausdruck. Heuss war selbstsicher und überlegen, aber ohne Überheblichkeit – hinter Lübkes steifer Würde und Bescheidenheit werden heimliches Elitebewußtsein und Unsicherheit spürbar. Die Unsicherheit des Empfindlichen? Oder die Unsicherheit des Mannes, der aus einer bäuerlich-kleinbürgerlichen, aber sehr ehrlichen, sehr fleißigen und sehr gescheiten westfälischen Schuhmacherfamilie (auf die er stolz sein darf) in die Große Welt emporgestiegen ist. Diese dörfliche Welt und die Lübke-Familie stellte Josef Küper in seiner Biographie liebevoll und mit dichterischer Kraft dar. Er schrieb: »Die Lübkes waren still und verschlossen, sie litten an einer empfindlichen Haut... Sie waren nicht reich, nicht arm, aber auf dem Wege, wohlhabend zu werden... Alle Lübke-Kinder waren klug.«

Von Lübkes Gesicht ist die Bestätigung der wesentlichen Charaktereigenschaften leicht abzulesen: Es ist phlegmatisch-weichfleischig und kühl. Bei dieser Repräsentationsaufnahme, bei der Bundespräsident Lübke sich energisch darstellt, wird das Temperamentlos-Spannungsarme, Zaghaft-Empfindliche weniger deutlich als bei Schnappschüssen oder wenn seine Haltung bei längeren Staatsbesuchen nachließ. Auch der Blick ist hier repräsentativ angestrengt. Er ist klar, kalt und ernst, besonnen, aber fest entschlossen, sachlich-gerecht, verantwortungsbewußt und ohne Hinterhältigkeit – nicht in sich, sondern nach außen blickend –, keine tiefen Probleme, sondern Tatsachen bedenkend. Der Mund ist nicht asketisch oder genießerisch, sondern bedächtig und bescheiden genußfähig. In der Berührung der Lippen ist die Empfindlichkeit etwas spürbar. Die Stirn ist hoch und weit, das Vorderhaupt umfangreich, dementsprechend (was durch den Blick bestätigt wird) das Bewußtsein klar und der Verstand gut entwickelt. Das Kinn ist breit, zielbewußt gewölbt und etwas vorgeschoben: Zusammen mit dem kräftigen Nasenbein und dem Blick verrät es ausdauernd, ruhig und zielbewußt vorwärtsstrebende Aktivität ohne heftige Aggressivität – den Mann, der bei aller phlegmatischen Liebe zur Ruhe nicht mit sich »Schlitten fahren« läßt. Ein Zeichen dafür sind vielleicht die Falten über der rechten Augenbraue. Solche Linien können vielerlei bedeuten. Hier entstanden sie wahrscheinlich aus Lübkes Neigung, in steifer Würde die Braue hochzuziehen, wenn er meinte, jemand mache es sich zu leicht mit ihm, jemand unterschätze ihn, nehme ihn nicht wichtig genug.

Abbildung 44 Amundsen: Die Haut ist lederartig und verrät das für sinnliche Reize schwer zugängliche, aber widerstandsfähige und anspruchslose Empfinden und Fühlen des primitiven Jägers, Kriegers und Seefahrers. Die Wangen sind hager und von starken und lang andauernden Willensanstrengungen tief gefurcht. (Der Leser möge diese Wangenfurchen mit denen Fouchés, Abbildung 25, vergleichen. Seine physiognomische Begabung ist um so besser, je sicherer er spürt, daß die Falten in Amundsens Gesicht von Spannungen gebildet wurden, die frei von grausam-boshaften Verkrampfungen und listigen Verzerrungen waren.) Amundsens Lippen sind schmal und blaß, herb und nüchtern, die Brauen stachelig und hart. Die Nase ist kühn gebogen, der Oberkiefer schmal und überlang: Amundsens Wille war sehr beweglich und energisch, oft auch kühn (sprunghaft) vorwärtsdrängend. Die Augen sind sehr hell und kühl, sie deuten auf geringe Neigung zu Erregungen der Sinne und Gefühle, aber auf Klarheit, weithin planende Zielsicherheit und Festigkeit des Willens – und auf Geltungssucht. Sie beobachten sachlich und mit einer Unternehmungslust, die im allgemeinen besonnen ist, oft aber von elementaren Trieben bestimmt wird – was auch am Nasenbein erkennbar ist, das nicht so präzis geformt ist wie etwa bei Fourier oder Ludendorff (22, 47). Die Stirn ist schmal und in Wirklichkeitsbezogenheit und Kühnheit zurückgeneigt. Im Verhältnis zum übrigen Gesicht geriet sie etwas zu klein; die Überlegung war bei Amundsen, wie bei vielen Wagemutigen, oft schwächer als der Tatendrang.

Abbildung 45 Wilhelm von Humboldt: »Heftige Begierden und leidenschaftliche Äußerungen sind mir immer fremd gewesen«, schrieb Humboldt. Er stellte »einen Mangel an Feuer« fest und daß seine »Gelassenheit gar kein Verdienst, sondern ein Glücksvorzug des Temperaments«

ist, und daß seine »Geduld ihn nie Mühe gekostet hat«. Andererseits gestand er: »Ich kann der Begierde kaum widerstehen, so viel als nur immer irgend möglich ist, sehen, wissen, prüfen zu wollen. Der Mensch scheint doch einmal dazu da zu sein, alles, was ihn umgibt, in sein Eigentum, in das Eigentum seines Verstandes zu verwandeln, und das Leben ist kurz, ich möchte, wenn ich gehen muß, so wenig wie möglich hinterlassen, das ich nicht mit mir in Berührung gebracht hätte.«

Humboldt schrieb von seiner Gelassenheit, seinem Mangel an Feuer, seiner mühelosen Geduld und doch auch von seiner »Begierde«. Der scheinbare Widerspruch löst sich, wenn man beachtet, daß Humboldt alles in »das Eigentum seines *Verstandes*« zu verwandeln begehrte. Er war geistig leicht und vielfältig erregbar, sonst aber »temperamentlos«. Die Lippen sind blaß, zwar locker gefügig, aber nicht von sanguinischer Vitalität, sondern von der Elastizität des geistigen Liebhabers, der die Eigenart der Dinge mit Worten sensibel erfaßt und genießt. Das ganze Gesicht ist kühl und gelassen. Es wird von der hohen, klaren Stirn und den eisblauen, kristallreinen, in hörender Aufmerksamkeit etwas nach vorne drängenden Augen beherrscht, in denen unmittelbar zum Ausdruck kommt, daß Humboldt alles ergreifen wollte, aber nicht mit den Händen Don Juans oder des Eroberers, sondern – in ruhiger Stetigkeit – mit den feinen Kräften des Sprachgefühls und des Verstands, der intuitiven Wesensschau und der ästhetischen Einfühlung. Man vergleiche mit Amundsen, Tolstoi und Napoleon: Deren Augen greifen nach kühnen Taten (44), lustreizenden Körpern (33) und nach Macht (54).

Abbildung 46 und 47 Hindenburg und Ludendorff: Bei Hindenburg ist der Oberkiefer stärker entwickelt als das (organisch abgerundete) Nasenbein, das Kinn mehr breit als vorgewölbt, der Unterkiefer etwas vorgeschoben. Bei Ludendorff ist der Oberkiefer halbbreit und von der hohen, kräftigen, etwas knotigen und scharfkantigen Nase beherrscht. Das Kinn wölbt sich stärker und präziser als bei Hindenburg, liegt aber etwas zurück. Ludendorffs Wille ist zielbewußt vorstoßend, aber auch ausdauernd und – trotz »nervöser« Ausbrüche – mehr geistig beherrscht als elementar. Bei Hindenburg ist der Wille vor allem rolandhaft beharrend und weniger vom Verstand durchwirkt, mehr instinktivzielsicher als vom Bewußtsein geklärt. Er ist vorwärtsdrängend, aber nicht stürmisch jäh und punktgenau berechnend, sondern stetig und wuchtig wie ein riesiger Tank. (Hindenburg sprach seine Befehle schwer und langsam, Ludendorff schnell, präzis und glasklar.) Die Haut ist bei Hindenburg lederartig, wie dies für Menschen mit geringer Reizbarkeit der Empfindungen und Gefühle und schwer erregbaren, »eisernen Nerven« typisch ist. Ludendorff war reizbarer. Der berühmte Chirurg Sauerbruch erzählte in seinen Erinnerungen, Hindenburg habe bei einem Wortgeplänkel über die Schlacht bei Tannenberg zu Ludendorff gesagt: »Sie hatten die besseren Pläne, aber ich hatte die besseren Nerven.« Man vergleiche die von der Nase zum Mund ziehenden Linien der beiden Feldherren: Bei Hindenburg entstanden sie aus langandauernden, geduldigen und gleichmäßigen, aber sehr kraftvollen Spannungen, sie sind wie die gespreizten Beine eines Wächters, der seinen Platz phlegmatisch-pflichtentschlossen (vielleicht auch stur) behauptet. Bei Ludendorff wurden die Nase-Mund-Linien von ungeduldiger Schärfe geprägt, von Mißmut, Enttäuschung und der Härte, mit der er um der Leistung willen von seiner Umwelt wie von sich selbst die äußerste Anstrengung und Unterdrückung der Empfindungen und Gefühle forderte. Seine Lippen sind herb, asketisch und verachtungsvoll nach unten gebogen. Verachtung der Menschen (die nicht auf ihr Privatleben und ihre Freuden verzichten wollen) liegt auch in den Augen. Sie sind eiskalt, eisblank und hart, cholerisch vordrängend und sehr selbstbewußt, unzufrieden und unfreundlich, fordernd und drohend. Hindenburgs Blick ist prüfend, und zwar nicht aus Überheblichkeit und nicht aus Freude am Demütigen: Er prüft militärisch-sachlich. Er hat die Ruhe des Mannes, der im »Dienst« aufgeht und unbeirrbar in der Pflicht beharrt.

Ludendorffs Blick drängt ehrgeizig in die Ferne. Er grübelt über abstrakten, weltumspannenden Plänen. Sie will er durchsetzen. Er besitzt den Eigensinn des herrschsüchtigen Intellektuellen, dem es schwer wird, seine mit Fleiß und Präzision ausgearbeiteten abstrakten Pläne jeweils der Wirklichkeit anzupassen. Seine Kopfhaltung hat das Verbockte des Mannes, der, in sich verschlossen, einsame Beschlüsse faßt und auf seinem Willen beharrt – allen Widerständen zum Trotz.

Hindenburgs Blick ist so selbstverständlich auf die Außenwelt gerichtet, als gäbe es keine andere. (Weil Hindenburg fast nur an die Umwelt und wenig an sich selbst dachte, ist sein Buch »Aus meinem Leben« keine Selbstdarstellung oder gar Selbstverherrlichung, sondern eine sehr sachliche Tatsachenmitteilung, aus der man vielerlei über die Umstände, aber wenig über den Verfasser erfährt.) Ludendorffs Blick beobachtet die Umwelt zwar, aber ungern, und nur, weil die Verwirklichung seiner Pläne ihn dazu zwingt. Die Umgebung stört ihn oft, macht ihn rasch unwirsch.

Ludendorffs Stirn ist sehr hoch, breit und präzis gewölbt, auch sein Mittelhaupt ist breit: das Vorderhirn sehr umfangreich – verhältnismäßig umfangreicher als bei Hindenburg, dessen von dicker Haut überdeckte Stirn halbhoch, in Wirklichkeitsbezogenheit zurückgeneigt und seitlich etwas abgeschrägt, und dessen Mittelhaupt etwas eingeengt und niederer ist als das Ludendorffs. (Dessen Ohr sitzt daher tiefer.) Bei Ludendorff sind Bewußtsein und Verstand sehr stark entwickelt, er neigt dazu, den Kopf in tiefem, abstraktem Denken zu senken. Die scharf rechnende Intellektualität und hohe Bewußtheit wird auch an den Augen sichtbar. Im Gegensatz zu diesen kalten, bewußten, nüchtern rechnenden Augen hatten Hindenburgs Augen das magisch gleißende Glitzern lebendiger uralter Instinkte für den Kampf und seine Listen. (Siehe auch die Abbildungen 91, Indianer, und 94, Sauerbruch.)

Hindenburg ist der rolandhafte Heerführer aus alter Zeit, Ludendorff der moderne Stratege, der die Heere nach seinen komplizierten, scharf berechneten Plänen lenkt. Bei Hindenburg ist das Gesicht relativ etwas größer als der Gehirnschädel, bei Ludendorff ist es umgekehrt: Ludendorff hat (was auch der Blick anzeigt) mehr Kraft und Neigung, Pläne zu erfinden und, intellektuell kämpfend, auszuarbeiten (Generalstabschef); Hindenburg mehr Kraft und Neigung, sie in der Wirklichkeit durchzukämpfen, zu verwirklichen; er ist der persönliche Führer, Ludendorff der Lenker vom grünen Tisch aus.

Hindenburg war einer der heute seltenen Menschen, in deren schwerem Körper eine »schwere« Seele wohnt – eine Seele, die eher zur schwerfälligen Anhänglichkeit neigt als zur Verführbarkeit durch neue Reize. Die Treue dieses Typus wurzelt vor allem in Gefühlen und Instinkten, weniger im Bewußtsein.

Treue wird Hindenburg oft nachgerühmt, aber es wurde ihm auch Verrat vorgeworfen, zum Beispiel vom preußischen Kronprinzen, der Heinrich Brüning (nach dessen Memoiren) warnte, »der Reichspräsident werde ihn ebenso verraten, wie er alle anderen verraten habe«.

Brüning, der Gewerkschafts-Geschäftsführer mit hochentwickeltem Verstand, karger Vitalität und sehr strengen ethischen Grundsätzen, gehörte nicht zu der Welt, mit der Hindenburg so verwurzelt war wie ein Baum mit seiner Erde: dem urtümlichen Reich der Kaiser und Schwertträger, der erlaubten List gegen den Feind und der Kameradschaft bis in den Tod. Dieser Welt diente Hindenburg, treu und oft starr. Die Demokratie mit ihrer Theorie von der Gleichberechtigung aller Menschen und ihren gesetzlichen Versuchen, den für den Krieg und überhaupt für den Lebenskampf wenig Brauchbaren zu helfen, blieb ihm fremd. Er rechnete mit ihr, sachlich und listig, aber seelisch verbunden war er ihr nie. Brüning gehörte als einer ihrer vorbildlichen Vertreter zur Demokratie, paßte also nicht in Hindenburgs eigentlichen Lebenskreis. Die Treue zu seiner urtümlichen Welt drängte Hindenburg mehr oder weniger unbewußt, den Repräsentanten des neuen Staats republikanischer Verräter »loszuwerden«, wie er sich einmal ausdrückte. Unterstützt wurde die Versuchung zum Verrat an Brüning vermutlich dadurch, daß Hindenburg sein eigenes Bündnis mit den Vertretern der Republik im tiefsten als Verrat empfinden mußte. Verrat aus Treue?

Wie eines Menschen Gesicht aussieht, der »alle verrät«, haben wir schon bei der Besprechung Fouchés, des »vollkommenen Verräters«, erfahren.

Abbildung 48 Badenser: Im Gegensatz zu Amundsen (Abbildung 44) ist der Schädel dieses Bauern nicht schmal, hart und keilhaft vordrängend, sondern weich und kugelig abgerundet. Ober- und Unterkiefer sind breit und von gut durchblutetem, fast faltenlosem Fleisch umhüllt. Das Kinn ist klein und zurückliegend, das Nasenbein verkürzt (daher das lange Pallium), halbhoch und schmal: der Wille also nicht aggressiv und kühn wie bei Amundsen. Bei diesem ist das Nasenende selbstbeherrscht angezogen und kalt, nüchtern, bei dem Badenser ist es nüsternartig breit und etwas nach oben gehend, gut durchblutet, warm, weich und deutet auf lustvolle Empfänglichkeit für sinnliche Eindrücke und auf instinktive Witterung für die Gefühle und Absichten der Umwelt. Der Mund ist blutvoll, locker und beinahe weichlich. Er verrät, daß dieser Bauer seine Gefühle und Empfindungen nicht (etwa aus Herrschsucht oder um einer großen Tat willen) dauernd unterdrückt, sondern sich dem Genuß mit innig durchkostendem Behagen hingibt. Er ist nicht faul, aber auch nicht so aktiv wie etwa Amundsen, der tätig ist, weil sein Wille sich entfalten muß. Er arbeitet, weil er sich ein ruhiges, angenehmes Leben sichern will. Dabei geht er – was vor allem an den Augen zum Ausdruck kommt – bedachtsam vor. Der Blick ist auf die Umwelt eingestellt und bereit, ihre Eigenart mit Freundlichkeit, Humor und Geschäftsklugheit zu respektieren.

Dieser Badenser weicht lieber aus, als daß er sich in aufregende Streitereien einläßt, gibt lieber freundliche Worte, um gefördert zu werden, als harte Schläge, um einen Vorteil zu erkämpfen. Er schmeichelt lieber, als daß er Verstand und Willen rechthaberisch anstrengt, und läßt sich auch durch freundliche Worte und Schmeicheleien leicht beeinflussen. Er ist nicht »unbestechlich«, teils, weil er die guten Dinge und die freundlichen Worte liebt, mit denen bestochen wird, teils, weil er instinktiv mit den Wünschen seiner Umwelt verbunden ist und sich ihnen naiv anpaßt. Er verfolgt handgreifliche Ziele und hängt mit herzlichen Gefühlen an seiner Familie und seinen Freunden, mit denen er gern in gemütlichen Wirtsstuben sitzt, liebt das geruhsame, behaglich-genießerische Leben im engen Kreis und hat daher eine instinktive Abneigung gegen große Worte und opferfordernde Leistungen.

Abbildung 49 Bauer von der Rauhen Alb: Sein Kopf ist wie eine harte, drohende Faust, das Nasenbein jäh gehöckert und brutal knotig, das Kinn rüpelhaft vordrängend. Der Mund (dem anscheinend die oberen Zähne fehlen) wurde von Herrschsucht, Rechthaberei und Geiz strichartig verkniffen und von Verachtung nach unten gebogen. Die Nasenflügel sind verächtlich gerümpft, die Wangen schlecht durchblutet, karg und kalt. Die Augen werden von cholerisch hängenden, scharf gefalteten Lidern überschnitten; sie sind knopfhart, kalt und mürrisch, zornig vordrängend und rücksichtslos fixierend und verraten eine aggressive Seele, die unwirsch befiehlt, keinen Widerspruch duldet, den Streit mehr liebt als den sinnlichen Genuß und eher Haus, Hof und Leben verlieren als in einem Prozeß nachgeben will. Während der Badenser arbeitet, weil es (leider) notwendig ist, muß der Bauer von der Rauhen Alb sich abrackern und mit der Natur und den Menschen ringen, weil Kampftrieb und Herrschsucht die stärksten Triebe seiner Seele sind. Während unser weicher Rundkopf sich naiv anpaßt, neigt der Schwabe eher dazu, zu den Wünschen seiner Mitmenschen immer nein zu sagen. Er liebt die Menschen nicht, darum läßt er sich von ihnen nicht verführen. Ihn verführt die Lust am Befehlen, am Streiten und Nein-Sagen. Dieser Schwabe stellt die Leistung über den Genuß und (vermutlich) das Gedeihen seines Hofs über das Wohlergehen der Menschen, die darauf leben, seines Gesindes ebenso wie seiner Familie. Unser Badenser dagegen sieht auch in seinen Knechten und Mägden nicht nur Arbeiter, sondern Mitmenschen. Er liebt es, mit seinen Freunden gemütlich zusammenzusitzen – während der andere Bauer wortkarg und seelisch isoliert ist, wie ein Tyrann.

Abbildung 50 Westfälischer Bauer: Bei dem Badenser ist das Empfinden und Fühlen zwar ruhig, gemächlich und beschaulich, aber lebendig, genußfähig. Bei diesem Westfalen ist es stumpf, kalt, nüchtern. Weil die sinnlichen Genüsse ihn nicht reizen (nicht reizen können), hat er es leicht, treu zu sein. Eher reizbar ist sein im allgemeinen ruhig-ausdauernder und zäh-zielstrebiger Wille, der aus dem ganzen Gesicht und besonders aus den Augen spricht. Erkennbar ist die (geringe) Reizbarkeit des Willens am Knotigen des Nasenbeins, der harten Spannung der Nasenflügel und am Blick. Das Kinn ist kräftig, aber nicht wie bei dem Schwaben rüpelhaft vorstoßend, sondern bedächtig zurückhaltend. Der Mund schmallippig, kalt und an den Winkeln von negativen Erlebnissen gesenkt, aber bei weitem nicht so wüterichhaft und menschenverächterisch wie bei dem Bauern von der Rauhen Alb. Der Blick verrät zwar eine geringe Reizbarkeit, ist aber nicht zornig-aggressiv, sondern im allgemeinen in Ruhe abwägend und leidenschaftslos planend, mit der Umwelt rechnend und ringend, dabei aber auf Würde bedacht und Distanz haltend.

Beide Bauern wollen ihren Willen durchsetzen. Der Schwabe wird, findet er Widerspruch, heftig wettern, der Westfale das Gemaule herrenhaft überhören oder mit einem kargen, barschen Wort zurückweisen, oder er wird bedenken, ob an dem Widerspruch etwas Berechtigtes sei. Immer wird er auf seine Würde bedacht sein und selbstbeherrscht bleiben. Das fällt ihm nicht schwer, denn er ist vom Wesen her sachlich-ruhig, kaltblütig-nüchtern und wortkarg. Er will zwar auf seinem Hof wie ein König gebieten, aber wie ein gerechter König. Nun mag jemand fragen: Wie ist die Gerechtigkeit eines Mannes, der auf seinem Hof wie ein König gebieten will? Im Fall dieses Großbauern kann man antworten: Er will nicht als Tyrann und Ausbeuter verschrien werden. Das Landesübliche und das Interesse seines Hofs sind für ihn Richtschnur. Er tut das, und fordert von den anderen wie von sich selbst das, was seinem Hof nützlich ist und was die anderen als rechtschaffen anerkannten Großbauern als Pflicht von sich und ihrem Gesinde verlangen. Das ist eine Verbundenheit mit der Umwelt – eine sachliche, gefühlskalte Verbundenheit, eine Verbundenheit, die im Gewissen, im Pflichtbewußtsein und Ehrbewußtsein, nicht im Herzen wurzelt. Er ist ein Herr, den seine Knechte und Mägde vermutlich nicht lieben, aber achten, wie er selbst seinen tüchtigen Mitarbeitern die Anerkennung nicht mit herzlichen, aus Gefühlsverbundenheit strömenden, aber mit sachlichen, kargen Worten aussprechen wird.

Abbildung 51 Bauer aus der Lüneburger Heide: Dieser behäbige Bauer mit der Pfeife zwischen den genußfähigen Lippen und dem schmunzelnden Lächeln hat zwar die geduldige Gemütsruhe des Mannes, den »nichts erschüttert«, aber mehr Wärme und Teilnahmefähigkeit als der typische Phlegmatiker. Er ist leichter und zwar zur Lust erregbar. Dementsprechend sind die Fleischteile seines Gesichts besser durchblutet und spannungsvoller geformt als beim typischen Phlegmatiker. Er genießt in behaglicher Ausdauer und verzichtet gelassen auf alles, was nur durch heftige Anstrengungen erreichbar wäre. Er kann einen kräftigen Stoß und einen derben Scherz ertragen und neigt dazu, seine Bekannten zu necken, wobei er vielleicht derb, aber nicht rücksichtslos wird. Er hat Humor, den Humor des mit starken Gefühlen in den überpersönlichen Gründen des Lebens Wurzelnden, der sich selbst nicht allzu wichtig nimmt und das Treiben seiner Mitmenschen mit väterlichem Wohlwollen betrachtet, der sich selten über etwas aufregt und doch an allem Geschehen teilnimmt, nicht mit dem Intellekt (der bei ihm wenig entwickelt ist), sondern aus der Kraft eines lebendigen Menschenherzens.

Abbildung 52 Johann Peter Hebel: Der schwere, rundliche Kopf und das breite, kräftige, sehr lebendige Gesicht des schalkhaften, altväterlich-gemütlichen und humorvollen alemannischen Dichters, in dem sich das Behäbig-Duldsame des Phlegmatikers und das Heiter-Spielerische des Sanguinikers mischen. Die Unterlippe ist von der Freude an guten Dingen und guten Worten vorgewölbt, die Oberlippe von Schelmerei fein gespannt und das Bäckchen schalkhaft gewulstet. Das gut durchblutete und klar geformte, fleischig elastische Nasenende deutet auf Genußfähigkeit, Einfühlungsgabe und Klugheit. Die hellen, blitzenden und gleißenden Augen verraten im Zusammenhang mit dem ganzen Gesicht einen Mann, der mit starken Wurzeln tief im Leben gründet, die Menschen mitfühlend versteht, seine Erkenntnisse in Bauernschläue und Gutmütigkeit zunächst vielleicht verbirgt, um sie dann zur rechten Stunde witzig und humorvoll auszusprechen.

Abbildung 53 Karl Valentin: Das magere, kalte, trockene, dürftige und ausgehöhlte Gesicht eines Melancholikers mit negativen Gefühlen. (Man vergleiche mit den Abbildungen 52, 51, 55, 72, Hebel, Bauer aus der Lüneburger Heide, Ebert, Theodor Heuss: Diese hatten den Humor positiver Lebensfülle.) Valentins wasserhelle Augen mit den verengten Pupillen blicken aggressiv und mißtrauisch, besorgt und grüblerisch. Manchmal hatten sie einen magischen, verzweifelten und grausamen Glanz. Zwischen den Brauen steht eine tiefe, scharfe Falte des Mißmuts und des Nachdenkens. Der Mund ist blutarm-dünn, aber fein gespannt (von der Freude, mit Worten zu spielen). Kaum jemand wird von diesem Mann vermuten, daß er die Menschen zum Lachen reizen konnte – unwiderstehlich, wie ein Kind, das man kitzelt. Eher glaubt man ihm den aus Enttäuschung, Verzweiflung und Erbitterung geborenen Menschenhaß, der von Gott forderte: »Die Welt, die Du erschaffen hast / Die sollst Du auch regieren! / Wenn Du die Menschheit nicht ersäufst / Dann laß sie halt erfrieren.«

Letzten Endes ist Karl Valentins (wie jede) vis comica unerklärlich. Feststeht, daß sie nicht von den Worten ausging, die er sprach. Denn es gelang bisher keinem Schauspieler, in einer Karl Valentin-Rolle eine gleich starke oder wenigstens ähnliche Wirkung zu erzielen. Auch er selbst hat in seinen Filmen eine sehr viel schwächere Ausstrahlung. Zwar ist ein Substanzverlust im Vergleich zum persönlichen Auftreten allgemein, aber bei Karl Valentin war er besonders groß. Andererseits konnte man ihn im Gegensatz zu den meisten Schauspielern in der gleichen Rolle oft und kurz hintereinander sehen, ohne daß er weniger bannte oder gar langweilte. Was an ihm wirkte, war eine in seiner Person wurzelnde, manchmal im magischen Glanz der Augen erkennbare besondere Kraft – vielleicht ausgelöst durch Verzweiflung. Der Zweifel verengt zwar die Seele und die Pupillen, die Ver-Zweiflung aber kann die Verkrampfung lösen und vom Ich befreien. Wir verlieren uns und gewinnen dafür vielleicht die Fähigkeit, mit der Tücke der Objekte, der Menschen und des Schicksals souverän zu spielen. Dieser Spieltrieb verband den extrem egozentrischen Valentin mit dem Publikum. Wie die Katze (die »egozentrische«, »grausame«) mit der Maus, spielte er mit dem Publikum, reizte es »kitzelnd« und unwiderstehlich mit kunstvoll gesetzten Worten und Gesten zum Lachen.

Dieses Lachen, im Vordergrund durch Kalauer, albernes Spielen mit den Tücken des Objekts und andere Komikertricks ausgelöst, vertiefte sich unter der Einwirkung von Valentins eigenartiger vis comica zu einem Lachen über die Ungereimtheiten des Schicksals, die Zweideutigkeiten unserer Erkenntnis, die Absurditäten, in die uns der Umgang mit den lieben Menschen verstrickt und all die unlösbaren Widersprüche unseres Lebens. Was wir in der Tragödie durch die vernichtende Katastrophe erfahren, das erlebten wir hier durch das Lachen: die

Befreiung vom Ich – vom verbitterten, verzweifelten, in sich verkrampften Ich.

Wir lachten befreit, und Karl Valentin stand da – eine todernste hagere Elendsgestalt. Der uns zum Lachen zwang, konnte selbst nicht lachen. Er drückte dies einmal so aus: »A Komiker is doch der traurigste Mensch von der Welt. Net amoi über sein eigna Schmarrn ko er lacha.«

(Was man von Valentin vermutete, ist bei Dostojewski gewiß: Zu seinem Schaffensprozeß gehörte die Verzweiflung. Er brauchte die Verzweiflung des Mannes, der immer wieder verspricht, nie mehr zu spielen, und es doch wieder tut. Wenn er gewonnen hatte, mußte er weiterwagen, bis er alles verloren hatte und, an sich selbst verzweifelnd, durch die zerbrechenden Schranken des Ich hinabstürzte in die schöpferischen Gründe der Seele. Etwas von der Gewalt dieses Erlebens ist bei Abbildung 36 in den Augen spürbar. Auch bei Eugen Roth bestand diese Verbindung: Sichtbar wurde die »Verzweiflung« bei ihm in seiner fast ständigen »miesen« Laune.)

III

AUTOKRATEN UND DEMOKRATEN

Der ausgesprochene Autokrat, der Despot, ist ein Mann, der immer, in der Familie und im Freundeskreis, im Staatsleben und im Beruf, in seine eigenen Gedanken und Begierden eingeschlossen ist und die Ansichten und Absichten seiner Umwelt nicht versteht und, wenn er sie versteht, nicht berücksichtigt, sondern trotzdem und vielleicht »gerade erst recht« sich, seinen Willen, seine oft willkürlich, je nach Laune geänderten Ziele durchsetzen will. Wenn es sein muß oder wenn es ihm Vergnügen macht, dient ihm dazu auch Gewalt. Der Demokrat dagegen ist ein Mensch, der sich den Gefühlen, Gedanken und Willensimpulsen seiner Umgebung anpaßt oder wenigstens darauf Rücksicht nimmt.

Unter Autokraten wie unter Demokraten finden sich – so werden folgende Studien zeigen – sehr verschiedene Charaktere. Ob und inwieweit sie für die Allgemeinheit wertvoll sind, hängt vom Zusammenspiel der vielen Neigungen und Kräfte ab, die jedem Menschen eigen sind, und von der Situation, in der sie sich auswirken müssen.

Ein Hilfsmittel, die Vielfalt eines Charakters und die vorherrschenden Züge zu erkennen, ist die Physiognomik. In vielen Fällen, in denen die Mitmenschen oder die fleißigsten Biographen nur zweideutige Tatsachen berichten können, ermöglicht sie ein klares Urteil. Die Physiognomik unterstützt also den Biographen. Andererseits ist das Studium von Charakteren und Bildnissen anhand ihrer Biographien ein Weg zur Gewinnung und Bestätigung physiognomischer Erkenntnisse. Diesen Versuch machen wir bei den folgenden Charakterstudien. Ihre Auswahl (aus einer vielfach größeren Sammlung) und ihre Reihenfolge mögen willkürlich erscheinen, sie wurden vor allem von der Absicht bestimmt, durch Kontrastierung unmittelbar zu überzeugen, das physiognomische Sehen durch Variieren zu schärfen und das psychologische Verständnis zu erweitern.

Abbildung 54 Napoleon I.: Herrisch und starrköpfig wird Napoleon in den Schulzeugnissen genannt; ferner heißt es von ihm: »Er neigt außerordentlich zum Egoismus, besitzt große Eigenliebe, ist ehrgeizig, strebsam in allen Dingen und liebt die Einsamkeit.« Er mied seine Kameraden, weil er noch nicht die Macht hatte, ihnen zu befehlen. »Meine Geliebte ist die Macht«, sagte Napoleon selbst. Und, einen Tag nach der Krönung: »Ich bin zu spät gekommen, nichts Großes ist mehr zu tun; ich gebe zu, daß meine Laufbahn schön war, ich habe ja meinen Weg gemacht. Aber welch ein Unterschied gegen das Altertum! Nehmen Sie einen Alexander: Nachdem er Asien erobert hatte, ließ er sich vor dem Volk als Sohn des Jupiter ausrufen, und der ganze Orient, mit Ausnahme von Olympia, Aristoteles und einigen Pedanten aus Athen, glaubten daran. Wollte ich mich aber heute als Sohn Gott-Vaters erklären und eine Danksagung dafür ankündigen, so würde jedes Fischweib, dem ich begegne, mich auszischen.«

Ein anderes Mal bekannte er, etwas übertreibend: »Ich habe nie geliebt. Ich halte die Liebe einfach für schädlich ... ja, ich glaube, sie fügt uns mehr Schlechtes als Gutes zu, und es wäre ein Glück, wenn eine gute Fee uns vor ihr befreite.« Der Gefühlsbereich war bei Napoleon verödet. Er konnte nicht werben, kommandierte auch seine Freundinnen, benahm sich – vor allem, ehe er Kaiser geworden war – meist unausstehlich und hatte auch bei friedlichen Gelegenheiten einen drohenden Unterton. Aber wenn sein Ziel, die Weltbeherrschung, es forderte, konnte er liebenswürdig, ja sogar einschmeichelnd sein und sich anpassen. Dann benutzte er seine Menschenkenntnis, kalt routiniert, als Mittel zum Zweck, als Mittel für seinen Machttrieb – so wie er die demokratischen Schlagworte und Einrichtungen der französischen Revolution mit kalter Berechnung zur Errichtung seiner Tyrannis mißbrauchte.

Napoleon hatte einen elementaren und doch immer zielbewußt vorwärtstreibenden, jähen und ausdauernden Willen. Sein Verstand war sehr hell, scharf zerlegend und rasch urteilend. Er hatte keine religiösen, philosophischen und keine erotischen oder feinschmeckerischen Neigungen, und doch war er kein ausgesprochener Rationalist. Sonst wäre er nicht Kaiser geworden und nicht in das Verhängnis des russischen Winters geraten. Die irrationalen Kräfte in ihm waren: die magische Witterung für die Absichten des Gegners und für die jeweilige Situation auf dem Schlachtfeld und in der Politik, die Ruhmsucht und die Phantasie, die ihn antrieben, die Welt zu erobern, und ein tigerhafter Kampftrieb. In ihm lebte eine infernalische Lust, nicht nur über alle emporzusteigen, sondern die Menschen hinunterzudrücken, zu erdrücken, sie zu erdrosseln – ein urweltlicher, nur von der Vernunft gezügelter Kampf- und Zerstörungstrieb, eine barbarische Gier, den Leuten an die Kehle zu fahren. Hierin liegt die Eigenart des napoleonischen Machtwillens. Weil er nicht nur herrschen und kämpfen, weil er abwürgen wollte, erstarb alle Behaglichkeit und Vertraulichkeit in seiner Nähe und erstarrte alles Gefühl zur Furcht. Einer seiner Freunde nannte Napoleon seines Wuchses, seiner Ausdauer, seines Mutes, der Schnelligkeit seiner Bewegungen und seines Feuers wegen im geheimen »den kleinen Tiger«.

»Er war entweder mehr oder weniger als ein Mensch«, schrieb Frau von Staël. Richtiger ist es, zu sagen: Er war mehr und er war weniger als ein Mensch. Er war ein später, ein sehr entwickelter Mensch durch seinen Verstand und sein hohes Bewußtsein, ein »primitiver« durch seine Triebe und Instinkte.

Betrachten wir das von Vignieux geschaffene Porträt: Die Jochbeine sind von tigerischer Grausamkeit und zornigen Wutanfällen gewulstet, das Kinn ist kraftvoll ausdauernd und dynamisch, aber zielbewußt geformt, die Oberlippe herrschsüchtig schmal und beweglich wie Napoleons Lügen. Der dünne und kalte, von Selbstbeherrschung breit gepreßte Mund verrät, wie die öden, eisigen Wangen, Gefühls- und Empfindungsarmut. Das Nasenbein ist kräftig und zielbewußt-scharfkantig, das Ende dünnwandig, trocken und wissbegierig vorgeschoben, aber so gefühllos und rechnerisch wie Napoleons Interesse an den Menschen. Bezeichnenderweise wurde er als »Strohnase« verspottet. Die Spannung des schmalen Nasenflügels stammt aus den kalten Erregungen des Willens und des Verstands. Die Stirn ist, was hier wegen der Frisur nicht so deutlich sichtbar wird wie bei der Totenmaske, hoch, klar und präzis gewölbt, wie oft bei abstrakten Denkern. Die Augen verraten kalt-dämonische Kräfte. In ihrem Blick liegt die Ruhe des machtbewußten Herrschers, der zwar um Würde bemüht, aber mehr noch entschlossen ist, jeden Gegner brutal zu vernichten. (Die würdige Ruhe ist etwas geschauspielert – echt ist die brutale Entschlossenheit.)

Das ganze Gesicht ist Ausdruck tigerisch-instinktsicherer Spannkraft, eines Verstands, der genau, rasch und weithin plant, granitener Härte und eisiger Brutalität. »Eine Seele von Marmor.«

Abbildung 55 Friedrich Ebert: Über Friedrich Ebert urteilte der damalige preußische Ministerpräsident Otto Braun: »Mit Recht wird sein ausgleichendes Wesen, sein Sinn für die Realitäten des politischen und wirtschaftlichen Lebens betont. Er vereinigte wie kaum einer Klugheit in der Taktik und Festigkeit in der Sache.«

Friedrich Ebert war mitempfindend und liebte es, sich unter die Menschen zu mischen und »Schulter an Schulter« zu stehen. Seine Tuchfühlung war durch warme, freundliche Gefühle und Verständnis für die Wünsche und Nöte seiner Mitmenschen vertieft. Deshalb (nicht nur aus taktischer Berechnung) war er anpassungsbereit und anpassungsfähig. Er wurde auch im politischen Kampf nicht schroff feindselig, während Napoleon immer zu menschenfeindlicher Schärfe neigte.

Der erste Präsident der Weimarer Republik war ein Realpolitiker, aber in anderem Sinn als Napoleon, den sein übersteigertes Selbstbewußtsein, die Phantasie, die Grausamkeit und der abstrakt-planende Verstand verleiteten, trotz allen Wirklichkeitssinnes Allzugroßes zu wagen. Napoleon rechnete zwar mit dem Bestehenden, aber nur, um es in seine Macht zu bekommen. Ebert dagegen hatte die natürliche Neigung, das Bestehende hinzunehmen, es anzuerkennen. Insofern hatte er einen konservativen Zug. Auch wo er seine Ziele durchsetzen wollte, strebte er nicht nach Alleinherrschaft, sondern nahm Rücksicht auf die Meinung seiner Umwelt und deren Willen. Er wurzelte mit tausend feinen Ausstrahlungen der Empfindung und des Gefühls im Leben, wie ein Baum; Napoleons Tatkraft rollte über die Erde wie eine ungeheure Walze. Ebert hatte Humor, Napoleon war tierisch-ernst.

Friedrich Eberts Gesicht ist ziemlich kräftig, aber die Knochenteile sind bürgerlich-behäbig abgerundet von den gut durchbluteten, festen und doch schmiegsamen Fleischteilen. Seine Augen sind einfühlend und mitfühlend, aufmerksam und mitteilungsfreudig, verstehend und planend – planend mit der bedächtigen Energie eines Taktikers, der mehr von der instinktiven Witterung als vom rechnenden Intellekt geführt wird und eher die Wirklichkeit bedenkt als Ideen. Das gut durchblutete, fleischig abgerundete Nasenende ist mehr von Gefühlen und Empfindungen als vom Denken bestimmt: einfühlsam, taktvoll und genießerisch. Es paßt zu einem verständnisvollen Vermittler. Die Stirn ist bei weitem nicht so hoch, hell und präzis gewölbt wie die Napoelons oder Ludendorffs. Im Verhältnis zu dem (sehr vitalen) Gesicht ist sie außerdem nicht groß: Friedrich Ebert hatte mehr Kraft, an der Verwirklichung einer Idee mitzuarbeiten und mit vielen Menschen darüber geduldig zu verhandeln, als einen Plan abstrakt zu durchdenken – wie etwa Ludendorff (Abbildung 47).

Friedrich Ebert gehörte zu dem Typus, den Shakespeares Cäsar sich wünschte, als er sagte: »Laßt wohlbeleibte Männer um mich sein!« Wärme und Wohlwollen ist um sein Gesicht. Eiskellerluft dagegen um das Ludendorffs; dieses verrät eine vom übermächtigen Intellekt und von Herrschsucht zermürbte, nervös-reizbare, im Empfindungsbereich stumpfe, unfrohe und unfreundliche Seele, einen Charakter, der, ohne Gefühlsbedingungen an die Umwelt, mit den Menschen zweckhaft und rücksichtslos rechnet – wie Napoleon. Aber Napoleon hatte die tigerische Lust am Abwürgen, Ludendorffs Rücksichtslosigkeit war sachlicher.

Abbildung 56 Gustav Stresemann, deutscher Außenminister von 1923–29, war bis zum Ende des Ersten Weltkriegs Nationalist, Monarchist, Anhänger des Machtgedankens. Er trat für die Verstärkung der deutschen Flotte ein, war für den uneingeschränkten Unterseebootkrieg, hielt schmetternde Kriegsreden, jubelte über eine Torpedierung, weil sie den amerikanischen Krieg unvermeidlich machte, war für Annexionen im Westen und Osten und gegen den Gedanken eines Weltfriedens.

Wie ist es charakterologisch zu erklären, daß Stresemann diese Überzeugungen später verleugnete, so daß das Berliner Tageblatt 1923 über ihn schreiben konnte: »Oft schon hat er mit rascher Hand verbrannt, was er noch eben angebetet hatte.«? Wie ist es zu erklären, daß er, der leidenschaftliche Nationalist, ein Anhänger der internationalen Politik des Völkerbunds wurde, und daß er, der Monarchist, im Jahre 1926 bereit war, »die Republik mit seinem Leben zu decken«?

Stresemann paßte sich jeweils der Zeit an. Aber in einem ganz anderen Sinn als Napoleon. Der Korse stellte sich den Revolutionären zur Verfügung, obwohl er die Masse verachtete. Er kämpfte für die »Gleichheit«, obwohl er stets unbedingt von seiner Einzigartigkeit überzeugt war. Er ging mit den Republikanern, um Alleinherrscher, um Kaiser zu werden. Er besiegte seine Zeit, indem er sich zum Schein anpaßte. Stresemann dagegen wurde jeweils von seiner Zeit, von seiner Umgebung (mehr oder weniger) besiegt. Mit den Verhältnissen wandelte sich seine Meinung, wie das Spiegelbild sich ändern muß, wenn die Objekte, die vor dem Spiegel stehen, sich ändern. Aber die Zeit der Verständigungspolitik entsprach seinem Wesen viel mehr als die säbelrasselnden Jahre.

Wie ihre Charaktere, so waren die Kopfformen Napoleons und Stresemanns sehr verschieden: Napoleon, der den stürmischen Angriff, nicht die Belagerung und nicht das Schachspiel des Diplomaten liebte, hatte ein granitenes, keilhaft vordrängendes Gesicht; Stresemann dagegen, der »Geduldspolitiker«, dem es Freude machte, sich immer neuen Menschen, immer neuen Situationen anzupassen, hatte ein abgerundetes und weiches Gesicht, dessen breite Schwere auf geduldige Ausdauer deutet. Es erinnert an leicht knetbaren Kitt.

Stresemann war zwar (im Gegensatz zu Napoleon und Ludendorff) mit seiner Umwelt gefühlsmäßig verbunden, aber nicht so herzlich wie Friedrich Ebert. Stresemanns Augen sind ohne den Glanz warmer Gefühle, haben aber auch nicht das Starre, Eisige und Ich-Vermauerte der gefühlskalten Autokraten, die hinter einer Glasscheibe leben. Stresemanns Augen haben etwas Fischhaft-Kühles und sind Ausdruck einer Seele, die mit bedächtiger Witterung und kluger Überlegung das Fühlen und Wollen ihrer Umgebung aufnimmt, versteht und sich ihm anpaßt – aus natürlicher Neigung und dabei doch immer unter der Kontrolle des Verstandes steht, der prüft, ob und inwieweit die Anpassung den eigenen Zielen förderlich ist.

Abbildungen 57 bis 59 Mussolini: »Meine Geliebte ist die Macht«, sagte Napoleon, und Mussolini: »Ich bin von dem unbändigen Verlangen nach Macht besessen«. Aber seine einzige Geliebte war sie nicht. Der Wunsch, seiner »Aera mit seinem Willen ein Zeichen einzugraben, wie ein Löwe mit seiner Pranke«, war nicht seine einzige Leidenschaft. Im Gegensatz zu Napoleon war er ein donnaiuolo, ein Frauenliebling. Er war ebenso sehr von wildem Geschlechts- wie vom Machttrieb besessen und hat viele Frauen vergewaltigt, wie der Engländer Christopher Hibbert in seiner Biographie behauptet. Als dritte Leidenschaft kam seine Lust an der Rhetorik, an pathetischen Worten und theatralischen Gesten dazu. Er war ein Schauspieler, der seine Rolle in vielfachen Abwandlungen spielte – ganz im italienischen Geschmack.

Im Gegensatz zu Napoleon war er nicht grausam. Er wollte herrschen, aber nicht unterjochen. Er konnte hart sein und wütend werden und furchtbare Racheschwüre ausstoßen, war aber – jedenfalls nachdem er mächtig geworden war – meist nicht rachsüchtig. »Er bellt wie verrückt, beißt aber nicht«, sagte ein Angehöriger der deutschen Botschaft.

Wie Napoleon begann Mussolini seine Laufbahn als Kämpfer für die Rechte der Unterdrückten, aber bei Napoleon war dies reine Berechnung, er ging mit den Gegnern der Monarchie, um Kaiser zu werden. Mussolini, der Sohn eines sozialistischen Schmieds, war in seiner

Jugend ein Sozialist, der selbst aus den Bezirken der Armut stammte und leidenschaftlich für die Rechte der Ausgebeuteten und Unterdrückten eintrat, für seinen Kampf Not litt und wegen revolutionärer Agitation wiederholt zu Gefängnisstrafen verurteilt wurde. Noch 1914, nachdem Österreich Serbien den Krieg erklärt hatte, wütete Mussolini gegen den Militarismus und Nationalismus, aber im Oktober desselben Jahres sprach er für den Eintritt Italiens in den Krieg an der Seite Frankreichs, und nach der Kriegserklärung Italiens schrieb er: »Von heute an sind wir alle Italiener und nichts als Italiener. Jetzt, wo Stahl auf Stahl treffen muß, dringt aus allen Herzen ein einziger Schrei: ›Viva l'Italia!‹«

Was waren die Gründe für seine Gesinnungsänderung? Das ist kaum einwandfrei auszumachen. Feststeht: Er war enttäuscht über den – wie er sagte – »bourgeoisen Geist« der Sozialisten, die nicht den Mut hätten, das Leben für ihre Forderungen einzusetzen; und als Realpolitiker erkannte er, daß er mit seinen Reden gegen den Militarismus und Nationalismus wenig erreichen werde. Er tröstete sich mit einem Ausspruch von Karl Marx, daß auf einen Krieg meist eine soziale Revolution folge. Außerdem darf man aus seinem späteren Verhalten schließen, daß sein Ruf »Viva l'Italia« nicht *nur* aus politischer Berechnung stammte. Früher hatte er den Nationalismus als »Maske für den räuberischen Kapitalismus«, die Offiziere als »bezahlte Sklaven des Königs« und das Vaterland als »ein Gespenst« bezeichnet. Jetzt aber wurde der Nationalismus eine Triebfeder seiner eigentlichen Politik. Ohne den Patriotismus, der ihn von der sozialistischen Partei trennte, wäre Mussolini im damaligen Italien vermutlich nicht an die Macht gekommen.

Wie gelang es ihm, sie zu erringen, und wie gebrauchte er sie? Mussolini wollte dem Faschismus, wenn nicht mit aller, so doch mit der Zustimmung einer großen Mehrheit zur Herrschaft verhelfen. Zunächst bezeichnete er den Faschismus als eine republikanische Bewegung, dann aber war er, um Wähler und Anhänger zu gewinnen, bereit, das Königshaus Savoyen anzuerkennen. Früher war er dafür, daß die Arbeiter die Fabriken in Besitz nehmen sollen, jetzt aber, nachdem er, selbst nie auf Bereicherung bedacht, für seine Partei von den Fabrikanten finanziell unterstützt worden war, lehnte er solche Pläne entschieden ab. Auf einem Kongreß in Neapel hatte er gefordert: »Entweder man übergibt uns die Regierungsgewalt, oder wir marschieren nach Rom und nehmen sie uns.« Dann aber zögerte er vorsichtig, bis man ihm sagte, die Faschisten würden nach Rom marschieren, ob er zustimme oder nicht. Damals klagte einer seiner Gefolgsleute: »Das Elend mit Mussolini ist, daß er von jedem seinen Segen haben will und, um ihn zu erhalten, zehnmal am Tag seinen Rock wechselt.« Dementsprechend setzte sich das erste Kabinett, das er im Auftrag des Königs bildete, aus Männern aller politischen Gruppen zusammen – mit Ausnahme der Antinationalisten. So gelang es ihm, ohne daß es anfangs auffiel, einen unfreien Staat zu errichten. Die zunehmende Unterdrükkung der Freiheit, die er öffentlich eine »mehr oder weniger verweste Göttin« nannte, und die Entmachtung des Parlaments, das er als eine »Versammlung alter Fossilien« bezeichnete, wurde in der Erkenntnis ertragen, Italien könnte nur stark werden, würde der verhängnsivolle Hader der Gruppen und Parteien überwunden. Damit, daß Mussolini die untereinander verfeindeten Parteien und die Faschisten, die besonders in den ersten Jahren aus vielfältigen Gruppen bestanden, zusammenhalten konnte, bewies er seine große diplomatische Begabung. Damit näherte sich seine Regierung der faschistischen Vorstellung vom Staat, der alle Gruppen des Volkes umfassen sollte.

Ohne Gewalttaten allerdings konnte auch Mussolini die Macht nicht erringen und halten. Aber verglichen mit der Geheimen Staatspolizei Hitlers oder der GPU Stalins war die entsprechende Organisation Mussolinis, die Opera Vigilanza Repressione Antifascismo, fast human. Die Gewalt des Diktators verführte ihn nicht zum Massenmord. Weniger ein Mißbrauch der Macht verursachte seine Absetzung, Gefangennahme und Ermordung, sondern vor allem sein Mißerfolg in der Außenpolitik und auf den Kriegsschauplätzen – sein Bündnis mit Hitler und das Elend, das der Zweite Weltkrieg über Italien gebracht hatte.

Auf den vielen Bildern, die es von ihm gibt, ist Mussolinis Entwicklung deutlich zu verfolgen. Bei dem jungen Rebellen glänzen die Augen von einem schwelenden Feuer, das vom Erlebnis der Not, des Unrechtleidens, der Machtlosigkeit und von wilder Sinnlichkeit entzündet wurde. Abbildung 57 zeigt Mussolini als Mann: Die Augen leuchten von einer glühenden Lebenskraft, die sinnliche Begierde, Anpassungsfähigkeit und den Willen zur Macht umschließt. Sie beobachten die Umwelt aufnahmebereit, aber auch mit der Absicht, sie zu beherrschen. Das Kinn ist breit, energischer als auf früheren Bildern vorgeschoben und nicht mehr weich überpolstert. Scharfe Kanten zeichnen sich jetzt ab, die aber das Ebenmaß des länglich-breiten Gesichts nur wenig stören. Die Stirn ist hoch, klar und weit gewölbt: Der Verstand also beherrscht (wenn auch nicht immer) das verhalten drohende, nach Macht und sexuellem Genuß begierige Feuer der Augen und die brutale Aggressivität des Kinns.

Abbildung 58, Mussolini als Premierminister: Die Macht ist errungen, der Hunger gestillt. Das in der Jugend vom Darben und Unrechtleiden entzündete Feuer erloschen, ausgelöscht von dem Unrecht, das Mussolini selbst auf dem Weg zur Macht und als Machthaber getan hat. Die Augen blicken nicht mehr offen, sie werden, wie üblich bei Leuten, die ihre Absichten verbergen, von den Lidern halb bedeckt. Das Kinn ist brutal vorgeschoben, das Unterkiefereck von den Anstrengungen jahrelanger Kämpfe verdickt-klobig geworden. Der Mund ist genußbereit locker, das Nasenende sinnlich-fleischig. Mussolini lächelt: satt von Genuß und Macht, eitel auf seine Beliebtheit. Daß er sich ihrer so wohlig freut, beweist, daß er mit seinen Anhängern noch gefühlsmäßig verbunden ist. Er ist hier ein Volkskönig.

Mussolini war ein Volkskönig, der zunächst zum Helfer und Führer dann zum Verführer des Volkes wurde – zum Demagogen, der sich rühmte, die italienische Nation »in Fieberglut« bringen zu können.

Abbildung 59: Hier sehen wir den Demagogen an der Arbeit. Mussolini ballt die Faust, preßt das verdickte Unterkiefereck in Wut häßlich hervor, schiebt das breite, gefährlich scharfkantige Kinn aggressiv nach vorne und bleckt, lächelnd, die Zähne. Seine Mimik verrät, daß er den bösen Mann nur spielt und an der üblen Rolle des Tribuns Freude hat, der das Volk durch seine rhetorische Begabung zu wütenden Aktionen hetzen kann, auch wenn er selbst nicht mehr unzufrieden, sondern von Genuß und Macht satt ist. Nun kann man einwenden, ein Redner empfinde die Leidenschaften, von denen er spricht, oft nicht wirklich. Das ist sicher richtig, und zweifelsohne war Mussolini von dem Haß und von dem fäusteballenden Zorn, den er hier spielt, in anderen Stunden wirklich und bis zum tobenden Ausbruch erfüllt. Aber hier spielt er ihn, um das Volk aufzuhetzen. Noch etwas anderes macht die Mimik in diesem Bild deutlich: Wäre Mussolini so sadistisch gewesen wie Hitler oder Stalin, dann würde dies hier, wo er die Mimik des Zorns, Hasses und des Kampftriebs in Bewegung setzt, sichtbar.

Auf späteren Bildern ist Mussolini ein Popanz, gemästet von Macht, ausgehöhlt vom Genuß und von den geheuchelten Leidenschaften des Demagogen. Ein runder Steinklotz, ein kaltes Monument, unheimlich wie ein Golem oder Roboter. Zuletzt, nach dem Sturz, wird das Gesicht wieder menschlich. Von Sorge und seelischer Not schrumpft es zusammen. In den Augen brennen Angst, Verzweiflung und Reue.

Abbildungen 60 bis 62 Bismarck: Im Gegensatz zu Napoleon, der immer energisch und zielbewußt darauf bedacht war, sich durchzusetzen, ließ Bismarck sich oft, wie er selbst schrieb, »willenlos vom Strom ohne anderes Steuer treiben als der Neigung des Augenblickes«. Ihm war »ein Glas Médoc lieber als dreißig Seiten Beckers Weltgeschichte«. Er liebte den heimatlichen Herd mit Frau und Kind, hatte »ein warmes Herz für seine Leute«. Abneigung empfand er gegen das Regieren vom Grünen Tisch, wollte mit den Regierten selbst in Berührung kommen und war nicht nur gesellig, sondern konnte nicht allein sein. Er hatte Tuchfühlung mit den Menschen und liebte die Hunde und die Bäume. Kurz gesagt: Mit starken Kräften des Empfindens und Fühlens war er dem Leben ringsum verbunden. Er hatte Humor, neigte aber auch zu kaltem Spott und Sarkasmus, zu Haß und Rachsucht. »Nie bereue, nie verzeihe!« – diesen Wahlspruch selbstherrlicher Unerbittlichkeit erklärte er für einen seiner besten Grundsätze. Er nannte den Krieg den natürlichen Zustand des Menschen und war manchmal entschlossen, »bis ans Ende zu gehen, und müßte er seinen Kopf aufs Schafott tragen«. Mit seinen Vorgesetzten überwarf er sich immer rasch, und als Chef duldete er keinen Widerspruch. Wenn er gehorchen sollte, bekam er republikanische Neigungen, und als er mächtig genug war, herrschte er wenigstens dadurch unbeschränkt, daß er über alle rücksichtslos offen urteilte. Er wollte, wie er schrieb, »Musik machen, wie er sie für gut hielt, oder gar keine«. Und doch wurde er Königsdiener.

Die Lösung solcher Widersprüche ist meist von einer Vielfalt innerer und äußerer Motive abhängig. Die wichtigste Kraft, die Bismarck veranlaßte und befähigte, Königsdiener zu werden und es vierzig Jahre lang zu bleiben, dürfte die bereits festgestellte Gefühlsverbundenheit mit der Umwelt gewesen sein. Sie gab ihm die Neigung, sich (trotz allen Autokratentums) anzupassen. Dazu kam, was Bismarck selbst mit den Worten ausdrückte: »Für wenige Staatsmänner war wohl Vaterlandsliebe die Triebfeder, welche sie in den Dienst führte; viel häufiger Ehrgeiz, der Wunsch zu befehlen, bewundert und berühmt zu werden. Ich muß gestehen, daß ich von dieser Leidenschaft nicht frei bin.« So wurde sein Hang zur stolzen Isoliertheit des Landjunkers überwunden von der Meinung, daß die Unabhängigkeit des Einsamen ohne Macht sinnlos sei.

Aus dem Zusammenwirken dieser gegensätzlichen Kräfte entstand der autokratische Königsdiener und der große Realpolitiker. Er nannte sich selbst einen Opportunisten, »denn was ist ein Opportunist? – es ist ein Mann, der die günstige Gelegenheit benützt, um das durchzuführen, was er für nützlich und zweckmäßig hält, und das ist ja eben die wesentliche Aufgabe der Diplomatie«.

Verfolgen wir das Schicksal des Bismarckschen Machtwillens an einigen Bildern. Abbildung 60 zeigt den 40jährigen Gesandten in Frankfurt. Die Unterlippe hat etwas genießerisch Schlürfendes. Das (vom Maler verschönte) Gesicht ist gut durchblutet, lustvoll schwellend und abgerundet. Es atmet Wohlbehagen und Lebensfreude. Der Blick verrät das etwas eitle Selbstbewußtsein des Mannes, der in Gesellschaft und im Amt glänzt, seine Überlegenheit genießt und sie im allgemeinen spielend charmant und verführend anwendet. Er kann sich anpassen, hat aber auch zu Gewalttätigkeiten den Mut und die Kraft. Brutalität läßt vor allem das Kinn vermuten, das die Rundung des Gesichts stört – dieses breite, wie ein Amboß mit ruhiger Ausdauer niederdrückende Kinn. Auf cholerische Wallungen deuten die Spannung des Nasenflügels, das Vordrängen der Augen und die Dehnung der Lider.

Abbildung 61 zeigt den 68jährigen Ministerpräsidenten. Die Lust am Kampf, die Lust, seine überlegene Kraft des Willens, der Intution und des Verstands zu beweisen und immer mehr Macht zu erobern, bedrängt die Bereitschaft, sich anders als nur um des errechneten Zwecks willen anzupassen, und sie bedrängt die Neigung zum behaglichen, geselligen Leben. Das Eitle ist verschwunden – wie ein Kerzenlicht am hellen Mittag verblaßt. Es ist verschwunden unter dem Selbstbewußtsein des durch seine Leistung und seine Stellung Mächtigen. »Was ich will, setze ich durch!«, »Wer wagt sich an mich?« – drohen die Augen in nervös reizbarer, rastloser Herrschsucht. Sie sind löwenhaft offen, cholerisch vordrängend und wägen doch auch klug beherrscht und bedächtig die Realität, planen phantasievoll weit und durchschauen intuitiv. Zornige Blutwallungen haben die Augenlider ausgedehnt. Das Nasenende ist hitzig-schwellend und elastisch-kraftvoll gespannt, das Kinn nicht mehr wollüstig-weich überdeckt, sondern hart wie ein Kiesel, außerdem ist es – in gezügelter Aggressivität – vorgeschoben. Die harten Kräfte des Willens zur Macht haben gesiegt. Trotzdem ist Bismarcks Gesicht viel weniger »unmenschlich« als das Napoleons; es ist nicht »eisern«. Noch immer ist Bismarck nicht nur ein Autokrat, der mit kalter Berechnung und Brutalität seinen Willen durchsetzen will, sondern auch ein kluger Realpolitiker, der mit starken Gefühlen und Instinkten seiner Umwelt verbunden ist.

Des Eroberers Napoleon Kopf ist von den Ohren zur Nase meißelartig zugespitzt, Bismarcks Gesicht ist breiter, flacher und runder; Außerdem ist es nicht so gesteinhaft kalt und karg, sondern auch Ausdruck starker Empfindungen. Es ist eher das Gesicht eines – sehr hitzigen und sehr kraftvollen – Ringers als eines Attackenreiters. Während dem Attackenreiter der Gegner mehr oder weniger fremd bleibt, hat der Ringer stets Kontakt mit ihm, läßt sich von dessen Eigenheiten beeindrucken und rechnet mit ihnen. Je länger er mit ihm kämpft, desto besser versteht er den Gegner. Zum Attackenreiter paßt die feurige Ungeduld. Bismarck war zwar nervös-reizbar und neigte als Choleriker zu Ausbrüchen, hatte aber viel Geduld, sonst hätte er sich in dem vielfältigen Intrigenspiel der preußischen und der europäischen Politik nicht vierzig Jahre behauptet.

Abbildung 62 zeigt Bismarck nach seinem Sturz. Der Kopf ist etwas geduckt, die Hände sind aufgestützt – im angriffsbereiten Rachebrüten des Gestürzten. Der Blick kommt von unten: auf den nächsten infamen Schlag wartend und drohend in verletztem Machtbewußtsein. Die Zornfalte über der Nasenwurzel ist tief eingekerbt, der Nasenflügel in harter, nervöser Sprungbereitschaft gespannt, die Muskulatur um den Mund von verbissener, trotziger Rachsucht geballt und von Verachtung nach unten gebogen. Das Gesicht ist von negativen, zerstörerischen Gefühlen erfüllt. Es ist Ausdruck geduckten Selbstbewußtseins, verbissenen Zorns und des brütenden Wunsches, Rache zu üben und dadurch zu beweisen, daß er noch immer mächtig ist – durch seine Klugheit, seine Erfahrung, seine Intution und seinen rücksichtslosen Willen.

»Wer wagt sich an mich!«, hatte der 65jährige Ministerpräsident gedroht, den wir auf dem vorigen Bild gesehen haben. Inzwischen war die Macht, die Bismarck klug und brutal für Deutschland, für Preußen, für die Familie Hohenzollern erkämpft hatte, in die Hände eines diplomatisch unbegabten jungen Mannes gelangt, der sie gegen den allzu selbstbewußt gewordenen Kanzler rücksichtslos gebrauchte. Manche Ktritiker meinen, bei Bismarcks Sturz habe sich gerächt, daß er nicht, wie es zeitgemäß gewesen wäre, die parlamentarischen Kräfte gegen die monarchische Macht gestärkt habe. Solche Überlegungen führen meist ins Uferlose. Die Gegenfrage lautet: Wäre Bismarck die Einigung der deutschen Fürsten gelungen, wenn er dem Revolutionär in sich gefolgt wäre, der vom »gott- und rechtlosen Souveränitätsschwindel der deutschen Fürsten« sprach – in einer Zeit, in der die meisten deutschen Bürger noch brave Monarchisten waren und sehr viele vor den Fürsten auf dem Bauch krochen.

Was wohl wäre aus Bismarck geworden, wenn er in anderen politischen Verhältnissen gelebt hätte – etwa in den gleichen wie Mussolini? Beide waren sehr stark mit ihrer Umwelt verbunden und hatten einen elementaren Machtwillen. Bei Bismarck allerdings war der Machtwille nicht von der Lust am Theaterspielen gestört, sondern zielstrebiger, konzentrierter, schärfer berechnend, bei aller Schachspieler-Elastizität konsequenter. Als Sohn eines sozialistischen Schmieds in Italien um das Jahr 1900 aufgewachsen, wäre Bismarck vielleicht wie Mussolini Volksführer, Demagoge, Diktator geworden. Aber er wurde als Sohn eines adeligen preußischen Gutsherrn geboren, zum seltsamen Glauben an das Gottesgnadentum der Könige und zum Gegner der liberalen Bewegung erzogen. Seine Umweltverbundenheit war ein Mitfühlen mit den Konservativen.

Abbildungen 63 und 64 Yorck und MacArthur: Nach den Staatsmännern Bismarck und Mussolini, bei denen starke Kräfte der Anpassung mit elementarem Machttrieb verbunden waren, nun zwei befehlsgewohnte Heerführer: Johann David Yorck von Wartenburg und Douglas MacArthur. Über einen der beiden Generäle urteilte einer seiner Verehrer, auch ein General: »Er mag ein frecher Bursche sein, aber er ist bestimmt ein Kämpfer.« Wer einiges Gespür für den Gesichtsausdruck hat, wird kaum zweifeln, welchen der beiden Offiziere der Ausdruck »frecher Bursche« charakterisieren sollte.

Zunächst skizziere ich den Lebenslauf und Charakter Yorcks. Yorck wurde vom preußischen König Friedrich Wilhelm III. abgesetzt, weil er in kühner Selbstverantwortung mit den Russen die Konvention von Tauroggen schloß und in Ostpreußen die Volkserhebung gegen Napoleon duldete. Die patriotische Propaganda schminkte Yorcks Entscheidung im Jahre 1812 ins Leidenschaftlich-Revolutionäre um, tatsächlich aber war sie das Ergebnis sorgsamer politischer und strategischer Überlegungen. Hätte Yorck die Neutralitäts-Konvention von Tauroggen nicht unterschrieben, wäre das preußische Korps von den Russen vernichtet worden. Yorck wußte, daß Napoleons Große Armee in Rußland aufgerieben worden war und daß sein König zwar von der französischen Gewalt frei werden wollte, aber den Bruch noch nicht wagen konnte. Den ersten Entschluß dazu nahm Yorck ihm ab. Daß er richtig rechnete, aber auch was er riskierte, geht aus folgenden Tatsachen hervor: Der König, der in Berlin völlig in der Hand der Franzosen war, verwarf die Konvention zunächst, und sandte einen Major mit dem Auftrag zu Yorck, ihm den Oberbefehl abzunehmen und ihn arretieren und vor ein Kriegsgericht laden zu lassen. (Der Major ist nicht bis zu Yorck vorgedrungen.) Bald darauf erfuhr Yorck, daß der König insgeheim mit der Rettung des Korps einverstanden war, wenn ihm auch die selbstverantwortliche Handlung eines Generals nicht sympathisch sein konnte, zumal ihre Folgen noch nicht absehbar waren. Das Kriegsgericht sprach den »Rebellen« aus militärischen Gründen frei, nachdem der König sich endlich entschlossen hatte, mit den Russen gegen Napoleon zu kämpfen – wie Yorck es angebahnt hatte. Daß Friedrich Wilhelm III. sich der geschichtlichen Rolle seines »rebellierenden« Generals bewußt war, läßt sich daraus schließen, daß er dem Heerführer, als dieser sich 1813 über die schlechte Ausrüstung seiner Truppen beklagte, antwortete: »Ist mir sehr unangenehm, haben den Krieg ja selbst gewollt und angefangen.«

Damit wurde die Situation skizziert, die Yorck zur Konvention von Tauroggen veranlaßte. Es war die Tat eines politisch und militärisch sorgsam wägenden, ehrliebenden Mannes, der es wagte, seinen Gehorsamseid zu brechen, als er es für notwendig hielt. Yorck war kein flammender Rebell, aber sehr herrisch, sehr eigenwillig, melancholisch-kalt und sehr streng gegen sich und andere. Kein Mann des Genusses, sondern ein Kämpfer, immer bereit, für Pflicht und Ehre das Leben hinzugeben. Unerbittlich im Kampf für das, was er gerecht, und gegen das, was er ungerecht fand. Tauroggen war nicht seine erste Unbotmäßigkeit. Schon als Leutnant hatte er gegen den Befehl eines Stabskapitäns rebelliert, dem das Offizierskorps vorwarf, sich während des Bayerischen Erbfolgekriegs bereichert zu haben, und wurde deshalb unter Friedrich II. kassiert und zu einjähriger Festungshaft verurteilt. Damit begannen Yorcks Abenteuerjahre, die ihn nach Holland, Paris, Kapstadt, Ceylon führten und seine Seele vermutlich elastischer machten. Selbstherrlich benahm sich Yorck auch, als er für seinen ungewöhnlichen Mut und seine Erfolge bei der Bekämpfung des polnischen Aufstands 1793 mit dem Pour le mérite ausgezeichnet werden sollte. Er lehnte ab, weil ein höherer Offizier, der an der entscheidenden Schlacht nicht hatte teilnehmen können, den gleichen Orden erhalten hatte. Eigenwillig weigerte er sich, das Eiserne Kreuz zu tragen, bis auch die von ihm vorgeschlagenen Offiziere es erhalten hätten. Nach einem heftigen Streit mit Blücher im August 1813, also mitten im Krieg, reichte er seinen Abschied ein (der ihm nicht genehmigt wurde). 1814 widersetzte er sich einem Blücherschen Befehl und verließ sein Korps, bis Blücher ihn bat, zurückzukehren. 1815 kam er wieder um seinen Abschied ein, weil der König ihm für den neuen Feldzug eine nicht mehr mobile Truppe, die nur mit Schanzarbeiten beschäftigt war, anvertraut hatte.

Dies ist der menschlich-allzumenschliche Anteil an Yorcks historischer Entscheidung. Er handelte nicht aus Begeisterung für die Befreiung Preußens, nicht aus Haß gegen Napoleon, sondern aus kühler politischer und militärischer Erwägung. Er wagte es, diese Erkenntnis – selbstverantwortlich – auszuführen, weil er, der Autokrat, dazu neigte, das zu tun, was er richtig fand, und weil er nicht am Leben hing. Er war zwar im allgemeinen streng diszipliniert, aber hinter seiner verschlossenen Starrheit verbarg er die kalte Leidenschaft des Herrschens und Befehlens.

Yorck hatte das Glück, daß seine kühne Revolte gegen den König, dem er Gehorsam geschworen hatte, eine für diesen und für Preußen günstige Wendung brachte. Von MacArthurs Widerstand gegen seinen Präsidenten und Obersten Befehlshaber Truman kann niemand sagen, ob es für Amerika vorteilhaft gewesen wäre, wenn er seine Pläne verwirklichen hätte können. Was wäre geworden, hätte Truman seine »Zuerst Europa«-Politik aufgegeben und MacArthurs Forderung gebilligt, die Kommunisten zunächst in Asien zu bekämpfen und zu besiegen? Was wäre geworden, hätte die amerikanische Regierung statt den Krieg zu begrenzen, den Absichten ihres Oberbefehlshabers zugestimmt, der im Korea-Krieg die Brücken des Jalu, des Grenzflusses zwischen Korea und China, überschreiten und die chinesischen Industriegebiete bombardieren wollte? Hatte MacArthur recht, als er, nach einer Niederlage wieder siegreich vordringend, als Vorbedingung für einen Waffenstillstand verlangte, daß die chinesischen Truppen, die den Koreanern zu Hilfe gekommen waren, sich ergeben müßten? Er forderte es, obwohl er bereits wußte, daß die amerikanische Regierung diese Bedingung nicht stellte, sondern bereit war, Frieden zu schließen, wenn der status quo anerkannt wurde. Truman fand, MacArthurs Verhalten sei ein provokanter Eingriff in seine Außenpolitik, »ein Akt offenen Ungehorsams« gegenüber seinen Anordnungen als Präsident und Oberster Befehlshaber, »ein Angriff auf die verfassungsmäßige Autorität des Präsidenten«. Er meinte, MacArthurs »Unbotmäßigkeit nicht länger dulden zu dürfen«, und enthob den General, der ihm schon bei Beginn des Koreakriegs, »eine aggressive, entschlossene und dynamische Führung« fordernd, »Furchtsamkeit« vorgeworfen hatte, 1951 seines Kommandos.

Der General unterlag dem Politiker Truman, weil dieser als Präsident am längeren Hebel stand oder saß, als Oberster Befehlshaber von dem Oberbefehlshaber Gehorsam fordern und dessen Aggression und Eigenmächtigkeit nach der Verfassung als Unbotmäßigkeit verurteilen konnte.

MacArthur war es versagt, so bedeutsam wie Yorck in die Geschichte seines Landes einzugreifen. Er bleibt als ein eigenwilliger und aggressiver, ungewöhnlich begabter und dementsprechend arroganter und provokanter Soldat in Erinnerung, der am Ersten Weltkrieg als draufgängerischer Frontoffizier teilnahm, vom Kriegsminister als »unser größter Frontbefehlshaber« bezeichnet und mit 38 Jahren der jüngste General und der jüngste Divisionskommandeur der amerikanischen Armee wurde, im Zweiten Weltkrieg Oberkommandierender im südwestlichen Pazifik war und danach in Japan wie Lucius Clay in Deutschland regierte.

Betrachten wir zunächst Yorcks Gesicht: Die Nase ist im oberen Drittel gehöckert und präzis geformt wie das breite, rücksichtslos kantige und vordrängende Kinn; beide verraten einen kühnen, aber zielbewußten Willen. Das Nasenende ist schmal, nicht fleischig und von harten Erregeungen gespannt, wie der Mund. Die Lippen sind außerdem blaß, nicht schwellend und von scharfen Falten der Selbstbeherrschung flankiert. Die Stirn ist etwas zu sehr zurückgeneigt, was in Verbindung mit dieser Form der Nase und des Kinns die Neigung zu übereilten Entschlüssen befürchten läßt. Aber im allgemeinen herrscht der Verstand über die Triebe, was man den hellen und kühlen Augen entnehmen kann. Der Blick ist offen und verrät eine weiträumig und überlegen planende Persönlichkeit, die zu stürmischem Angriff und zu selbstverantwortlichen Entscheidungen bereit und gewohnt ist, ihre Absichten, herrenhaft befehlend, in Taten umzusetzen. Yorck ist sich seines Wertes sehr bewußt und weiß, daß er an erster Stelle steht.

Auch MacArthurs Blick ist ungewöhnlich selbstbewußt und weithin planend. Außerdem ist er rücksichtslos draufgängerisch und fixierend wie bei einem sprungbereiten Tiger. Die Augen sind nicht so sehr vom Verstand beherrscht – dunkler, lebendiger, leidenschaftlicher als die Yorcks. Das aggressiv gehöckerte Nasenbein ist nicht so scharfkantig, aber noch kräftiger, elementarer, brutaler, das Nasenende fleischiger. Die Nasenflügel sind cholerisch-bebend gespannt, aber nicht nur von den harten Willenskräften, sondern auch von Leidenschaften des Bluts. Der Mund ist nicht so kühl und verkniffen wie bei Yorck, das Kinn breiter, noch sehr viel vitaler vorstoßend. Das verdickte Kiefereck deutet auf Ballungen des Zorns und der angestrengtesten Selbstbeherrschung. In der Kopfhaltung kommt zum Ausdruck, daß MacArthur drohend und unbeugsam kampfbereit ist, aber mit der überlegenen Ruhe des sich seiner Stärke Bewußten.

Abbildung 65 Richelieu: Als Minister Ludwigs XIII. erstrebte Richelieu im 17. Jahrhundert die Vorherrschaft Frankreichs in Europa und begründete den französischen Absolutismus, indem er Sonderrechte der Hugenotten beseitigte und den Hochadel unterdrückte. Er war gewaltsam und gebieterisch, wenn er die Übermacht hatte. Wo es aber galt, die Herrschaft erst zu erringen, da bediente er sich der tückischen, klug durchdachten Intrige und List, da log er, war er vorsichtig und lavierend, demütig, sanft und schmeichlerisch. Bei seinen Schmeicheleien war ihm allerdings hinderlich, daß ihm (im Gegensatz etwa zu Ebert oder Mussolini) die natürliche Anpassungsfähigkeit fehlte. Er hatte nichts Bestechendes, da seine Empfindungen und Gefühle wie sein Gesicht waren: kalt, karg und lustlos. Seine Komplimente waren nur klug berechnet, weshalb er Frauen oft lächerlich erschien, wenn er sich um ihre Gunst bemühte (meist mit politischen, nicht erotischen Hintergedanken). Andererseits war ihm seine Triebschwäche beim vorsichtigen Lavieren förderlich: Der starke Löwe kann feurig vorschießen, denn er hat die Kraft, unerwartete Hindernisse zu überrennen, der Fuchs dagegen darf nie so sehr in Schuß kommen, daß er nicht jederzeit ausbiegen kann. Richelieu handelte nie oder selten unbedacht. Er beherrschte sich wie die Spinne, die lauernd wartet, bis das Opfer ins Netz ging, und dann jäh zupackt, um es abzuwürgen.

Nicht nur im politischen Kampf, auch sonst neigte Richelieu zur Spinnen-Verborgenheit. Er vertrug kein Gedränge, weil seine Konstitution mehr fein als kräftig war. Das hochgedrehte Schnurrbärtchen möchte das Schwächliche eitel verdecken – und betont es. Richelieus Gesicht ist von den Wangenknochen zum Kinn und von der Ohrgegend zur Nase fuchshaft zugespitzt. Die Augenlider sind dünn, leicht beweglich und bereit, sich über dem herrisch festen, ruhig beobachtenden Blick rasch zu schließen. Die Nase ist hoch und lang, elastisch geschwungen, scharf gekantet, an einer Stelle knotig, aber schmal, sie verrät einen Willen, der mehr zäh als wuchtig, mehr scharf zielend als durchschlagend, mehr gewandt als triebstark ist, der elastisch zugreift und krampfhaft festhält – einen behenden Diplomatenwillen. Im Gegensatz etwa zu MacArthur würde Richelieus Nase, vergleichsweise gesprochen, zerbrechen, wenn sie offen zustieße. Er muß zäh und scharf beobachten und das Opfer an der schwächsten Stelle packen. Hilfsmittel dabei ist der Verstand, der an der Höhe, Breite und Helle der Stirn, den weithin planenden Augen, der klaren Formung des Nasenbeins und dem kalt spürenden Nasenende erkennbar ist. Ähnliches wie von der Nase gilt von Richelieus Kinn. Im Gegensatz zu MacArthur fehlt ihm die elementare Kraft, die den Gegner mit eiserner Faust niederzwingt. Es ist, soweit sich dies trotz des Barts feststellen läßt, lang, aber spitz, wie man dies oft bei Menschen findet, die fuchshaft längs der Hürde streifen, bis sie ein Schlupfloch finden.

Abbildung 66: Rockefeller, der amerikanische Ölkönig, den seine Landsleute den »Polypen«, den Mann mit vielen langen Fangarmen, nannten, verdankte seinen Aufstieg seinem Mangel an Mitgefühl und Genußverlangen ebensosehr wie seiner List und Brutalität, Beweglichkeit, Sparsamkeit und Organisationsgabe. Organisieren, Netzespinnen, das war die Hauptleidenschaft Rockefellers, des Erfinders des Trusts – des Zusammenschlusses kapitalistischer Unternehmungen zur marktbeherrschenden Organisation. Auch das Wohltun betrieb er, der nie einem Bettler auf der Straße etwas gab, durch Organisationen. Und wenn er sich mit dem Öltropfen, der beim Detailverkauf verlorengeht, eingehend beschäftigte, dann geschah dies nicht nur aus Sparsamkeit, sondern weil es zu seinem Urtrieb gehörte, alles unter das Gesetz der Organisation zu stellen: über all die Millionen Öltropfen, die bisher, dem Gesetz der Schwere folgend, auf dem Fußboden verlorengingen, Herr zu werden.

Rockefellers Spinnennatur kam auch darin zum Ausdruck, daß er nicht von Mann zu Mann kämpfte, sondern durch Börsenmanöver. Er wollte herrschen, aber aus dem Hintergrund – durch eine unpersönliche, über den ganzen Erdball ausgedehnte Organisation. Rockefeller sträubte sich stets, ein Mann der Öffentlichkeit zu werden und seine Macht persönlich zu repräsentieren. Er neigte zur Spinnenverborgenheit, weil seine Konstitution (im Gegensatz etwa zu Napoleon oder MacArthur) mehr fein als stark war.

Rockefellers Oberkiefer ist mehr lang als kräftig (schmächtig), aber überhöht von hart konzentrierten, listig und grausam zugespitzten Jochbeinen. Das Nasenbein geschmeidig-glatt und etwas verbogen, was auf eine eher schwächliche als robuste Konstitution deutet. Das Kinn wenig vorgewölbt, aber breit, hoch und niederdrückend. Das Knochengerüst entspricht einem Willen, der mit der Behendigkeit und Wendigkeit, Zähigkeit und Grausamkeit der kleinen Raubtiere die Beute beschleicht und abwürgt. Unerbittlich zupackende Grausamkeit und lauernde Selbstbeherrschung formten die scharfen Linien von der Nase zum Kinn. Der Mund ist herrschsüchtig schmal und steril faltig. Die Augen sind vorsichtig, weithin planend und doch kleinlich, kalt, hart und trocken, ihre Pupillen, wie meist bei den nüchternen genauen Rechnern, eng – im Gegensatz etwa zu Napoleon, den, wie erwähnt, auch starke irrationale Kräfte trieben, vor allem seine maßlose Ruhmsucht und sein Traum von der Welteroberung. Rockefellers Blick hat die Ruhe des sich seiner Macht Bewußten; man kann auch sagen: die Ruhe der Spinne, die still und sorgsam auf den Augenblick des behende schießenden Zupackens lauert. Wie die Spinne ihre Netze, baute Rockefeller, beweglich und fein, seine Pläne. Geduldig, aber in steter listiger Bereitschaft, wartete er auf die günstige Gelegenheit. Es ist nichts Ungestümes in dem Gesicht, aber eine Elastizität, die, ist der Augenblick gekommen, mit spitzer Kralle auf das Opfer losschießt. Auf manchen Bildern kommt die jähe Greifbewegung unmittelbar zum Ausdruck, hier sieht man nur ihre Spuren in den Nase-Mund-Linien und in den Jochbeinen.

Abbildung 67 Robespierre: »Wenn du kein Tiger in Menschengestalt bist«, schrieb die Mutter einer von der Guillotine Bedrohten an Robespierre. Ist diese rhetorische Anklage, die klugerweise nie abgesandt wurde, richtig? Paßt sie zu dem Charakter, der durch einwandfreie Tatsachen bewiesen wird?

Robespierre war so tugendhaft, daß seine Gegner die Frage stellten, ob Impotenz ein moralisches Verdienst sei. Er war nicht nur im Erotischen enthaltsam, sondern betrank sich nicht und war unbestechlich. Seine Seele und sein Geist waren erfüllt von erhabenen Gedanken und Ideen. Die Wirklichkeit konnte er, da er von Jugend an von ihr abgespalten war, nicht begreifen. Vom Menschen glaubte er, was Rousseau erfunden hatte: Der Mensch sei von Natur aus gut und frei von Laster und Irrtum, wisse nichts von Mein und Dein, und die angeborene Ungleichheit sei unter den Menschen dereinst von keinem großen Einfluß gewesen. Vom »Volk«, das er idealisierte, wußte er nichts, weil er, der schwächliche Stubenmensch, den Kontakt mit ihm scheute. Er, der im Grunde immer einsam war, konnte sich nicht unter die »Canaille« mischen, mit der er den Willen des Höchsten Wesens verwirklichen wollte. Wenn es gefährlich wurde, verkroch er sich. Er maßte sich an, im Namen des Volkes zu sprechen, war aber kein Volksmann wie etwa Danton. Er glaubte an die Gerechtigkeit und an das Gute und war mit jener Festigkeit, die nur der Unerfahrene haben kann, überzeugt, »es gäbe nichts so Gerechtes und Gutes wie das Volk, soferne es nicht durch ein Übermaß an Bedrückung gereizt ist«. Schlecht dagegen waren für ihn, wie für viele Simpel, alle Aristokraten und alle Reichen, die man vernichten mußte, damit das Gute im Volk zur Entfaltung komme. Dies zu tun, die »Schlechten« auszurotten und damit das edle Volk zum Träger eines idealen Staats zu machen, war er, Robespierre, berufen. Berufen von dem Höchsten Wesen, von dem er innig glaubte, das es die Guten belohne und die Bösen bestrafe. Bestrafe durch ihn, den Tugendhaften, Unbestechlichen. Der Guillotine würdig waren nicht nur die Aristokraten und Reichen, sondern letztlich alle, die ihm, dem vom Höchsten Wesen Berufenen, widerstrebten und ihn hindern wollten, das Reich der Tugend in einem idealen Staat zu verwirklichen. Man kann dies auch so ausdrücken: Zur Vernichtung verurteilt waren von vornherein alle, die nicht wie Robespierre selbst waren.

Fragen wir nochmals: War er ein Tiger in Menschengestalt? Er war ein Mensch, der in normalen Zeiten das Leben eines braven Kleinbürgers geführt hätte. Und dieser Typus des Kleinbürgers war im Grunde auch sein sozialpolitisches Ziel. Es sollte nicht nur jeder am Anfang die gleichen Chancen haben, es sollte auch keiner durch seine besonderen Talente reicher und mächtiger werden als etwa ein mittelmäßiger Rechtsanwalt, ein ehrsamer Friseurgehilfe oder ein bescheidener Krämer. Daß die besonderen Talente bei einer solchen Sozialordnung ungenügend entwickelt würden, bedachte er – im Gegensatz zu Danton – nicht, dazu war er zu weltfremd. Geblendet von Rousseaus Naturschwärmerei und den daraus hervorgezauberten Ideen, erkannte Robespierre nicht, daß die Natur ungerecht und daß es eine Aufgabe des Menschen ist, diese Ungerechtigkeit vernünftig auszugleichen, etwa, indem er die minderwertigen Leistungen der von der ungerechten Natur schlecht Bedachten besser entlohnt, als sie es verdienen, und die hohen Leistungen der von der ungerechten Natur Bevorzugten, wenn auch nicht neiderregend angemessen, so doch auch nicht so schlecht entlohnt, daß die Besten zum Schaden der Allgemeinheit resignieren.

Prüfen wir nun das Bildnis Robespierres, des Massenmörders der französischen Revolution, und fragen wir dabei wieder: War er ein Tiger in Menschengestalt? Ein dürftiges Gesicht, ein kaltes, hohles und trockenes – ein schlecht durchblutetes. Der Nasenflügel ist von harter und kalter Leidenschaft bebend gespannt und zugespitzt. Die Lippen sind jungfräulich schmal und keusch und herrschsüchtig aufeinander gepreßt. Die Muskelverdickungen daneben wurden von anhaltenden und brutalen Willensspannungen geprägt. Das gleiche gilt von dem unmäßig wulstigen Unterkiefereck. Das Auge, das als klein und fahlgrünlich beschrieben wurde, ist wie eine Pistolenöffnung; starr-fanatisch sieht es durch die Wirklichkeit hindurch ins ungreifbare Reich der Ideen. Die Stirn ist zurückgeneigt (wie man dies oft bei Menschen findet, die den Kopf stolz und wirklichkeitsflüchtig hochwerfen) und in der oberen Hälfte etwas ausgewölbt (wie man dies bei Grüblern beobachtet, die den Kopf gern senken). Stolze Wirklichkeitsflucht und grüblerisches Sichversenken waren jedenfalls Wurzeln von Robespierres weltfremdem Doktrinarismus. Das Vorderhaupt ist umfangreich wie meist bei Intellektuellen. Im Verhältnis dazu ist das Gesicht zu klein und zu dürftig, typisch für Menschen, die vor dem wirklichen Leben und dem Kampf von Mann zu Mann zurückscheuen und sich in ihre Ideen- und Gedankenwelt verkapseln.

Robespierre, der sich steif wie eine Gliederpuppe bewegte und dessen Gehirnschädel sehr umfangreich war, gehörte eher zum Typus des theoretisierenden Gelehrten als des aktiven Politikers. Sein Wille war von Natur aus so schwach wie das Knochengerüst seines kleinen Gesichts. Und doch gingen von ihm ungewöhnliche Willensimpulse aus. Es waren die Explosionen einer von Ideen fanatisierten, dämonisierten Seele, den Kräfteentfaltungen von Tobsüchtigen vergleichbar, die, auch wenn sie im normalen Zustand schwach sind, im Anfall oft von mehreren Männern nicht gebändigt werden können. Man kann auch die kühne Vermutung wagen, daß Ideen manchmal in der Seele, indem sie sie fanatisieren, ungeahnte Kräfte frei machen, wie die Kernspaltung in der Atombombe.

Allgemein bemerkenswert ist, daß die vielen Morde, die Robespierre beging, (wenigstens auf den mir bekannten Bildern) keine entsprechenden Spuren hinterließen. Das war nicht nur bei ihm so. Daraus läßt sich folgern: Man darf nicht erwarten, daß ein Staatsmann, der Tausende Gegner liquidierte, tausendmal verbrecherischer aussieht als ein Mörder, der aus Haß oder Geldgier einen einzelnen Menschen umbrachte. Ein Mord von Mann zu Mann belastet die Seele anscheinend schwerer als die Massenvernichtungen politischer Gegner. Oft schon hat der Mörder eines einzelnen Menschen sich dem Gericht gestellt, aber noch nie wurde meines Wissens ein Staatsmann, der Tausende politische Gegner liquidierte, von seinem Gewissen getrieben, seine Bestrafung zu fordern. Die Fähigkeit zum Mord wächst mit der Macht. Sie scheint um so größer zu werden, je höher ein Politiker auf der Treppe zur einsamen Alleinherrschaft emporgestiegen ist. Er gibt dem Mord dann den Schein des Rechts. Er macht ihn gesetzlich. Der Mord wird zur Hinrichtung. Und er wird nicht mehr vom Mörder eigenhändig vollzogen, sondern von seinen Gehilfen, die vielleicht pensionsberechtigte Staatsbeamte sind. Nun gebietet das Gesetz den Mord. Bei Robespierre forderte ihn seine fanatische Vorstellung von dem, was er für demokratisch hielt. Er war nicht gewissenlos, aber sein Gewissen war vom Fanatismus wie von einem Rauschgift betäubt: Er mordete um der »Gerechtigkeit« willen. Er wähnte, es sei tugendhaft, alle, die nicht mehr oder weniger sein Ebenbild waren, guillotinieren zu lassen. Seine meist langweiligen Reden beweisen, daß eine ins Fanatische übersteigerte Idee einen Intelligenten borniert und einen Braven unmenschlich machen kann. Man müßte über so viel Unsinn lachen, wüßte man nicht, wie viele Morde er verursacht hat. Selten hatte ein menschliches Laster so grauenhafte Folgen für die Umwelt wie Robespierres Sucht, die Welt tugendhaft zu machen – durch Terror. »Ohne Terror ist die Tugend machtlos.«

Zum Schluß dieses Entsetzens und Trauer erregenden Abschnitts eine grundsätzliche Feststellung: In unserer Zeit, in der die intellektuellen Kräfte übermäßig, die Gefühle und Empfindungen aber zu wenig entwickelt werden, ist der Typus des unvitalen Intellektuellen, zu dem Robespierre gehörte, sehr weit verbreitet. Eine seiner Gefahren ist, daß die seelische Leere von irgendeinem politischen oder weltanschaulichen Schlagwort (als Ersatz für das fehlende echte seelische Leben) erfüllt und von ihm fanatisiert wird. Und die große Hoffnung, die man auf diesen unvitalen, aber im Geistigen hochentwickelten Typus setzen kann, ist, daß sein seelisches Vakuum vom Gewissen ausgefüllt wird, daß er, frei von den egoistischen Bindungen der Gefühle und der sinnlichen Begierden, gerecht zu urteilen und zu handeln lernt. Dies zu fördern, ist, so glaube ich, die wichtigste Aufgabe der heutigen Erzieher.

Abbildung 68 Danton: Während Robespierres Gesicht eine im Grunde schweigsame, in sich verschlossene Seele verrät, liegt in Dantons Augen der kaum bezähmbare Drang, seine Pläne und Wünsche mitzuteilen und die Umwelt in seinen Sturm hineinzureißen. Ihr Blick ist begierig beobachtend und phantasievoll, in die Weite schweifend und doch von der realpolitischen Vernunft des erfahrenen Politikers gezügelt. Bei Robespierre ist das Nasenende spitz und, wie das ganze Gesicht, kalt und dürftig: asketisch. Dantons Gesicht erinnert an Pan. Es hat etwas Animalisches, ist gut durchblutet, hitzig und fleischig – derbfleischig, breitflächig, groß und drängt kraftvoll in die Umwelt. Das Nasenende ist leidenschaftlich geweitet, breit, aber nicht geistlos plump, der Mund ausschweifend groß und locker, geformt von mehr starken als feinen Leidenschaften. Das Kinn ist kraftvoll breit, hart und aggressiv vorgeschoben, das Kiefereck klobig-brutal. Die Stirn neigt sich wirklichkeitsbezogen zurück, ist hoch und klar. Die Falten über der Nasenwurzel, von denen sich eine bis hoch in die Stirn einkerbte, deuten auf die Neigung, die Brauen jäh nachdenkend zusammenzuziehen oder in heftigem Zorn herabzureißen. An ihnen wird das wilde Temperament Dantons sichtbar.

Im Gegensatz zu Robespierre, den mit dem Volk nur seine aus Rousseaus Büchern entliehenen Vorstellungen verbanden, war Danton durch seine Gefühle, Empfindungen und Gedanken so sehr selbst ein Mann des Volks, daß man ihn sogar als Teil des Volks bezeichnen konnte. Er war der echte Tribun des Volks. Wegen seiner Rücksichtnahme auf die Emotionen der Masse und seiner Vorliebe für wüste Ausdrücke nannten ihn manche den »Demagogen der Gosse« und den »Grandseigneur des Sansculottentums«. Bei einem Essen mit Abgeordneten schrie er: »Meint Ihr, ich könnte, wenn ich mit der Menge gehe, nicht Sansculotte wie jeder andere sein und meinen Hintern den Vorübergehenden zeigen?« Ein andermal, als ihn das Moralisieren der Robespierristen reizte, höhnte er: »Es gibt keine bessere Tugend als die, die ich jede Nacht mit meiner Frau ausübe.«

Danton, der derb animalische Hüne, galt als lasterhaft. Daß er im Sexuellen ausschweifender war als viele andere Franzosen seiner Zeit, ist nicht nachweisbar. Jedenfalls war er, der von sich selbst sagte: »Ich brauche Frauen«, sehr temperamentvoll. Daß seine Leidenschaftlichkeit nicht so gemein oder nicht nur so gemein war, wie seine Gegner behaupteten, mag aus seinem Verhalten nach dem Tod seiner ersten Frau geschlossen werden. Sie war gestorben, während Danton sich auf einer Dienstreise in Belgien befand. Als er zurückgekommen war, brüllte er im Schmerz, weithin hörbar, er brüllte und brüllte wie ein verwundetes Tier. Dann raste er – ein barbarischer Orpheus – zum Friedhof, grub den Leichnam aus und küßte ihn. War er ausschweifend im Genuß, so war er auch ungewöhnlich stark in der Liebe.

Ein anderer Vorwurf gegen Danton lautete, er sei bestechlich. Er selbst verteidigte sich zweideutig: »Männer meines Schlages sind nicht zu bezahlen.« Und zu einem jungen Bewunderer sagte er zynisch: »Heulen Sie unbesorgt mit den Wölfen! Wenn Sie genügend Geld gescheffelt haben, können Sie immer noch machen, was Sie wollen!« Nehmen wir an, er habe (wie tausend andere) vom Hof, der meinte, die Revolution durch massenhafte Bestechungen aufhalten zu können, Geld erhalten. Dann gilt für ihn, womit andere entschuldigt wurden: Er änderte seine Meinung nicht; vielleicht verwendete er, wie behauptet wurde, die Summen, die er vom Hof erhalten hatte, zum Kampf gegen den Thron.

Wir sprachen bisher von Dantons elementarer Kraft, aber er wußte, wie er selbst es ausdrückte, »das Feuer der Seele dem kalten Blut der Vernunft zu einen«. Er war nicht nur wildester, rücksichtslosester Wille, bereit, sich selbst und ganz Frankreich zu opfern, er war auch vom juristisch geschulten Verstand und von dem Instinkt gelenkt, der uns in der Not hellsichtig machen kann. Er war dem gereizten Stier in der Arena vergleichbar, aber auch dem Kutscher, der, auf einer schwankenden Karre stehend, wilde Pferde mit dröhnender Stimme anfeuert, noch rücksichtsloser, noch schneller zu rasen, und sie gleichzeitig mit harter Hand zügelt.

Trotz seines vulkanischen Temperaments dachte Danton »vernünftiger« und realistischer als Robespierre, bei dem fanatische Ideologien den starken Verstand beschränkten. Die Hauptursache seines Erfolgs lag aber in Dantons vulkanischem Willen und der Fähigkeit, ihn in hinreißenden Reden auf das Volk zu übertragen, die nicht am Schreibtisch ausgeklügelt wurden, sondern in der Reibung mit dem Volk entstanden und aus ihm brachen wie flüssige Lava. Dantons Feuer rettete im September 1792 das von den Invasionsarmeen Preußens und Österreichs bedrohte Frankreich. Er rief das ganze Volk zu den Waffen. Und im März 1793 rettete er es wieder, indem er »Frankreich in Marsch setzte«, für eine bessere Ausrüstung des Heeres sorgte und sich für eine straffere Regierung einsetzte: »Ich glaube, daß eine Republik, mag sie auch Diktatoren und Triumvirn verwerfen, deswegen doch die Pflicht hat, eine schreckeinflößende Gewalt ins Leben zu rufen.« Wenige Monate vorher hatte er die Todesstrafe für jeden gefordert, »der sich für die Diktatur oder ein Triumvirat aussprechen sollte«.

Neben dem fanatischen Aufruf zum Kampf aber suchte er durch Verhandlungen zum Frieden zu kommen. Noch wenige Monate vorher war er für den »unerbittlichen Revolutionskrieg gegen alle Könige des Erdballs« gewesen und für die »revolutionäre Vormundschaft Frankreichs über die Völker, die für die Freiheit noch nicht reif waren«. Jetzt aber, nachdem die Ereignisse gezeigt hatten, daß die Völker Frankreichs Vormundschaft nicht wünschten und daß die Drohungen mit der Weltrevolution die Könige zum Krieg reizten, wollte er, realpolitisch denkend, auf Eroberungen und die revolutionäre Weltvorherrschaft verzichten. Er bekannte sich zu den von der Natur gezogenen Grenzen Frankreichs und suchte den Frieden. Als Robespierre die Todesstrafe für jeden forderte, »der einen wie immer gearteten Ausgleich mit dem Feinde vorschlägt«, wich Danton geschickt aus, indem er die vernünftige Formulierung durchsetzte: »Die Todesstrafe für jeden, der unserer Republik einen Ausgleich vorschlägt mit Feinden, die nicht als Vorbedingung die Souveränität des französischen Volkes anerkennen.« Auch innenpolitisch suchte Danton nun die Gegensätze durch Verständigung zu überwinden. Wie Robespierre gehörte er zur »Bergpartei«, die den revolutionären Prozeß weitertreiben und mit Revolutionstribunal und diktatorischen Notverordnungen arbeiten wollte, während die »Gironde« der Republik eine Verfassung geben und die Revolution damit beenden wollte. Ein anderer Gegensatz war, daß die Bergpartei (wie Robespierre) für die möglichst gleichmäßige Verteilung des Besitzes, die Gironde dagegen der Meinung war, alle müßten zwar gleiches Recht haben, aber niemand dürfe daran gehindert werden, seine Fähigkeiten zu entfalten und reicher zu werden als andere. In diesem Punkt neigte Danton schon immer zur Gironde. »Wir haben keine Barbaren-Republik gegründet, in der alle eine magere Gleichheitssuppe löffeln«, sagte er. Die Freiheit sollte die Verehrung der Schönheit, die Gleichheit den Genuß nicht ausschließen. Robespierre und die Bergpartei aber glaubten, weltfremd wie Rousseau, der Reiche sei an sich lasterhaft, der Arme immer von Natur aus tugendhaft.

Danton wollte die Bergpartei und die Gironde versöhnen. Seine

Bemühungen scheiterten nicht nur, sie endeten mit der Vernichtung der Gironde, schadeten ihm selbst und wurden eine der Ursachen seines Sturzes. Eine andere Ursache von Dantons Untergang war, daß er eine Regierungsspitze forderte und selbst zeitweise rücksichtslos geherrscht hatte, weshalb das Volk fürchtete oder hoffte, er wolle wieder Diktator werden. Er aber kämpfte nicht konsequent mit dem Tugendhaften um die Macht, weil seine Begierde zu erleben viel stärker war als seine (nicht geringe) Sucht zu herrschen. Er neigte dazu, die Zügel schleifen zu lassen, was in revolutionären Zeiten, in denen tausend Fäuste danach greifen, besonders gefährlich ist. Während seine Gegner die von ihm freigegebene Macht an sich zu bringen suchten, überließ er sich vielleicht seiner panhaften Faulheit. Eine geregelte Tätigkeit, Beachten von Sitzungsterminen, ausdauerndes Aktenstudium, all das, was er als Federfuchserei bezeichnete, war dem Freiluftmenschen mit der rotbraunen Haut zuwider. Das Bürokratische lag ihm nicht, während der blasse, trockene Robespierre dafür sehr begabt war und so den Apparat der staatlichen Organisation und damit die staatliche Macht immer fester in die Hand bekam. Die Hauptursache für Dantons Sturz war, daß er zwar im Kampf »die Zähne wie eine Dogge fletschen« und wütend zerstören und töten konnte, aber kein rachsüchtiger Fanatiker war und Robespierres pedantische Massenschlächterei ihn abstieß. Er war humaner als der körperlich minderwertige Robespierre, der, da er nicht lieben konnte, die Menschen schulmeisterte und guillotinierte. Vielleicht klingt dies manchem, der an die Septemberschlächtereien denkt, unglaubwürdig, denn damals war Danton Justizminister, also der unmittelbar Verantwortliche, und zudem war er der Mächtigste unter den Ministern. Er aber entschuldigte sich: »Keine menschliche Macht vermochte diese Geschehnisse aufzuhalten.« Er versuchte, das »schreckliche Gemetzel« daraus zu erklären, daß dem Volk, das seine Rache haben wollte, die Aburteilung der Hauptschuldigen nicht gezeigt worden sei. (Das Königtum war noch nicht abgeschafft, der Kopf des Königs noch nicht gefallen.) Als Mittel gegen die Lynchjustiz empfahl Danton, daß die Justiz scharf gegen die Schuldigen vorgehe. »Wo die Tätigkeit der Justiz beginnt, müssen die Rachegelüste des Volkes schweigen.« Es bleibe dahingestellt, ob Dantons Volksseele nicht doch mit der im September 1792 sinnlos mordenden Volksseele mitbrodelte. Jetzt jedenfalls – nach fünf Jahren Revolution – war er des Terrors überdrüssig. Er wollte leben und leben lassen. Jetzt fand er es nicht nur ungerecht und unmenschlich, sondern auch unklug, daß neben Feinden der Revolution verdiente Mitkämpfer und völlig unpolitische und ungefährliche Menschen ohne ordentliches Gerichtsverfahren zur Guillotine verurteilt wurden. Auch hatte er, der aus Erfahrungen lernen konnte, eingesehen, daß es borniert ist, für jeden Mißerfolg einen Schuldigen zu suchen und diesen guillotinieren zu lassen. »Vielleicht«, sagte er einmal, »gibt es hier keine anderen Schuldigen als die Ereignisse.« Mit der Natur und dem natürlichen Menschen tief verbunden und ohne Voreingenommenheit nachdenkend, erkannte er, daß sich alle menschlichen Ziele nur relativ verwirklichen lassen, und daß es aussichtslos, ja gefährlich ist, wie Robespierre nach dem Absoluten zu streben. Jetzt wollte er eine Politik der Vernunft und der Mäßigung, obwohl er vor kurzem noch den »Tod für alle Gemäßigten« gefordert hatte. Danton, hieß es deshalb, ist nicht mehr, der er war. Er wurde als Feind des Vaterlands, Verräter und royalistischer Verschwörer beschimpft und zum Tod verurteilt. Von Freunden gewarnt, hätte er sich vor Robespierres Guillotine retten können, aber die Menschen waren ihm ekelhaft, das Leben zur Last geworden. Resignierend dachte er: »Lieber guillotiniert werden als guillotinieren.« Vielleicht glaubte er auch, Robespierre könne es nicht wagen, ihn, den großen Revolutionär, den Retter in Stunden der höchsten Gefahr, hinrichten zu lassen. Er hatte vergessen, was die Geschichte immer wieder lehrt – daß der Dank des Volkes sehr oft darin besteht, seinen Retter zu schmähen und zu vernichten.

Die Geschichte lehrt auch, daß in der Politik heute diese und morgen die gegenteilige Haltung lebensgefährlich sein kann: Robespierre durfte Danton guillotinieren lassen, weil dieser, des Terrors überdrüssig, eine gemäßigte Politik forderte. Aber schon vier Monate später hatten der Abscheu vor Robespierres Schreckensregiment und das Verlangen nach Versöhnung sich so weit ausgebreitet, daß die Armen und die Reichen sich in Paris manchmal spontan verbrüderten und Robespierres Rivalen es wagen konnten, den Terror des Fanatikers zu beenden und ihn selbst guillotinieren zu lassen.

Danton ist das Urbild des mit starken Gefühlen dem Volk verbundenen Demokraten, den seine vulkanische Erregung und seine Gabe, die Masse rednerisch aufzuwühlen und zu wilden Taten hinzureißen, gefährlich macht. Er war der Volksführer, der leicht in Versuchung gerät, seine Macht über die Masse zu mißbrauchen und zunächst Demagoge und dann Diktator zu werden. Nachdem wir an Mussolini und Hitler erlebt haben, wohin es führen kann, wenn die Masse, die sich meist von Trieben und selten von Gedanken bewegen läßt, aufgeputscht wird, schätzen wir den Danton-Typus heute geringer, als es früher, zum Beispiel von Georg Büchner, geschehen ist. Der Ausbruch wilder Leidenschaften kann notwendig sein, um die Macht selbstherrlicher Ausbeuter und despotischer Unterdrücker zu brechen, aber aufbauen läßt sich eine Demokratie nur von Menschen, die selbstverantwortlich zu handeln vermögen. Das Gewissen des selbstverantwortlichen Demokraten kann sich kaum entwickeln, wo das Temperament vulkanisch brodelt.

Abbildung 69 Reichsfreiherr vom Stein: Tatenlose Träumer und aktive Egoisten findet man häufig, Stein aber gehörte zu einer seltenen Gattung – er war ein idealistischer Tatmensch. Hartnäckig kämpfte er für den damals (um 1800) als »ideologisch« abgelehnten Gedanken, alle Deutschen in einem Staat zu einigen, und für eine gerechtere Behandlung der Bauern und Bürger: für die Aufhebung der Leibeigenschaft der preußischen Bauern und die Ausdehnung der Wehrpflicht von den unteren Ständen auch auf den Adel.

»Dieser Ritter«, schrieb Ernst Moritz Arndt, »war kein Junker, der nur um sich greifen und auf Kosten der Bauern und Kleinen das Gebiet seiner Schlösser und Forsten fein und schön schließen und abrunden wollte. Er war von Natur und aus Christengefühl der Freund und Beschützer aller Kleineren und der still verschwiegene Wohltäter der Armen.« Stein kämpfte als Staatsmann für soziale Gerechtigkeit, tat dies allerdings sehr oft allzu schroff und eigenwillig. Er selbst sprach von dem »Harten, Heftigen und Übereilten« in seinem Charakter, und einer seiner Freunde, Rehberg, schilderte: »Stein war schneidend bestimmt in seinen Meinungen, sehr lebhaft, ja heftig in seinen Äußerungen, für weiche und nachgiebige Gemüter abschreckend.«

Ein Kanzleidiener legte ihm, wird erzählt, eine Urkunde vor und goß nach vollzogener Unterschrift statt Sandes das Tintenfaß darüber. Stein fuhr hoch, wischte ihm das Papier über das Gesicht und rieb es darin herum. Als der Mann mit einem anderen Auftrag wieder hereinkam, stand Stein schnell auf und drückte ihm ein Papier mit einem Doppel-Friedrichsdor in die Hand.

Im Gegensatz etwa zu Friedrich Ebert fehlte Stein (wie Fourier, Abbildung 22) die natürliche Menschenverbundenheit warmer Empfindungen und Gefühle. Er war gewiß keine »schöne Seele«, aber vielleicht ein Vorbild im Sinne Kants, der das Wohltun aus Pflicht über das

Wohltun aus Neigung stellte. Einer seiner Grundsätze war: »Angenehm? Darauf kommt es gar nicht an, sondern was Pflicht ist.« Aus Pflichtgefühl war er bereit, als das zugrundegerichtete Preußen ihn nach dem Frieden von Tilsit brauchte, in das Ministerium zurückzukehren, aus dem Friedrich Wilhelm III. ihn wenige Monate vorher »als einen widerspenstigen, trotzigen und ungehorsamen Staatsdiener« schmählich gejagt hatte.

Der Pflichtmensch Stein hatte, rigoros und unverbindlich, wie er war, nur wenige Freunde und auch mit diesen stand er nicht eigentlich persönlich in Verbindung, sondern durch die Aussprache allgemeinmenschlicher, religiöser, politischer Angelegenheiten. Beruflich dagegen trat er mit sehr vielen Persönlichkeiten in Verbindung. Er liebte zwar die »Seligkeit der Einsamkeit«, sein Tätigkeitsdrang aber zwang ihn ins laute Leben.

Stein war, wie Gneisenau sagte, der Liebe nicht eben hold. Wie andere nach sinnlichen Genüssen, begehrte er nach Taten. Weil er kämpfen mußte, war er mutig, und auch, weil er das Leben, das für ihn nur ein falscher Schein war, nicht liebte: »Weil wir sterben müssen, sollen wir tapfer sein.« Sein Hauptegoismus war, daß er Raum für seine elementare Aktivität schaffen wollte. Nicht aus Ehrgeiz oder Machtgier, sondern um der Ellbogenfreiheit willen mußte er unabhängig sein und »immer an erster Stelle stehen«. Die Beamtenlaufbahn wäre für ihn, wie er sagte, »verderblich« gewesen. Weil er gerne tätig war und weil er es als seine Pflicht betrachtete, das Unrecht zu mildern, half er den Schwachen und Armen. Er handelte (wie Fourier) vor allem aus Gerechtigkeitssinn, weniger aus Mitleid oder anderen menschenfreundlichen Gefühlen.

Obwohl er auf manche weiche Gemüter »abschreckend« wirkte, bestand im Freiheitskrieg die Absicht, ihn zum Kaiser zu wählen – denn er wollte der Allgemeinheit selbstlos dienen.

Das Herrisch-Abschreckende, Harte, Heftige und Jähe, das Widerspenstige und Trotzige in Steins Charakter ist an seinem Gesicht leicht erkennbar. Es ist wie ein kantiger Fels, wie ein Stein des Anstoßes. Auch in der Kopfhaltung liegt etwas Verstocktes: Wie bei einem Menschen, der sich auf den Platz, auf dem er gerade steht, versteift und gegen die Fäuste, die ihn fortbewegen wollen, stemmt, so verbockt, so widerspenstig sitzt der Kopf zwischen den Schultern. Die Nase ist klobig und stößt mit jähem Schwung gegen die Welt, geformt von unelastisch-zielstrebiger, oft auch ungestümer und verstockter Tatkraft. Das Nasenende ist zwar umfangreich, aber hart – es ist breit gebläht von Erregungen kalten Zornes. Die tiefen, kraftvollen Linien von der Nase zum Mund und vom Auge durch die Wange sind von bitteren Enttäuschungen, Zorn und Selbstbeherrschung wie mit dem Meißel gegraben, die dünnen Lippen vom unerbittlichen (um Selbstbeherrschung bemühten) Willen gepreßt – schweigsam, kühl, trocken, nüchtern. Das Kinn ist hoch, breit und hart. Nichts Lustvoll-Schwellendes, Weiches und Abgerundetes, Fleischiges und Saftiges ist im Gesicht, aber auch nichts boshaft und gehässig Verzerrtes. Die Stirn ist klar und, wie oft bei rasch entschlossenen Tätern, gegen die Mitte zu vorgewölbt, außerdem, wie Arndt es ausdrückte, »zurückgeschlagen«. (Die bedenklichen Grübler, wie Fourier, haben eher steile und seitlich ausgebuchtete Stirnen.) »Steins Auge sprach«, nach Arndts Worten, »in der Regel Freundlichkeit und Treue, aber zuweilen kam in seinen Blick eine schreckliche Furchtbarkeit«. Die Treue traut man diesen Augen zu, freundlich sind sie nicht, aber auch nicht unfreundlich: sachlich und streng, kühl und müde von Enttäuschungen, mürrisch sich abschirmend und doch die Wirklichkeit beobachtend. Man spürt, daß Stein sich im Innersten nach »der Seligkeit der Einsamkeit« sehnt. Trotzdem ist sein Blick energisch planend, weithin planend, aber gewiß nicht nach Genuß und Besitz begehrend: asketisch.

Das Gesicht eines von niederem Egoismus freien Tatmenschen.

Abbildung 70 Papst Johannes XXIII.: Als der neu ernannte Bischof von Bergamo den jungen Priester Angelo Roncalli, den späteren Papst Johannes, bat, sein Sekretär zu werden, wunderte dieser sich, daß der vornehme Herr, ein Graf Radini-Tedeschi, ihn, den Sohn eines Bauern, oder genauer gesagt, eines armen Pächters aus dem kleinen Dorf Sotto il Monte bei Bergamo berufen wollte. Er meinte, sein lebensgewandter Freund Carozzi sei besser geeignet. Der Bischof entgegnete, er habe Angelo Roncalli erwählt, gerade weil dieser der Sohn eines Landarbeiters sei und die Sorgen des armen Mannes kenne.

Vor eine schwere Entscheidung wurden beide gestellt, als die Weber in Ranica streikten und der Bischof aufgefordert wurde, eine Sympathiekundgebung für die Arbeiter zu unterschreiben. Er fragte seinen Sekretär um Rat, und Roncalli erinnerte an die Enzyklika »Rerum novarum«, in der Papst Leo XIII. das Recht der Arbeitnehmer anerkannt hatte, sich zu organisieren und zu streiken, warnte aber auch vor den Folgen: Die Unternehmer, der Adel und auch viele Kleriker wür-

1. Elisabeth Bergner

2. Donna Isabel, von Goya
3. Amme, von Franz Hals
4. Masurin
5. Tibetanische Frau
6. Königin Elisabeth I. von England
7. Königin Luise von Preußen

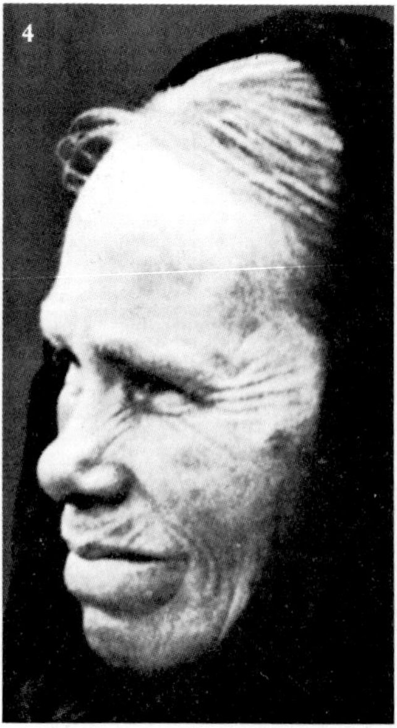

5

6

7

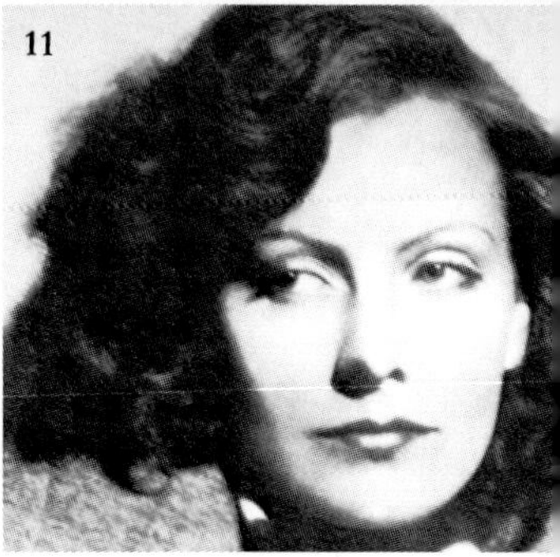

8. Königin Charlotte, von Gainsborough
9. Liselotte Pulver
10. Lola Montez, von Stieler
11. Greta Garbo
12. Alternde Frau
13. Liselotte von der Pfalz
14. Kurt Georg Kiesinger
15. Christoph Martin Wieland
16. Luis Trenker

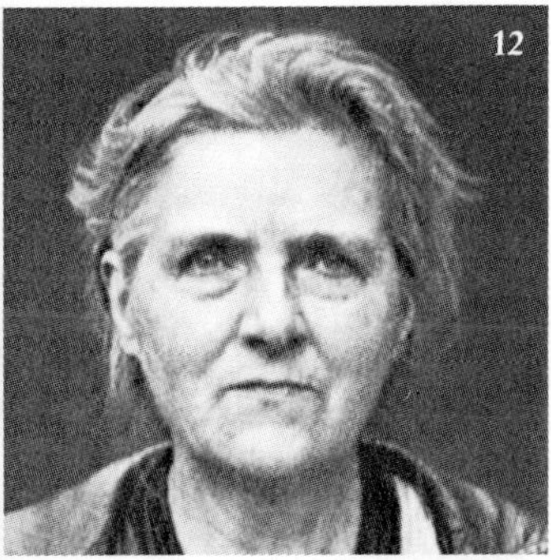

12

13

14

15

16

17

17 a

18

19

17. Gabriele d'Annunzio
17a. G. d'Annunzio als Freischarführer
18. Alexander Moissi
19. Adalbert Stifter
20. Joseph von Eichendorff
21. Gottfried Benn
22. Charles Fourier

23

24

26

25

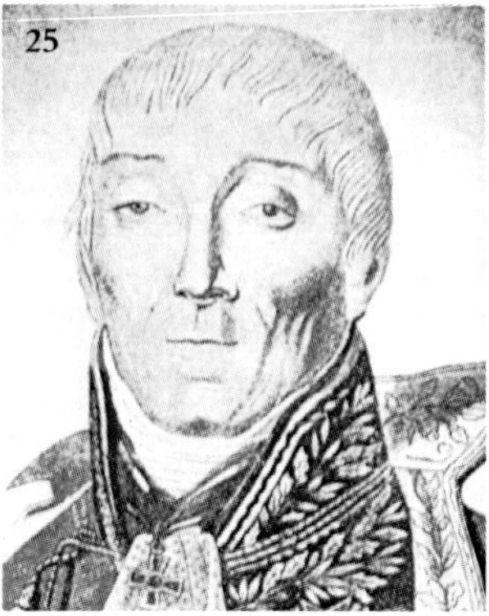

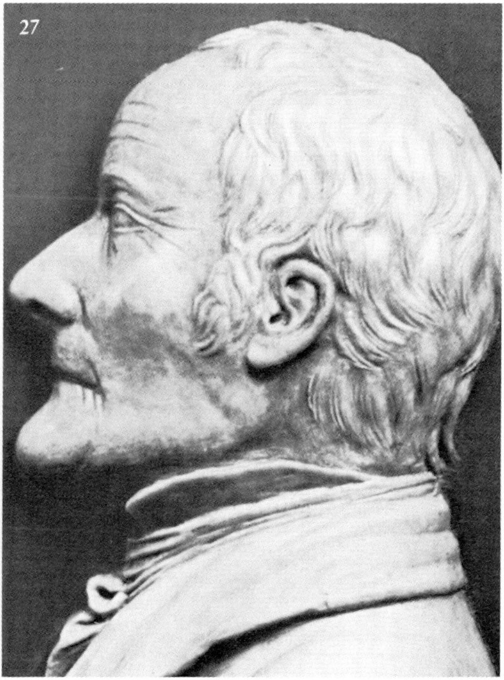

27

23. Arthur Schopenhauer
24. Judas, nach Holbein
25. Joseph Fouché
26. Friedrich Hölderlin
27. Hölderlin im Alter
28. Heinrich VIII., von unbekanntem deutschen Maler
29. Heinrich VIII., von Luke Hornebold

28

29

30

31

32

33

34

30. August Strindberg
31. Lord Byron
32. Johann Heinrich Pestalozzi
33. und 34. Leo Tolstoi
35. und 36. Fjedor Michailowitsch Dostojewski
37. Francisco Goya, von Lopez

38. Leonhard von Eck
39. Björnstjerne Björnson
40. Papst Julius II.
41. Adolf von Knigge
42. Hans Imhoff (?), von Dürer
43. Heinrich Lübke
44. Roald Amundsen

41

42

43

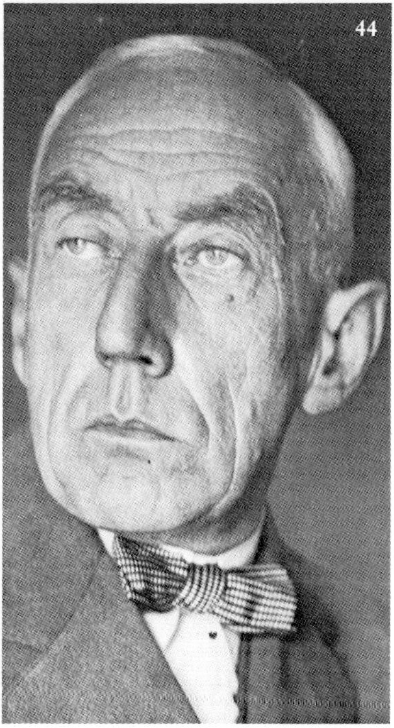
44

45

46

48

49

45. Wilhelm
von Humboldt
46. Paul von Hindenburg
47. Erich Ludendorff
48. Badenser
49. Bauer von der
Rauhen Alb
50. Westfälischer Bauer
51. Bauer aus der
Lüneburger Heide

47

50

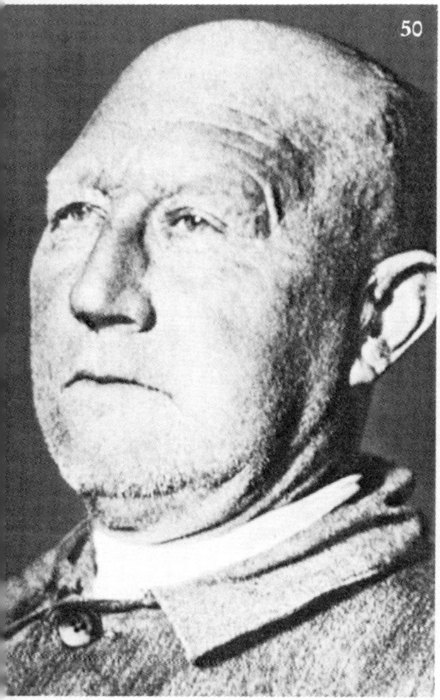

51

52

53

54

52. Johann Peter Hebel
53. Karl Valentin
54. Napoleon I., von Vigneux
55. Friedrich Ebert
56. Gustav Stresemann
57. Benito Mussolini
58. Mussolini als Premierminister
59. Mussolini als Volksredner

55

56

57

58

59

60

61

62

63

64

65

60. Bismarck 1855, von J. Becker
61. Otto von Bismarck 1883
62. Bismarck 1895
63. Yorck von Wartenburg
64. MacArthur
65. Kardinal Richelieu,
    von P. de Champaigne

66

67

68

69

66. John Davison Rockefeller
67. Maximilien de Robespierre
68. Georges Danton
69. Reichsfreiherr vom Stein
70. Papst Johannes XXIII.
71. Theodor Heuss
72. Theodor Heuss
    als Bundespräsident

70

71

72

73. Aristide Briand
74. Heinrich Brüning
75. Volkshochschüler
76. Zeichner

77. Ludwig Wüllner
78. Werner Krauss
79. Giacomo Girolamo Casanova
80. Cosimo II. de Medici

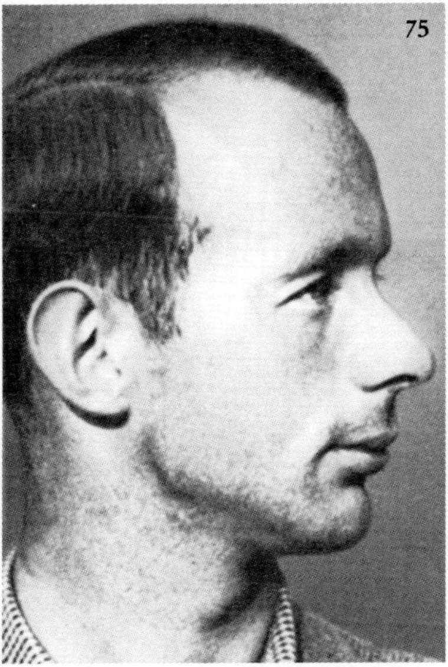
75

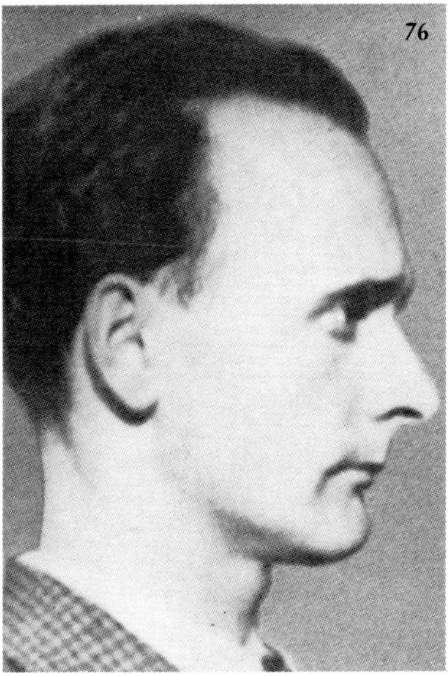
76

79

80

81. Mahatma Gandhi
82. Maximilian I., von Dürer
83. Karl V., von Dürer
84. Karl V., von Amberger
85. Philipp II., von Tizian
86. Philipp III., von Velasquez
87. Philipp IV., von Velasquez

83

84

85

86

87

88

89

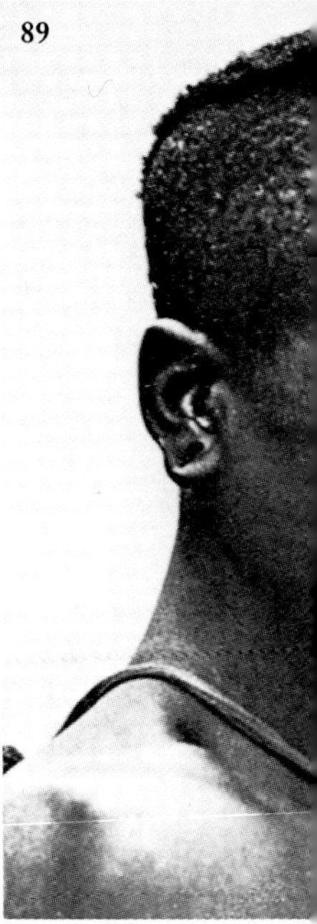

91

88. Australischer Eingeborener
89. Junger Neger
90. Gedankenlesende Lettin
91. Indianer
92. Voltaire, von Houdon
93. Novalis, von Eduard Eichens

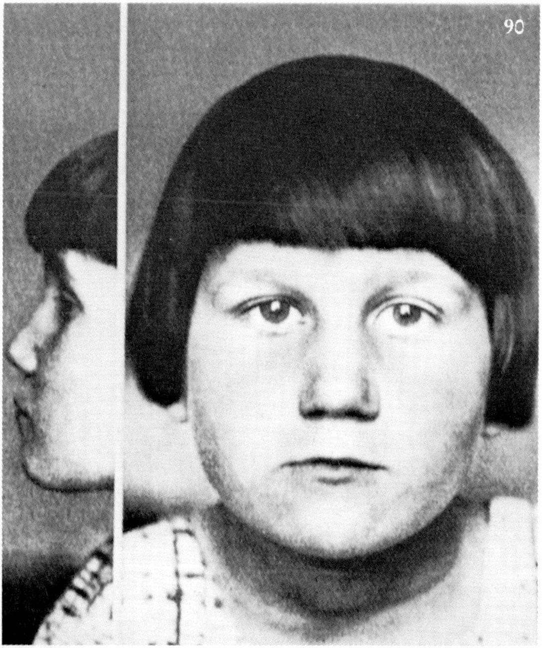
90

92

93

94

95

96

97

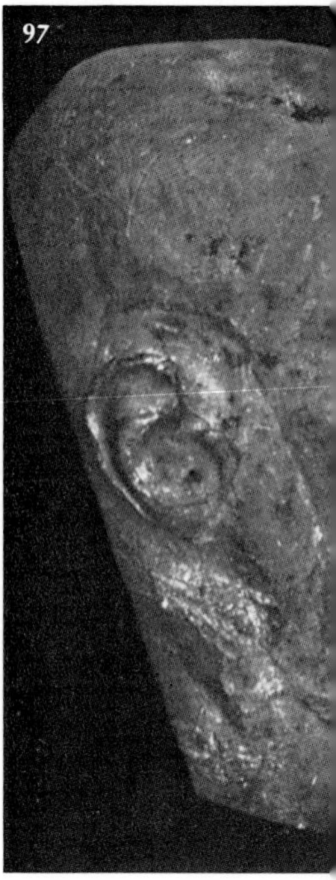

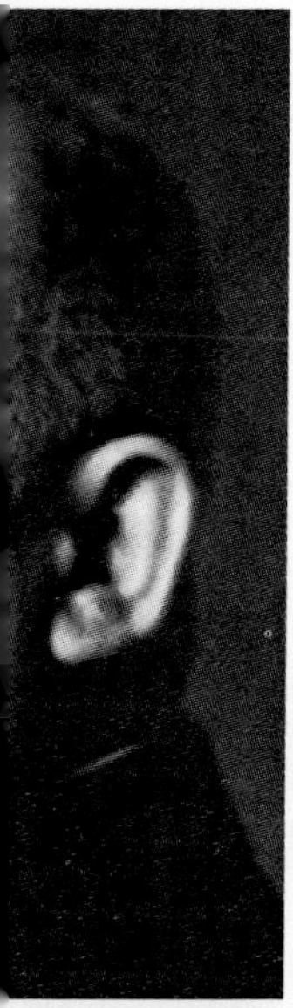

98

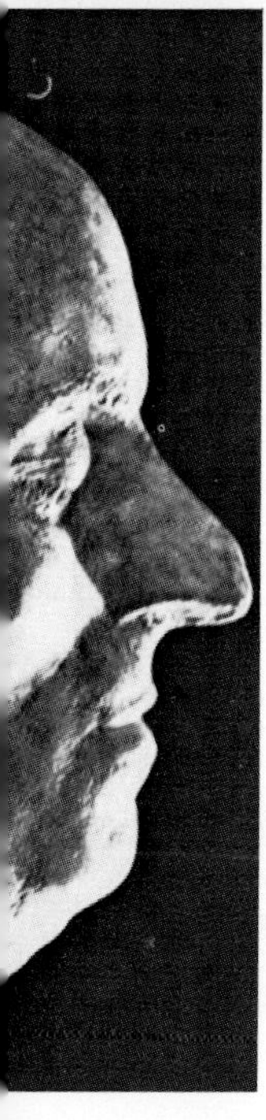

99

94. Ferdinand Sauerbruch
95. Rafael Schermann
96. Friedrich von Schiller, von Tischbein
97. Schillers Totenmaske
98. Johann Wolfgang von Goethe, von Lips
99. Goethe, von Stieler

102

100

101

100. bis 102. Charles de Gaulle

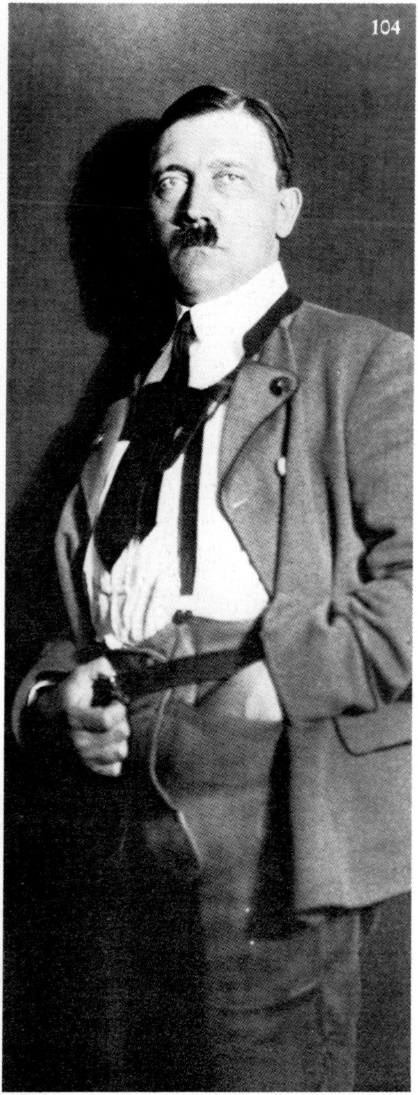

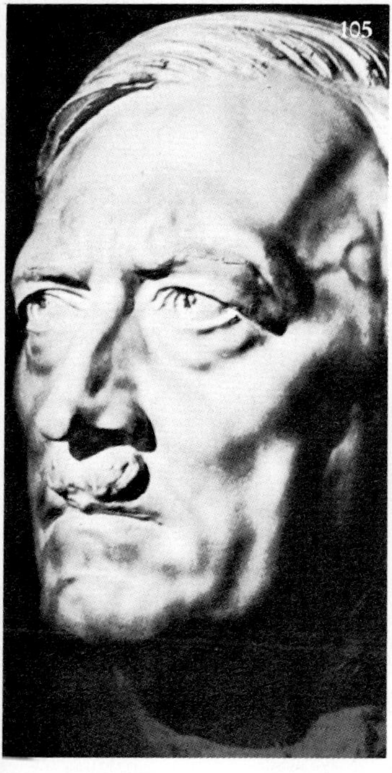

103. und 104. Adolf Hitler
105. Hitler-Büste von Arno Breker

107

106

108

106. und 107. Heinrich Himmler
108. Adolf Eichmann

den die Feinde des Bischofs werden und ihn verleumden. Etwas unwillig fragte der Bischof seinen Sekretär, was dieser an seiner Stelle tun würde. »Unterschreiben«, war die Antwort. Am nächsten Tag fuhren beide nach Ranica, verhinderten Ausschreitungen und versprachen den Streikenden, sie und ihre Familien zu unterstützen, damit sie den begonnenen Kampf durchhalten könnten. So geschah es.

Versuchen wir die Beratung zwischen dem Bischof und seinem Sekretär zu durchleuchten: Angelo Roncalli beruft sich zunächst auf den Papst, denn der Kirche gehorsam zu sein, in der für ihn der Wille Gottes erscheint, ist sein oberstes Gebot. Dann denkt er an den vornehmen Bischof und warnt ihn klugerweise vor den Folgen, und zuletzt, als er spürt, daß dieser von sich aus mutig zum Kampf neigt, trifft er die Entscheidung für die Streikenden, die auch seiner Liebe zu den Unterdrückten entspricht. Sein Wille war mit dem Willen seiner Vorgesetzten und seiner Kirche gleichförmig. Diese Gleichförmigkeit war mehr als die weitverbreitete Anpassungsneigung. Sie war schwer errungen im Bemühen um unbedingten Gehorsam auch in Fällen, wo der junge Mensch anders wollte und dachte als seine Vorgesetzten. Zu dem Bemühen um Gehorsam kam, was die Grundforderung des Christentums ist, die Menschenliebe. Dadurch erhielt die Gleichförmigkeit ihre Innerlichkeit. Sie wurde kein sklavisches Beachten von jeweiligen Richtlinien, sondern ein schöpferisches Mit-der-Kirche-Leben. Und diese (schwer errungene) innere Einheit zwischen Angelo Roncalli und der katholischen Kirche mag, sofern man solche Vorgänge überhaupt erklären kann, der Grund sein, daß er, der schlicht gebliebene Pächterssohn, zum Papst gewählt wurde.

Wegen seiner Menschenliebe galt Johannes XXIII. nicht nur bei den Katholiken, sondern auch bei sehr vielen Lutheranern als einer der besten Repräsentanten des Christentums. Sein Herz war weit, es umfaßte, wie er selbst sagte, die ganze Menschheit.

Große – und oft mißbrauchte Worte! Zeitgenossen, die Johannes des XXIII. Wirkung auf unsere gewiß nicht kirchenfreundliche Welt miterlebt haben, werden sie angemessen finden. Wer zweifelt, betrachte das Bild: In den Augen Johannes XXIII. erscheint eine väterlich-behutsame Seele – bereit, die Eigenart der Mitmenschen zu dulden, und fähig, sie zu verstehen, nicht mit dem kalten Verstand, sondern vor allem aus dem mitfühlenden, weiten Herzen und der sehr wachen Erfahrung. Das Nasenende ist nicht denkerisch kalt und dünn wie etwa bei der »Strohnase« Napoleons und nicht so hitzig und kraftvoll gespannt wie bei

Bismarck, sondern von Gefühlen verfeinert. Es verrät die sensible Einfühlung, die Johannes XXIII. befähigte, mit Menschen aller Art, mit armen und reichen, feinen und groben, einfachen und mächtigen, umzugehen – taktvoll, verständnisvoll. Das Kinn ist sehr kräftig, wie es zu einem Mann paßt, der wagemutig versuchte, seine Kirche zu erneuern, und bei aller Gutmütigkeit seinen Willen durchzusetzen wußte, z. B. als er im hungernden Griechenland einen Schieber zwang, seine gehamsterten Vorräte zu verkaufen, oder als er jüdische Kinder rettete, die im Hafen von Istanbul illegal angekommen waren und von den türkischen Bürokraten nach Deutschland zurückgeschickt werden sollten.

Diesem Gesicht glaubt man, daß Johannes XXIII. nicht aus Heuchelei oder Effekthascherei, sondern aus Menschenliebe und Mitleid ein Gefängnis besuchte und den Schwerverbrechern mit der Erklärung Licht und Mut brachte, hätte er nicht das Glück gehabt, von frommen Eltern erzogen zu werden, säße er vielleicht unter ihnen statt im Vatikan. Man glaubt auch, daß Johannes XXIII. – zum Ärger seiner »Kerkermeister«, der »Monsignori« im Vatikan – aus Menschenfreundlichkeit Roms Müllfahrer und Straßenkehrer zu sich einlud und zu ihnen sagte: »Ihr habt die gleichen Schwielen an euren Händen, wie mein Vater sie hatte. Auch ihr seid Werkleute Gottes... Man kann mit dem Hirtenstab in der Hand heilig werden, aber ebensogut mit einem Besen.«

Johannes XXIII. wollte den ganzen Erdkreis in der Spitze der Kirche vertreten sehen und ernannte den ersten Neger und den ersten Filippino zu Kardinälen. Er wollte die christlichen Kirchen und die Völker, und innerhalb der Völker die Armen und die Reichen versöhnen – nicht, weil die Vernunft dies im Zeitalter der Atombombe, des zunehmenden Atheismus und der mächtigen Gewerkschaften fordert, sondern aus echter Menschenfreundlichkeit, aus einem Sinn, der die christliche Liebesbotschaft nicht nur gehört hat, sondern dem Nächsten, dem Armen, dem unter Hunger und Krieg Leidenden, mit lebendigen Gefühlen verbunden ist.

Diesem Ziel sollten das von Papst Johannes XXIII. vorgeschlagene Zweite Vatikanische Konzil und seine Enzyklika »Mater et Magistra« dienen. Die Grundgedanken dieses Sozialrundschreibens sind nicht neu, aber sie lösten eine ganz andere Wirkung aus als die Rundschreiben seiner Vorgänger. Sie erregten die geistige Welt und erfüllten sie mit freudiger Hoffnung, vor allem weil dahinter eine Persönlichkeit stand, die das verkörperte, was sie lehrte und erstrebte. Außerdem wandte Johannes XXIII. in seiner Enzyklika die Forderung der christlichen Lehre auf das heutige Leben an, das er aus Erfahrung kannte. Er forderte das sittlich-soziale *Handeln* aus christlichem Geist.

Als Johannes XXIII. beinahe so arm starb, wie er geboren war, trauerten alle, die eine Versöhnung der Kirchen, der Völker und der Klassen durch Gerechtigkeit und wirklichkeitsnahe Vernunft erhofft hatten.

Abbildungen 71 und 72 Theodor Heuss: Der frühere Bundespräsident war kein Massenführer wie Friedrich Ebert, der rebellierende Rotten kühn zu bändigen wußte. Er war kein Mann des Volks, aber sehr vielen einzelnen Menschen und kleinen Gruppen gefühlsmäßig und geistig verbunden. Er fand in jedem Kreis rasch Kontakt und wurde durch seine lässige, allem Parteiisch-Engen und Fanatisch-Einseitigen abgeneigte Art populär, durch seinen ausgleichenden, verständigen und beständigen Charakter. Er war demokratisch, nicht nur weil ihm dies anerzogen war, sondern weil es seinem Wesen entsprach. Und Demokratie bedeutete für ihn, wie er sagte, »dem Menschen, gleichviel wer er sei und woher er komme, als Mensch zu begegnen«. Insofern war für ihn »demokratisch« gleichbedeutend mit »human«.

In seinem Erinnerungsbuch »Vorspiele des Lebens« sagt Theodor Heuss, er habe Ludwig Thomas Lausbubengeschichten nicht nochmals schreiben, sich aber auch nicht »auf brav ummalen« wollen. Dies sei er nun einmal nicht gewesen, sondern »ein böser Bube«. Die Beispiele, die er gibt, verraten eine ganz andere Mentalität als des Bayern berühmte Geschichten. Einige der Eigenschaften, die den jungen Heuss mit seiner Umwelt in Konflikt gebracht haben, seien festgehalten: das »jugendliche Geltungsbedürfnis«, wie er selbst schrieb, Überheblichkeit, Gerechtigkeitssinn nicht nur für sich, sondern auch für andere, Kameradschaftlichkeit, die sich nicht scheute, im Interesse von Mitschülern ein Lehrerpult aufzustemmen oder vor versammeltem Kollegium zu lügen und dafür in den Karzer zu steigen.

Kameradschaftlichkeit ist auch für den späteren Theodor Heuss charakteristisch, und herzliche Verbundenheit, Treue, Verehrungsbereitschaft und Dankbarkeit gegen die Menschen, die ihn gefördert hatten. Er war fleißig und (das Wort kommt in seinen Erinnerungen oft vor) »brav«, aber auch nicht abgeneigt, sich »höchst unbeliebt« zu machen, indem er seine Meinung offen aussprach. Er konnte sich geschmeidig anpassen, aber seine letzte Rede im Reichstag, in der er mutig scharf, aber mit sachlichen Argumenten gegen die Nationalsozialisten kämpfte, beweist, daß die Kraft, die den Schüler einst trieb, für andere in den Karzer zu steigen, auch im Mann lebendig geblieben war.

Betrachten wir Abbildung 71: Die Augen sind mild, geduldig und verständnisbereit, zwar willens, die eigenen Ziele ruhig und konsequent, aber ohne Verletzung des Gegners und des eigenen Gewissens durchzusetzen. Ihr Ausdruck ist mehr von der Neigung zum Beobachten und Anschauen und vom (bedächtigen) Wollen bestimmt als vom Denken. Sie verraten eine an das Sichtbare gebundene Seele. (Schon in seinem ersten Semester merkte Theodor Heuss, daß »die Welt begrifflicher Abstraktion nicht seine Welt war«.) Die Falten über der Nasenwurzel deuten auf zielbewußt-konzentrierte, oft geübte Willensanstrengung. Das Nasenbein ist wie der Wille kräftig, klar und geschmeidig geschliffen. Geschmeidig sind auch die Wangen. Das Nasenende ist wohlgeformt, fleischig. Es paßt zu dem praktisch denkenden, umgänglichen, wohltemperierten Freund aller guten und schönen Dinge. (Bei Briand ist das Nasenende sensibler, einfühlsamer, bei Friedrich Ebert leidenschaftlicher, bei Napoleon neugieriger, kälter, rechnerischer.) Die Nasenflügel sind bei Theodor Heuss sanguinisch-elastisch gespannt. Der Mund wirkt beredt und genießerisch-locker, sanft und etwas weichlich. Das Kinn ist zwar breit, aber weich überpolstert und (wie Abbildung 72 noch deutlicher zeigt) nicht vordrängend, was auf einen ausdauernden, aber nicht hart aggressiven Willen deutet.

Abbildung 72 zeigt Heuss in der Zeit der Bundespräsidentschaft. Ein menschenfreundliches und lebensbejahendes, bedächtiges und behäbiges Gesicht. Im Blick werden schmunzelnde Pfiffigkeit, Humor und harmlose Ironie spürbar. Die Lippen sind weich und berühren einander sanguinisch-locker und sanft-genießerisch. Sie sind nicht gewohnt, sich hart zu spannen – in ungewöhnlichen Anstrengungen, im herrischen Befehl oder in schroffer Kritik. Sie zeigen, daß Heuss das verbindliche Wort liebte, das den Angriff »abfängt« und den Gegner besänftigt. Das Gesicht zeigt, obwohl es das Leben mehr als ein halbes Jahrhundert ertragen hat, keine Spuren der Bitterkeit und Verachtung, des Hasses und der Rachsucht. Es verrät den Gleichmut, die Ruhe und die Anpassungsneigung des Phlegmatikers, der nichts »dramatisiert« und nichts allzu tragisch nimmt, gemischt mit der geschmeidigen Lockerheit des Sanguinikers, der über unangenehme Erlebnisse leicht hinwegkommt, sich nirgends festbeißt und immer dem Augenblick verbunden ist. Es verrät aber auch ernsthaftes Nachdenken und feste Zielstrebigkeit.

Ein Mann, der ohne Überheblichkeit überlegen ist und seine Entschlüsse nicht im einsamen Selbstgespräch faßt, sondern im Gespräch, in der Debatte. Es war keine Phrase, als er die Mitarbeiter im Bundespräsidialamt aufforderte: »Die Pflicht zum Widerspruch ist im Gehalt mit einbegriffen.«

Abbildung 73: Aristide Briand, der sich nach dem Ersten Weltkrieg als französischer Ministerpräsident und Außenminister, wie Stresemann, um die Verständigung zwischen Frankreich und Deutschland bemühte und schon 1929 einen Plan zur Schaffung der »Vereinten Nationen von Europa« vorlegte.

Seine Landsleute beschimpften ihn als einen »vertrauensseligen Träumer«, einen »geschmeidigen Schwächling« und einen »Verräter«, kritisierten seine Politik als »verbrecherisch« und behaupteten, er sei »von Deutschland düpiert« worden. Charles Maurras, der Monarchist und fanatische Gegner der Demokratie, schrieb in seiner »Action française«, Briand verdiene, erschossen zu werden.

Die Deutschen dagegen nannten ihn einen Heuchler, sprachen von seinem doppelten Gesicht, und sogar Stresemann klagte über seine feinen Schlauheiten. Diese Beschimpfungen von beiden Seiten machten Briands Politik tragisch. Ernst Geigenmüller gab seiner Biographie daher mit Recht den Untertitel »Tragik des großen Europäers«.

Was Stresemann ihm vorwarf: Schlau mußte Briand sein, wollte er die Franzosen bewegen, auf die Besetzung der linksrheinischen Gebiete zu verzichten, die sehr viele für ein Faustpfand der Sicherheit hielten. Er tat dies nicht als Verräter, d. h. weil er den Deutschen gegen sein Heimatland helfen wollte, sondern weil er im Gegensatz zu den französichen Nationalisten und Generälen hoffte, dieser Verzicht lasse die Feindschaft Deutschlands erlöschen und werde damit die Sicherheit Frankreichs erhöhen. Er wollte beide Völker versöhnen. Aus politischer Klugheit, die ihn z. B. ein deutsch-russisches Bündnis befürchten ließ, aber auch – und dies war vermutlich der tiefste Grund seines Handelns –, weil »die Schlachterei im Krieg ihn mit solchem Schrecken erfüllt hatte, daß er sich schwor, die Wiederholung solcher Scheußlichkeiten zu verhindern«.

Auch von den Sozialisten wurde Briand als Verräter beschimpft. Als armer Student der Rechte in Paris war er Sozialist geworden und hatte gefordert, daß »die Religion endlich verschwindet, die der Republik so schädlich ist und die so viel Geld kostet«. Außerdem hatte er gegen den Kampf auf den Barrikaden gesprochen, der nur dazu führen müßte, daß die waffenlosen Streikenden zusammengeschossen würden. Er hoffte, die Arbeiter könnten ihre Lage durch einen Generalstreik verbessern – ohne Blutvergießen, ohne »die heftige Gewalt der Barrikade und des Bleis«, sondern mit »legaler Gewalt«.

Die französische Arbeiterpartei aber war gegen den Generalstreik und vor allem gegen Briands Absicht, die Arbeiter und Bürger zur Zusammenarbeit zu bringen und zu versöhnen. Die Teilung der politischen Macht sei, meinte sie, das Ende des Sozialismus. Sie nannte Briand einen Simpel, weil er den »Wissenschaftlichen Sozialismus« nicht studiert hatte, und forderte den ungebrochenen Klassenkampf, der mit der Vernichtung des Bürgertums und der Herrschaft der Arbeiterklasse enden sollte. Briand aber war gegen jeden Despotismus, auch den der Arbeiter, denen er helfen wollte, obwohl er sie weder für Heilige noch für Helden hielt.

Nachdem Briand als Abgeordneter das Gesetz über die Trennung von Staat und Kirche ausgearbeitet und hierbei keine radikalen Forderungen gestellt, sondern auf die Millionen gläubiger Franzosen Rücksicht genommen hatte, wurde er von denen, die einen hitzigen »Religionskrieg« wünschten, an seine einstigen Reden gegen die Klerikalen erinnert. Clemenceau nannte ihn »den päpstlichen Sozialisten Briand«. Und als er das Amt des Kultusministers angenommen hatte, d. h. mit bürgerlichen Ministern eine Regierung bildete, schloß man ihn aus der sozialistischen Partei aus.

Es ist leicht zu erkennen, was Briand beide Male, in seiner Bemühung um die Befreiung der linksrheinischen Gebiete und bei seinem Entschluß, als Minister mit den Bürgern zusammenzuarbeiten, angeblich zum »Verräter« machte. Es waren die feinen Gefühle in ihm, die vor dem Harten, Scharf-Kantigen und Gewalttätig-Trennenden, dem Doktrinären und dem Fanatisch-Egoistischen zurückwichen, die sensible Verbundenheit mit den Menschen, das »Pflanzenhafte« in ihm und seine Neigung, ein Heger, kein Jäger zu sein, geschmeidig zu versöhnen, nicht schroff zu trennen, tolerant zu vermitteln, nicht rechthaberisch zu streiten. Das Vermitteln und Verhandeln gehörte zu seinem Wesen wie zu Napoleon das gewaltsame Erobern.

Briands sensible Verbundenheit mit den Menschen gab ihm das, was ein Diplomat »seine unsichtbaren und unfehlbaren Antennen für die Gefühle und Gedanken seiner Umwelt« nannte, oder, wie Poincaré es ausdrückte, »den geheimen Sinn, die Ereignisse zu ahnen und die Gedanken anderer zu ergründen«. Diese Antennen waren die Grundlage seiner Kunst der Menschenbehandlung und Menschenbeeinflussung, seines Takts und seiner meisterhaften Taktik. Sie machten ihn, wie seine Feinde formulierten, zu einem »Genie der Intrige«.

Da er im Wesenskern mit dem unzerstörbar schöpferischen Leben verbunden war, nahm er sich selbst und die Ereignisse des Tages nicht allzu wichtig. Er konnte sich elastisch über Mißerfolge und Beleidigungen erheben und die Überlegenheit des Ironikers gewinnen, der den Gegner zum Schein rühmt und dabei lächerlich macht. Ohne seine Ironie hätte er, den manche wegen seiner Sensibilität als »feminin« bezeichneten, den politischen Betrieb, »die Galeere«, wie er sagte, nicht so lange und so gut ertragen.

In der Ironie und in seiner Taktik verbanden sich Briands Lebendigkeit und sein Verstand. Er hatte einen guten Intellekt (sonst hätte sein Vater, der Inhaber eines Nachtcafés in der bretonischen Hafenstadt Nantes, ihn nicht studieren lassen), wurde aber kein Intellektueller. Paul Boncourt sagte von ihm, »er sei nie ein Jurist, sondern immer nur ein Advokat gewesen«. Die Paragraphen und Rechtsbegriffe beherrschte er nicht, verstand es aber, das Menschliche in den Schöffen und Richtern anzusprechen, und war deshalb ein guter Strafverteidiger. Er lernte mehr aus Gesprächen als aus Büchern, studierte ungern Akten und fuhr im Krieg als Ministerpräsident – nach Meinung des pflichtbewußten Poincaré zu oft – aufs Land zum Fischen. Diese Neigung, vor den Akten und der Politik in die Stille der ländlichen Natur zu fliehen, hatte Briand mit Danton gemeinsam; auch die Liebe zu den einfachen Menschen, zu denen beide selbst gehörten. Aber Briand war nicht wild, sondern vorsichtig, nicht vulkanisch, sondern fein und geduldig, nicht pathetisch, sondern ironisch, nicht rücksichtslos, sondern gutmütig, nicht robust, sondern anmutig – schelmenhaft anmutig, wie Poincaré bewundernd sagte. Beide, Danton und Briand, waren große Redner. Der eine erregte die Leidenschaften der Masse, der andere gewann sie durch Schmeichelei, Anmut, kluge Taktik und seine melodiöse Stimme. Als Briand in einer Versammlung zu sprechen begann, rief ein Gegner: »Jetzt kommt die Musik.« Danton wurde als »Grandseigneur der Gosse« verspottet, von Briand sagte man, er wirke wie »ein Vorarbeiter« oder wie ein »müder Dienstmann am Genfer Bahnhof«, er hatte aber auch die Überlegenheit des großen Herrn. In der Nachlässigkeit des Bohemiens steckte die Lässigkeit des Grandseigneurs.

Wer während des Lesens einige Male Briands Bild betrachtet hat, wird kaum noch eine Besprechung des Gesichts brauchen. An der Feinheit der gut durchbluteten Fleischteile wird er die Sensibilität und Lebendigkeit der Gefühle gespürt haben, an dem anmutig schmalen, elastischen Nasenende das intelligente Witterungsmögen und in den Augen den festen, aber nicht brutalen Willen, die menschen- und lebensfreundliche Aufmerksamkeit und – als Besonderheit – das weit und tief dringende Strahlen der »seelischen Antennen« und die Suggestionskraft des erfolgreichen Vermittlers und genialen Redners. Das Kinn ist tatkräftig, aber weich überpolstert und nicht aggressiv vorgeschoben wie etwa bei Danton (Abbildung 68) und nicht niederdrückend wie bei Rockefeller (Abbildung 66). Das Nasenbein ist nicht scharfkantig-zielbewußt und aggressiv gehöckert wie bei Yorck (Abbildung 63), sondern fein und klar abgerundet und anmutig gewellt. Es verrät einen elastischen, nicht pfeilhaft, sondern anmutig zu seinem Ziel strebenden Willen. Die tief gekerbten Falten um die Nasenwurzel sind die Spuren starker Erregungen und anhaltender Anstrengungen des Verstandes. Die leichte Hochwölbung der linken Braue deutet auf den Ironiker. Die Stirn ist nicht so hoch, nicht so ausgewölbt und nicht so taghell klar wie etwa bei Stresemann oder Napoleon, die beide einen sehr hoch entwikkelten Intellekt hatten, sie ist, kann man sagen, mild dämmerlichtig – wie Briands Verstand, der mit witternden Gefühlen und Ahnungen vermischt blieb.

Ob jemand für oder gegen die Vereinigung der europäischen Völker ist, kann man am Gesicht selbstverständlich nicht sehen, wohl aber, ob das Bekenntnis zu dieser Idee sehr stark von Zweckmäßigkeitsüberlegungen bestimmt wird oder (wie bei Johannes XXIII.) von Menschenliebe oder (wie einst bei Napoleon und dann bei de Gaulle) von dem Willen, Beherrscher des ganzen Europa zu werden. Bei Briand war, wie seine Biographie und sein Gesicht beweisen, die Erkenntnis vom Nutzen mit der Abscheu vor den Schrecken des Kriegs und überhaupt vor Haß, Vernichtung und Zerstörung verbunden und mit der Neigung des Menschen- und Lebensfreundes, zu versöhnen, zu verbinden, Brücken zu schlagen.

Abbildung 74 Heinrich Brüning: Er war von 1930 bis 1932 Reichskanzler, sollte 1934 als Gegner Hitlers verhaftet werden, konnte aber mit englischer Hilfe emigrieren und wurde in Amerika Professor für politische Wissenschaften.

Ein kühles und nüchternes, unfreudiges und verschlossenes Gesicht. In ihm kommt deutlich zum Ausdruck, daß Brüning (wie Fourier) der Umwelt mit dem Verstand, dem Gewissen und dem Willen, aber nicht mit dem Gefühl zugewandt war – und im Innersten einsam blieb. Im Vergleich etwa mit Bismarck wirkt es leer, weil es nicht von menschlich-allzumenschlichen Leidenschaften geprägt wurde. Aber in den Augen spürt man die Spannungen des gewissenhaft Nachdenkenden und des wohlüberlegt Handelnden, der entschlossen ist, das als richtig Erkannte durchzusetzen – klug, zäh, notfalls rücksichtslos hart, aber sachlich und beherrscht, ohne Freude am Unterjochen und am Triumphieren.

Sehr bezeichnend für Heinrich Brünings Charakter sind folgende Worte: »Die großen Geschicke in der Welt sind nur durch Opfer, Selbstlosigkeit und freiwillige Disziplin zu bewältigen. Dagegen wird man einwenden, ein solches Erlebnis sei nur bei verhältnismäßig wenigen. Dieser Einwand ist zum Teil richtig, aber dieses aristokratische Erlebnis ist nicht auf Schichten, Stände und Berufe beschränkt, es ist vielmehr ein Erlebnis aller derjenigen, die im einfachsten menschlichen und seelischen Sinne eine Elite darstellen.«

Brüning sprach nicht nur, wie tausend andere, von Selbstlosigkeit, es gehörte zu seinem Wesen, still und sachlich seine Pflicht und mehr als die Pflicht zu tun. Er drängte sich nie nach vorne und war taktvoll und höflich gegen seine Freunde und Gegner, an denen er aber, wenn die Sache es forderte, mutig Kritik übte.

Da Brüning sehr zurückhaltend war, schmähten ihn manche als hochmütig. Daß dies nicht zutraf, mag sich dadurch beweisen lassen, daß der Reserveleutnant Brüning 1918 von den Soldaten seiner Kompanie, die ihn als gerecht und mutig, beherrscht und für andere sorgend kennengelernt hatten, zum »Vertrauensrat« gewählt wurde. Er war gegen jeden Kastendünkel und frei von Vorurteilen gegen einen Stand. Als der ehemalige Arbeiter Gronowski Oberpräsident von Westfalen werden sollte und nicht nur Leute von rechts, sondern sogar von links dagegen sprachen, verurteilte er dies und forderte, daß jeder, unabhängig von Herkunft und Vorbildung, seinen Fähigkeiten entsprechend tätig sein dürfe. Er war für den »sozialen Volksstaat«, in dem die Interessen der Individuen und der »Branchenegoismus« der Gruppen hinter dem Wohl des ganzen Volks zurücktreten und Besitz und Lasten (vor allem durch eine gerechtere Steuerpolitik) besser verteilt werden sollten.

Für repräsentatives Auftreten hatte Brüning wenig – vielleicht zu wenig Sinn. Pomp und große Worte widersprachen seiner Natur und waren ihm verhaßt. Er lehnte es ab, für seine Person Propaganda zu machen, verachtete die demagogische Bauernfängerei und war zum hinreißenden Gewinn von Anhängern unfähig. Nur im kleinen Kreis, von Mensch zu Mensch oder Gruppe zu Gruppe, konnte er werben, durch überzeugende Argumente, nicht durch blendende Phrasen.

Wenn er wie ein Besessener arbeitete, dann nicht, um für sich etwas zu erreichen, sondern um seiner politischen Ziele willen. Als der Reichstag 1927 eine Erhöhung der Beamtengehälter beschloß, die Brüning für gefährlich hielt, verzichtete er auf einen Teil seines Gehalts als Geschäftsführer des Deutschen Gewerkschaftsbundes, das mit den Beamtenbezügen gestiegen war. Als Reichskanzler wohnte er in zwei möblierten Zimmern im Hedwigskrankenhaus in Berlin und für private Fahrten benutzte er nicht seinen Dienstwagen, sondern mietete ein Taxi. Manche fanden dies übertrieben, aber wo ist die Grenze? Es mag sein, daß man nicht von allen Staatsmännern erwarten kann, für sich selbst so korrekt, spartanisch und sparsam zu sein wie Brüning, aber ebensowenig sollte man an dem übertriebenen neureichen Aufwand Gefallen finden, der heute vielerorts üblich ist. Billgerweise muß man sagen, daß die als »asketisch« bezeichnete Lebensweise für Brüning, den François-Poncet »einen priesterlichen Staatsmann« nannte, keine Selbstüberwindung bedeutete, sondern seiner Natur entsprach. Er, der einmal sagte, er habe keine Zeit zum Heiraten, hatte keine Neigung und keine Begabung zum Genuß. Sein Gefühls- und Empfindungsleben war (wie sein Gesicht) karg, kühl, trocken.

Wird Heinrich Brüning abgewertet, wenn man feststellt, seine ungewöhnliche Selbstlosigkeit sei nicht ein Ergebnis des üblichen Kampfs zwischen gutem Willen und egoistischen Trieben gewesen, sondern das Geschenk einer besonderen Anlage? Genausogut könnte man fragen: Ist der Baum wertvoller, der von Anfang an gute Früchte trug, oder ein vom Gärtner veredelter? Letztlich kommt es darauf an, ob ein Baum gute und welcher die besseren Früchte trägt. Heinrich Brüning war seiner Anlage nach selbstloser als die meisten Menschen, er gehörte zu der von ihm erstrebten Elite.

Da bei Heinrich Brüning die menschlich-allzumenschlichen Leidenschaften – Genuß und Habgier, Ruhm- und Herrschsucht – schwach entwickelt waren, konnte sein Verstand ungestört arbeiten und sachlich urteilen, und sein Wille wurde nicht zu egoistischen Kämpfen hingerissen, sondern durfte als »guter Wille« allgemeinen Interessen dienen. Während die Empfindungsreichen von der Außenseite leicht geblendet und bestochen werden, vermochte Brüning die Grundzüge eines Charakters oder einer politischen Situation rasch und sicher zu erfassen. Diese Kenntnis der Strukturen und des Wesentlichen ließ ihn zum überlegenen Taktiker werden. Im Gegensatz zu den Menschen mit lebhaften Gefühlen konnte er, wenn höhere Werte (die Gerechtigkeit, die Wahrheit oder das Wohlergehen des Ganzen) es forderten, die Bindungen an Freunde oder Parteien ohne zermürbende Kämpfe überwinden und von höherer Warte aus versuchen, gegnerische Interessen im Ausgleich zu versöhnen. Da er nicht umnebelt war von Wünschen und Interessen, war es für ihn leicht, ja sogar selbstverständlich, den Wust des Gegenwärtigen beiseite zu schieben und das Kommende klar vorauszuberechnen und intuitiv zu erfassen. Die Kraft der Vorausahnung scheint (wie R. R. Beer in einer kurzen Biographie berichtet) den Kameraden Brünings so sehr aufgefallen zu sein, daß sie, in diesem besonderen Fall vielleicht übertreibend, behaupteten, man habe sich »wie auf eine Uhr« darauf verlassen können, daß ein Unterstand, den ihr Leutnant mit ihnen verließ, bald von einer Granate getroffen wurde. Jedenfalls ist Brünings Fähigkeit, aus der Gegenwart das Werdende zu kombinieren und vielleicht auch das Nicht-Errechenbare zu ahnen, in der Politik bewiesen. Brünings Voraussagen waren skeptisch und pessimistisch, aber richtig. Daß er recht hatte, war nach Deutschlands Zerstörung nicht zu leugnen, aber damals war er, wie alle Kassandras, als Schwarzseher und Miesmacher verschrien. Er selbst ließ sich durch seine dunklen Prognosen nicht abhalten, rastlos zu arbeiten. Er versuchte, das Verhängnis abzuwenden, und schlug zum Beispiel als Reichskanzler dem Reichspräsidenten vor, zusammen mit der SPD und der Reichswehr gewaltsam gegen die Nationalsozialisten vorzugehen. Leider war Hindenburg gegen diesen kühnen Plan.

Brüning war (1930) in einer besonders schwierigen Situation Reichskanzler geworden. Die Arbeitslosigkeit hatte die Masse des Volks verbittert und radikalisiert, die Unternehmer und Junker standen der Demokratie feindlich gegenüber, das Vertrauen der Wähler in den Parlamentarismus schwand immer mehr, die Wirtschaft lag brach, das staatliche Defizit stieg, die Zahlungen der Reparationen belasteten

Deutschland schwer und drückten es zu Boden. Da die Arbeit des Reichstags von den Deutschnationalen, Nationalsozialisten und Kommunisten sabotiert wurde, regierte Brüning mit Notverordnungen, denen der Reichspräsident jeweils zustimmen mußte. Am dringendsten fand der Reichskanzler die Ordnung der katastrophalen Finanzen. Ohne das Unbeliebtwerden zu scheuen, forderte er Opfer (Gehaltskürzungen, Preissenkungen, Arbeitsdienstpflicht) und versuchte, dabei gerecht zu sein. Als er Kleinsiedlungen im deutschen Osten schaffen und den Großgrundbesitz antasten wollte, wurde er von dem Ostelbier Hindenburg (am 30. 5. 1932) zum Rücktritt gezwungen. Neun Monate später saß auf Brünings Kanzlerstuhl ein Mann, der die deutschen Schwierigkeiten auf ganz andere Art zu überwinden suchte. Hitler halfen die Unternehmer und Junker, weil sie hofften, er werde sie von der Bedrohung durch die Besitzlosen befreien, und es folgte ihm die Masse der Arbeitslosen, weil er etwas konnte, das Brüning versagt war: jedem das versprechen, was er sich wünschte – dem Hungernden Brot, dem Armen Reichtum, dem Reichen noch mehr Besitz, dem in seiner Ehre und Vaterlandsliebe gekränkten Soldaten neuen Ruhm und dem friedliebenden Bürger mehr Macht und Reichtum ohne die Gefahren eines Kriegs. Von Hitler sagte man, er habe einen »erotisierten Kehlkopf«; seine kreischende Stimme wirkte jedenfalls sehr stark auf Hysteriker beiderlei Geschlechts. An Brüning dagegen kritisierte einer seiner Zeitgenossen (Graf Albrecht Bernstorff), es fehle ihm an »Sex-Appeal für die Massen«.

Muß ein demokratischer Staatsmann »Sex-Appeal für die Massen« haben? Eine Frage, die zu den Grundproblemen der Demokratie gehört. Selbstverständlich sollte ein demokratischer Staatsmann nicht nur mit sachlichen Argumenten überzeugen, sondern auch durch die Kunst der Formulierung und die Ausstrahlung seiner Persönlichkeit für sich gewinnen können. Diese Kräfte waren, wie schon angedeutet, bei Brüning schwach – sehr viel schwächer als etwa bei Friedrich Ebert, dem Mann des Volks. Aber die Forderung, der Politiker solle seine Ziele durch »Sex-Appeal für die Masse« durchsetzen, wäre eine Abwertung der demokratischen Idee. Vielerorts allerdings mag dies heute so sein, vorbildlich ist es nicht, wenn der Staatsmann, wie Hitler es tat, die Leidenschaften der Bürger aufputscht und sie zu Entschlüssen mitreißt, deren Folgen sie nicht bedacht haben. Geschieht dies, dann wird die demokratische Wählerschaft zur Masse erniedrigt, d. h. die einzelnen Individuen verschmelzen zu einem Haufen, der hinter einem Führer herläuft wie die Herde hinter ihrem Leittier. Dies ist der Unterschied zwischen einer echten und einer verfälschten Demokratie. In der Scheindemokratie benebeln Demagogen den Verstand mit Geschwätz und rufen das Gefühl zur blinden Parteinahme auf. In der echten Demokratie entscheidet jeder einzelne selbstverantwortlich mit wachem Verstand nach den sachlichen Gründen, die man ihm darlegte. Voraussetzung für solche echten demokratischen Beschlüsse ist die staatspolitische Bildung.

Zum Schluß sei gefragt: Zu welchem der beiden Kantschen Typen gehörte Brüning? Handelte er aus »Neigung« oder aus »Pflicht«? Spontan werden viele antworten: Er war ein ausgesprochener Pflichtmensch. Zunächst mag dies gelten. Bedenkt man Brünings Charakter aber genauer, dann ergibt sich: Es war nicht so, daß er sagte: Eigentlich möchte ich dies, aber die Pflicht gebietet jenes – ich will meine Neigung überwinden und meine Pflicht tun. Die Wurzel seines Handelns war nicht der gute Wille, der einem Pflichtgebot folgt, sondern sein Gewissen, das ihn trieb, das als gerecht Erkannte zu tun. Seine »Neigung« war es, dem Gewissen zu folgen. Also versagte auch er vor Kants Gebot? Oder stand er nicht über dieser Forderung? Da er nicht Ruhmsucht oder Eitelkeit, Habsucht, Genußsucht oder Herrschsucht besiegen mußte, bevor der gute Wille sich durchsetzen konnte, sondern die Hauptkraft seines Charakters das Gewissen war, das forderte, das als richtig Erkannte selbstverantwortlich zu tun, tat er aus »Neigung« seine »Pflicht«.

Untertypen des Autokraten und des Demokraten

Bei den Demokraten lassen sich zwei Typen unterscheiden: den Demokraten mit Tuchfühlung und den Demokraten aus seelisch-geistiger Verbundenheit.

Zum Demokraten mit Tuchfühlung gehören Friedrich Ebert, Danton, Briand. Dieser demokratische Untertypus ist durch (mehr oder weniger starke) Empfindungen und Gefühle mit den Menschen verbunden und neigt zur unwillkürlichen Anpassung an seine Umwelt. Er redet nicht nur konventionell-phrasenhaft von »aufrichtiger Teilnahme« oder »herzlichem Dank«, sondern schwingt mit der Trauer und der Freude seiner Mitmenschen und ähnelt dabei den Kindern, die auf ein freundliches Gesicht mit einem Lächeln, auf einen finsteren Blick mit

Angst reagieren. Dieses Mitschwingen kann tief oder flach sein und sich in flüchtigem Geschwätz, aber auch in einer aufopfernden Tat äußern – immer beruht es auf einem Erlebnis. Der Autokrat dagegen stellt vielleicht mit dem beobachtenden Verstand fest, was sein Nachbar wünscht oder leidet, und mag dann die üblichen Worte der Teilnahme anwenden oder sich sogar, etwa um seines guten Rufs willen, zu einer fördernden Handlung entschließen, aber all dies ist nicht »echt«, es stammt aus dem »Kopf«, nicht aus dem »Herzen«. Der Demokrat mit Tuchfühlung liebt die Geselligkeit, aber nicht die steife »aristokratische«, sondern die behagliche. Sein Gegentypus, der Autokrat, geht vielleicht jeden Abend in Gesellschaft und benimmt sich dabei etikettenhaft-korrekt – seinem Wesen nach ist er ungesellig, egozentrisch, einsiedlerisch, individualistisch. Es mag sein, daß er sehr viel redet, aber nicht, um mit dem Wort von Mensch zu Mensch Brücken zu schlagen. Im allgemeinen hält er Distanz und neigt zur Wortkargheit. Er kann ironisch und sarkastisch sein, aber es fehlt ihm, was manche Menschen des anderen Typus auszeichnet, der Humor.

Der Humor und das Umgänglich-Gesellige fehlen auch dem anderen demokratischen Untertypus, zu dem Heinrich Brüning und Charles Fourier gehören. Er ist seiner Umwelt zwar verbunden, aber weniger durch die Tuchfühlung der Empfindungen und Gefühle als durch seelisch-geistige Kräfte. Die Grundzüge des Demokraten aus seelisch-geistiger Verbundenheit sind: Ahnung des Zusammenhangs aller Menschen, Weitung des Geistes zum Wissen um fremde Eigenart, von Sympathien und Interessen nicht beeinflußbare Gerechtigkeit, nicht nur äußerliches Bekenntnis zur Idee der Gleichberechtigung aller Menschen, sondern geistige Liebe zu ihr und Sehnsucht nach ihrer Verwirklichung. Der Demokrat mit Tuchfühlung hängt meist zu sehr am Sichtbaren, Handgreiflichen. Sein Urteil wird leicht von Gefühlen eingeengt und von egoistischen Interessen oder Sympathien und Antipathien getrübt. Manchen macht seine Anpassungsfähigkeit zum mitleidenden Helfer, zum verständigen Berater und zum nachgiebigen Nachbarn, einen anderen zum Streber, der jedem die ihm genehme Überzeugung vorheuchelt, oder zum Schmeichler, der sich ein Erbe erlistet, oder zum Bauernfänger, der die Menschen übertölpelt, indem er auf ihre Schwächen eingeht. Oder sie macht ihn zum Hinterhältigen, der einem Vorgesetzten nicht zu widersprechen wagt, seinen Auftrag aber nicht oder anders ausführt, oder zum »Vetterle«, das seinen Freunden und Parteigenossen unberechtigte Vorteile zuschiebt und seine eigenen egoistischen Ziele durch die Gemeinschaft zu erreichen sucht.

Eine Gefahr des sich anpassenden Typus ist die Charakterlosigkeit, das Jasagen ohne Überzeugung, die (unwillkürliche oder »verständnisvolle«) Nachgiebigkeit, wo Widerstand am Platz wäre, die Feigheit, das Ausweichen. Es fehlt ihm an Zivilcourage.

Seine Humanität bleibt oft in der Tuchfühlung stecken. Ihm wird es leichter, gegen den einzelnen Menschen freundlich zu sein und sei dieser ein Türke oder Ägypter, Mohammedaner oder Buddhist. Die Idee, alle Religionen oder alle Völker der Welt und alle Stände und Stämme des eigenen Volkes zu versöhnen und zu einen, reift dagegen eher in dem anderen Untertypus, der nicht so sehr gefühlsmäßig aber seelisch-geistig mit den Menschen verbunden ist. Seine edelsten Vertreter umfassen die ganze Menschheit in der Idee und wägen alle Lebenserscheinungen gerecht. Der Demokrat mit Tuchfühlung bleibt dagegen leichter in der Kirchturmpolitik stecken, im engen Kreis der Familie, des Geschäfts und der Partei, der Freunde und der Heimat oder irgendeinem staatlichen Gebilde, das organisch gewachsen und noch mit dem naiven Gefühl erfaßbar ist, wie zum Beispiel der Kleinstaat. Die Gefahr des Demokraten aus seelisch-geistiger Verbundenheit wiederum ist, daß er den einzelnen Menschen zu wenig beachtet.

Zu einer modernen Demokratie gehören beide Untertypen, als Bauherren und Hausherren. Der gefühlskalte, aber seelisch-geistig mit den Menschen verbundene Typus entwirft den Plan und sorgt dafür, daß das Fundament, das Dach und die Grundmauern in Ordnung bleiben, der andere macht das Haus wohnlich und erfüllt es mit behaglicher Wärme, mit Geselligkeit und Lebensfreude. Der Demokrat mit Tuchfühlung allein läßt das Haus vielleicht verkommen, weil er durch demagogische Schwätzer zu leicht beeinflußbar und durch seine Liebe zu Genuß und Besitz und durch äußerliche Ehrungen zu leicht bestechlich ist. Der gefühlskalte, aber seelisch-geistig mit den Menschen verbundene Typus kann der Demokratie durch seine Weite des Blickes und seine Prinzipientreue, seine Sachlichkeit und seine nicht so leicht beeinflußbare Gerechtigkeit gute Dienste leisten. Als Politiker wird er zum Beispiel im Kampf gegen eine rücksichtslose Herrschaft der Geldleute die Gleichberechtigung aller betonen, dort aber, wo die prinzipielle Gleichberechtigung wirklichkeitsfremd durchgeführt wird, auf die Verschiedenheit der Begabung hinweisen und die angemessene Bevorzugung der besser Veranlagten verlangen. Solch ein »widersprüchliches« Verhalten erfordert nicht nur Gerechtigkeitssinn, sondern auch Mut.

Entsprechend ihrer seelischen Verschiedenheit unterscheiden sich die beiden demokratischen Typen vor allem dadurch, daß die Demokraten mit Tuchfühlung typischerweise (wie Friedrich Ebert, Danton oder Briand) ein gut durchblutetes Gesicht mit einfühlsamen und mitteilungsfreudigen Augen, die Demokraten aus seelisch-geistiger Verbundenheit typischerweise ein kühles, vielleicht reserviertes, aber durchgeistigtes Gesicht haben mit Augen, die eher tief dringende Intuition als lebendige Instinkte und eher gewissenhaftes Abwägen als Mitempfinden verraten (Brüning und Fourier).

In vielen Demokraten sind Grundkräfte der beiden Untertypen verbunden. Eine der bedeutendsten Persönlichkeiten dieser Art war Gandhi (Abbildung 81). Er liebte die Menschheit und war gegen jeden Einzelmenschen hilfsbereit – nicht nur mit Worten, sondern auch mit täglichen Handlungen. Er bezeichnete »ganz Indien als seine Familie« und war tolerant gegen Christen, Moslems und Juden, durchdachte die wichtigen Probleme seines Landes und beschäftigte sich geduldig mit den Alltagssorgen seiner Besucher, glaubte an das Gesetz der Wahrheit und war fähig, sich in andere einzufühlen, war ein opferbereiter Rebell und hatte Humor. »Man wird stets seiner als eines Menschen gedenken, der aus seinem Leben für alle kommenden Zeiten ein Vorbild gemacht hat«, schrieb Tagore.

Auch bei den Autokraten sind zwei Typen zu unterscheiden: der von Mann zu Mann (direkt und offen) und der indirekt kämpfende. Paßt zu jenem der Löwe, dann zu diesem eher der Fuchs.

Vertreter des seinen Willen (mehr oder weniger ausschließlich) von Mann zu Mann durchsetzenden Autokraten sind Napoleon, Eck, Julius II., MacArthur. Zu den (mehr oder weniger ausschließlich) indirekt, durch List und klug berechnete, nur scheinbare (also pseudodemokratische) Anpassung sich durchsetzenden Autokraten gehören Fouché, Richelieu und Rockefeller.

Typischerweise hat der Kämpfer von Mann zu Mann ein hohes, aggressiv gebogenes, kräftiges Nasenbein, ein vordrängendes breites Kinn, eine eher zurückgeneigte als steile Stirne, einen schmalen Kopf, und sein Blick ist selbstverständlich kühn, offen, fest. In seinen Augen kommen der Wille zur Macht, der Zorn, der Hochmut offen zum Ausdruck.

Der Kopf des mit List und Berechnung aus dem Hintergrund oder Hinterhalt seinen Willen Durchsetzenden ist durch Zuspitzung des Gesichts von den Ohren zur Nase und von den kräftigen, vielleicht auch brutalen Wangenknochen zu dem kleinen Kinn charakterisiert, ferner durch eine schmale Nase, die eher einem leicht beweglichen Steuer als einem Beil ähnelt. Die Lider sind dünn und bereit, sich rasch als Vorhänge über den Augen zu schließen. Der Blick ist verdeckt, ausweichend und schief von der Seite aufnehmend, nicht herrisch fest, vielleicht lebhaft lauernd oder stechend. Der Kopf ist eher breit als schmal und eher vorsichtig lavierend zur Seite geneigt als straff erhoben. Der Gang ist nicht stracks wie bei dem anderen autokratischen Typus, sondern in mehr oder weniger deutlich sichtbaren Windungen vorwärts schleichend. Das ganze Gesicht hat oft einen unbestimmten, leicht änderbaren Ausdruck.

In den meisten Menschen sind sowohl autokratische als auch demokratische Kräfte wirksam. Repräsentant einer extremen Mischung ist der Reichsfreiherr vom Stein, der demokratische Ziele auf hart autokratische Art durchsetzen wollte.

Mit dem napoleonischen Autokraten hat der Stein-Typus gemeinsam, daß er offen kämpfen, befehlen, herrschen will, aber der eine sucht seinen eigenen Vorteil, mehr oder weniger brutal und blind für die Rechte der Umwelt, der andere kämpft für das Wohlergehen der Mitmenschen. Der eine will seinen Ehrgeiz befriedigen, auch wenn er dabei seine Ehre lädiert, der andere die Idee der Gerechtigkeit soweit wie möglich verwirklichen, auch wenn er sich dabei selbst schadet, ja vielleicht sogar seine Existenz zerstört. Er vernichtet sich selbst im Kampf um die Verwirklichung der Ziele, die er als gut erkannt hat und die er durchsetzen will – für die er seinen Willen durchsetzen will. Er strebt zwar nach »Ellbogenfreiheit«, aber nicht wie etwa Hitler, um seine Rachsucht und seine Minderwertigkeitsgefühle auszutoben, sondern um den Unterdrückten zu helfen.

Beide, der reine Autokrat und der Stein-Typus, sind einsam. Der Tyrann wird »gesellig«, um seine Macht über Menschen zu genießen oder um Bundesgenossen zu gewinnen; der andere überwindet den Hang zum Alleinsein, um seine altruistischen Pläne zu verwirklichen.

Damit ist schon angedeutet, wodurch der Stein-Typus sich von den Demokraten unterscheidet: Wie der zweite demokratische Untertypus, ist er mit den Menschen zwar seelisch-geistig verbunden, verhält sich aber nicht nur (wie Brüning) kühl und reserviert, sondern oft schroff, grob, herrisch. Seine demokratischen Ziele will er nicht durch Verhandeln, kameradschaftliche Zusammenarbeit und Kompromisse (also nicht auf demokratische Art) verwirklichen, sondern faßt gern einsame Beschlüsse, die er notfalls gewaltsam durchzusetzen sucht.

Physiognomisch kommt die Verwandtschaft des Stein-Typus mit dem seelisch-geistig der Umwelt verbundenen Demokraten vor allem in den Augen zum Ausdruck: Sie verraten bei beiden eher gewissenhaftes Abwägen als Mitempfinden. Gelegentlich allerdings erscheint in ihnen der herrische Autokrat. Von Fourier wurde berichtet, daß seine Augen »Blitze schleudern konnten«, und vom Reichsfreiherrn vom Stein, daß »in seinen Blick zuweilen eine schreckliche Furchtbarkeit kam«. Außerdem ist das Gesicht des Stein-Typus nicht nur kühl, reserviert und wenig durchgeformt wie das Brünings, sondern von den Spuren mächtiger Willensspannungen, des Zorns, der Bemühung um Selbstbeherrschung, vielleicht auch von Menschenverachtung geprägt.

Einerseits geistige Menschenfreundlichkeit gegen die Allgemeinheit, andererseits Ungeduld oder sogar Verachtung gegen den einzelnen – dies ist eine Gefahr des gefühlskalten, um die Verwirklichung demokratischer Ideale kämpfenden Autokraten. Daraus kann sich ein Robespierre entwickeln, der um eines menschenfreundlichen Gedankens willen zum Menschenschlächter und um seiner Vorstellung von Gerechtigkeit willen zum Verbrecher wurde. Fanatismus verdarb die Idee und pervertierte die autokratische Herrschsucht.

Gut gemischt und geartet waren die demokratischen und autokratischen Kräfte bei Friedrich Ebert, Stresemann, Briand, Theodor Heuss. Das Demokratische war bei ihnen zwar stark vorherrschend, aber sie hatten auch den Willen, sich durchzusetzen. Sonst hätten sie kaum die obersten Ränge und damit eine ungewöhnliche Möglichkeit erreicht, sich für ihre demokratischen Ziele auf demokratische Art einzusetzen.

Das Mischungsverhältnis demokratischer und autokratischer Kräfte zu erkennen, hilft die Physiognomik. Sie läßt uns – das eine Mal mit Bestimmtheit, ein anderes Mal mit weniger Sicherheit – feststellen, ob jemand ein Autokrat ist oder ein Demokrat. Voraussetzung dafür ist allerdings, daß der Betreffende überhaupt etwas ist – nicht nur eine leere Schale, in die jeder beliebige politische Kram oder Unrat gelegt werden kann, wie in all die Mitläufer, die damals ohne echte Überzeugung hinter Hitler herliefen und sich heute zur Demokratie bekennen, ohne Demokraten zu sein.

Die Physiognomik läßt uns erkennen, ob ein Mann, der (wie Bismarck) als Vorgesetzter keinen Widerspruch duldet, aber republikanische Neigungen bekommt, wenn er gehorchen soll, nur aus Herrschsucht rebelliert, oder weil er auch demokratische Anlagen in sich hat. Sie läßt uns erkennen, ob einer der berüchtigten »Radfahrer«, die (im Gegensatz zu Bismarck) nach oben buckeln, ein feiger Autokrat ist oder ein übles Exemplar des Typus, der sich immer und überall der jeweiligen Situation anpaßt; ob einer, von dem man sagt, er sei kalt und unzugänglich wie Glas, sich nur mit sich selbst oder mit weltweiten Gedanken und Pflichten beschäftigt.

Sie zeigt uns, ob jemand (wie Napoleon) den Demokraten nur heuchelt, um die Stiefel auf die ersten Sprossen der Macht setzen zu können, ob ein tyrannischer Leuteschinder, der sich früher für die Blonde Bestie begeisterte, jetzt den Demokraten nur spielt, oder ob er sich wirklich gewandelt hat. Möglich ist es ja. Während in dem Demokraten Mussolini die von Jugend an vorhandene Herrschsucht mit der Ausübung der Macht erstarkte, so daß er zum Diktator wurde, und sich der als sanft gerühmte junge Heinrich VIII. durch das Erkalten der Gefühle zum launischen Tyrannen wandelte, so kann umgekehrt durch den Mißbrauch der Macht, etwa durch die klagende Not der Ausgebeuteten und Geschundenen, in einem rücksichtslosen Autokraten das Gewissen geweckt werden. Es mag also vorkommen, daß jemand in der Jugend ein brutaler Egoist und Draufgänger ist, im Alter aber gerecht wird oder wenigstens ein »aufgeklärter Despot« mit gelegentlicher Neigung zur Gerechtigkeit. Es kann auch vorkommen, daß ein vorwiegend zum demokratischen Typus gehörender Politiker durch die Situation seines Landes gezwungen wird, autokratisch zu regieren. Danton herrschte zeitweise rücksichtslos wie ein Diktator, obwohl er – wie wir wissen – dem Volk gewiß mit starken Gefühlen verbunden war.

Der Psychologe weiß dies, der Physiognom aber kann die Wandlung, wenn sie nicht allzu oberflächlich ist, feststellen. Er kann auch erkennen, daß ein Autokrat, der unter einem Diktator lebte und sein Leben im Kampf für die Demokratie wagte, den Tyrannen nur angriff, weil er an dessen Stelle stehen wollte, daß er, den man vielleicht als Vorbild rühmte, für die Demokratie nur aus autokratischer Herrschsucht kämpfte.

Wer gelernt hat, physiognomisch zu sehen, wird unsere Politiker, wenn sie auf dem Fernsehschirm erscheinen, besser erkennen und durchschauen. Er wird sich nicht so leicht von der tigerkatzenhaft-vorsichtigen Mimik eines Machtgierigen täuschen lassen, und er wird es richtig verstehen, wenn ein anderer, sonst ein ehrlicher Demokrat, gelegentlich abstoßend hart spricht, weil ihn der Mißbrauch unserer Verfassung empört. Er wird die Anpassung des Gemeinschaftssinnes vom Mitläufertum des Strebers oder der Jasagerei dessen unterscheiden, der zustimmt, weil er feige oder dumm oder zu faul ist, sich eine eigene Meinung zu bilden. Und er wird die Zivilcourage eines Mannes, der von seinem Gewissen zur Opposition gezwungen wird, nicht mit der Aggressivität des Geltungssüchtigen verwechseln, der widerspricht, um aufzufallen, oder der Arroganz des Dummkopfs, der das grundsätzliche Recht auf Meinungsäußerung und die Duldsamkeit der Demokratie mißbraucht, indem er sich an öffentlichen Diskussionen beteiligt.

IV

GEHIRNSCHÄDEL UND GESICHT

Beim Kind ist der Umfang des Gehirnschädels achtmal so groß wie der des Gesichts, beim Erwachsenen nur zwei- bis dreimal so groß. Beim Neugeborenen ist der Körper viermal so lang, wie der Kopf hoch ist, beim Erwachsenen sieben- bis achtmal so lang. Beim Kind sind Gesicht und übriger Körper also bedeutend weniger entwickelt als beim Erwachsenen.

Das Kind mit seinem schwachen Körper und seinem zarten Gesicht ist noch nicht fähig, die laute, grobe Wirklichkeit zu bewältigen. Es ist auf Hilfe angewiesen, ist scheuchbar, schüchtern und befriedigt seinen Reizhunger an der kleinen, für seine Hände und Sinne faßbaren Welt des Spielzeugs.

Auch bei den Frauen, die im allgemeinen weniger tatkräftig zupacken als der Mann, der erraffend »hinaus muß ins feindliche Leben«, sind das Gesicht und der übrige Körper im Verhältnis zum Gehirnschädel kleiner als beim Mann. Sie sind schüchterner, scheuer, man muß ihnen »sanft entgegenkommen«, wenn man sie nicht zurückscheuchen will.

Beim männlichen Geschlecht wieder hat der Jüngling ein verhältnismäßig kleines Gesicht: Er ist noch mehr oder weniger schüchtern, unterdrückt aber seine Neigung zur Flucht vielleicht, indem er frech wird.

Am größten und kräftigsten ist das Gesicht beim dreißig- bis sechzigjährigen Mann. Er ist am stärksten in die Wirklichkeit verflochten und hat am meisten Kraft, seine Pläne zu verwirklichen.

Mit zunehmendem Alter wird der Mensch wieder unfähiger, sich selbst zu helfen und seinen Willen durchzusetzen: Sein Gesicht verfällt, wird kleiner, und auch sein Körper wird wieder kindlicher.

Ein Kopf, bei dem – wie sehr oft bei Boxern – das Gesicht stärker ausgebildet ist als der Gehirnschädel, verhält sich zu einem Kopf, bei dem der Gehirnschädel verhältnismäßig umfangreicher ist als das Gesicht, wie der Löwe, der sein Opfer mit der Pranke schlägt, zur Spinne, die es mit ihrem Netz fängt; wie der Landsknecht, der mit den

Fäusten, zum Diplomaten, der mit klugen Plänen kämpft; wie der Henker, der Urteile energisch vollstreckt, ohne deren Begründung zu verstehen, zum Richter, der das Urteil nach scharfsinniger Überlegung fällt, aber nicht die Kraft hätte, es selbst zu vollstrecken (Außendienst und Innendienst). Die Beispiele ließen sich beliebig fortsetzen.

Viele Dichter haben ein kleines, die meisten Schauspieler ein umfangreiches Gesicht. Das Bühnengesicht ist ein großes Gesicht. Ein Schauspieler mit kleinem Gesicht kann eigentlich nur Menschen darstellen, die sich nicht zur Geltung bringen. Er kann im allgemeinen keine stücketragenden, d. h. repräsentativen Rollen spielen, sondern nur Chargen. Der »Hoftheaterstil« ist repräsentativer als der mehr innerliche und geistige Kammerspielstil. Dementsprechend haben die Darsteller der »Hoftheater« im allgemeinen mehr Gesicht als die Kammerspielleute.

Der Schauspieler ist in einem unmittelbaren und weitergehenden Sinn Repräsentant, Darsteller, als der Dichter. Er spielt zur körperlichen Schau, während der Dichter in der geistigen Schau, in der Phantasie spielt. Manche Schauspieler sind nur Repräsentanten ohne eigenes Gefühl. Sie können ihr Publikum (allerdings nur ein unkritisches, leicht beeinflußbares Publikum) durch routiniertes So-tun-als-Ob zu vielerlei Leidenschaften erregen. Man sieht es dem Gesicht dieser Komödianten deutlich an, daß seine Formen hohl, daß sie Gips sind, der Marmor vortäuscht.

Der große Dichter (Goethe z. B.) hat ein umfangreiches Gesicht und einen umfangreichen Gehirnschädel: Er vereinigt geistige Kraft und Kraft der Darstellung, Ideenreichtum und Ausdrucksreichtum. Ebenso verbindet der große Staatsmann die Kraft der Repräsentation mit der Kraft, die Wirklichkeit geistig zu erfassen, die Kraft der Zielgebung mit der Kraft des täterischen Zugriffs, und die Fähigkeit, kluge Pläne zu erfinden, mit der Gabe, sie zu verwirklichen. Goethe, Bismarck und Napoleon hatten ein großes Gesicht und ein großes Gehirn.

Während im primitiven Zeiten, in denen es darauf ankommt, körperlich zuzupacken, der gehirnarme Mensch mit dem athletischen Gesicht und dem athletischen Körper im Vorteil ist, erhält der Mensch mit dem großen Gehirnschädel und dem verhältnismäßig schwachen Gesicht und Körper mit fortschreitender Kultur günstigere Lebensbedingungen. In Hoch-Zeiten der Kultur gilt der doppelseitig Veranlagte, der, wie Goethe, durch seine Person und durch sein Werk wirkt – der also ein umfangreiches Gesicht und ein großes Gehirn hat.

Wenn die Kultur zerfällt, entwickeln sich die Gesichts- und die Gehirnmenschen zu karikaturenhafter Einseitigkeit: vor allem »Gesicht« ist der Manager und Demagoge, der Überzeugungen und Ideen repräsentiert und propagiert, die er nicht versteht und die ihm gleichgültig sind, der Roboter, der (immer unbeteiligt) sich zu jeder guten oder bösen Tat gebrauchen läßt, der »Mann ohne Eigenschaften«, der Golem, der mit dem Augenblick lebt, die Dinge nimmt, wie sie sind und jeweils die Gegenwart bejaht – ihre Machtverhältnisse, ihre Gebräuche, ihre Konventionen. Er paßt sich bis zur völligen Selbstverlorenheit an. Prinzipien hat er so wenig wie das Echo. Er ist der geborene Konjunkturritter.

Wenn er stolz ist, dann nicht darauf, daß er so ist, wie er ist, sondern darauf, daß er etwas hat: ein Vermögen oder einen Titel, viele Orden oder ein repräsentatives Auto. Er liebt die Geselligkeit, wobei ihm sein umgänglicher und prinzipienloser Charakter förderlich ist. So gewinnt er viele Beziehungen, die ihm vielleicht zu Reichtum und zu einer Machtstellung verhelfen. Aber – auch wenn er sich die Welt »eroberte«, wenn er am meisten Wählerstimmen auf sich vereinigte, oder wenn er viel Geld zusammenschmuste – im Grunde hat immer die Welt ihn erobert.

Die anderen, die »Eierköpfe«, die Intellektuellen, wollen nur das Werk, die Leistung oder die Idee. Sie haben Macht durch ihre Feder oder ihr Geld, aber nicht durch ihr persönliches Auftreten. Sie repräsentieren nicht, was sie sind. Ihre Haltung ist steif oder linkisch, übertrieben straff oder formlos. Sie haben wenig Kontakt mit der Umwelt und wirken oft wie ein Eisblock.

Es fehlt ihnen die Kraft zum offenen Kampf von Mann zu Mann, weshalb sie auf Spinnenweise kämpfen – durch Börsen- und Zeitungsmanöver, durch Intrigen und Geheimbünde, durch ein Spionagesystem oder als »Graue Eminenzen«, die vom Hintergrund aus ihre politischen und wirtschaftlichen Drähte ziehen.

Vergleiche die Abbildungen 1 (Bergner) mit 18 (Moissi), 20 (Eichendorff) mit 37 (Goya), 22 (Fourier) mit 69 (Stein), 35 (Dostojewski) mit 33 (Tolstoi), 65 und 66 (Richelieu und Rockefeller) mit 64 (MacArthur), 67 (Robespierre) mit 68 (Danton), 75 und 76 (Volkshochschüler und Zeichner) mit 77 und 79 (Wüllner und Casanova), 81 (Gandhi) mit 80 (Cosimo), 93 (Novalis) mit 99 (Goethe).

Abbildung 75 Volkshochschüler: Dieser junge Mann hat einerseits den Trieb, sich ins Leben zu mischen, andererseits ist er leicht zurückscheuchbar. Die Stirn hat noch etwas von der Steilheit und dem unbestimmt Bogigen des kindlichen Kopfs. Das Hinterhaupt ist mit weichem Schwung ausladend; seine Formung hat aber (wie die Stirn) noch etwas Kindlich-Unsicheres. Die Zielsicherheit, die es trotzdem verrät, ist schwächlich und ohne pfeilhafte Konsequenz; sie ist von der Empfindung (die harte Zusammenstöße meidet) beeinflußt. Im ganzen verrät der Gehirnschädel mit dem nach vorne etwas ansteigenden Scheitel, daß dieser junge Mann zwar die Neigung hat, den Kopf in Wirklichkeitsbezogenheit zu heben, daß er es aber nicht recht wagt, und daß der Elan, mit dem er vorwärtsstreben möchte, durch die Bedenklichkeit des Schwachen und des Empfindungs- und Gefühlsmenschen ins Zielbewußt-Lavierende abgewandelt wurde. Das Gesicht bestätigt diese Deutung des Gehirnschädels. Es ist (man vergleiche mit Abbildung 79, Casanova) im Verhältnis zum Gehirnschädel etwas zu klein: Die Kraft, in der Wirklichkeit »seinen Mann zu stehen« und sich durchzusetzen, ist gering. Andererseits ist dieses Gesicht gewiß nicht Ausdruck einer in sich versponnenen Seele. Der Blick ist gewohnt, die Menschen aus halbgeschlossenen Lidern zu beobachten und zu durchschauen, um anpassungsbereit mit ihnen rechnen, sich mit Schläue gegen sie durchsetzen oder wenigstens im Spott über sie erheben und notfalls rechtzeitig vor ihnen zurückweichen zu können. Die Nase streckt sich mit dem neugierig-einfühlsamen Ende weit in die Umwelt; sein Knochenteil ist nur halbhoch, zwar klar geformt, aber ohne Härte: Es deutet auf einen geschickt und weich lavierenden Willen ohne Durchschlagskraft. Das Kinn ist zielstrebig gewölbt, aber zurückliegend und wollüstig überpolstert. Auf Wollust deutet auch der locker gefügte, nicht fein geformte Mund. Sinnliche Begierde dürfte es vor allem sein, was diesen jungen Mann ins Leben treibt. Der Kampf mit ihr, die ihn in gefährliche Abenteuer verstricken könnte (der Kampf also zwischen Vorsicht und Begierde) mag das Kiefereck verdickt haben. Das Ohr ist im Verhältnis etwas zu groß und zu dünn, seine Läppchen angewachsen. Das dürfte in diesem Fall (wie das Kindlich-Bogige des Gehirnschädels) Zeichen einer leichten (vor allem im Bezirk des Willens liegenden) Schwächung der Lebenskraft sein.

Abbildung 76 Junger Zeichner: Dieser Zeichner ist kälter, härter, karger, zielbewußter als der junge Mann auf der vorigen Abbildung.

Auch bei ihm ist die Vitalität geschwächt: Das Gesicht ist (wie bei Kindern) im Verhältnis zu klein, und in der Formung des Gehirnschädels ist das Präzise eines zielbewußten (Erwachsenen-)Willens mit der weichen Rundung des kindlichen Kopfs verbunden. Sichtbar wird das vor allem an der Stirn (die heller, klarer ist als die der vorigen Abbildung). Das Hinterhaupt des jungen Zeichners ist (obwohl der Haarschnitt es vermutlich umfangreicher wirken läßt, als es ist) karger als das der vorigen Abbildung. Wie bei dieser kann man das Ohr als Zeichen einer Schwächung der Lebenskraft ansehen: Es ist nicht zu groß, aber zu unfest; daher steht es etwas ab oder richtiger gesagt, hängt es etwas nach vorn.

Das Knochengerüst des Gesichts ist zart gebildet und zurückliegend, der Oberkiefer schmächtig, der Unterkiefer schüchtern-schwächlich zurückhaltend. Das Kinn ist zwar vorgewölbt, aber weich überpolstert, das Nasenbein lang, schmal und präzis geformt: Der Wille ist also beweglich und (haargenau) zielend, aber schwächlich. Auch dieser Zeichner ist scheuchbar; aber der junge Mann der vorigen Abbildung wird, wie gesagt, durch seine begehrliche Sinnlichkeit immer wieder ins Leben getrieben, er ist mit Vorsicht und Neugier auf die Wirklichkeit bezogen und strebt nach der spöttischen Überlegenheit des schlauen, gewandten Beobachters. Dieser Zeichner mit dem kühlen Nasenende und dem schmalen Mund ist ein typischer Gegensatz zu den Casanovas, er ist der schüchterne (platonische) Liebhaber. Er ist in sich versponnen und trägt den Kopf meist grüblerisch gesenkt, weshalb die (kindlich bogige) Stirn steil, das Vorderhaupt umfangreich und das Hinterhaupt verhältnismäßig dürftig sind. Der Blick ist augenblicklich zwar auf die Umwelt (auf den Photographen) gerichtet, kommt dabei aber nicht vom Brüten über den Regungen der eigenen Brust los. Wie das Kind mit dem kleinen Reich der Spielzeuge, beschäftigt sich dieser junge Zeichner am liebsten in der stillen Welt der Bücher und der Bilder. Dabei wird er die Gedanken mehr mit der träumerisch gleitenden Phantasie als mit dem hart arbeitenden Bohrer des Intellekts aufnehmen.

Abbildungen 77 und 78 Ludwig Wüllner und Werner Krauss: Als reproduktiver Künstler war Wüllner gewohnt, Gefühle und Gedanken, die in einer anderen Seele und einem anderen Geist entstanden waren, in sich aufzunehmen und sie in seiner Seele und seinem Verstand (ohne tiefe Erregung) wiedererstehen zu lassen. Waren sie (mit hohler Rhetorik) ausgesprochen, dann war er frei von ihnen, frei für die Gefühle und Gedanken eines anderen Autors. Das lange und umfangreiche Gesicht dieses Schauspielers, Rezitators und Sängers ist nicht ohne seelisch-geistige Prägung – und hat doch etwas Attrappenhaftes. Seine Wangen sind aufgelockert und durchgeformt von Gefühlen – und doch ohne Gefühle. Seine Augen wissend – und doch leer. Sein Gesicht ist umfangreich und gefurcht wie bei Männern der Tat, aber ohne die Spannung und Härte des wirklichen Kampfs. Es ist das Gesicht eines Mannes, der in der Welt des Scheins darstellt, was andere fühlten, dachten und kämpferisch wollten. Auch Moissi, Abbildung 18, lebte als Schauspieler in der Welt des Scheins, erfüllte sie aber, viel mehr als Wüllner, mit seinen eigenen Gefühlen, manchmal zu sehr mit seinen *eigenen* Gefühlen. Wenn er den Romeo spielte, blieb er zu sehr Alexander Moissi mit der wehmütigen Grundstimmung und verwandelte sich nicht völlig in die Rolle.

Man selbst bleiben und sich gleichzeitig verwandeln! Manchen Schauspielern muß ein Regisseur die Tür zu diesem zwiespältigen Zustand mehr oder weniger brutal aufstoßen. Man nennt dies treffend »den Knoten reißen« – den gewachsenen Knoten des ganzheitlichen Seins, das vollkommen im Kind erscheint. Ihn in das eigene Ich und die allgemein menschlichen Kräfte zerteilen, mit denen das Ich nun spielt und mit deren Hilfe es andere Individualitäten darstellen kann, als sei es der Fremde.

Werner Krauss vermochte dies wie kein anderer Schauspieler unserer Zeit. Er konnte fast alles spielen und sich dabei so vollkommen verwandeln, daß der Zuschauer, der die Besetzung kannte, manchmal erstaunt fragte: Ist das Werner Krauss? Nur die egozentrisch-herrischen Rollen lagen ihm, dem proteushaft Wandelbaren, nicht. Sein Wallenstein war vor allem ein an die Astrologie glaubender und ein Spekulant, weniger ein Feldherr.

Die großen Gestalter solcher egozentrisch-gebieterischer Rollen haben meist sehr entschieden geprägte Gesichter, Werner Krauss dagegen hatte zwar ein eigentümliches, aber nicht ein ins Individuell-Charakteristische zerklüftetes Gesicht. Wie bei Kindern war es eihaft (ganzheitlich) geschlossen, war kindhaft glatt, kindhaft weich, kindhaft überempfindlich und hatte den seltsamen Schimmer magischer Kräfte. An seinen Augen, die ungewöhnlich leuchteten und kindhaft große Pupillen hatten, erkannte man, daß die Ganzheit in ihm nicht zerstört war, obwohl sie ins Bewußtsein des Individuums gehoben, obwohl der

»Knoten zerrissen« und damit die Möglichkeit gegeben war, mit den mannigfachen Kräften des ganzheitlichen und des individuellen Seins zu spielen.

Abbildung 79 Casanova: Wüllner deklamierte von Liebesgefühlen und -begierden, Casanova hat sie mit aller Intensität wirklich erlebt. Sie prägten sein Gesicht. Die Augen greifen weit aus, selbstbewußt und begierig nach Erlebnissen. In der Jugend waren sie, so wird berichtet, feurig, jetzt sind sie eher von habgieriger Berechnung und vom rücksichtslosen Willen als von glühenden Gefühlen erfüllt. Das Kalt- und Starrwerden des Alters wird spürbar. Im Mund ist süßes Durchkosten (Unterlippe) mit Brutalität und Selbstbeherrschung (strichhaft verklemmte Oberlippe) gemischt. Das Kinn ist wollüstig abgerundet und herrschsüchtig niederdrückend, das Nasenende gut durchblutet und wollüstig-fleischig, der Nasenflügel von heftigen Erregungen gebläht und von Grausamkeit etwas zugespitzt. Das Nasenbein ist im oberen Drittel gehöckert und entschieden, aber unscharf geformt. Es verrät einen mehr triebhaften als zielbewußten, eher instinktiv als intellektuell rechnenden, sehr kräftigen, heftig und jäh-brutal zupackenden Willen und ist typisch für die kultivierten Faunnaturen. Auch die (schlecht gezeichnete) Linie vom Ohr zum Kinn deutet auf jähe Triebe, der Zug vom Nasenende, neben den Lippen vorbei zum Kinn auf die Zurückhaltung des Jägers, der sein Opfer beschleicht und brutal erlegt. Die Stirn ist zurückgeneigt, schmal und sehr hoch. Sie charakterisiert einen Verstand, der sehr bewußt beobachtet, über die Reaktionen seiner Mitmenschen nicht tiefgründig reflektiert, sie aber klar und rasch registriert. Bemerkenswert ist die Spannung zwischen der oberen und unteren Kopfhälfte: Im Zusammenklang von Nasenbein, Auge und Stirn liegt brutales Hinausgreifen ins Leben, im Untergesicht vorsichtig-lauernde Zurückhaltung. Aber im ganzen drängt das Gesicht in die Welt. Es ist, wie meist bei den Bonvivants, umfangreich und männlich ausgereift.

Abbildung 80: Großherzog Cosimo II. de Medici, der Galilei gegen die Jesuiten beschützte, auf das Bankgeschäft der Medici verzichtete, aber deren Mäzenatentum sehr großzügig fortsetzte, die toskanische Flotte vergrößerte, im ganzen Mittelmeer die Türken bekämpfte und sich in der Politik um den Ausgleich zwischen den beiden Großmächten Spanien und Frankreich bemühte.

In Cosimos cholerisch-sanguinischem Gesicht fließen und schießen die Linien locker dahin. Die Nase erhebt sich mit ungestümem und doch geschmeidigem Schwung aus der hohen Wurzel zu einem fast brutalen Höcker, ihr fleischiges Ende ist von heftigen Leidenschaften des Willens und der Empfindungen gespannt und gebläht. Der Ausdruck aggressiver Dynamik wird durch das hart vorstoßende Kinn und die gebieterisch und lebensgierig hochgerissenen Brauen verstärkt. Die Augen sind kühl und hart, intuitiv und zielbewußt-planend, herrischanschauend und mit einem Schnellblick (ohne Grübelei) durchschauend. Die Stirn ist in Wirklichkeitsbezogenheit zurückgeneigt und doch wohlbedacht gewölbt, der Mund schwellend und genußfähig. Das ganze Gesicht drängt keilhaft in die Welt, erfüllt von täterischem Sturm. Es ist das Gesicht eines überlegenen Herrschers, eines Rosselenkers, der ein zu rasender Fahrt gepeitschtes Vielgespann mit elastischer Kraft zügelt.

Abbildung 81 Gandhi: Gandhi erschien ungern im Rampenlicht. Als junger Rechtsanwalt versagte er bei seinem ersten Auftreten vor Gericht so sehr, daß er sich auf die Tätigkeit eines juristischen Beraters und Gutachters zurückzog. Auch später, nachdem er schon oft in Volksversammlungen gesprochen hatte, kam es vor, daß er, wie ein Augenzeuge erzählte, im Anblick der wartenden Menge am liebsten davongelaufen wäre. Er war schüchtern, wurde aber kein egozentrischer Einsiedler. Mit der Umwelt verband ihn seine durch die Beschäftigung mit der Bhagavadgita und der Bibel vertiefte und geweitete Religiosität. Sie war dynamisiert durch die Sublimierung wollüstiger Sinnlichkeit. Gandhi hielt den Geschlechtsgenuß für »die Wurzel alles Bösen« und forderte, daß die geheime Kraft, die uns Gott verliehen hat, nicht bloß in körperliche, sondern auch in geistige und seelische Werte verwandelt wird.

Gandhis Religiosität äußerte sich nicht nur als Bekenntnis zu altruistischen Ideen, sondern in brüderlicher Liebe, der Duldung gegen jede Menschenart und dem Verständnis für die Eigenart und die Nöte aller Nachbarn. Das Gebot der Feindesliebe entsprach seinem sanften Gefühl.

»Ich aber sage euch, daß ihr dem Übel nicht widerstehen sollt, sondern so dir jemand einen Streich gibt auf deine rechte Backe, so biete ihm auch die linke dar.« Daß Gandhi fähig war, diesen Worten der Bergpredigt zu folgen, bewies er zum Beispiel in Südafrika: Weil er den Widerstand der Inder gegen die Unterdrückung und Diskriminierung durch die Engländer organisierte, wollte ihm eine wütende Menge, nachdem sie ihn mit Steinen beworfen und halbtot geschlagen hatte, an einem alten Apfelbaum aufhängen. Die Frau des Polizeipräsidenten, die zufällig dazu gekommen war, rettete ihn. Als Joseph Chamberlain in London davon erfahren und gefordert hatte, die Schuldigen vor Gericht zu stellen, weigerte Gandhi sich, Namen zu nennen.

Das Gebot der Feindesliebe hinderte Gandhi aber nicht, gegen die Ungerechtigkeiten, die er selbst und die andere Inder erdulden mußten, zu kämpfen – aber nur gewaltlos. Die Voraussetzung für den Sieg des gewaltlosen Widerstands und Kampfs sei, glaubte Gandhi, daß die Seele zur Vereinigung mit dem Göttlichen, Unsterblichen fand. In dieser mystischen Einheit könne ein schwacher einzelner sich gegen eine Welt von Feinden behaupten und alle Beleidigungen und Foltern ertragen. Ja, zuletzt werde er die physische Gewalt durch seine seelische Macht überwinden. Gandhis politische Kampfmethode wurzelte also in seinem religiösen Gefühl. Weil er nicht wollte, daß die Inder im Kampf gegen ihre Unterdrückung Gewalt gegen Gewalt setzten, und weil sie ihn als Führer in diesem Kampf brauchten, zwang Gandhi sich zu dem öffentlichen Auftreten, vor dem seine sanfte Seele zurückscheute. Er wurde, wie er selbst sich nannte, »der praktische Idealist«, der sich ebenso ungern, wie er im Rampenlicht erschien, in die Parlamentspolitik einspannen ließ, aber das ganze Leben seines Landes mit seinem Geist durchwirkte.

Daß Gandhi, den die Inder mit der Bezeichnung Mahatma, Große Seele, ehrten, eher ein Mann der Ideen, Gefühle und Gedanken als der Taten und des öffentlichen Auftretens war, bestätigt die Abbildung: Im Verhältnis zum breiten und hohen Gehirnschädel ist das Gesicht klein, der Unterkiefer schmal und nicht vordrängend, das Kinn dürftig und ohne Aggressivität gewölbt. Gut entwickelt sind Nasenbein und Jochbeine, was auf Ausdauer und Widerstandskraft deutet. Auf manchen Photos (besonders aus den jüngeren Jahren) wird in Gandhis Augen seine sanfte Religiosität unmittelbar spürbar; auf unserem Bild ist das Auge vom ruhigen, sehr konzentrierten Nachdenken über tiefe Probleme der Welt bestimmt. Die Unterlippe ist fleischig und hektisch. Die schmerzlich-strengen Falten abwärts von dem (sinnlich-fleischigen, einfühlsamen) Nasenende wurden von der rücksichtslos harten Bemühung um Sublimierung der Sinnlichkeit und überhaupt um Selbstbeherrschung geprägt. Das abstehende Ohr läßt vermuten, daß das Ohrbein gut entwickelt war, was als Zeichen des Kampftriebs gilt.

Gandhis politische Idee der Befreiung Indiens durch gewaltlosen Widerstand entsprach seiner Religiosität, und überhaupt seiner individuellen Artung, der Besonderheit von Indiens »stummen Millionen«, deren Temperament, wie er sagte, gewaltlos ist, und den gegebenen politischen Verhältnissen. Daß es falsch wäre, sie bei allen politischen Streitigkeiten anzuwenden, ergibt sich, wenn man die Frage prüft: Wie kam es zu Gandhis Sieg?

Eine der wichtigsten Voraussetzungen dafür war, daß es in England neben den Brutalen, die den indischen Widerstand mit Gewalt brechen wollten, die klugen Taktiker gab, die Indien den Dominion-Status gewähren wollten, um es nicht ganz zu verlieren. Außerdem wäre es für die Kämpfer um die soziale und politische Gleichberechtigung aller Engländer eine peinliche Inkonsequenz gewesen, an der Unterdrükkung der Inder mitzuwirken.

Vor allem konnten die Engländer nicht die vielen Millionen Inder einsperren, die sich am gewaltlosen Widerstand beteiligten, indem sie die Salzgesetze boykottierten, keine Steuern bezahlten und jede Zusammenarbeit mit den fremden Herren ablehnten. Die Engländer hätten ganz Indien in ein Gefängnis verwandeln müssen.

Gandhis Idee des gewaltlosen Widerstands siegte im Kampf gegen die Engländer, weil dies damals in Indien genau die richtige Methode war. Er versagte in dem anderen großen Kampf Gandhis – in dem Streit zwischen Hindus und Moslems. Es gelang Gandhi zwar an vielen Orten, den Haß und die Rachsucht der Hindus und Moslems zu beschwichtigen, aber gerade diese Versöhnungen veranlaßten zwei Inder, ihn zu ermorden. Denn sie waren vom Vorrecht der Hindus überzeugt und fürchteten, Gandhis Weg werde zum Untergang des Hinduismus führen.

Abbildung 82: Bei *Kaiser Maximilian I.*, wie Dürer ihn dargestellt hat, liegt in dem jähen, vogelkrallen-knotigen Höcker des Nasenbeins elementarer, oft auch brutaler Tatendrang. Im Gegensatz dazu hat der Nasenflügel etwas (rechnerisch) Spitzes und Kleinliches. Unter dem tief herabgezogenen Lid blickt das Auge vorsichtig und aufmerksam. Es verrät eine Seele, die sich klug und listig an das Nahe herantastet und ihre Absichten verbirgt. Sie beachtet die Menschen und rechnet mit ihnen – patriarchalisch schonend, aber wenn die Herrschsucht es fordert, auch rücksichtslos. Den Unterkiefer mit dem kraftvollen und klar gewölbten Kinn hat der Wille zur Selbstdurchsetzung spannungsvoll vorgeschoben. Der männlich kräftige und locker gefügte Mund deutet auf natürliche Freude an den Genüssen der Tafel und der Liebe. Die Wülste unter und neben den Lippenwinkeln sind Zeichen des Bemühens um Selbstbeherrschung; in ihrer Gespanntheit liegt ausdauernde und elastische Kraft. Im Gegensatz zu den energisch geformten Furchen und Wülsten hat die Gesichtsmuskulatur doch auch etwas Verwischtes – wie in Maximilians Charakter das kraftvoll-elastische Geradeaus-Streben mit dem diplomatisch leisen Sich-voran-Tasten und Beiseiteweichen gemischt war. (Dürer brachte dies im Spiel von deutlichen und verwischten Schatten kunstvoll zum Ausdruck.)

Bei Maximilian I. sind das Stürmische und das Besonnene, das Elementare und das Geklärte, das Rücksichtslose und das Diplomatische miteinander verbunden.

Abbildungen 83 und 84 Karl V.: Auf dem Jugendbildnis von Dürer ist der Kopf vorsichtig-zögernd geneigt, der Blick brütend und kraftlos-schmachtend zur Seite gedreht. Die Augen wirken gleichsam »blind«, weil Seele und Geist nicht richtig erwacht sind oder weil ihr Streben noch verheimlicht wird. Dem jungen Karl, der den Spottnamen »noch nicht« hatte und als phlegmatisch und träge galt, fehlte es weniger an Kraft, sie war vielmehr noch gebunden – »noch nicht« frei. So robust wie Maximilian I. wurde er allerdings auch nach dem Erwachen nicht. Das Gesicht des reifen Mannes hat etwas Dürftig-Schmächtiges: Es zeigt mehr Beweglichkeit als niederzwingende Kraft. Das Kinn ist nun noch stärker vorgeschoben und wirkt unnatürlich. Zwischen diesem begierig vordrängenden (beinernen) Kinn und dem eingefallenen Oberkiefer (zwischen Greifgier und natürlicher Kraft der Verarbeitung) klafft ein Widerspruch. Diese Disharmonie verstärkt sich noch dadurch, daß das Mittelhaupt (vom vorsichtig-schwächlichen Seitwärtsneigen) breit gewölbt ist. Karl V. blieb immer zwiespältig: In ihm kämpften die Neigung zum zurückgezogenen, tatlosen, nachdenklichen Leben und der macht-, besitz- und tatgierige Habsburgerwille. Er zitterte, wenn er den Panzer anlegte, aber gepanzert war er von eiserner Ruhe. Er rächte sich, aber er mußte, wie Papst Julius III. von ihm sagte, erst einige Stöße erhalten haben. Er liebte die Jagd, aber gelegentlich sonderte er sich von der Gesellschaft ab und verlor sich in die Einsamkeit. Er liebte die Macht, und doch verzichtete er als 56jähriger, erschöpft, freiwillig auf den Thron und zog sich in die Stille eines Klosters zurück. Er bedachte sich lange und unschlüssig, aber wenn er einen Plan gefaßt hatte, führte er ihn durch, mit dem jähen Vorschießen und dem versteiften Eigensinn seines Unterkiefers. Dieses Zögern und dann plötzliche Losschlagen wirkte oft als Hinterlist, ist aber vor allem daraus zu verstehen, daß Karl V. sich zur Tat überwinden mußte. Er war weniger listig als Maximilian I., aber kälter und konsequenter planend: Sein Gesicht ist kellerkühl, seine Nase klarer, rechnerischer als die Maximilians I., und der Biegung des Nasenbeins fehlt das Jähe und Knotige, die Neigung zu rücksichtslosem Ungestüm. Sein Blick ist nicht so listig verdeckt und hinterhältig ausweichend, vielmehr mit überlegender Ruhe beobachtend, klar und klug durchschauend, mehr das Ferne und Allgemeine, als das Nahe und Einzelne mit schachspielerischer Geduld und Scharfsinn verantwortungsbewußt bedenkend und seine eigentlichen Absichten im Geheimschrank verborgen haltend.

Abbildung 85 Philipp II. von Spanien: Karls V. Gesicht ist zwar schmächtig, aber kalt und hart, bei Philipp II. deutet das nur lange, gierig und brutal vordringende Kinn auf Tatkraft. Das übrige Gesicht ist feminin weich: der Mund hektisch wollüstig, der schmale Oberkiefer überdeckt von glatten Wangen, das Bein der Nase zielbewußt, aber frauenhaft fein und geschmeidig, ihr Ende klug und sensibel und von Lusterlebnissen schwellend, anmutig. Der Blick ist monoman eigenwillig, schmiegsam ausweichend, dabei an verborgenen Absichten festhaltend und insgeheim mißtrauisch lauernd. Die Stirn ist klar und in der oberen Hälfte etwas vorgewölbt vom nachdenklich lauernden, listig den Blick verbergenden Kopfsenken. Im Verhältnis zum schmalen Gesicht wirkt das Mittelhaupt breit.

Philipp war dem Hofleben, der Jagd, dem Krieg und überhaupt dem Verkehr mit Menschen abgeneigt. Im Gegensatz zu Karl V. konnte er diese Neigung zum zurückgezogenen Leben nicht überwinden – weil sein Wille nicht nur schwächlich, sondern auch von weichlicher Wollust behindert war. Wie kann ein König, der es liebt, frauenhaft im stillen Gemach zu sitzen, ein großes und vielartiges Reich regieren?

Der Löwe fängt mit der Pranke, die Spinne mit dem Netz. Der Löwe kämpft Auge in Auge, Muskel gegen Muskel: in persona. Die Spinne bleibt im Versteck, sie erobert unpersönlich: durch ihre »weitverzweigte Organisation«. Durch eine spinnennetzhaft exakte und unpersönliche Organisation, die im Grunde nichts anders war als ein raffiniertes Spionagesystem, herrschte Philipp, da er für die Tat von Mann zu Mann zu weichlich war. Den Sitzungen des Staatsrats blieb er zum

Beispiel fern, damit seine Räte sich rücksichtslos auszusprechen wagten, hatte aber geheime Referenten dort sitzen. Ihm persönlich war wenig bekannt, da er meist zu Hause saß, indirekt aber war er über alle, auch die verborgensten politischen Dinge unterrichtet.

Abbildung 86 Philipp III. von Spanien: Der elementar drängende Habsburgerwille ist – wie der vorgeschobene Unterkiefer zeigt – noch lebendig; aber er ist auf das Nahe, Handgreifliche gerichtet: Den warmen, von natürlichen Empfindungen und Gefühlen erfüllten Augen fehlt die weithin planende und durchschauende Kraft der Vorfahren. Spießbürgerlich behäbige Pausbacken runden das Knochengerüst anpassungsbereit ab. Der Mund ist genußkräftig, das Nasenende ungeistig, unsensibel, aber empfänglich für sinnliche Reize. Die Zurückneigung des Kopfs markiert Selbst- und Kraftbewußtsein, und der Blick tut so, als prüfe er den Partner aus überlegener Höhe, verrät aber, daß dieser unselbständige, zu großen Taten unfähige Mensch im Grunde nicht wußte, warum und wozu gerade er König wurde – doch nicht etwa, um ins Theater zu gehen, das er sehr liebte...

Abbildung 87 Philipp IV. von Spanien: Zeitgenossen warfen dem Günstling Philipps IV., dem Diktator Olivarez, vor, er habe des Königs Neigung zu Ausschweifungen von Jugend an gefördert, um ihn und sein Reich völlig beherrschen zu können. Andere behaupten, Philipp sei von Natur aus willensschwach gewesen, ja, er habe so etwas wie einen Willen gar nicht gehabt. Auf dem Bildnis von Velasquez ist der Unterkiefer umfangreich und habsburgisch vorgeschoben, aber dem Zug vom Ohr zum Kinn fehlt die Spannkraft. Das Kinn selbst ist klobig schwer wie bei manchen Knechten und verrät einen schwer beweglichen Willen, der, wenn er zugreift, es ohne Elastizität und Zielsicherheit tut. Der ganze Unterkiefer hat etwas Lastendes, Träges. Die Lippen sind faunisch verdickt und doch gefühlskalt – wie man das oft bei Menschen findet, die ihre sexuelle Kraft und überhaupt ihre Genußfähigkeit willentlich überanstrengen. Die Nase hat etwas Geistloses. Die Stirn ist zwar umfangreich, aber (wie ein anderes Bild noch deutlicher zeigt) zu bogig. Sie wirkt leer und war vermutlich eine (mehr oder weniger) »taube Nuß«. Auch die Augen sind leer: arm an seelischer und geistiger Potenz. Ihr Blick ist müde und verrät Mangel an Selbstbewußtsein. Er fragt etwas ängstlich, ob der Partner die Hohlheit durchschaue und merke, daß Philipps Königtum nur eine Attrappe ist – wie sein Gesicht.

Dieses Gesicht ist auch einem Transparent vergleichbar, das für eine größere Lichtquelle berechnet war und nun von einem Kerzenstümpfchen nicht richtig durchleuchtet werden kann.

Um einem Mißverständnis vorzubeugen: Philipp IV. war kein Schwächling. Dieser König mit dem bauernknechthaften Unterkiefer und Mund war in mancher Hinsicht sogar kräftiger als sein Vorfahr Karl V. mit dem schmächtigen Gesicht. Aber des Urenkels Stärke war ganz äußerlicher Art: Es war die Kraft des Repräsentanten, der (mit vornehmer Ruhe) etwas »vorstellt«, und des Mannes, der nur mit den »Händen«, nur werkzeughaft zugreifen kann – nach den Frauen, die er nur mit den Sinnen, nicht mit der Seele zu lieben vermag, und nach einem Werk, das andere erdacht haben und an dem er vielleicht mit Fleiß, aber ohne eigene Produktivität arbeitet. Allgemein menschlich gesprochen: Er hatte die Kraft des Portiers, der repräsentativ vor dem Tor eines Unternehmens steht, des Hilfsarbeiters, der Befehle ausführt, nicht des Chefs, der ein Unternehmen zielbewußt und plänereich lenkt. Ihn trieben weder die Sorge um die Größe seines Staats noch die persönliche Sucht nach Ehre und Ruhm, weder neue oder alte Ideen noch allgemeiner Tätigkeitsdrang an. Darum ist sein Gesicht so leer. Das wird besonders deutlich, vergleicht man es mit Dürers Maximilian oder Ambergers Porträt Karls V. Deren Gesicht war von den Spannungen gewältiger Pläne erfüllt.

V

FORMUNG DES GESICHTS

Die Bildung des Gesichts – ob es lang oder kurz, breit oder schmal, klobig oder zart, weich oder hart wird – hängt, wie die des ganzen Körpers, zunächst von der Erbmasse ab. In der Erbmasse ist festgelegt, wie die einzelnen Drüsen arbeiten und welche Säfte sie absondern, welcher individuellen Art das Blut ist, das den Körper durchströmt, ob die zarten, genießerischen oder die harten, kämpferischen oder die kalten, erkennenden Neigungen vorherrschen, ob der Mensch schwerfällig oder rasch beweglich, nachgiebig ausweichend oder trotzig widerstrebend wird. All dies, in der Erbmasse enthalten, wirkt auf die besondere Bildung der Fleisch- und Knochenteile.

Die ererbten körperlichen und seelischen Anlagen werden in ihrer Entwicklung durch das Schicksal (Umwelt, Klima, Ernährung, Erziehung, körperlich-seelische Erlebnisse) fortwährend beeinflußt: gefördert und gehemmt. Ein schwacher Verstand z. B. kann durch eine gewaltsame Erziehung oder durch eine andere Kraft (den Ehrgeiz etwa) überzüchtet, eine von Natur aus übermächtige Neigung, die sinnliche Begierde etwa, durch seelisch-geistige Einflüsse und auch durch rein äußerliche Eingriffe unterbunden oder (durch Kastration) ausgemerzt werden.

Dieser Kampf zwischen Anlage und Schicksal, das Ringen zwischen den einzelnen Neigungen der Anlage und die besondere Äußerung der mannigfachen physisch-psychischen Kräfte gibt dem Gesicht seine teils dauernde, teils veränderliche Form.

Formung der Fleischteile des Gesichts

Bei der Formung der Fleischteile des Gesichts wirken die Spannungen mit, die beim Kauen, Arbeiten, Sprechen und bei allen seelisch-körperlichen Erregungen die Gesichtsmuskulatur bewegen.

Wild schlingendes Kauen formt den Mund anders als sensibel genießerisches Essen. (Insofern läßt sich sagen: »Man ist und sieht aus – wie man ißt.«) Der Präzisionsarbeiter, der in schweigsamer Verbissenheit aufmerkt, spannt seine Lippen anders als der Manager, der einen Kunden zu etwas überreden will. Das breite Platt ist behäbiger und formt die Gesichtsmuskulatur behäbiger als der wuchtig-spannungsvolle bayerische Dialekt. Der fanatisch kreischende Schreier bekommt einen anderen (unmenschlicheren) Mund als der Gütige, der wohlbedachte, liebevolle Worte spricht. Zornige Erregungen spannen die Lippen heftiger als die langsamen und geringen Gemütsbewegungen des Phlegmatikers.

Außerdem hängt die Form der Fleischteile von der Durchblutung ab.

Durchblutung

Zum »Einfluß psychischer Vorgänge auf den Körper und insbesondere auf die Blutverteilung« führte Dr. med. Ernst Weber eingehende Versuche durch. Deren Ergebnisse entnehme ich G. R. Heyers Schrift »Das körperlich-seelische Zusammenwirken in den Lebensvorgängen«. Bei Lusterlebnissen werden Gesicht, Glieder und die Außenseite des Rumpfs gut durchblutet. Die Durchblutung der Außenseite des Körpers hängt mit gesteigerter Tätigkeit der Sinnesorgane zusammen, mit vermehrter Bereitschaft, die (angenehmen) Eindrücke aufzunehmen, und die Durchblutung der Glieder mit dem gesteigerten Bewegungstrieb, der sich z. B. bei fröhlichen Kindern im Umherhüpfen und Händeklatschen äußert. Der Lustige fühlt sich, wie C. Lange in seinen Untersuchungen über »Die Gemütsbewegungen« sagt, leicht, »wie es mit jedem der Fall ist, dessen Muskeln kräftig und nicht ermüdet sind«. Das Gesicht wird rund, voll gespannt, es »schwillt vor Freude«, die Augen strahlen.

Bei Unlusterlebnissen dagegen (bei Enttäuschung, Neid, Angst, Ärger, Unzufriedenheit, Sorge) wird das Blut von den äußeren Kopfteilen abgezogen. Die Sorge hat einen »hohlen Blick«, Enttäuschung und Neid machen ein »langes Gesicht« (weil die Muskeln erschlaffen), man wird »blaß vor Neid« und »kalkweiß« vor Ärger. Außerdem schlottert und stottert man vor Angst, ist »wie gelähmt« vor Enttäuschung, Sorge oder Furcht, weil das Gehirn und die Glieder schlecht durchblutet sind. (Ein schlecht durchblutetes Gehirn arbeitet schlecht, mancher fällt daher im Examen nur durch, weil er Angst hat.) E. Weber meint, bei Unlusterlebnissen werde die Gehirntätigkeit herabgesetzt und die

Hautgefäße zögen sich zusammen, um die Empfindungsfähigkeit gegen weitere schmerzhafte oder unlusterregende Reize zu verringern. Wenn das stimmt, ist die Lähmung, die das Opfer beim Anblick seines furchterregenden Mörders befällt, gewissermaßen eine natürliche Gesamt-Anästhesie.

Bei geistiger Arbeit und angestrengter Aufmerksamkeit auf eine körperliche Tätigkeit dagegen soll die Zusammenziehung der Gefäße an der Außenseite des Körpers »einen gewissen Schutz gegen Ablenkung der Aufmerksamkeit von der auszuführenden Arbeit gewähren«, da sie die Reizbarkeit der sensiblen Aufnahmeorgane in der Haut herabsetzt. Dieses Abschließen gegen äußere Reize ist insofern besonders notwendig, als »die Hirngefäße sich während der Ausführung der geistigen Arbeit erweitert haben und in diesem Zustand die Hirnrinde, ähnlich wie bei Lustgefühlen, besonders empfindlich für alle Reize ist«.

Bei geistiger Arbeit und überhaupt bei angestrengter Aufmerksamkeit wird das Blut jedenfalls vom Gesicht und von der ganzen Außenseite des Körpers abgezogen. Starke Vertiefung in eine geistige Arbeit, z. B. eine Rechenaufgabe oder angestrengte Konzentration auf eine Handarbeit, etwa das Zusammensetzen einer Uhr, macht daher »blind und taub« für alle Vorgänge ringsum, so daß Geräusche nicht so leicht stören wie bei weniger scharfer Konzentration. Auch die Beobachtung, die jeder bei sich nachprüfen kann, daß Essen und Trinken »matt« schmecken, wenn man seine Gedankenarbeit bei Tisch fortsetzt oder nebenbei Zeitung liest, hängt damit zusammen, daß das Blut bei geistiger Anstrengung von den Aufnahmeorganen abgelenkt ist.

Im Zorn ist der Bewegungsdrang nicht nur – wie bei freudig Erregten – gesteigert, sondern übersteigert: Der Zornige »fährt auf«, rast umher, stampft mit dem Fuß, schlägt mit der Faust auf den Tisch und rennt zuletzt mit dem Kopf gegen die Wand. Die Blutzufuhr zur Haut ist nicht nur vermehrt wie bei Lusterlebnissen, sondern überstark: Die Stirnadern schwellen an, die Augen quellen vom Blutandrang vor, das ganze Gesicht läuft wie ein roter Ballon an. Gehört der Zorn nun zu den Lust- oder Unlustgefühlen? Meist geht dem Zornausbruch ein mehr oder weniger deutliches Erblassen voraus – das Bleichwerden vor Ärger, die Verkrampfung vor Unlust, die Bedrückung vor Angst. Dieses Erblassen schlägt im Augenblick des Zornausbruchs in Erröten um: Aus Unlust wird (teilweise) Lust. Wäre es für den Zornigen im Augenblick des Ausbruchs nicht eine gewisse Lust, seinen Ärger heftig abzureagieren, würde er eher an all die Unlust denken, die ihn nach dem Stillen seiner Zorn-Lust erwartet.

Steigert sich der Zorn zu hemmungsloser Wut, verursacht er Herzbeschwerden und Schwindelgefühle (bei hektisch gerötetem oder bleichem Gesicht): Er wird zu starker Unlust, die heftig begehrt, Unlust zu bereiten; oder er läßt den Menschen so sehr »außer sich geraten«, daß dieser nichts mehr fühlt, weder Lust noch Unlust, also auch nicht die Verletzungen, die ihm sein Gegner beibringt. Während der mäßig Zornige meist rascher und konzentrierter denkt und handelt, verwirren sich bei dem im höchsten Grad Wütenden die Gedanken. Er redet ohne Zusammenhang, stößt nur noch unartikulierte, tierische Laute aus, wankt, greift ziellos um sich, zittert. Die Tätigkeit seines blutleer gewordenen Gehirns versagt mehr oder weniger. Dadurch wird der »vor Wut Blinde« kampfuntüchtig.

Ernst Webers Experimente bestätigten alte Beobachtungen. Die Physiognomen wissen seit langem: Menschen mit starker Fähigkeit zu Lusterlebnissen (bei Heiteren, Genießern) haben, besonders wenn sie sich geistig wenig anstrengen, ein gut durchblutetes Gesicht. Nasenende, Lippen, Wangen und Lider sind daher warm und geschwellt, die Augen liegen eher flach als tief, das ganze Gesicht ist voll, abgerundet und schwellend gespannt.

Bei Menschen, die durch ihre geistige und körperliche Arbeit ständig zu angestrengter Aufmerksamkeit gezwungen sind (Präzisionsarbeiter, Redner, Buchhalter, Philosophen, Mathematiker, Pläneschmiede) werden, falls die Durchblutung durch Lusterlebnisse keinen Ausgleich schafft, die Lippen und Wangen schlecht durchblutet, also schlecht ernährt: blaß und trocken, kalt und schmal oder schwammig oder verfettet. Auch das Nasenende wirkt kalt und blaß, trocken und spitz, die Umgebung der Augen mehr oder weniger hohl. Der hohle Blick des Cassius beunruhigt Shakespeares Caesar, weil er darin ein Zeichen nächtelanger intriganter Anstrengungen sieht.

Auch bei melancholischen, unzufriedenen, neidischen, ängstlichen Charakteren, d. h. bei Menschen, die ihrer Anlage nach ständig Unlust erleben müssen, ist das Gesicht schlecht durchblutet, kalt und schmal, trocken und dürftig, spitz und lang, hohlwangig und hohläugig, dünn- und blaßlippig.

Schlecht durchblutet, aber nicht hohl und spitz, sondern eher schwammig, teigig oder käsig ist es oft bei Menschen mit trägen, kalten, dürftigen (phlegmatischen) Gefühlen.

Schlecht durchblutet: Abbildungen 10, Lola Montez; 11, Greta Garbo; 12, Alternde Frau; 22, Fourier; 24, Judas; 25, Fouché; 35, Dostojewski; 41, Knigge; 65, Richelieu; 66, Rockefeller; 67, Robespierre; 69, Stein; 74, Brüning.

Gut durchblutet: Abbildungen 2, Donna Isabel; 7, Königin Luise; 8, Königin Charlotte; 9, Liselotte Pulver; 14, Kiesinger; 17, d'Annunzio; 33, Tolstoi; 37, Goya; 48, Badenser; 51, Bauer aus der Lüneburger Heide; 55, Ebert; 57, Mussolini; 60, Bismarck; 64, MacArthur; 68, Danton; 70, Johannes XXIII.; 71, Heuss; 73, Briand; 99, Goethe.

Lust und Unlust kommen, leicht erkennbar, auch in der Mimik zum Ausdruck.

Der bittere Zug

Soll jemand eine bittere Arznei einnehmen, dann hebt er die Oberlippe von der Unterlippe und die Zunge vom Gaumen, damit die Geschmacksnerven möglichst wenig mit der bitteren Arznei in Berührung kommen. Ähnlich ist die Mimik bei bitteren, abwehrenden, angeekelten, überdrüssigen Empfindungen und Gefühlen (siehe a der Grafik auf der nächsten Seite). Beim »bitteren Zug« haben die Lippen die Tendenz, sich wurmartig verkrümmt teilweise oder völlig voneinander zu entfernen. Dabei werden sie, wie Piderit in seiner »Mimik und Physiognomik« sagt, mehr oder weniger umgestülpt, die seitlichen Hälften der Oberlippe aufwärts und auch die Nasenflügel in die Höhe gezogen. Dadurch erscheinen die beiden Mundfalten tief markiert und eigentümlich geradlinig. Daß sich bei dieser Mundbewegung auch die Haut des Nasenrückens in Falten legt, ist eine Folge der aufwärtsgezogenen Nasenflügel.

Menschenfeinde, blasierte Genießer und viele Kränkliche haben ständig den Ausdruck der Abwehr. Bittere Abwehr liegt auch in den Lippen des Enttäuschten. Durch die Verbindung der Tendenz, die Lippen bitter voneinander zu entfernen, mit der Verschmälerung, die aus dem Unlustgefühl entsteht, dem schlaffen Hängenlassen der Kraftminderung, und durch die langen, beinahe senkrechten scharfen Falten, die beim »bitteren Zug« meist von der Nase abwärts ziehen, erscheint die Mundpartie länger. Daher heißt es im Volksmund von dem Enttäuschten: Er macht ein langes Gesicht.

Bitter gerümpfte Lippen sind auch für die Neidischen (z. B. Abbil-

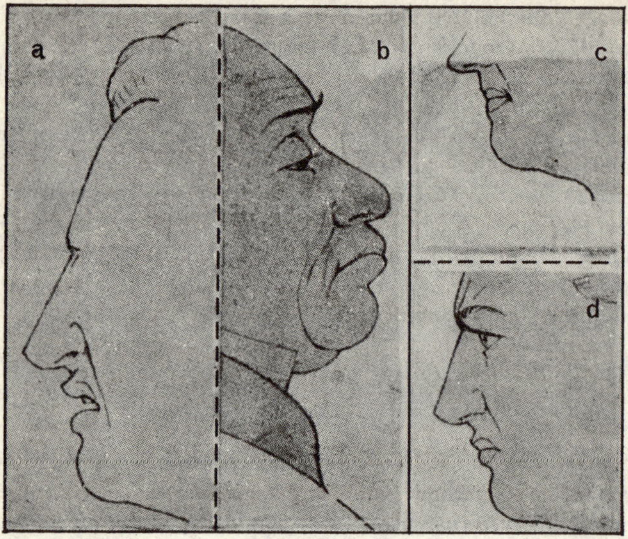

Darstellung 1:
a: der bittere Zug, b: angenehm prüfend, c: der süße Zug,
d: der bittere Zug und kritisch konzentrierter Blick: Verstimmung, Enttäuschung, Bitterkeit, Mißtrauen
(Aus Theodor Piderit, »Mimik und Physiognomik«)

dung 24, Judas, nach Holbein), Mißgünstigen und Hämischen charakteristisch. Dazu kommen bei den Neidischen das Zusammenziehen durch Unlust und die scharfen, beinahe senkrechten Falten der Bitterkeit.

Der angenehm prüfende Zug

Während sich die Lippen beim bitteren Zug voneinander entfernen, werden sie beim angenehm prüfenden Zug (siehe b der obigen Darstellung) etwas vorgeschoben, um ihre Berührungsfläche zu vergrößern. Sie liegen aufeinander, sanft drückend und reibend, wie Finger, die ein Gewebe prüfen.

Diese angenehm prüfende Lippenhaltung findet man bei den kultivierten Genießern, zum Beispiel bei Weinkennern, oft auch bei Menschen, die viel Verständnis für die sinnlichen Feinheiten der Worte haben; sie durchkosten die Worte wie Speisen. Und bei manchen Gütigen, die sich alles Geschaffenen freuen – begierdelos, wie eine Mutter, die über Kinderscheitel streicht.

Der süße Zug

Will man eine Speise, entzückt von ihrem Geschmack, möglichst intensiv genießen, dann hält man sie so zwischen Zunge und Gaumen, daß sie mit möglichst vielen Geschmacksnerven in Berührung kommt, und umtastet sie, an ihr saugend, damit die Berührung recht innig werde. Dabei werden die Wangen gegen die Kiefer gezogen und die Lippen gegen die Zähne gepreßt und etwas flachgedrückt. Die Lippenwinkel bekommen einen Anflug des Lächelns, die Mundlinie wird gerade, aber nicht wie beim Lachen in die Breite gezogen (vgl. c der nebenstehenden Zeichnung). Der seelische Unterschied zwischen dem prüfenden Durchkosten und dem hingebungsvollen Durchkosten (Piderit nennt diesen den »süßen Zug«) ist ähnlich wie zwischen der Handbewegung des Gewebeprüfers (der sachlich prüft) und der Handbewegung der liebenden Mutter, die ihre Hände innig um das Gesicht ihres Kindes schließt.

Eine ständige innig-durchkostende Lippenhaltung haben viele Heitere, Sanguiniker und Leichtsinnige.

Da die Lust an der Erde im Lauf der Jahre meist stark enttäuscht wird, begegnet man diesen Lippen bei älteren Menschen noch seltener als bei jungen. Öfter findet man den Ausdruck der Anstrengung, alles »entzückend« und »süß« zu nennen: den süßlichen Zug, bei dem die Lippenhaltung des innigen Durchkostens verkrampft oder von der Zusammenziehungs- und der Abwärtsbewegungstendenz der Bitterkeit gestört ist.

Der süßliche Zug kann auch Zeichen der Heuchelei sein.

Ein kleiner, süßlich zusammengezogener Mund gilt als Zeichen weibischen Wesens.

Bei manchen Boshaften, die von ihrer bösen Lust entzückt sind und jeden Nadelstich, den sie versetzen, innig durchkosten, mischt sich die innige Berührung des Durchkostens mit dem harten Pressen gedrosselten Mitempfindens (Abbildung 92, Voltaire).

Den innig-durchkostenden Zug findet man oft bei Preziösen, Affektierten, die ihre eigene Vortrefflichkeit immer, sich an ihr delektierend, zwischen den Lippen führen. Der innig-durchkostende Zug ist hier oft mit einem selbstgefälligen Lächeln verbunden.

Siehe auch die Abbildung 72 (Heuss) und den dazu gehörenden Text.

Freiheit und Knebelung der Empfindungen und Gefühle

Beim »bitteren Zug« möchte man von der Arznei oder den unangenehmen Erlebnissen möglichst wenig spüren, aber man nimmt sie doch in sich auf oder beschäftigt sich mit ihnen. Wo dagegen Empfindung und Gefühl mehr oder weniger ausgeschaltet, geknebelt, unterdrückt, beherrscht werden, da sind die Lippen mehr oder weniger hart aufeinandergepreßt, wie man Brennesseln fest anfassen muß, wenn man sie nicht spüren will; außerdem werden die Lippen oft etwas nach innen gezogen.

Gepreßte und vielleicht sogar eingeklemmte Lippen findet man bei Geizigen, die aus Sparsamkeit ihre Wünsche knebeln, bei Denkern, die um des klaren Denkens willen ihre Gefühle tyrannisieren, bei Hochmütigen, Herrschsüchtigen, Leistungsgierigen, Sarkastischen, Rachsüchtigen, Mißtrauischen, die ihre verbindenden Empfindungen unterdrükken, bei leicht Reizbaren, die sich um Selbstbeherrschung bemühen, bei Verbitterten, Trotzigen und bei Asketen, die ihre Seele von sinnlichen Begierden freihalten wollen. Siehe dazu die Abbildungen 22, Fourier; 23, Schopenhauer; 39, Björnson; 40, Julius II.; 49, Bauer von der Rauhen Alb; 69, Stein; 92, Voltaire; 103, Hitler.

Viele Menschen, die ihre Gefühle und Empfindungen nicht zu unterdrücken brauchen, weil sie von Natur aus mehr oder weniger gefühllos sind, haben einen kleinen Mund, der zudem blaß und kalt ist (28 und 29, Heinrich VIII.; 25, Fouché). Sehr oft findet man bei Mördern einen auffallend kleinen, blassen, kalten Mund.

Wo den Empfindungen und Gefühlen Freiheit gelassen wird, sind die Lippen locker gefügt. Locker gefügte (volle, warme oder hitzige) Lippen findet man bei lebensfrohen, genußfreudigen, graziösen, freigebigen, offenherzigen Menschen, aber auch bei leichtfertigen, untreuen, genußsüchtigen, pflichtvergessenen und faulen. Siehe Donna Isabel (2), Königin Luise (7), Königin Charlotte (8), Wieland (15), d'Annunzio (17), Tolstoi (33), Heuss (71), Philipp II. (85), Goethe (98) und die dazu gehörenden Texte.

Bei Menschen, die zwar die Wirklichkeit und ihre handgreiflichen Genüsse scheuen, aber den Duft und die Melodie der Welt lieben und hingegeben von ihren romantischen oder ästhetischen Freuden sprechen, sind die Lippen vielleicht (wie bei Eichendorff, 20) locker gefügt, aber zarter und feiner als bei den derben Genießern.

Einen locker gefügten Mund, dessen Oberlippe sehr beweglich und fischmaulhaft ungeformt ist, haben manche hemmungslosen Redner und Schwätzer.

Der nicht nur locker gefügte, sondern klaffende Mund mit schwellenden, hitzigen Lippen (Abbildungen 88 und 89, Australier, junger Neger) verrät kaum beherrschbare sinnliche Begierden.

Nicht locker gefügt, nicht klaffend, sondern offenstehend ist der Mund oft beim Staunenden und spontan Aufmerkenden (besonders bei auf Gehöreindrücke achtenden Menschen, da das Atmen durch die Nase geräuschvoller ist als durch den Mund). Offen steht der Mund auch oft bei dem Angstvollen, Hilflosen und Erschreckenden, bei Entsetzen und Grauen, der Bewunderung, dem Mißtrauen, soweit es spontane (lauernde) Aufmerksamkeit ist, und der Hoffnungslosigkeit (Mischung aus Hilflosigkeit und Verzweiflung).

Bei der widerstandslosen sexuellen Hingabe mischt sich das schlaffe Offenstehen der Hilflosigkeit mit dem spannungsvollen der Begierde.

Einen ständig offenstehenden Mund haben manche Dummköpfe.

Viele Schwerhörige sperren den Mund auf, teils, weil sie angestrengt aufmerken, teils, weil sie möglichst viel Schall in sich aufnehmen wollen.

Der offenstehende Mund kann auch anzeigen, daß die Nasengänge durch Polypen oder Stockschnupfen verstopft sind.

Offen steht der Mund oft bei Wehleidigen. Fest geschlossen ist er beim Duldenden.

Auf der Umschlagzeichnung zeigt der Mann mit dem offenstehenden Mund und den entzückt schauenden Augen hemmungslos, daß er die Frau nicht nur mit den Augen »verschlingen« möchte. Die damenhafte Frau ist über diese tölpelhafte Werbung erstaunt und indigniert, aber immerhin prüft sie den Werber herablassend und nicht völlig abweisend. Ihre Lippen sind verächtlich etwas herabgezogen. Wie sie sich berühren, das verrät, daß sie innig durchkostendem (kultiviertem) Genuß nicht abgeneigt ist.

Verzerrte Lippen

Solange man sich beherrschen kann, wird der Mund in Wut, Zorn und Haß fest zusammengepreßt. Werden sie allzu heftig, dann öffnen sich die gespannten Lippen, die Zähne sind zu sehen. Die Zähne sind vielleicht fest zusammengebissen oder knirschen, als halte man einen Gegenstand krampfhaft fest, um ihn zu zerreißen. Oft sind die unteren Zähne vorgeschoben: Die primitiven Triebe sind geweckt. Manchmal werden Unter- oder Oberlippe eingeklemmt: Man möchte sich selbst auffressen, da man dem Feind nicht an die Kehle kann.

Bei Erlebnissen der Bitterkeit, des Ekels und des Abscheus zeigt sich manchmal nur eine Seite der Zähne (ein Eckzahn). Man ist zu mißmutig, die Lippen ganz voneinander zu entfernen, deutet es aber an, indem man den einen Mundwinkel nach unten biegt, den anderen nach oben zerrt und etwas öffnet.

Im Hohn mischen sich Ekel, Verachtung und offen gezeigter Haß: Die Lippen sind bitter gerümpft, auf der einen Seite verachtungsvoll nach unten gebogen, auf der anderen öffnen sie sich, haßvoll den Eckzahn fletschend. Dem Höhnenden ist es eine befreiende Wohltat, seinen Ekel, seine Verachtung und seinen Haß ostentativ zu zeigen.

Auch Geringschätzung und Bosheit lassen manchmal den Eckzahn zwischen verzerrten Lippen fletschen.

Oft wird das Entblößen des Eckzahns nur angedeutet, indem man einen Mundwinkel (angeekelt, geringschätzig, trotzig, höhnisch, boshaft) emporzieht oder mit ihm zuckt.

Die immer wieder geübte Eckzahnentblößung kann zu einer Schiefzerrung des Mundes führen: Wo der eine Mundwinkel immer etwas zu hoch steht, während der andere nach unten gebogen ist, da muß man auf ein bitteres, geringschätziges, höhnisches, spöttisches, boshaftes Wesen schließen, zumal wenn der Mundwinkel manchmal zuckt, und in der Berührung der Lippen etwas Rümpfendes liegt.

Wangen

Wo die Wangen sich beim Lachen widerstrebend wulsten, ist das Empfinden und Fühlen eher derb als fein.

Wenn die Wangen dagegen beim Lachen nachgeben wie geschmeidiges Wachs und die Nasenmundlinie sich klar und weich einzeichnet, ist das Empfinden und Fühlen zärtlich hingebend.

Von harten und scharfen Falten durchrissen und schlecht durchblutet sind die Wangen, wo Empfindung und Gefühl vom Leistungswillen oder Fanatismus, von Herrschsucht, Geiz und anderen kalten Leidenschaften brutalisiert werden.

Kindlich glatte, kühle Wangen findet man bei Menschen mit geringer Erlebnisfähigkeit.

Wangen, die an Rosenblätter erinnern, verraten blühende Empfindung, zärtliche Gefühle, Sex-Appeal.

Kindlich feines, mildes Wangenfleisch findet man oft bei Künstlern, auch bei Bettlern: Sie sind einerseits zu weich für den Lebenskampf, deshalb blieben sie arm, andererseits wirkte das bittende Anrufen der Mildtätigkeit verweichlichend auf ihren Charakter und – ihre Wangen.

Molluskenhaft weiches Wangenfleisch haben manche, die sich nicht nur anpassen, sondern jedem Druck nachgeben.

Tierfühlerhaft zartes Fleisch ist manchmal mit feinem Witterungsvermögen verbunden.

Das Wichtigste über die Wangen wurde im Kapitel »Temperamente« gesagt.

Formung der Knochenteile des Gesichts

Während sich in den Fleischteilen und den Augen auch die augenblicklichen Erregungen zeigen, sind die Knochenteile nur die (mehr oder minder ausdrucksfähige) Erscheinung von Anlagen und Spuren vergangener seelisch-körperlicher (lang andauernder) Spannungen. Die zunächst durch die Erbmasse bedingte Artung der Knochenteile des Gesichts wird vor allem durch den Aufbiß der Zähne beeinflußt (dessen Besonderheit auch wieder von der Erbmasse und dann von den Erlebnissen abhängt).

Die physisch-psychischen Erregungen wirken über den Aufbiß der Zähne auf die Formung des Ober- und Unterkiefers, der Jochbeine, der Nase, des Kinns und (bei besonders energischem, durchdringendem und ausdauerndem Aufbiß) auf das Schläfenbein.

Alles, was die Zähne – und sei es nur zu vorsichtig-zurückhaltendem Aufbiß – in Bewegung setzt, wirkt, wenn es während langer Zeit geschieht, auf die Bildung der Knochenteile des Gesichts. Beim hemmungslos-fressenden »Wilden« ist der Aufbiß anders als beim beherrscht kauenden »Zivilisierten«; im offen angreifenden Zorn, der den Gegner mit den Schneidezähnen packen und zerreißen möchte, ist er anders als im ohnmächtigen Trotz, der heimlich mit den Zähnen knirscht, weil er den Gegner nicht zermalmen kann; wieder anders ist er in der listigen, anschleichenden Willensspannung oder der brutal niederstampfenden Herrschsucht, der elastischen Spannung heiteren Spielens oder der titanischen Lust des wilden Draufgängers.

Auch die Sprache wirkt auf die Formung des Gesichts, und zwar nicht nur auf die Fleisch-, sondern auch auf seine Knochenteile. Die richtige amerikanische Aussprache erfordert zum Beispiel ein Vorschieben des (schweren) Unterkiefers. Außerdem wirken dabei andere (härtere) Spannungen auf die Muskulatur und die Gesichtsknochen, als etwa beim elegant-geschmeidigen Französischen. Die Eigenart einer Sprache hängt (wie die Körperform) von der seelischen Besonderheit eines Volks ab. Und beide, das Sprechen und die Gesichtsform, wirken gegenseitig aufeinander ein.

Auf die Bildung der Knochenteile wirken (über den Aufbiß der Zähne) auch lang anhaltende Anstrengungen schwerer körperlicher Arbeit (des Schmiedens, Pflügens, Holzfällens, Lastentragens) und die anomal lange dauernden Spannungszustände von Geisteskranken. Sogar von außen kann die Form der Knochenteile geändert werden: Akrobaten, die bei der Ausübung ihres Berufs auf dem Kinn stehen, bekommen einen übergroßen Unterkiefer, der grob, plump, geistlos ist.

Bei der Beurteilung der Knochenteile des Gesichts kommt es vor allem auf ihre Artung und Formung an, in zweiter Linie auf die Quantität. Es gibt sehr umfangreiche Gesichter (deren Knochenteile aber locker wie Tuffstein wirken), die keinen starken Willen verraten, sondern nur die Kraft, den Andrang eines Publikums zu ertragen, portierhaft dazustehen und imposant auszusehen (Repräsentantengesicht). Viele Musiker haben eine übergroße, tuffsteinartig unfeste Nase und ein umfangreiches vorschießendes Kinn – und doch wenig »Tatkraft« im eigentlichen Sinn: Musizieren ist ja Dynamik in einem Raum ohne hemmende Materie, Vorwärtsstürmen im Luftreich der Phantasie, heroisches Kämpfen gegen Giganten, die nur Schatten der Einbildungskraft sind.

Andererseits gibt es Menschen mit verhältnismäßig kleinem (aber stahlhartem) Gesicht, die mit unbeugsamer Kraft nach Macht oder Besitz streben. Je kleiner das (harte) Gesicht, desto eher besteht dabei die Neigung, den unmittelbaren Kampf »von Mann zu Mann« zu meiden und lieber indirekt, auf »Spinnenweise« vorzugehen.

Die Artung des Knochengerüsts des Gesichts entsteht also durch die (ererbte) physisch-psychische Anlage und die sich hieraus und aus den Umwelteinwirkungen ergebenden Spannungen. Die so geformten Knochenteile bleiben beinahe unverändert, wenn die Kräfte, die sie prägen, für den Augenblick oder für immer, durch Überanstrengung, Krankheit oder Alter erlahmt sind. Stets muß man daher das übrige Gesicht, besonders die Mimik des Munds und den Ausdruck der Augen beachten. Wenn sich etwa der ehemals stürmische Tatendrang eines Haudegens zum Sturm im Wasserglas, zum zahnlosen Knurren oder gar zur friedlichen Altersbeschaulichkeit veränderte, behalten Nase und Kinn zwar ihre aggressive Form, aber die Kraftlosigkeit des Blicks und die Erschlaffung aller Muskeln verraten, daß die einst feste Burg zur Ruine und die kühne Nase zur Attrappe wurde. Ein anderes Beispiel: Ich kenne einen alternden Mann, dessen Nase jäh und brutal-knotig gehöckert ist und, wie bei einem Folterknecht, in einer scharfen Spitze endet, sein Benehmen aber erinnert in seiner vorsichtigen Betulichkeit an eine alte Tante: Die Folterknecht-Grausamkeit ist bei ihm gebrochen und durch die Schläge, die er im Lauf des Lebens für seine Aggressionen einstecken mußte, und durch das Bewußtsein der Schwäche abgewandelt. Er wurde (was am Blick unmittelbar zum Ausdruck kommt) ängstlich und lebt seine Grausamkeit nicht mehr – wie seine Nase erwarten läßt – offen aus, sondern nur noch in leisen Bemerkungen, deren Bosheit er unter betulichem Gehabe so geschickt verbirgt, daß manche seine Nadelstiche für ein Streicheln halten, das nur versehentlich kratzte.

Ist es möglich, daß eine »Adlernase« von jeher eine Attrappe war? Mit anderen Worten, daß sie ohne die typischerweise dazu gehörende Kühnheit vererbt wurde? Im allgemeinen, so lehrt die physiognomische Erfahrung, hängen die Vererbung der körperlichen Merkmale und der entsprechenden seelischen Eigenschaften zusammen. Dennoch kann es sein, daß ein Mensch als »altes Erbstück« eine große Nase erhielt, aber nicht die typischerweise dazu gehörende Willenskraft. Ein oberflächlicher Betrachter läßt sich durch die äußerliche Form vielleicht täuschen, der sensible Beobachter kann das Attrappenhafte jedoch fühlen und erkennen, daß der Pseudo-Adlernase die innere kühne Spannung fehlt, die der echten Adlernase ihre Prägung gibt. Die vielleicht noch vorhandene »Aktivität« äußert sich etwa nur in aufdringlich schreierischer

Geschwätzigkeit. Tatsächlich wurde also weder eine echte Adlernase vererbt noch die typischerweise dazu gehörende aggressive Tatkraft. Dies, den Mangel an echter Energie, verrät das übrige Gesicht, der Blick und die kraftlose Spannung der Muskeln. Die »Adlernase« bedeutet hier weniger als bei alten Leuten, die einst kühne Bergsteiger waren und sich jetzt vorsichtig in Filzpantoffeln durch die Stube bewegen: Hier ist die zur Attrappe gewordene echte Adlernase Zeichen vergangener Kühnheit des Individuums, dort verrät die Pseudo-Adlernase nur, daß die Vorfahren heftig zustoßende Tatkraft besaßen.

Diese Einschränkungen des Erkenntniswerts der festen Gesichtsteile legen die Frage nahe, ob es nicht besser wäre, nur die beweglichen Teile zu beurteilen? Dies wäre nicht richtig. Man betrachte zum Beispiel die Bildnisse Knigges oder Maximilians I. (Abbildungen 41, 82) und versuche, die Grundcharakterzüge nur aus den Augen, dem Mund und den Wangen, also den leicht änderbaren Teilen des Gesichts abzulesen. Es wird sich ergeben, daß sich das Charakterbild erst dann abrunden läßt, wenn man auch die Nasen- und Kinnform beachtet. Ein Mensch mit einem Knochengerüst, wie Knigge und Maximilian es hatten, ist auf alle Fälle anders veranlagt als jemand, dessen Knochengerüst dem von Novalis, Byron oder Dostojewski ähnelt.

Andererseits sei betont, daß die festen noch weniger als die veränderlichen Teile allein eine richtige Charakterdeutung ergeben: Napoleons Nase, Kinn und Jochbeine offenbaren Härte, Brutalität und Zielklarheit, kühne Stoßkraft und zähe Willensausdauer. Aber diese Eigenschaften kann man auch bei Menschen finden, die nichts weiter als einfach rücksichtslos sind. Das wesentlich Napoleonische, das ihn zum Kampf um die Weltherrschaft trieb, war dämonische Machtsucht. Sie kommt in seinen Augen zum Ausdruck.

Bei der Beurteilung einer Nase oder eines Kinns ist also stets das ganze Gesicht zu berücksichtigen: Wie die Form der Nase und aller anderen Gesichtsteile aus der Ganzheit der Erbmasse hervorgegangen ist, so werden sie auch nur im ganzen der entwickelten Erbmasse, im ganzen der Körperform und des Charakters verständlich. Sie sind die Buchstaben, die erst im Satz einen festen Sinn erhalten.

Mit den Backenzähnen, die vor allem auf den Ober- und Unterkiefer und damit auf die Breitenentwicklung des Gesichts einwirken, wird zerkaut und zermalmt (extensiver Aufbiß). Mit den Schneidezähnen dagegen, die vor allem auf die Nase und das Kinn einwirken, wird die Speise angerissen, abgerissen, zerrissen (intensiver Aufbiß).

Ist der Mensch von elementaren Trieben, von Wut oder Liebe besessen, schiebt sich sein Unterkiefer hemmungslos gierig vor. Zügelt der Mensch seine Triebe, sei es aus Vorsicht, Klugheit oder Rücksichtnahme, läßt er den Unterkiefer nicht vorschießen, sondern hält ihn zurück. Dadurch entstehen Spannungen zwischen den Zähnen. Diese wirken auf die Bildung von Nase, Kinn und Kiefer. Die Spannungen zwischen den hinteren Zähnen wirken besonders auf die Bildung der Kiefer und der Jochbeine, die z. B. unter der Einwirkung geballter (gehemmter) Rachsucht wulstig werden, die (intensiveren) Spannungen zwischen den vorderen Zähnen auf die Formung der Nase und des Kinns.

Die Bildung der Nase und des Kinns hängt also davon ab, ob der Mensch sich tierhaft seinen Trieben überläßt, oder ob er sie mehr oder weniger bewußt zügelt. Dazu kommt noch, ob er die gezügelten (wieder mehr oder weniger bewußt) vorwärtsdrängend auf ein Ziel richtet. Zu diesem mehr oder weniger zielbewußten Wollen ist das Tier nicht, der primitive Mensch nur ansatzweise fähig. Dementsprechend haben die ältesten bekannten Schädel, wie das Tier, noch kein Kinn und ihr Nasenbein ist nur schwach entwickelt. Unter den heute lebenden »Primitiven« findet man noch sehr oft, unter den intellektuell hochentwickelten Völkern selten ähnliche Formen.

Aus diesen Tatsachen und aus dem Vergleich der Charaktere von Menschen mit hohen, präzis geformten, bzw. mit niederen, verschwommenen oder klobig gebildeten Nasen und klar vorgewölbtem, bzw. klobigem oder unentwickeltem Kinn kann man schließen, daß die präzise Vorwölbung des Kinns und die präzise Höherentwicklung der Nase durch die Spannungen entstanden, die der zielbewußt vorwärtsdrängende Wille auf den Ober- und Unterkiefer ausübte – in den vergangenen Leben vieler Vorfahrenreihen und im gegenwärtigen Dasein des Individuums. Vergleiche die Abbildungen 88, 89, 90 (Australier, Neger, Lettin) mit 91, 92, 97 (Indianer, Voltaire, Schiller).

Nun läßt sich auch mit einiger Sicherheit erklären, warum bei Europäern meist Nase und Kinn, bei dem mongolisch-chinesischen und japanischen Gesicht typischerweise die Jochbeine stärker entwickelt sind: Der Mongole zügelt seine Triebe, wie auch der Europäer. Dieser beherrscht sie im allgemeinen, um sie vorwärtsdrängend auf ein Ziel zu richten. Dabei darf er der Heftigkeit seines Willens gegenüber der Umwelt Ausdruck geben, ja, es gehört oder gehörte zum Stil unseres Lebenskampfs, dem Gegner intensive Kraft und Entschlossenheit offen zu zeigen, um ihn einzuschüchtern. Erlaubt war – jedenfalls in früheren Zeiten – sogar der Zornausbruch, nur nicht der hemmungslose. (Castiglione verteidigte in seinem »Hofmann« den Zorn, nicht nur als Hilfsmittel der Tapferkeit, sondern meinte, ein Fürst müsse gegebenenfalls Zorn aufflammen lassen, sonst könne er sich bei den Völkern und Soldaten nicht behaupten.)

Der Asiate dagegen will immer das »Gesicht wahren«. Er will seine Wut, seine Begierde, seine Enttäuschung verbergen. Er beißt, wie bei uns die Selbstbeherrschung umschrieben wird, die Zähne zusammen und wird dazu erzogen, vorsichtshalber immer ein maskenhaft ruhiges, nur von einem Lächeln bewegtes Gesicht zu zeigen und sozusagen im Konversationston oder im Stil von Anstandsbüchern zu sprechen, auch in Situationen, in denen wir unsere Gefühle unmittelbar zum Ausdruck bringen dürfen. Die zurückgehaltenen Erregungen aber wirken (hinter der Maske) über den Ober- und Unterkiefer auf die Jochbeine und formen sie: umfangreich, aber glatt, wenn die zurückgehaltenen Erregungen kultiviert, wulstig, wenn sie barbarisch wild waren.

Im oberen und im unteren Drittel gehöckertes Nasenbein (Adlernase – Krallennase)

Die im oberen Drittel jäh gehöckerte Nase (Adlernase) gehört zu einem Willen (einem Aufbiß der Zähne), der jäh konzentriert und heftig zustößt. Die jähe und heftige Willensäußerung kann feurig-cholerisch sein wie bei Eck, Julius II., Cosimo (Abbildungen 38, 40, 80) oder kaltcholerisch wie bei Knigge (41), wagemutig wie bei Amundsen (44), diplomatisch-berechnend wie bei Maximilian I. (82) und vergewaltigend wie bei Casanova (79).

Die im unteren Drittel gehöckerte Nase (Krallen- oder Hakennase) gehört zu einem zwar elastisch gespannten Willen, der sich aber trotzdem vorsichtig zurückhält. Im oberen und im unteren Drittel gehöckert ist das Nasenbein bei Judas, Abbildung 24. (Siehe auch Abbildung 97, Schiller, und die dazu gehörende physiognomische Skizze.)

Die Krallen- oder Hakennase findet man oft bei Spionen, Intriganten und Diplomaten, die, bereit, ihrem Gegner »an die Kehle zu springen«, ihre Absichten heuchlerisch verbergen, bei Halsabschneidern und Erpressern, die ihre Opfer vorsichtig in die Falle locken, bei Habgierigen und bei Sadisten, die in sprungbereiter Lauerstellung durchs Leben schleichen, bei Ironikern, hinter deren gespielter Freundlichkeit immer wieder die spitze Kralle der Bosheit hervorschießt, bei Protektionssüchtigen, die ihre Herrschsucht unter Wohltaten verbergen, und überhaupt bei Menschen, die ihre (guten oder bösen) Triebe in elastischer Beherrschung vorsichtig oder spielerisch zurückhalten.

Aber nicht alle Spione, Intriganten, Diplomaten haben Krallennasen, nicht alle an einem kühnen Unternehmen Beteiligten eine Adlernase. (Siehe den Abschnitt »Scheinbare Widersprüche« am Schluß des Buchs.)

Grober, knotiger, geschmeidiger, präziser Knochenbau

Die grobe Körperkraft des Ackerknechts, der vom ersten Hahnenschrei bis zur sinkenden Sonne pflügt, weil sein Herr es ihm befohlen hat, wird in einem tierhaft groben und plumpen Knochenbau sichtbar. Löst der Befehl in ihm heftigen Widerspruch aus, den er heimtückisch in sich verbeißt oder mit brutalen Schimpfworten und Peitschenhieben an den Pferden austobt, dann sind (vorausgesetzt, daß dieses Verhalten bei ihm typisch ist) seine Jochbeine und sein Unterkiefereck oder sein Nasenbein knotig. Alle ballenden, verkrampfenden Spannungen der Seele (Ärger, Haß, Wut, Zorn, Neid, Rachsucht, Grausamkeit, Trotz, Ehrgeiz, Habgier, Verbissenheit) können, wenn sie sehr lange andauern und sehr oft über die Zähne auf die Knochenteile des Gesichts einwirken, Nase, Jochbeine, Kinn und Kiefereck knotig machen.

Ein Bauer, der seinen Hof zielstrebig verwaltet, wird ein klarer geformtes Gesicht haben als der schwer, aber ziellos körperlich Arbeitende. Bei der Zielstrebigkeit sind zwei Grundarten zu unterscheiden: der mehr instinktiv als bewußt zielstrebige Wille (der dem Aufbiß und allen Kieferspannungen eine ertastete Genauigkeit und Sicherheit gibt) und der mehr bewußt als instinktiv zielstrebige Wille (der dem Aufbiß und allen Kieferspannungen eine eher maschinenhafte Genauigkeit gibt). Zu beiden gehören eine klar geformte Nase und ein klar gewölbtes Kinn, aber bei dem mehr instinktiv zielstrebigen Willen erinnert die Formung eher an die Klarheit der Pflanzen, bei dem mehr bewußt zielstrebigen Willen eher an die Präzision der Technik.

Knotige Spuren der Brutalität: Abbildungen 5, Tibetanische Frau; 25, Fouché; 38, Eck; 40, Julius II.; 80, Cosimo; 79, Casanova; 82, Maximilian I.; 91, Indianer; 96, Schiller.

Ohne Spuren der Brutalität: 18, Moissi; 20, Eichendorff; 32, Pestalozzi; 76, Zeichner; 93, Novalis; 99, Goethe.

Bewußte Zielstrebigkeit: 6, Königin Elisabeth; 10, Lola Montez; 45, Humboldt; 47, Ludendorff; 83, Karl V.; 92, Voltaire.

Instinktive und bewußte Zielstrebigkeit gemischt: 17, d'Annunzio; 44, Amundsen; 48, Badenser; 91, Indianer; 94, Sauerbruch; 95, Schermann; 99, Goethe.

Zielbewußter Wille und zielbewußter Verstand

Der Bauer, der seinen Hof zielstrebig verwaltet, muß nicht nur einen zielbewußten Willen haben, sondern auch einen zielbewußten und das Ziel umsichtig bedenkenden Verstand. Der zielbewußte Wille setzt das Ziel nicht selbst, sondern fügt sich dem Befehl, der ihm die Richtung weist. Sein Wesen (im Gegensatz zum triebhaften Willen) besteht darin, daß er nicht launisch umherspringt, sondern auf ein Ziel gerichtet ist, dem er sich geradlinig wie ein Pfeil, aber auch auf wohlbedachten Umwegen nähern kann. Er dient dem Haß des Verbrechers, der einen Mordplan ausführt, und dem Edelmut, der einen idealen Staat aufbauen möchte.

Der zielbewußte Wille kann stärker sein als der umsichtig ein Ziel bedenkende Verstand, und umgekehrt ist oft die Fähigkeit weithin und folgerichtig strebenden Planens besser entwickelt als die Kraft der Ausführung. Der sture Kirchturmpolitiker führt mit eiserner Konsequenz durch, was er sich vorgenommen hat, aber sein Verstand denkt nicht weiter, als sein Auge reicht. Umgekehrt ersinnen die philosophischen und politischen Theoretiker oft mit konsequenter Logik Fahrpläne zu den erhabensten Zielen, aber es fehlt ihnen die Kraft, auch nur ein kleines Stück des Fahrdammes zu bauen. Ihr Wille ist vielleicht sehr zielbewußt, aber zu schwach: Das Knochengerüst ihres Gesichts ist wie ein feines Uhrwerk, zwar sehr präzis geformt, aber zerbrechlich.

Verstand und Triebe

Bei gut entwickeltem Verstand ist der Wille meist zielbewußt, manchmal aber wild, unbeherrscht – etwa bei Verbrechern, die einen raffinierten Plan aushecken und dann bei der Durchführung unbedacht vorgehen. Was prägt in diesem Fall das Gesicht: der scharfe Verstand oder der wilde Wille? Die Knochenteile sind vor allem Werkzeug, Ausdruck und Spur des Willens und der Gefühle. Der Verstand ist an ihrer Bildung nur soweit beteiligt, als er die Regungen des Willens und der Gefühle beeinflußt. Nun blieben aber bei dem Verbrecher, wie wir annahmen, die Triebe ungezügelt wild – also sind es auch die Knochenteile.

Die Kraft des Verstands ist, wo ein schroffer Widerspruch zwischen Trieben und Vernunft besteht, vor allem am Blick erkennbar. Im Auge wird beides gemischt sein oder abwechselnd erscheinen: die scharfe Konzentriertheit des ein Ziel folgerichtig suchenden Intellekts und das chaotische Getriebensein.

Bei solch einem zwiespältigen Menschen wird vielleicht mit dem beginnenden Alter (wenn die Formung der Knochenteile im wesentlichen längst abgeschlossen ist) der Intellekt die Triebe, die durch Ausschweifungen geschwächten, unter seine Herrschaft bringen. Diese spät erworbene Steuerung der Affekte durch die Ratio wird nun an den Augen sichtbar werden, nicht mehr an der Bildung der Knochenteile und nur beschränkt an den Fleischteilen des Gesichts, die nun die Spuren vergangener Leidenschaften untilgbar tragen. Von Sokrates wird berichtet, er habe viele Laster in sich überwinden müssen. Die wilden Triebe prägten sein Gesicht und ihre Runen blieben, auch als er sich zu dem Philosophen gewandelt hatte, den Plato bewunderte. Allerdings fehlte den lasterhaften Gesichtszügen nun die lebendige Spannung, sie waren leere Überbleibsel. Die faunische Prägung der Fleischteile muß jetzt noch mehr als früher den Augen widersprochen haben, in denen nun nur noch oder fast nur noch der Geist, der Wahrheit und Gerechtigkeit suchende, zum Ausdruck kam. Auch manche Bilder des alten Tolstoi zeigen den Widerspruch zwischen der nun vom Geistigen beherrschten Seele (den begierdefrei gewordenen Augen) und dem übrigen Gesicht, das von leidenschaftlichen, nun mehr oder weniger erloschenen Begierden geformt wurde (Abbildung 34).

Verstand stärker als Triebe: Abbildungen 45, Humboldt; 92, Voltaire.

Triebe stärker als Verstand: 2, Donna Isabel; 88, Australier; 89, Junger Neger; 103, Hitler.

Ist die Nase hoch und schmal, das Kinn spitz vorstoßend und der Oberkiefer lang und schmal, dann muß man annehmen, daß der Wille mehr agil als ausdauernd, eher lavierend als beharrend, eher wendig als durchstoßend ist; vielleicht windhundhaft unstet und vor energischem Widerstand rasch erlahmend (wenn nicht andere Kräfte, etwa Ehrgeiz oder Habgier, die Schwäche des Willens ausgleichen).

Sind Ober- und Unterkiefer breit und schwer, die Nase nieder und das Kinn wenig entwickelt, dann ist der Wille eher beharrend als vorwärtsstrebend; oft plump, träge, schwerfällig.

Auf Beweglichkeit, Ausdauer und Stoßkraft darf man schließen, wo, wie bei Leonhard von Eck (Abbildung 38), Julius II. (Abbildung 40) oder dem Indianer (Abbildung 91), die Nase hoch und kräftig, das Kinn breit und vorgewölbt, der Oberkiefer breit und lang sind.

Vergleiche die Abbildungen 65 und 66 (Richelieu und Rockefeller) mit den Abbildungen 63 und 64 (Yorck und MacArthur).

Augenhöhlen
(Kindergesicht, Pioniergesicht, Repräsentantengesicht)

Bei Kindern sind die Augenhöhlen besonders weit, weil Jochbeine und Oberkiefer (wie alle Knochenteile) erst wenig ausgebildet wurden: Die Kraft, die Wirklichkeit tatkräftig zu erfassen und zu bearbeiten, ist bei ihnen noch nicht entwickelt. Ähnliches gilt von vielen Frauen und (romantischen) Dichtern, von den »schönen Seelen«, die nur in Gefühlen, Ideen und Ahnungen leben. Da ihnen zum offenen Kampf die Werkzeuge fehlen, bedienen sie sich vielleicht der Schmeichelei, der List und des Appells an das Mitleid.

Der Gegentypus zu den kindlichen Seelen sind die Urwaldpioniere mit ihrer unbeugsamen Ausdauer im Ertragen von Schwierigkeiten und ihrer elementaren Kraft zum Lebenskampf in der Natur. Während sich das Gesicht von Kindern und kindlich zarten Menschen vom schmalen Unterkiefer eiförmig zu der (wie ein hohles Gewölbe wirkenden) Augengegend verbreitert, ist das Gesicht des Gegentypus wie eine festgefügte, rechteckige Mauer: Über dem massig-dauerhaften, mehr oder weniger intensiv vordrängenden Unterkiefer mit dem breiten, hohen Kinn erheben sich ein ebenso massiger, von gedrängter Kraft geformter Oberkiefer, dessen Fortsätze die Augen zu beiden Seiten eng und fest umschließen, und eine eher mächtige als feine Nase. Die gesteinhaften Jochbeine bedrängen die Augen wie eine Hand, die sich zur Faust schließt. Die Schläfengegend, bei Kindern und physisch Schwachen eher hohl, bildet eine solide Wand. Das ganze Gesicht besteht fast nur aus Knochen, wie die Seele vor allem aus hart zugreifender Tatkraft besteht.

Das Repräsentantengesicht ist ebenso umfangreich, hat vielleicht auch eine imposante Nase mit hoher Wurzel, breite Kiefer, deren Fortsätze die Augen eng umschließen, und eine flache Schläfengegend. Nur fehlt den Knochen die Härte, die Festigkeit – sie sind, wie früher geschildert, tuffsteinartig.

Vergleiche Abbildungen 5 und 28 (Tibetanische Frau und Heinrich VIII.) mit 20 (Eichendorff); 44 und 46 (Amundsen und Hindenburg) mit 76 (Zeichner); ferner 77 und 87 (Wüllner und Philipp IV.) mit 93 (Novalis).

Schiefstehende Augenhöhlen

Bei dem sogenannten Katzengesicht stehen die Augenhöhlen von der Nasenwurzel schief nach oben. Diese Schiefstellung mag durch die Druckverhältnisse zwischen dem schmalen Unterkiefer, den überstarken Jochbeinen und der tiefliegenden Nasenwurzel entstehen. Aus dem Zusammenspiel vorsichtig zurückhaltender Willenskräfte (Unterkiefer) mit verbissener Ausdauer (Jochbeine) kann Neigung zur List entstehen. So erklärt es sich vielleicht, daß die Volksphysiognomik schiefstehende Augenhöhlen als Zeichen von List ansieht.

Die von der Nasenwurzel schief nach unten stehenden Augenhöhlen dagegen gelten als Zeichen der Überwindung des Menschlich-Allzumenschlichen, der Vergeistigung und des Über-sich-Blickens. Stimmt das? Bei Darstellungen von Heiligen trifft es zu, nicht aber z. B. beim Judas des Holbein (Abbildung 24). Vielleicht finden wir eine Erklärung, wenn wir den Judas mit dem Katzengesicht vergleichen: Beim Katzengesicht ist der Oberkiefer mit den Jochbeinen besser entwickelt als die Nase, beim Judas die Nase dagegen besser als der Oberkiefer. Sein Gesicht fällt seitlich zusammen, was besonders in der Brauengegend deutlich wird. Dadurch mag die Schiefstellung der Augenhöhlen bedingt sein. Sie deutet also auf einen Mangel an natürlicher Willensausdauer (Oberkiefer). Kommt (wie bei Judas) starker Vorwärtsdrang (klobige Nase) dazu, dann mag sich die Neigung ergeben, seinen Willen rasch (ohne langweilige Arbeit) durchzusetzen: durch Überrumpelung, List, Bluff oder (wie bei Judas) Verrat. Ist dagegen (wie bei den Heiligen) nicht nur der Oberkiefer, sondern auch die Nase (gotisch) schmal und lang, dann sind die von der Nasenwurzel schief nach oben stehenden Augenhöhlen ein (indirektes) Zeichen physischer Schwäche. (Und physische Schwäche begünstigt die Vergeistigung.)

Grundsätzliches

Am Schluß dieser Ausführungen über die Knochenteile des Gesichts sei nochmals das Grundsätzliche wiederholt.

Die glatte oder knotige Form von Jochbeinen, Nase und Kinn wird zwar vom Aufbiß des Individuums bestimmt, aber im Sinn von Goethes Wort: »Was du ererbt von deinen Vätern hast, erwirb es, um es zu besitzen.« Die besondere Form der Knochenteile des Gesichts ist bedingt durch die (in Jahrtausenden gebildete) Erbmasse – wie die eigenartige Tätigkeit der Gesichtsmuskulatur und die sie bewegenden seelischen Kräfte. Im Keim des Individuums ist es angelegt, ob eine präzis geformte Nase entsteht und ob die Bewegungen seines Unterkiefers (beim Kauen, Sprechen und bei seelischen Erregungen) zielbewußt sind oder nicht. Beides, die Form der Nase und die Art der Spannungen des Unterkiefers gehören zusammen als die Auswirkungen derselben im Individuum wirkenden Gestaltungskraft.

Es ist also nicht so, daß die Kühnheit des heute lebenden Herrn X seine Adlernase schuf; beide, Kühnheit und Adlernase, entwickelten sich in der jahrtausendelangen Vorfahrenkette und gingen jetzt aus der Erbmasse hervor. Wobei die kühne Energie, die immer wieder und von Jugend an über das harte Zusammentreffen der Kiefer auf das Nasenbein einwirkte, an der Adlernase mitschuf und sie zu lebendig geprägter Form machte.

Zu bedenken ist dabei aber, daß das Schicksal des Individuums – seine Umwelt, seine Erziehung und seine Erlebnisse – die Verwirklichung der in der Erbmasse angelegten Körperform und des dazu gehörenden Charakters beeinflußt. So können angeborene jähe Brutalität von Kindheit an durch pädagogische Lenkung gezügelt oder die Feinheit durch böse Mitmenschen brutalisiert werden.

Die Form des Nasenendes ist vielfach bedingt, vor allem aber von der Entwicklung des Nasenbeins abhängig. (Vergleiche die Abbildungen 88, 89, 90, Australier, Neger, Lettin, mit 91 und 96, Indianer und Schiller.)

Bei unangenehmen Erlebnissen, bei schlechten Gerüchen und widerlichen seelischen Erregungen, d.h. bei sperrig-widerwilligem oder unangenehm prüfendem Einatmen verengen sich die Nasenlöcher. (Der Angeekelte und der Verachtende rümpfen – verengen – die Nase, weil sie die Luft nicht einatmen wollen, die von dem ekelhaften, verachteten Objekt zu ihnen strömt.) Außerdem fließt (bei Unlustgefühlen wird die Körperoberfläche allgemein blasser) das Blut aus dem Nasenende ab: Dieses wird kalt, spitz, bleich und dünn.

Auch bei geistiger Anstrengung oder kritisch-mißtrauischer Bedenklichkeit zieht sich das Blut von der Körperoberfläche zurück. Das Nasenende wird ebenfalls dünner, kälter, blasser.

Bei angenehmen Erlebnissen, bei Wohlgerüchen und bei lustvollen seelischen Erregungen werden die Nasenlöcher witternd-geweitet, einsaugend-gebläht und durch die Mimik des von (lachender oder lächelnder) Lust mehr oder weniger gedehnten Mundes in die Breite gezogen. (Nase und Mund sind durch die Nase-Mund-Linie sichtbar verbunden.) Außerdem strömt das Blut in das Nasenende und in die Gesichtshaut. Das Nasenende wird also geweitet, verbreitert, gut durchblutet (fleischig), warm, abrundend geschwellt.

Von leidenschaftlichen Lustgefühlen gut durchblutet: Abbildungen 2, Donna Isabel; 39, Goya; 33, Tolstoi; 68, Danton.

Von zärtlichen Lustgefühlen gut durchblutet: Abbildungen 7, Königin Luise; 8, Königin Charlotte; 18, Moissi; 26, Hölderlin; 73, Briand; 99, Goethe.

Rechnerisch kaltes und dürftiges Nasenende: Abbildungen 6, Königin Elisabeth; 22, Fourier; 41, Knigge; 54, Napoleon; 65, Richelieu; 67, Robespierre; 83, Karl V.

Auch im Zorn weitet sich das Nasenende, aber nicht witternd einsaugend, sondern fauchend ausstoßend: Zornschnaubend bläht es sich (Abbildung 38, Eck; 40, Julius II.; 42, Imhoff). Wie schon erwähnt, kann die Blutzufuhr nicht nur vermehrt, sondern überstark sein, wodurch vielleicht feine Äderchen platzen. In der äußersten besinnungslosen Wut aber wird das Nasenende eher blutleer. Schnaubend gebläht und blutleer (knorpelig-hart) ist das Nasenende typischerweise bei dem von Neid, Verachtung und Herrschsucht lebenslänglich besessenen kaltherzigen Wüterich (Hitler, Abbildung 103).

Bei seiner Büste von Hitler (Abbildung 105) gab Arno Breker dem formlosen, auf haltlose Ausschweifungen deutenden Nasenende etwas mehr Form. Das Knorpelig-Harte und Wutschnaubend-Geblähte arbeitete er zwar gut heraus, formte das Nasenende aber doch so um, verfeinerte und vergeistigte es, daß es zu einem temperamentvollen, aber doch halbwegs beherrschten und von der Vernunft geführten Mann passen würde.

Spannung oder Spannungslosigkeit des Nasenendes können ein Zeichen für Selbstbeherrschung oder Lässigkeit, »gute Haltung« oder Sich-gehen-Lassen, Vitalität oder Erschöpfung, Konzentration oder Verträumtheit sein.

Konzentrierte Spannung: Abbildungen 22, Fourier; 24, Judas; 38, Eck; 39, Björnson; 54, Napoleon; 63, Yorck; 64, MacArthur; 67, Robespierre; 69, Stein; 79, Casanova; 80, Cosimo de Medici; 91, Indianer.

Lässigkeit: Abbildungen 18, Moissi; 19, Stifter; 26, Hölderlin; 48, Badenser; 51, Bauer aus der Lüneburger Heide; 70, Johannes XXIII.; 71, Heuss.

Augen

Helle oder Dunkelheit der Augen

Die Helle oder Dunkelheit der Augen hängt, wie die der Haut und der Haare, vom Pigmentreichtum ab. Hellhäutige bekommen bekanntlich leicht einen Sonnenbrand, die Dunkelhäutigen sind dagegen durch den Pigmentreichtum ihrer Haut, der nur einen Teil der ultravioletten Strahlen durchläßt, gegen ein Übermaß an Sonne geschützt. Andererseits erliegen die Dunkelhäutigen in sonnenarmen Gegenden leichter den Krankheiten, die aus einem Mangel an Sonne entstehen: Ihre pigmentreiche Haut setzt den wenigen vorhandenen ultravioletten Strahlen zu starke Widerstände entgegen, während die helle Haut sie begierig aufnimmt. Die Helläugigen kneifen im blendenden Süden die Lider zusammen oder sie tragen eine Schutzbrille. Die dunkeläugigen können die starke Sonne dagegen besser ertragen, weil ihre Augen meist auf natürliche Weise durch den Pigmentreichtum der Regenbogenhaut und der daher nicht völlig weißen Bindehaut geschützt sind.

Der Pigmentreichtum der Haare ist vielleicht nur eine Folge der allgemeinen Körperanlage, viel oder wenig Pigmente zu bilden. Vielleicht aber auch behindern schwarze Haare, d. h. Haare, deren Schaft dicht mit Pigmenten gefüllt ist, die Einwirkung der ultravioletten Strahlen, während blonde Haare, d. h. Haare, deren Schaft weniger dicht mit Pigmenten gefüllt ist, die Strahlen leichter durchlassen. Diese Vermutung wird dadurch gestützt, daß einige südliche Rassen sehr stark und dunkel und auch am Körper behaart sind; die Haare bieten hier anscheinend ein Schutzkleid gegen allzuviel Sonne. (Andere südliche Rassen sind außer durch Pigmentreichtum auch durch die besondere Artung ihrer Haut, deren Dicke etc., gegen die Sonne geschützt.) Ultraviolette Strahlen werden am stärksten ausgenützt, wenn überhaupt kein Haarkleid ihr Eindringen in den Körper behindert. Tatsächlich findet man bei blauäugigen und hellhäutigen Menschen, bei Menschen also, deren Vorfahren in einem sonnenarmen Klima lebten, im allgemeinen eine sehr geringe Körperbehaarung, gleichzeitig aber eine starke Entwicklung des Kopfhaars, was sich als Schutz des empfindlichen Gehirns gegen die ultravioletten Strahlen und des ganzen Kopfs gegen Kälte deuten läßt.

Würden wir die Bedeutung der ultravioletten Strahlen nicht kennen, dann müßte es uns als zweckwidrig erscheinen, daß einige südliche Völker ein starkes und nördliche Völker ein geringes wärmendes Körperhaarkleid haben. Aber auch hier zeigt sich die Weisheit der Natur: Wärme ist leicht durch Bewegung, Kleidung und Feuer zu ersetzen. Die Erfindung der künstlichen Höhensonne aber, die den Mangel an Sonnenbestrahlung ausgleicht, setzte eine jahrtausendelange Entwicklung des menschlichen Verstands voraus. Am sinnvollsten ist die Annahme, daß die am Körper stark behaarten Rassen aus Gegenden stammen, deren Klima zwischen großer Kälte und starker Sonnenbestrahlung wechselt.

Die Helle oder Dunkelheit von Haut, Augen und Haaren weist darauf hin, daß die Vorfahren in einem sonnenarmen oder sonnenreichen Land lebten. Was dies seelisch bedeutet, erfahren wir alle, wenn wir in südliche Länder kommen: Mit der Bräunung der Haut wird unser Empfinden und Fühlen wärmer, »lebendiger«, während der Wille in seiner harten Zielstrebigkeit und der Verstand in seiner Klarheit entsprechend gedämpft werden.

Man kann also schließen: Augen mit dunkler Regenbogenhaut deuten (wie dunkle Haut und schwarze Haare) auf wärmeres, »lebendigeres« Empfinden und Fühlen als helle Augen, Haut und Haare. Blonde, blauäugige und hellhäutige Menschen haben eher die Vorzüge und Fehler der kühlen Naturen: Sie haben es leichter, ihren Verstand und ihren zielbewußten Willen zu entwickeln und unterliegen nicht so oft den Versuchungen der Sinne und Gefühle, sind aber auch selten so »warmherzig« und »lebendig«, so genußfreudig und genußstark wie die heißblütigen Dunkeläugigen und Dunkelhäutigen.

Die Dunkeläugigen und Dunkelhäutigen haben aber nicht immer warme Empfindungen und lebhafte Gefühle. Das gilt besonders für die Dunklen in Mittel- und Nordeuropa. Wie die Blonden im Süden in ihrem Empfinden im allgemeinen wärmer, lebendiger werden, so werden die Südländer im Norden kühler, um so kühler, kann man annehmen, je länger die dunkeläugigen Vorfahren in kalten Gegenden lebten. Zuletzt bedeuten das schwarze Haar und die dunklen Augen vielleicht nur noch die Abstammung von fernen Vorfahren, die in einem sonnenreichen Land lebten und die Anlage hatten, viel Pigmente zu bilden, aber sie deuten nicht mehr auf die Empfindungswärme der Bewohner heißer Gegenden. Die schwarzen Haare, die dunkle Regenbogenhaut und die dunkle Haut sind dann aber auch ganz anders! Die Haut ist zwar nicht ganz so hell wie bei den Blonden, aber ebenso kühl, sie hat nicht mehr die Fülle, Wärme und samtartige Weichheit heißblütiger Völker. Die Regenbogenhaut ist zwar dunkel, aber vielleicht ebenso kühl und trocken wie bei einem nüchternen Blauäugigen.

So bedeutet auch der (ästhetisch oft reizvolle) Kontrast von blondem Haar und dunklen Augen – wenn die dunklen Augen kühl und nüchtern sind –, daß in diesen Menschen zwar das Erbgut dunkeläugiger Vorfahren wirksam ist, aber die kühle Nüchternheit der Blonden vorherrscht. Oder umgekehrt: Sind bei einem Blonden die Augen dunkel, warm und samtartig, so beweist das, daß die Empfindungswärme der dunkeläugigen Vorfahrenreihe vorherrscht (oder daß deren Heißblütigkeit sich mit der Kühle der blonden Vorfahren zu milder Wärme vermischte). Übrigens ist dann das blonde Haar meist anders als bei den kühlen Blauäugigen: Es ist glänzender oder geschmeidiger und welliger, oder es hat einen Schimmer ins Rötliche.

Entsprechendes gilt für die Dunkeläugigen in südlichen Ländern: Die Dunkelheit der Augen deutet unmittelbar nur auf Pigmentreichtum, nicht auf Wärme der Empfindungen und Gefühle. Hierauf kann man nur schließen, wenn sie auch mehr oder weniger »feurig« sind.

Größe der Regenbogenhaut

Die Größe oder Kleinheit der Regenbogenhaut (Iris) hat eine ähnliche Bedeutung wie deren Dunkelheit oder Helle.

Das Tierauge ist in seiner ganzen Ausdehnung farbig (pigmentiert). Auch bei südlichen Völkern mit hitzigem Empfinden ist die Umgebung der Iris sehr oft nicht rein weiß, sondern mehr oder weniger pigmentiert, und die Regenbogenhaut zudem besonders groß.

Bei den Engelaugen vieler Maler ist der farbige Teil (die Regenbogenhaut) besonders klein, hell und von viel leuchtendem Weiß umgeben. Andererseits hat auch bei manchen Menschen, die kaltherzig Morde und andere Gewalttaten begehen, die Iris einen engen Umfang. Bei den Engeln ist sie allerdings mild und rein durchseelt, bei den Mördern hart und kalt. In beiden Fällen deutet die Kleinheit der Regenbogenhaut auf Empfindungskälte – beim Mörder tritt an die Stelle des Menschlichen das Unmenschliche (die brutale Kälte), beim Engel das Übermenschliche, eben die Gefühlskeuschheit und Reinheit, die wir den Engeln zuschreiben, dort die Lieblosigkeit, hier die »platonische« Liebe.

Matte und strahlende Augen

Matte (verschleierte) Augen verraten Schwäche, Trägheit oder Schwermut, Stumpfsinn oder Schwachsinn, Erschöpfung durch sexuelle oder alkoholische Ausschweifung oder (sehr oft) Verdauungskrankheiten.

Strahlende (glitzernde) Augen hat typischerweise der Kraftvolle, der Tat- oder Genußfreudige, der Produktive und der Ekstatische.

Feuchte und trockene Augen

Feuchte Augen verraten lebhafte Tränendrüsentätigkeit. Sie deuten auf leichte Sinneserregbarkeit, Schwärmerei, Rührseligkeit, Sentimentalität hin. Feuchte Augen sind typisch für den Verliebten, den Bewundernden, Sanften, Mitleidenden und Schmollenden.

Trockene Augen haben die nüchternen, sachlichen Willens- und Verstandesmenschen. Die Drüsentätigkeit ist schwach – besonders wenn die Augen nicht nur trocken, sondern auch matt sind.

Enge und weite Pupillen

Licht wirkt auf die Pupille verengend, Dunkel erweiternd. Dieses physiologische Gesetz gilt auch im Seelischen: Die Tätigkeit des »hellen« Bewußtseins wirkt verengend, die Tätigkeit der unbewußten, der »dunklen« Kräfte wirkt erweiternd auf die Pupillen. Kinder haben (wie Silberkuhl in seinen »Untersuchungen über die physiologische Pupillenweite« feststellte) durchschnittlich größere Pupillen als die Erwachsenen. »Bei jenen beträgt die Weite 4 mm (4,1 mm), bei Personen über 50 Jahren nicht ganz 3 mm. Die entscheidende Veränderung (von 4 mm zu 3,4 mm) vollzieht sich um die zwanziger Jahre«: also gleichzeitig mit der starken Entwicklung des Intellekts. Aber diese Verringerung der Pupillenweite ist nicht bei allen Menschen gleich, und sie ist bei dem einzelnen Menschen nicht immer gleichbleibend.

Wie das unbewußter lebende Kind, haben der Naive und der Phantasievolle, der Mensch mit starken Instinkten und reichen Gefühlen, der Fromme und der Gütige, der Verliebte und der Hungrige, der Ekstatische, der Fiebernde und der vom schlechten Gewissen Überwältigte, der Verwunderte und der Visionär, der Intuierende und der hingebend Schauende (relativ) weite Pupillen.

Wie die wissenden und im Unbewußten verarmten Greise, so haben der instinkt- und gefühllose kalte Rechner und der sachlich Analysierende, der seelisch unbeteiligte Jurist, Kritiker und Kriminalist, der eiskalte Mörder, der pedantische Bürokrat und der nüchterne Skeptiker enge Pupillen.

Weite Pupillen: Abbildungen 2, Donna Isabel; 7, Königin Luise; 18, Moissi; 20, Eichendorff; 78, Werner Krauss; 93, Novalis; 89, Junger Neger; 95, Schermann; 99, Goethe.

Enge Pupillen: Abbildungen 23, Schopenhauer; 24, Judas; 34, der alte Tolstoi; 44, Amundsen.

Lage der Augen

Ob die Augen tief oder flach liegen oder vordrängen, ist davon abhängig:

1. Ob die Umgebung des Auges, wie es bei Unlusterlebnissen und bei geistiger Anstrengung geschieht, schlecht durchblutet ist, wodurch der Blick »hohl« wird. Oder ob die Umgebung des Auges,

wie es bei lustvollen Erlebnissen geschieht, gut durchblutet und (wie das ganze Gesicht) »vor Freude geschwellt« ist.

2. Ob sich die hinter dem Augapfel gelegenen Gefäße (wie das bei heftigen Gefühls- oder Willenserregungen, auch bei heftigem Sprechen geschieht) stark durch Blutandrang erweitern, wodurch die Augen nach vorne gedrängt werden können. (Abbildungen 2, Donna Isabel; 37, Goya; 38, Eck; 42, Imhoff; 47, Ludendorff; 61, Bismarck; 68, Danton; 79, Casanova; 103, Hitler.)

3. Ob der Mensch dazu neigt, mit dem Ohr aufzumerken, wobei die Augen etwas nach vorne gedrückt werden: Gehörmenschen (Abbildungen 18, Moissi; 45, Humboldt; 93, Novalis). Oder ob er gewohnt ist, scharf zu beobachten, wobei man Lider, Brauen und Stirnhaut beschattend herabzieht. Dadurch wird das Auge zurückgedrängt und es erfährt einen gewissen Druck: spähende, lauernde Augenmenschen (Abbildungen 40, Julius II.; 76, Zeichner).

4. Auch die Grübler und Denker, die sich scharf konzentrieren, ziehen (um die zerstreuende Schau auszuschließen) die Brauen herab (Abbildungen 22, Fourier; 23, Schopenhauer).

5. Der vom zielstrebigen Wollen und Denken Entspannte, in naiver Sinnenfreude an die sichtbare Welt Hingegebene wölbt die Augenbrauen hoch und legt so den oberen Rand der Augenhöhlen wie aufnahmebereite Kissen frei: Schaufreudige im Gegensatz zu den spähenden Augenmenschen (Abbildungen 7, Königin Luise; 15, Wieland; 26, Hölderlin; 93, Novalis; 98, Goethe). Auch wenn der Schaufreudige sich zur Aufmerksamkeit spannt, zieht er (die Augen und den aufnahmebereiten, abwartenden Blick freilegend) die Brauen eher hoch als herab: Schauend aufnehmende, aber gespannte Aufmerksamkeit im Gegensatz zur konzentriert beobachtenden (Goya, 37; Amundsen, 44).

Zusammenfassend: Tief in harten Höhlen liegende Augen und herabgezogene Brauen sind typisch für Späher, Grübler, Denker, Lauerer, verbissen Schweigsame, Mürrische, Melancholiker. Flach in weicher Umpolsterung liegende Augen und hochgewölbte Brauen haben typischerweise naiv Schaufreudige, Heitere, Leichtsinnige, dicke Phlegmatiker, quicklebendige Spießer.

Kinder und jugendfrische Menschen haben typischerweise flach in weicher, zarter Umpolsterung liegende Augen. Im Alter werden die Augenhöhlen im allgemeinen hart oder sie verfetten.

Spiegel der Seele

Dichter bezeichneten das Auge als Spiegel der Seele. Die Fähigkeit, in diesem Spiegel, zum Beispiel in Ludendorffs und MacArthurs Augen (Abbildung 47, 64) die Herrschsucht zu lesen, ist eine der wichtigsten Voraussetzungen für physiognomische Beurteilungen. Instinktiv fühlt zwar jeder Mensch mit lebendiger Seele den Haß, wenn er unverhüllt in einem Auge aufblitzt, aber es gilt, auch die mehr oder weniger verborgenen und die gemischten Regungen, etwa die listige Herrschsucht (Maximilian I., 82) und die herrschsüchtige Spottlust (Voltaire, 92) zu sehen.

Der Blick

Der Blick entsteht durch die Bewegungen der Augenlider und des Augapfels sowie durch den Ausdruck des Auges selbst.

Der Träge läßt die oft fleischigen Lider tief und schlaff herabhängen und bewegt die meist matten, oft wässerig-hellen Augen ungern und langsam. Ähnlich blickt der Ermüdete.

Der Listige sucht das meist sehr bewegliche Auge zu verbergen, indem er die Lider, die manchmal sehr dünn und daher sehr flink sind, senkt oder zukneift, lauert jedoch aus dem Spalt hervor. Sein Blick kommt von unten oder von der Seite. Er neigt den Kopf oder wendet ihn etwas zur Seite, um seinen Blick unauffällig entziehen zu können, falls ihn der Gegner festhalten – durchschauen – will.

Der Mißtrauische blickt ähnlich, auch von der Seite oder von unten aus verengtem Augenspalt. Fürchtet der Mißtrauische selbst eine Verfolgung, so ist sein Blick unstet und eher matt als strahlend. Will er aber ertappen, so ist sein Blick fester, eher strahlend als matt: Gespannt wartet er auf die Gelegenheit zuzupacken.

Der Schauende, der Beschauliche (optische Aufmerksamkeit) hat die Lider geöffnet, so daß sie den Rand der Regenbogenhaut berühren. Die Brauen sind gewölbt, jedenfalls nicht herabgezogen. Er blickt mit gelassener Festigkeit.

Der Hörende (akustische Aufmerksamkeit) hat auch offene Augen und nicht herabgezogene Brauen, aber sein Blick ist »leer«.

Der Staunende zieht die Brauen hoch und die Stirn in horizontale Falten. Die Lider sind eher aufgerissen als offenstehend, der Blick etwas starrer als beim Schauenden. Sind die Brauen übertrieben hochgezogen, so wirkt das Staunen dumm. – Der Schläfrig-Staunende macht eine vergebliche Anstrengung, die schlaffen, schlafschwer herabhängenden Lider zu öffnen; statt der Lider zieht er die leichter beweglichen Brauen hoch. – Den Ausdruck schläfrigen Staunens haben manche Affektierten. Sie staunen fortwährend über die Dreistigkeit der Menschen, die es wagen, mit ihnen gleich zu gleich statt wie mit Göttern zu sprechen, und zeigen durch die schlaff herabhängenden Lider, daß sie es nur nicht der Mühe wert finden, sich aus ihrer göttlichen Ruhe zu erheben und den Frevler zu vernichten.

Der scharf und angestrengt Nachdenkende und der scharf Beobachtende (intellektuelle, kritische Aufmerksamkeit) zieht die Brauen tief herab. Über seiner Nasenwurzel bilden sich senkrechte Falten, seine Pupillen sind verengt, sein Blick ist fixierend.

Bei manchen Menschen beginnen die Lider zu zucken, wenn sie (optisch, akustisch oder intellektuell) aufmerken wollen, sei es, daß es ihnen überhaupt schwer wird aufzumerken, sei es, daß sie sich im Widerstreit zweier Interessen befinden.

Der Bedächtige, der abwartend Kluge, der wägend Forschende, der Mensch, der sich in allen Lebensverhältnissen ruhig zurechtfindet, hat oft folgenden Blick: Das obere Lid hängt elastisch über ein Drittel des Augapfels herab. Das Auge ist fest, ohne starr zu sein, es nimmt auf und prüft gleichzeitig.

Dem Visionär erscheinen, wie dem Träumenden, Bilder. Sein Blick ist entzückt oder, wie bei Sterbenden, brechend. Die Lider sind weit geöffnet, so daß viel Weiß unter und über der Iris sichtbar ist. Das Auge ist strahlend, die Pupille erweitert, wie meist bei lebhaftiger Tätigkeit der unbewußten Kräfte.

Während das Auge des Visionärs wie gebannt feststeht, ist das des Ekstatikers rollend. Es ist ebenfalls strahlend und weit offen, die Pupille geweitet. Er sieht nicht wie der Visionär (passiv) etwas Irrationales, sondern wird von irrationalen Kräften zu ekstatischer Aktivität (zum Sprechen, Schreien, Musizieren, Gestikulieren) bewegt.

Der Entsetzte vergißt die Abwehr, die Flucht, und starrt dem Unheil entgegen. Seine Lider sind weit aufgerissen, das Auge steht unbeweglich und ist glitzernd. Die Augenbrauen sind hochgerissen, die Stirn zeigt tiefe horizontale und über der Nasenwurzel tiefe senkrechte Falten.

Beim Zornigen sind die Augen starr fixierend oder rollend wie beim Ekstatiker. Oft glitzern sie wie Glas und quellen nach vorne. Solange der Zornige sich halbwegs in der Gewalt hat, zieht er die Brauen meist an der Nasenwurzel herab, über den Augen dagegen spannt er sie in die Stirn. Bei hemmungslosem Zorn dagegen sind die Brauen bogig hochgerissen und die Lider weit aufgesperrt, so daß viel Weiß unter und über der Iris sichtbar wird.

Bei dem Feigen verkriecht sich die Iris, die typischerweise matt ist, mutlos in einen Winkel der schlaff gesenkten Lider, die bei Annäherung kleinlich zucken. Manchmal schießt das Auge aufgeregt umher.

Der Sanfte fixiert nicht, sein feuchter und mild leuchtender Blick geht nicht gerade auf die Dinge zu, sondern im sanften Bogen, und haftet teilnehmend, aber ohne Sucht auf ihnen. Wenn er sich abwendet, ist es kein gewaltsamer, erledigender Abschied, sondern es kommt dabei zum Ausdruck, daß er verbunden bleibt.

Der Verachtende blickt wie der Angeekelte aus gesenkten Lidern. Außerdem schaut er »von oben herab«, oder er blickt seitwärts, am Objekt vorbei, um ihm zu zeigen, daß es ihm »Luft« ist.

Der Entzückte, Bewundernde, Schwärmerische blickt empor, sein Auge ist feucht und strahlend, die Pupille erweitert. Bei religiösen oder künstlerischen Schwärmern wird die Blickrichtung nach oben allmählich feststehend, unter der Regenbogenhaut ist immer etwas Weiß sichtbar.

Der Heuchler dreht die Augen oft, wie der Entzückte, nach oben.

Der Schmachtende ist von seinen Begierden gelähmt, sein Blick ist feucht und willenlos zum Objekt hingedreht, oft verdreht.

Der bedächtig Genießende senkt, um sich zu konzentrieren, die Lider.

Der Verliebte blickt von unten, wenn er bewundert, seitlich aus halb gesenkten Lidern, wenn er verführen will (kokettiert), wenn er seine Begierde kaum noch beherrschen kann, glitzernd aus gesenkten Lidern, aus starren, aufgerissenen, vorquellenden Augen, wenn ihn die Gier überwältigt.

Der Leichtsinnige blickt frei und offen aus strahlenden Augen, sein Blick ist umherschweifend. Beim scharfen Nachdenken werden die Brauen herabgezogen, beim Leichtsinnigen sind sie eher hochgespannt. Der Denker hat typischerweise tiefliegende, der Leichtsinnige eher flachliegende Augen.

Der Reservierte entschließt sich ungern, eine Sache zu betrachten. Wendet er sich endlich, steif und distanziert, einem Gegenstand zu, so betrachtet er ihn nur von der Seite, bereit, sich jederzeit wieder zurückzuziehen. Sein Kopf folgt nicht den Augen, sondern hält sich so, daß er ausdrückt: Ich sehe es mir an, aber ich lasse mich auf nichts ein.

Bei Schuldigen, die verhört werden, kann man folgendes beobachten: Ihr Blick ist leer, denn sie wollen stumpf sein, um sich nicht durch eine rasche Reaktion zu verraten, sie stellen sich gewissermaßen tot. Hinter diesem stumpfen, leeren, verschlossenen Blick spürt man aber die erregte, gespannte Aufmerksamkeit, die intuitiv in den Verhörenden eindringen und seine Absichten erkennen möchte, schon bevor er sie ausspricht. Wird der Schuldige überführt und damit beschämt, so senkt er (um sich zu verbergen) die Lider, und seine (bisher vielleicht berechnend-verengten) Pupillen weiten sich – wie das meist vorkommt, wenn eine irrationale Macht, wie sie auch in der Scham wirkt, das Bewußtsein überwältigt.

Haare

Dunkle und helle Haare, starke und schwache Behaarung

Über die charakterologische Bedeutung dunkler und heller Haare, d. h. der geringen oder lebhaften Neigung, Pigmente zu bilden und der starken oder schwachen Körperbehaarung wurde bereits im Abschnitt über die Augenfarbe gesprochen.

Feine und derbe Haare

In Urzeiten dienten die Haare, viel mehr, als sie es heute noch sind, vermutlich als Hilfsmittel des Tastsinns. Jedenfalls haben Kinder und Frauen und überhaupt Menschen mit zartem Tastsinn im allgemeinen feinere Haare als der Mensch mit kräftigem oder stumpfem Tastsinn.

Im Lauf des Lebens werden Charakter und Haar härter. (Erwachsene mit kindlich seidigem Haar haben etwas Infantiles.)

Feine, schmiegsame, glänzende Haare findet man bei Wollüstigen, Zärtlichen, Schmeichlerischen, Gefühlvollen, Sensiblen. Im allgemeinen ist bei zartem Empfinden auch der Wille sanft oder wenigstens katzenhaft schleichend und vorsichtig (Circe). Aber es gibt Menschen mit sensibler Empfindung und heftiger Kampflust (mit feinem Haar und feiner Haut, aber hartem, knotigem Knochenbau). Es sind zwiespältige Naturen, die einerseits – getrieben von ihrem Willen – den

Kampf suchen, andererseits die harten Püffe des Kampfs nicht ertragen können. Oft wird ihr Wille daher überbrutal und ihr Gefühl erstickt vorzeitig, wie das Gehör durch überlautes Gedröhn ertaubt.

Harte, borstige Haare findet man bei den lederhäutigen Kraftnaturen, die zum Ertragen jeder Strapaze taugen, aber auch bei Schwächlingen, deren ganze Härte ihre »Hartherzigkeit«, ihre Empfindungs- und Gemütlosigkeit ist.

Kräftiges, aber nicht borstiges, sondern gewelltes oder strähnig schmiegsames Haar deutet auf die Verbindung von Härte und Elastizität (Napoleon, Indianer, Hitler).

Stumpfes, unelastisches, glänzendes, gelocktes Haar

Dürftiges, stumpfes, unelastisches Haar, das an ein räudiges, nasses Fell erinnert, ist ein Merkmal erschöpften, stumpfen (freudlosen) Empfindens und Fühlens.

Glanz der Haare verrät (wenn er echt ist) jugendlichen Reichtum und Spannkraft des Empfindens und Fühlens.

Glänzende Locken sind – im wörtlichen Sinn: Lockende. Ihre Wellung und ihr Glanz sind Symptome der sexuellen Kraft, und darum faszinieren sie. Nicht eigentlich die Locken, der Eros lockt im schön gewellten, glänzenden Haar.

Auf den Zusammenhang zwischen Behaarung und Sexus weist die biologische Tatsache, daß in der Pubertät, also mit dem Erwachen des Geschlechtstriebs, die Genital- und Achselbehaarung, bei den Männern außerdem der Bart, zu wachsen und sich das feine Lanugohaarkleid am Rumpf und an den Extremitäten in ein derberes Haarkleid zu wandeln beginnen. Bei den Eunuchen bleibt diese Entwicklung kümmerlich.

Kahlheit

Das Barock war ein ekstatischer Versuch, die unbewußten Kräfte gegen die erstarkende Ratio aufzupeitschen. Es liebte den Rausch und – die ausschweifende Perücke mit vielen Locken, Keulen und Wülsten, Nestern, Kämmen, Bändern und Kronen.

Die heutigen Haartrachten der Männer (über 40 Jahren) entsprechen der Abneigung des Bewußtseins gegen das Unkontrollierte und seinem Streben nach Klarheit, Einfachheit und Ordnung: nach Präzision. Sie symbolisieren den Sieg des Bewußtseins über das Unbewußte – über das

Haar. Bezeichnenderweise lassen die jungen Rebellen gegen unsere vom Intellekt beherrschte Welt mit ihren exakt frisierten Organisationen und kahlen Paragraphen die Köpfe wieder von Haaren (mehr oder weniger wild) umwuchern.

Ein Sprichwort sagt: »Die Weisen werden kahl, die Esel grau.« Und die Beobachtung lehrt, daß die Denker eher kahl werden als die Dichter, die Phantasiemenschen. Fest steht auch, daß mehr Frauen an Haarausfall leiden, seitdem sie studieren und beruflich intellektuell tätig sind. Man kann den Intellekt als Feind des Haarwuchses bezeichnen.

Wie ist das zu erklären? Möglich ist, daß die angestrengte Tätigkeit des Vorderhirns dadurch auf die Haarwurzeln ungünstig wirkt, daß sie das Blut zu sehr von der Haut abzieht. Möglich ist auch, daß sich durch die starke Entwicklung des Vorderhirns und die so erzwungene Vergrößerung der Schädelkapsel die Kopfhaut zu sehr spannt und die Blutgefäße zu sehr beengt. Jedenfalls beginnt der Haarausfall meist dort, wo die Kopfhaut am stärksten gespannt ist. Bei grüblerischen Menschen zum Beispiel, die den Kopf meist gesenkt und etwas schräg tragen, wodurch sich die Stirn seitlich oben dehnt, entstehen die »Geheimratsecken«.

Wahrscheinlich wirken bei der Glatzenbildung beide Ursachen zusammen, die Überspannung der Kopfhaut und ihre schlechte Durchblutung. Daß diese Annahme richtig sein dürfte, darauf weist das oft erfolgreiche Mittel gegen Haarausfall: die Massage mit Alkohol. Durch sie wird die Kopfhaut entspannt und besser durchblutet.

Augenbrauen

Wenn die Damen sich die Brauen ausrasieren, schminken sie sich meist eine Madonnenbraue an, d.h. eine sanft gewölbte, schmale Braue. Damit wollen sie ein madonnenhaft sanftes und zartes, sensibles Empfinden und Fühlen vortäuschen.

Ohren

In seiner Untersuchung über »Das äußere Ohr« gibt Prof. Dr. Gustav Schwalbe folgende Tatsachen wieder: Im Verlauf des Wachstums ändert das Ohr seine Form nur unwesentlich. Im Alter werden die Ohren länger und breiter, weil sie abflachen. Die Größe oder Kleinheit der

Ohren eines Tiers wird sehr stark von der Lebensweise der Gattung beeinflußt: Bei den unterirdisch lebenden Tieren kann die Ohrmuschel vollständig zurückgebildet sein, wie z. B. beim Maulwurf. Nachttiere und scheue, flüchtige Tiere haben typischerweise ungewöhnlich große, stark bewegliche Ohrmuscheln. Charakteristisch für die menschliche Ohrmuschel ist vor allem die starke Rückbildung der freien Ohrfalte (Darstellung 4: a_2, a_1, a), die Einrollung des freien Ohrrands, d. h. der Bildung der Leiste (Helixrand, Darstellung 2, 1) und die Aufwulstung der Gegenleiste (Darstellung 2, 2). Das Ohrläppchen, eine fetthaltige, knorpelfreie Hautfalte, ist eine relativ späte, sekundäre Bildung. Ein wirkliches, frei über den unteren Knorpelrand herabragendes Ohrläpp-

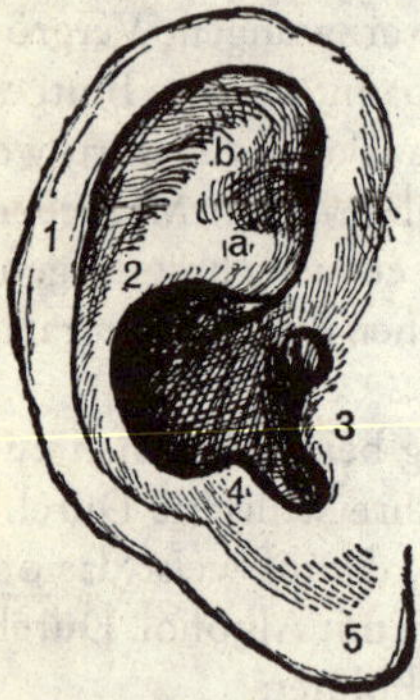

Darstellung 2: Das Menschenohr
1: Leiste (Helixrand)
2: Gegenleiste
2a: untere Gabel der Gegenleiste
2b: obere Gabel der Gegenleiste
3: vordere Ohrklappe
4: hintere Ohrklappe
5: Ohrläppchen
zwischen 2, 3 und 4 die Muschelgrube
zwischen 2a und 2b die untere Leistenhöhlung
zwischen 2b und 1 die obere Leistenhöhlung

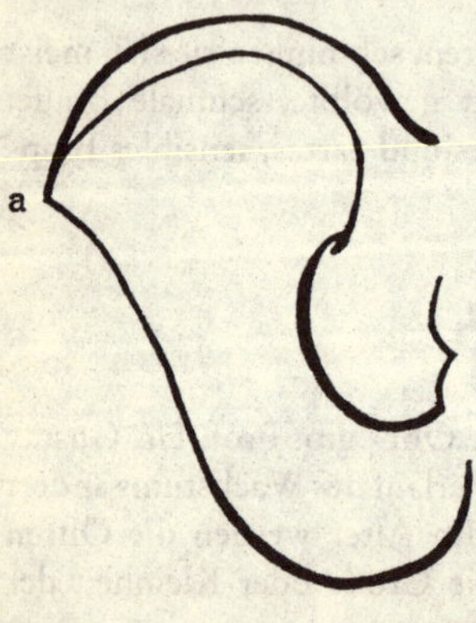

Darstellung 3: Menschenohr mit a Darwinscher Spitze, erste Form

chen findet sich erst bei den Menschenaffen und beim Menschen. Die Darwinsche Spitze ist ein Überbleibsel des tierischen Spitzohrs. Es lassen sich zwei Formen der Darwinschen Spitze feststellen. Die erste (tiernähere) Form hat an der Grenze des oberen und hinteren Ohrrands eine frei nach hinten gerichtete Ohrspitze (Darstellung 3, a). Der obere Helixrand verläuft in sanftem Bogen zu dieser scharf geschnittenen Spitze, der hintere Helixrand fehlt völlig. Die zweite Form (Darstellung 4, a) zeigt die Ohrspitze nicht mehr als scharfe, freie, nach hinten gerichtete Spitze, sondern als stumpfwinkelige, gegen die Muschelgrube gerichtete Verdickung des Ohrrands.

Unter 100 Männern haben ungefähr 30, unter 100 Frauen etwa 12 die Darwinsche Spitze in der zweiten Form. Manche Forscher betrachten beide Arten als Degenerationszeichen; aber eine genaue Untersuchung ergab keinen Beweis, daß die zweite, die spätere Form, bei Verbrechern und Geisteskranken öfter vorkommt als bei Gesunden. Die ältere, dem Ohr der niederen Affen ähnliche Bildung dagegen (Darstellung 3) fand man bei Verbrechern und Geisteskranken häufiger als bei Normalen.

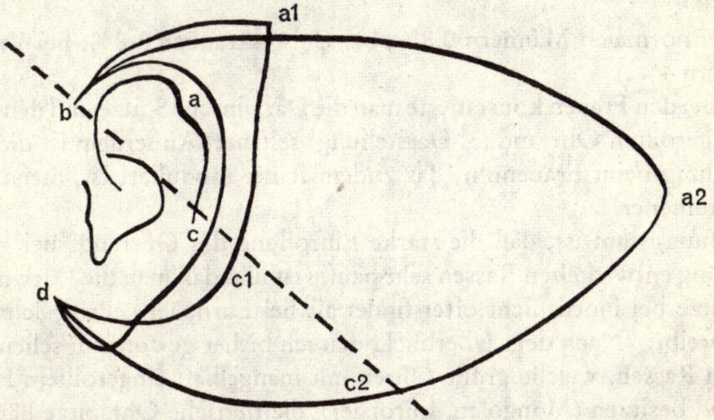

Darstellung 4: a Darwinsche Spitze eines Menschenohrs, zweite Form
abd: Ohrmuschel des Menschen
$a_1$bd: Ohrmuschel eines Pavians
$a_2$bd: Ohrmuschel eines Rinds
über der gestrichelten Linie
bc: freie Ohrfalte des Menschen
bc_1: freie Ohrfalte des Pavians
bc_2: freie Ohrfalte des Rinds
(Darstellungen 3 und 4 nach Prof. Dr. Gustav Schwalbe, »Das äußere Ohr«.)

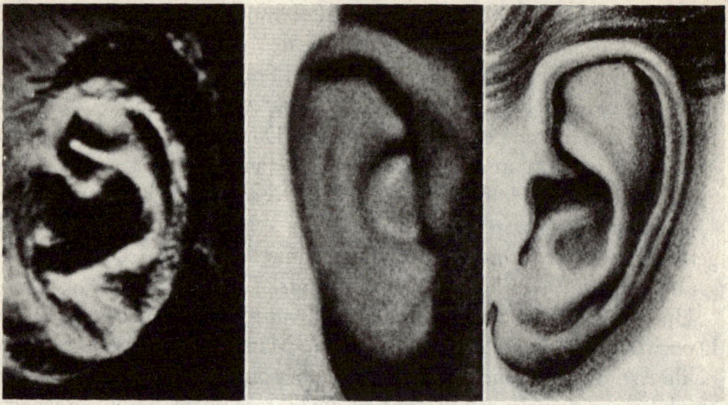

Darstellung 5: Ohren

a: Brahms b: Industrieller c: Mozart

(Bei normalen Männern 0,8%, bei Geisteskranken 3,8%, bei Verbrechern 4%.)

Bei den Frauen konstatierte man die Darwinsche Spitze und den nicht eingerollten Ohrrand (3. Darstellung) seltener. Außerdem ist die Einrollung beim Frauenohr, das zudem feiner moduliert ist, meist vollkommener.

Interessant ist, daß die starke Einrollung des Ohrrands bei geistig wenig entwickelten Rassen sehr häufig ist und daß man die Darwinsche Spitze bei ihnen nicht öfter findet als bei Europäern. Prof. Schwalbe schreibt: »Nach dem Überblick, den ich bisher gewonnen, scheint bei den Rassen, welche große Ohren mit mangelhaft eingerolltem Helixrand besitzen (Mongolen, Europäer), die tierische Ohrspitze häufiger vorzukommen als bei denen mit kleinen, stark eingerollten Ohren (Buschmänner, Neger).«

Wie ist es zu erklären, daß die hoch entwickelten Europäer und Mongolen tiernähere Ohren haben als die Buschmänner und Neger? Vielleicht aus dem immer wieder erkennbaren Naturgesetz, daß die Hochzüchtung eines Teils sehr oft mit dem Zurückbleiben oder Zurücksinken eines anderen zusammen erscheint.

Bei den europäischen Frauen ist der Intellekt nicht so einseitig entwickelt wie beim Mann, darum (vermutlich) unterlagen sie auch nicht so sehr der ausgleichenden Entwicklungshemmung: Darum haben ihre Ohren seltener die Darwinsche Spitze und den nicht eingerollten Ohrrand und sind somit besser geformt: tierferner, menschlicher.

Außerdem ist das weibliche Ohr, wie gesagt, typischerweise kleiner und feiner differenziert als das männliche. Der Mann (kann man zu erklären suchen) – der auf den Feind lauernde Mann – brauchte vor allem große Ohren, die den Schall aus einem möglichst weiten Umkreis auffangen. Dafür ist es auch günstig, wenn die Ohren etwas abstehen. Die Frau dagegen, mehr oder weniger vom Mann behütet, brauchte im Lebenskampf eher das feine Gehör für die Töne, die aus der Nähe kommen, für die Vorgänge in der Höhle oder Hütte und für die stillen Untertöne in den Stimmen der freundlich oder feindlich Gesinnten. Darauf, daß die feinere Windung des äußeren Ohrs mit dem differenzierteren Hören zusammenhängt, deutet auch die (schon von der Volksphysiognomik festgestellte) Tatsache, daß Musiker sehr oft besonders gut modulierte Ohren haben (Darstellung 5, a und b). Das schlichte und markige Ohr (5 c) eines Industriellen ist sehr viel weniger aufnahmefähig für die feinen Töne und überhaupt für den Reichtum der Musik als Mozarts und Brahms' Ohren.

Nicht richtig ist die Behauptung des Volksmunds, große Ohren ließen auf Mut schließen. Man darf nur vermuten, daß die Vorfahren des Großohrigen Horcher auf das Ferne waren, nicht, ob mutig oder feig. Kühnheit oder Vorsicht lassen sich eher am Blick oder an der Körperhaltung erkennen.

Am Ohr kann man auch nicht feststellen, ob eine ererbte Anlage zum differenzierten Hören *ausgebildet* wurde, denn die Form der Ohren bleibt, wie gesagt, im Gegensatz zu den anderen Teilen des Kopfes, von Geburt an beinahe die gleiche. Sie verrät nur eine ererbte Anlage, nicht das Ergebnis des Kampfs zwischen dieser Anlage und anderen ererbten Kräften, oder zwischen dieser Anlage und der Erziehung und der reifenden Erfahrung.

Ob die Ohrmuscheln differenziert oder schlicht geformt, groß oder klein sind, bedeuten also für den physiognomischen Beurteiler unsichere Merkmale. Aufschlußreicher ist, ob sie markig, pilzartig dick oder fledermausflügelartig dünn sind. Markige Ohren deuten auf ungebrochene Lebenskraft. Je nachdem, ob sie härter oder weicher, gut oder weniger gut durchblutet sind, entfaltet sich die Kraft mehr im Bezirk des Willens oder der Empfindung. Dünne, lasche Ohren, manchmal auch Ohren, die wie ausgebügelt oder fledermausflügelartig wirken, findet man oft bei physisch geschwächten (intellektuell vielleicht sehr hoch entwickelten) Menschen, bei seelisch und körperlich Dumpfen dagegen pilzartig-dicke, wulstige Ohren, deren Formung an einen nicht aufgegangenen Kuchen erinnert.

Angewachsene Ohrläppchen sind, entgegen einer weitverbreiteten Meinung, kein Zeichen anormaler Entwicklung.

Auch der Stand der Ohren ist beachtenswert: Im ganzen abstehende Ohren (Abbildungen 44 und 81, Amundsen und Gandhi) sind oft ein Zeichen dafür, daß das Ohrbein sehr stark entwickelt ist. Dies kann auf Härte deuten und vielleicht auf Hartnäckigkeit – im Guten wie im Bösen.

Der Volksmund schloß, übertreibend, von abstehenden Ohren auf verbrecherische Neigungen, aber dies kann man nach Professor Schwalbe erst (und nur mit Vorsicht) vermuten, wenn die Ohren ungefähr im rechten Winkel abstehen, besonders, wenn sie zudem spitz und flach (wie ausgebügelt) sind. Unter normalen Männern fand man 11,1%, unter Geisteskranken 20%, unter Verbrechern 25,2% rechtwinkelig abstehende Ohren. Unter normalen Frauen ist der Prozentsatz viel geringer, wobei zu bedenken ist, daß viele Frauen um des guten Aussehens willen ihre abstehenden Ohren durch Binden flachdrücken bzw. sie operieren lassen.

Etwas abstehende Ohren findet man oft bei den kritisch Beobachtenden, den Spähern und Lauerern. Dieses Abstehen kommt meist nicht nur durch ein stark entwickeltes Ohrbein, sondern ist auch mimisch zu erklären: Beim kritischen Beobachten und Horchen, beim Spähen und Lauern, zieht man die Brauen herab, dabei werden die Ohren etwas nach vorn gespannt – sie werden abstehender (und besser auffangend, schärfer hörend). Vor den Ohren bilden sich dabei außerdem Falten. Falten vor der Ohrklappe können also ein Zeichen für kritisches Horchen und Beobachten, Spähen und Lauern sein. (Der Zusammenhang zwischen Auge und Ohr, der sich darin zeigt, daß auch beim scharfen Spähen die Ohren etwas vorgezogen, also besser auffangend werden, erklärt sich wohl daraus, daß der Beobachter in primitiven Verhältnissen meist gleichzeitig mit Augen und Ohren auf der Hut sein, gleichzeitig spähen und horchen muß.)

Beim offenen Schauen dagegen und beim herrschenden Fixieren spannt man die Brauen hoch (der Blick wird frei, umspannend, auf das

Ganze, nicht auf eine erspähte Einzelheit gerichtet). Gleichzeitig legt man dabei die Ohren zurück, flacher an den Kopf.

Auch wenn man sich strafft, um durchzuhalten oder einem Gegner offen und mutig entgegenzugehen, legt man die Ohren oft flacher an den Kopf. Der Volksmund sagt: »Halte die Ohren steif«, wenn er zum Durchhalten und zum mutigen Drauflosgehen ermahnen will. Auch bei vielen Tieren ist das Zurückziehen der Ohren eine Vorbereitung zum Kampf. Flach anliegende Ohren können also ein Zeichen für Weltoffenheit, herrische Festigkeit, offenen Mut, straffes Durchhalten sein.

Auch aus dem schief nach vorn gerichteten Stand des unteren Ohrteils kann man Vermutungen ziehen. Die Bedeutung dieser Schiefstellung ergibt sich aus der Beobachtung, daß das Ohrläppchen (bzw. der untere Teil des Ohrs etwas nach vorn gezogen wird, wenn der Unterkiefer (in der Spannung heftigen Zorns, des kampf- und eroberungssüchtigen Machttriebs, der greifsüchtigen Habgier oder in der Spannung des Fauns) nach vorn geschoben wird. Sie läßt also Aggressivität der Triebe vermuten.

VI

KÖRPERBEWEGUNGEN

Wo das Bewußtsein noch nicht oder sehr schwach erwacht ist (Kind, Primitiver) und wo es im Rausch der Narkotika oder der phantasievollen Enthebung und seelischen Erregung wieder beinahe unterging, sind die Körperbewegungen ungenau, taumelnd, torkelnd, haltlos tapsend, entspannt oder eruptiv schießend.

Heftige Triebe (bei schwachem Bewußtsein) machen die Bewegungen (mehr oder weniger) wild und wirr tappend und stampfend, jäh zufahrend und wild abreißend, ausbruchhaft schnellend – und das Ziel daher leicht verfehlend.

Wo der bewußte Wille sehr viel stärker ist als die Triebe, werden die Bewegungen (mehr oder weniger) maschinenhaft präzis, rechnerisch sparsam, geradlinig wohlgezielt.

In den Bewegungen des von starken Instinkten geleiteten Menschen kann das Tastende, Tappende und Eruptive des Triebhaften sich mit der Sicherheit des Bewußten verbinden. Sie sind »blind« und doch genau, wenn auch nicht immer schnurgerade zum Ziel strebend, präzis, ohne berechnet zu sein. Und sie haben oft Anmut: die Anmut des räuberisch schleichenden Tigers, der spielenden Katze, der kopfruckenden gurrenden Taube oder des elastisch suchenden Elefantenrüssels.

Der Empfindungs- und Gefühlsmensch hat weiche Bewegungen: der begehrende, spannungsvoll konzentrierte, der hingebende, gelöst »zerfließende«.

Der Wille macht die Bewegungen (mehr oder weniger) hart. Der Selbstdurchsetzungswille macht sie keilhaft (angreiferisch) vorwärtsdrängend, straff, stramm, gespannt wie die Bogenschnur mit dem Pfeil. Die amboßhafte Selbstbehauptung gibt die breite Spannung des grätschbeinigen Stands mit nach außen gedrehten Füßen und mutig dargebotener Brust.

Zärtliche Liebe macht die Bewegungen behutsam, spielerisch oder traumhaft schwebend, Zorn sie heftig, zerreißend, zerstampfend, jäh auffahrend, sprunghaft dahinstürmend und dahinwippend.

Angst beklemmt die Brust (den Atem) und macht die Bewegungen zögernd, eng, verkrampft, in sich gekrümmt, unsicher, schwerfällig oder blindlings hin und her schießend. Sie geht nicht geradezu, sondern (was vielleicht nur der scharfe Beobachter bemerkt) auf einwärts gedrehten Füßen in ausweichenden Wellenbewegungen, trippelnd, schiebend, kreisend und sozusagen stotternd.

Das äußerste Entsetzen rast mit wild fahrigen Bewegungen dahin oder steht erstarrt. Der Trotzige versteift sich, stemmt sich, der Tapfere ist ein Trotziger, der sich gegen seine Angst stemmt, sie niederstampft, sein Schritt hat etwas entschlossen Stapfendes.

Freude macht die Bewegungen leicht, hüpfend, tänzelnd, spielerisch tändelnd, flüssig, elastisch schwebend, selbstsicher. Der sehr tief Enttäuschte geht schleppend, stockend und schlurfend, den Kopf schlaff gesenkt, die Beine (mehr oder weniger) abgeknickt, wie unter schwerer Last, und die Arme wie Fremdkörper hängen lassend, während der Fröhliche (der Sanguiniker) sie zwecklos schwingt. Die Jugend bewegt sich eher wie der Freudige, das Alter eher wie der Enttäuschte.

Viele Hochmütige (Menschen also, die sich einbilden, größer zu sein als alle anderen) gehen steif gestreckt und vielleicht auf den Zehen. Ihre Bewegungen sind (mehr oder weniger deutlich) gespreizt, hochfahrend, absprechend, wegwischend, herrisch hinunterstoßend, »kurz angebunden«, abreißend, oder, in der Trunkenheit des Größenwahns, rauschhaft flatternd und taumelnd. Viele Hochmütige mit sehr hohem Körperwuchs äußern die Selbstüberschätzung ihrer Person und die Geringachtung des Gesprächspartners, indem sie sich sehr lässig (nachlässig) zu ihm herabneigen wie zu einem unmündigen Kind.

Der Demütige macht sich kleiner, neigt sich, blickt ergeben von unten, breitet die Arme aus wie ein Wehrloser, legt den Kopf schief wie ein Bittender.

Der Stolze steht aufrecht in natürlicher Haltung und Größe. Seine Bewegungen sind selbstbewußt verhalten. Er will sich nichts vergeben: sich nicht wie der Demütige hingebend verkleinern, aber auch nicht wie der Hochmütige über die anderen verächtlich erheben. Er will seine Würde maßvoll wahren.

Der Eitle stolziert wie ein Hahn, dreht, spreizt und wendet sich, um dem Beschauer jede Seite seiner erlesenen Persönlichkeit zur Bewunderung darzubieten. (Der eine tut es geschmacklos deutlich, bei manchen anderen ist es nur für den scharfen Beobachter wahrnehmbar.)

Nicht jeder wie ein Gockel Stolzierende ist wirklich selbstbewußt.

Mancher wirft sich nur in die Brust, um seine domestikenhaften Minderwertigkeitsgefühle zu verbergen, bläst sich auf, um nicht kümmerlich zu erscheinen, versteift sich arrogant, um nicht sklavisch zusammenzuklappen.

Der Reservierte steht steif, um sich nichts zu vergeben, zieht gern (in sich verschlossen und abwehrend) die Schultern hoch und wendet dem Gesprächspartner Kopf und Blick nur halb zu.

Der tollkühne Raufbold schießt wie ein wilder Stier dahin. Seine Schritte sind (mehr oder weniger) sprunghaft, stoßend, stampfend, polternd. Seine Brust ist vorgewölbt, sein Kopf (mit vorgeschobenem Unterkiefer und starrem Blick) hoch erhoben oder gesenkt, als gälte es, eine Wand einzurennen.

Auch der Vorsichtige und der Hinterhältige tragen den Kopf gern gesenkt, aber ihre Bewegungen sind zögernd und ausweichend, beim Hinterhältigen zudem windend, schlängelnd, geräuschlos, schleichend und dabei oft lauernd, zum Sprung bereit. Viele Listige und Vorsichtige schieben (was wieder vielleicht nur dem scharfen Beobachter bemerkbar wird) beim Gehen die eine Körperseite vor, während sie die andere, deckungssuchend, zurückdrehen.

Der schüchtern In-Sich-Befangene geht in sich kreisend, stockend, stotternd, mit eingezogenen (nach hinten arbeitenden) Zehen, eng an den Körper gelegten Armen, gesenkten Lidern und geschlossenen Händen, bei denen der Daumen sorgfältig nach innen gebogen ist.

Der Weltoffene schreitet lässig oder freudig erregt gerade zu, mit erhobenem Gesicht, hochgewölbten Brauen, offenen Augen und offenen Händen.

Die Bewegungen des Verschwenders sind großzügig ins Weite gehend, von sich werfend, im äußersten Fall bis zur Haltlosigkeit oder großspurig schleudernd gelöst. Bei vielen Habgierigen sind die Bewegungen rafferisch, einheimsend, auch wenn sie etwas Belangloses tun. Ihre Finger krümmen sich gern und bekommen etwas Krallenhaftes. Viele schießen dahin, als fürchteten sie, zu spät zu einem Zug zu kommen: den Kopf und den ganzen Oberkörper vorgeschoben, die Arme nach vorn ausgreifend und die Füße weit voraus setzend, so daß der Körper am Gesäß (mehr oder weniger) deutlich abgewinkelt ist. Bei dem Geizigen, der nicht nur mit seinem Geld, sondern auch mit seinen Kräften sparsam ist, sind alle Bewegungen karg, eng, abgemessen, vorsichtig. Sie haben oft etwas Steifes und Schleichendes. (Der Hinterhältige schleicht, um möglichst wenig Aufmerksamkeit zu erregen, der

Geizige, um nicht unnötig Kraft auszugeben, der Pedantische und der Hochmütige sind steif, weil sie das Menschliche um des Paragraphen oder der Würde willen unterdrücken.)

Die Bewegungen des Trägen (des Phlegmatikers) sind lahm, energielos schlenkernd, schaukelnd wie ein unbemannter Kahn, oder zögernd pendelnd wie die letzten Bewegungen einer abgelaufenen Uhr.

Den Unterleib schiebt der Hurer vor, die Brust ist typischerweise beim Mutigen vorgewölbt. Bei der Silhouette des Fressers ist meist der Bauch das Wichtigste. Auch viele Leute, die sich auf primitive Art ein würdig-gewichtiges Aussehen geben wollen, wölben den Bauch vor. Mit dem Kopf voran geht der Habgierige, oft auch der (von Eigensinn oder Zorn) Tolle, der »mit dem Kopf durch die Wand rennt«.

VII

FORMUNG DES GEHIRNSCHÄDELS

Langkopf, Rundkopf, Quadratschädel

Wie der ganze Körper, ist die Kopfform *Erscheinung* der Seele. Sie ist aber auch *Spur* der Seele, da die Körperhaltung, vor allem die Haltung des Kopfs und die Bewegungen der Beine, die Form des Gehirnschädels beeinflussen.

Die Haltung und der Gang – ich wiederhole diesen wichtigen Satz – sind von der Seele abhängig und von der Schwere oder Leichtigkeit, Breite oder Länge des Körpers (dessen Artung, wie die Seele, von der Erbmasse und dem Schicksal bestimmt wird). Haltung und Gang wirken auf die Körperform zurück. So formt die Seele (und mit ihr die vom Schicksal modifizierte Erbmasse) über die Haltung und den Gang weiter am Körper. Man stellte zum Beispiel wissenschaftlich fest, daß sich die Schädelform des Menschen nach dem Übergang vom Nomaden und Jäger zum seßhaften Ackerbauern in ein bis zwei Generationen auffällig verkürzte. (Wie der Schädel, wandelt die Seele sich nicht jäh. Sogar noch Jahrhunderte nach der Umstellung hat mancher Ackerbauer den Bewegungstrieb des Nomaden – und dessen Schädelform.)

Bei Kindern, deren Seele und Körper noch keine feste Haltung haben und deren Gang ein unentschiedenes, traumhaftes Tappen, Taumeln und Torkeln ist, zeigt auch der Kopf noch keine entschiedene Form. Er hat die Formungstendenzen der Erbmasse, aber das Vatererbe wurde noch nicht »erworben« und zu individuellem Besitz und damit zur geprägten Form. (Bei Säuglingen, die auf dem Rücken liegen, wird der Gehirnschädel in die Breite, bei den auf der Seite liegenden Kindern eher in die Länge gedrückt. Aber diese äußerliche Beeinflussung der Schädelform verliert sich mit der Entwicklung der seelischen und körperlichen Selbständigkeit.)

Menschen mit fleischig-gedrungenem Körper und kurzen Beinen, die sich (von Jugend an) mit kleinen, vorsichtig-gemächlichen und unfesten, mehr drehenden als ausgreifenden Schritten vorwärts bewegen und den Kopf lauschend, witternd, bedachtsam und zum Ausweichen und Nachgeben bereit drehen und seitlich neigen, haben im allgemeinen einen breiten, weich abgerundeten Kopf, dessen Gehirnschädel (mehr oder weniger) sackartig aus dem Nacken aufsteigt, sich über den Ohren (mehr oder weniger) kugelförmig wölbt und mit breiter Stirn über dem Gesicht liegt.

Dagegen gehört zu Menschen mit schlankem, hohem Körper, die (von Jugend an) mit weit ausholenden Schritten stracks auf das Ziel zugehen, von dem sie Besitz ergreifen wollen, ein schmaler und langer Kopf, dessen Gehirnschädel über dem Nacken (mehr oder weniger) dynamisch nach hinten auslädt und dessen Stirn schmal und gegen die Mitte vorgewölbt ist.

Auch lang und schmal, aber weicher (anmutiger) gerundet ist typischerweise der Schädel bei Menschen, die, der Gemächlichkeit oder Bedenklichkeit und dem pfeilhaft vordrängenden Willen gleich fern, sich gern spielend bewegen, lieber tanzen als marschieren und mehr auf harmonische Anmut der Bewegungen achten als auf deren kasernenhofmäßige oder maschinenhafte Exaktheit.

Zu sehr beharrenden Menschen, die auch im Gehen etwas Verharrendes, etwas amboßhaft Schweres haben, gehört ein wuchtiger Kopf: ein eckig-flächiger »Quadratschädel«.

Was ist deutungskundlich hieraus zu gewinnen?

Ist ein Kopf schmal und lang und über dem Nacken (mehr oder weniger) ausgewölbt, so kann man zunächst nur auf elastisch zielstrebigen Gang schließen.

Darf man weitergehen und vermuten, daß nicht nur die Bewegung der Beine, sondern auch der Charakter zielstrebig ist?

Insofern der Körper Erscheinung der Seele ist, muß man sagen: Die eben beschriebene Kopfform gehört, wie die Erfahrung lehrt, zu einem vom Selbsterhaltungswillen vorwärtsgetriebenen, elastisch geradeaus zu einem Ziel strebenden Charakter.

Nun lehrt die Erfahrung aber auch, daß nicht alle Menschen mit dem eben beschriebenen Charakter die oben beschriebene Kopfform haben. Vielleicht verhinderte eine Rückgratverkrümmung oder die Mischung mit einem anderen Typus, etwa die Kurzbeinigkeit des rundköpfigen Typus, daß die Zielstrebigkeit des Willens sich frei über den Gang auf die Kopfform auswirkte. Auch seelisch wird die Kreuzung beider Typen sich mehr oder weniger deutlich äußern: etwa durch die Verbindung von rücksichtsloser Zielstrebigkeit und Vorsicht. Heute ist die sitzende Lebensweise der Hauptgrund dafür, daß die Kopfform in sehr vielen Fällen nicht mehr die reine Erscheinung der Seele ist. Die Menschen werden von früher Jugend an auf die Schulbank gezwungen und dazu erzogen, ihren vorwärtstreibenden, zielbewußten Willen ins Geistige zu transportieren und zu sublimieren. Ist die intellektuelle Konzentration sehr stark, so kann dies dazu führen, daß der Gang nicht nur nicht zielstrebig, sondern gehemmt: stockend, stolpernd, trippelnd oder fahrig wird. Ein durch die Witzblätter allgemein bekannt gewordenes Beispiel hierfür ist der Professor, der zerstreut geht, weil seine Gedanken zu sehr auf ein Problem konzentriert sind. Intellektuelle Zielstrebigkeit, die sich nicht in der Körperhaltung und der Hinterhauptsform äußert, findet man oft bei Organisatoren am grünen Tisch, Börsenstrategen und Ratgebern, die als »Graue Eminenzen« im Hintergrund bleiben.

Die andere, weniger präzis aber anmutiger gewölbte Form des Langkopfs verrät nicht nur die Zielsicherheit spielerischer, elastisch-sinnlicher Bewegungen, sie ist vielmehr Erscheinung einer Seele, die gern spielt. Die nicht gerade zu geht, wenn sie sich um ein Ziel, etwa die Eroberung einer Frau, bemüht, sondern das diplomatische Spiel der Annäherung und Tarnung, in diesem Fall: die Kunst der Verführung, liebt.

Wie der präzis, so muß auch der anmutig geformte Langkopf in der Jugend »erworben« werden. In diesem Fall wird die einwandfreie Bildung der wesensgemäßen Kopfform ebenso sehr oft verhindert – etwa durch allzu langes Sitzen am Schreib- oder Nähtisch. Aber im Gesicht, besonders im Lächeln und seinen Spuren, wird die anmutig spielerische Seele zum Ausdruck kommen. Andererseits ist es möglich, daß diese Seele in der Jugend den Kopf zwar zur wesensgemäßen Erscheinung formt, dann aber – etwa durch sexuelle Ausschweifungen – »verdirbt«. Kopfform und Seele entsprechen einander nun nicht mehr. So ist es auch bei dem anderen Langkopf der Fall, wenn die pfeilhafte Gespanntheit der Seele etwa durch Krankheit verloren ging. Dies zeigt sich dann an den Gesichtsmuskeln, am Blick und an der Körperhaltung, aber das Hinterhaupt behält seine frühere Form. Und im Alter, wenn auch der Tätigste müde wird, verliert der Gehirnschädel (wie das Knochengerüst des Gesichts) zwar etwas von seiner dynamischen Spannung, diese Änderungen entsprechen beim Greis aber nur sehr unvollständig der veränderten Seele.

Den »Quadratschädel« findet man heute, in unserer verstädterten, intellektualisierten Welt, seltener als früher. Seine Stirn ist nieder, brettartig und aus dem Gesicht geschoben. Über den Ohren verschmälert er sich trapezartig. Das Hinterhaupt ist sackartig, der Gehirnschädel dickwandig. Gesicht wie der ganze Körper sind breit, hart, wuchtig. In diesem »Dickschädel« und diesem schweren, derbknochigen Körper formte sich eine Seele, deren Grundeigenschaft, der beharrende, ausdauernde Wille, sich – was am Gesicht erkennbar ist – als Geduld und Treue, aber auch als sture, trotzige, dickköpfige Abwehr gegen alles Fremde und Neue äußern kann. (Auch Ernst Kretschmer erkannte und erkannte an, daß einem »schwerwüchsigen Körperbau« ein »Geist der Schwere« entspricht – was den Gegnern der Physiognomik an dem gelehrten Erforscher der Zusammenhänge von Körper und Charakter selbstverständlich mißfällt.) Die vorintellektuellen Fähigkeiten (Witterung, Schlauheit, List) sind meist besser entwickelt als der Verstand.

Der weiblich weichgerundete, über den Ohren breit gewölbte Kopf ist Ausformung einer Seele, die vorsichtig wittert und lauscht, bevor sie unbekannte Gebiete betritt, lieber geduldig auf eine günstige Gelegenheit wartet oder (vielleicht mit zäher Ausdauer) Umwege macht als »mit dem Kopf durch die Wand rennt« und eher zu nachgiebig als zu hartnäckig ist. Es kann jedoch sein, daß ein Mensch mit weichem Rundkopf, nachdem seine Schädelform bereits verfestigt ist, unter den Einfluß eines kriegerischen Vorbilds kommt und nun versucht, offen und pfeilhaft angreiferisch zu sein. Er zwingt sich, die »Rolle« des Kühnen im Leben zu spielen. Dabei mag er die behäbige Fülle des Gesichts und des Körpers zum Schwinden bringen, aber er kann seinem Schädel keine schnittig lange Form geben; er mag seine behäbigen und ausweichenden Bewegungen zur Straffheit zwingen, aber er kann die Kürze seiner Beine nicht (oder nur sehr wenig) strecken und wird daher nie den Gang seines Vorbilds bekommen. Sein Gang wird »unecht«, seine Körperhaltung und sein Gesichtsausdruck werden verkampft: Sie verraten die Überdeckung des natürlichen Seins durch ein typusfremdes Vorbild.

Die Schlüsse, die sich aus der Schädelform ziehen lassen, sind also sehr unsicher. Sie bedürfen immer der Ergänzung durch die Mimik und Physiognomik. Andererseits ist die Beachtung der Kopfformen nicht wertlos. Wie in der Kriminalistik und der Medizin kann beim Ablesen des Charakters aus den Körperformen eine sehr vieldeutige Tatsache auf die richtige Spur führen.

Vorderhirn

Das Vorderhirn wurde beim Menschen im Laufe der Jahrtausende viel umfangreicher als das Mittelhirn und das Kleinhirn, die von ihm überdeckt werden. Das zum Großhirn oder Neuhirn entwickelte Vorderhirn ist der Träger unseres Bewußtseins und unserer intellektuellen Fähigkeiten. Sowohl das Bewußtsein und der Verstand, als auch das Vorderhirn sind beim Menschen im Gegensatz zum Tier unvergleichlich stärker ausgebildet.

Bewußtsein

Wie der Spiegel sich nicht in sich selbst zu spiegeln vermag, können wir uns dessen nicht bewußt werden, was das Bewußtsein an sich ist. Wir kennen das Bewußtsein nur in seiner Bindung an andere Kräfte: als bewußte Empfindung, bewußtes Wollen, bewußtes Ahnen und in der Form des Verstands. Das Bewußtsein gibt dem Menschen Wachheit, Helle, Klarheit, Besonnenheit, bewußte Konzentration auf ein Ziel, und es verwandelt das dumpfe Wittern zur Intuition.

Wo die unbewußten Kräfte gegenüber dem Bewußtsein sehr schwach sind, dörrt es den Menschen aus, wie unter allzu heißer Sonne wald- und wasserarmes Land zur Wüste wird. Der Überbewußte ist vielleicht neunmalklug gegenüber den Handlungen seiner Mitmenschen, hat aber selbst nicht die Kraft, irgend etwas zu tun, geschweige, es besser zu machen. Er ist wie ein Schemen, das noch ins Leben hineingeistert, aber nicht mehr lieben und handeln kann.

Der Mensch mit schwachem Bewußtsein (Kind, »Primitiver«) ist triebhafter als der hochbewußte; er wird leichter von seinen Wünschen und Ängsten übermannt. Wollen, Denken und Fühlen fluten bei ihm ineinander über. Er »denkt« mit dem Gefühl und haut im Willensaffekt »beweiskräftig« auf den Tisch, statt sein Recht logisch darzutun. Gedanken werden ihm zu Bildern, Bilder zu Wahrheiten, und die zu Bildern gewordenen Wahrheiten und Gefühle treiben ihn oft zu »unvernünftigen« Taten.

Zusammenfassend: Ein im Verhältnis zu den übrigen Grundkräften allzu starkes Bewußtsein kann sich als Skeptizismus, Gefühlsverödung, Willenslähmung, Neunmalklugheit, Schemenhaftigkeit, Trockenheit und Nüchternheit äußern.

Mangel an Bewußtsein kann sich äußern als: Naivität, dumpfe Triebhaftigkeit, schwankender Charakter; Vermischung von Gefühl, Wille und Verstand, kindliche Verbundenheit mit der Welt und starke Abhängigkeit von ihren jeweiligen Wahrheiten; Unfähigkeit, seine Meinungen und Empfindungen eindeutig auszudrücken.

Verstand

Das Bewußtsein ist die Voraussetzung des Verstands, aber nicht jeder Hochbewußte hat einen starken Verstand. Mancher spiegelt die Außenwelt und die Erlebnisse der eigenen Innenwelt sehr klar, ist aber nicht fähig, den Bohrer des Intellekts durch die dicken Bretter einer Wissenschaft oder der Lebensrätsel zu quälen: das *Wissen* um die Welt zur *Erkenntnis* der Welt zu verarbeiten. (Viele Schauspieler z. B. haben hohe Stirnen und doch keine intellektuellen Neigungen: Sie wissen klar um ihre eigenen und um fremde Gefühle, spiegeln sie in ihrer Darstellung, zerdenken sie aber nicht.)

Wo der Verstand allzusehr vorherrscht, unterdrückt der Erkenntnistrieb die unbewußten Kräfte. Der Mensch wird vom Erleben mit den Sinnen oder mit der Ahnung abgetrennt, er wird zum Stubengelehrten und zum »Intellektuellen«. Die geistige Potenz zehrt die Erlebniskräfte auf. Die »Liebe« zur Sachlichkeit siegt über die Liebe zur Sache, das nüchterne Interesse über die Freude am Objekt. Der Unterscheidungswille zerkratzt den schönen Schein, den die begehrliche Empfindung oder das liebende Gefühl um die Objekte legen. Die Lust an der Kritik verdrängt die Freude am Erleben (Meckern, Raunzen, Kritteln).

Die Empfindung gibt »Tuchfühlung« mit den Menschen, das Gefühl macht anhänglich, die Ahnung sucht letzten Endes die Wesenstiefe, in der alle Menschen verbunden sind. Der Verstand erfand die nützlichen Verbände: die wirtschaftlichen und militärischen Organisationen, die Militärdienstpflicht, die Partei, den Trust.

Die Ahnung läßt »fernfühlen«, »fernsehen« und »fernhören«, der Verstand erfand Telefon, Radio, Fernsehen und Telegraf.

Die Gefühlsmenschen sind herzlich, aber »unzuverlässig«, d. h. ihre Kraft, Wünsche und Leidenschaften um der Pflicht willen zu überwinden, ist geringer als ihre Fähigkeit, die Pflichten des Herzens – wenigstens mit Worten – zu erfüllen. Die Verstandesmenschen dagegen sind eher vernünftig, aber kalt und nüchtern. Sie stellen die Grundsätze und Gesetze über die Regungen des Gefühls und neigen daher zur Prinzipienreiterei, Pedanterie und zum Bürokratismus. Bei den Gefühlsmenschen ist es umgekehrt; ihre Gefahr ist die »Charakterlosigkeit«, die

Bestechlichkeit durch Tränen und schöne Worte, das launische Wechseln von Standpunkt zu Standpunkt, von Partei zu Partei, die skrupellose Nachgiebigkeit gegenüber Stimmungen: einer raschen Verliebtheit oder jäh aufflammendem Haß. Sie verraten die geistigen (intellektuellen und moralischen) Bindungen um des Gefühls willen, stellen also z. B. die Forderung einer neu erwachten Liebe über die Pflicht einer lieblos gewordenen Ehe.

Den ungefähren Umfang des Großhirns kann man im allgemeinen aus dem Umfang des Gehirnschädels erschließen. Ein sehr kleiner Gehirnschädel, d. h. ein Kopf, dessen Stirn nieder und schmal, dessen Mittelhaupt eingeengt und dessen Hinterhaupt dürftig sind, deutet meist auf geringe Entwicklung des Vorderhirns und somit auf einen geringen Grad des Bewußtseins und der Intelligenz. Aber man darf aus einem kleinen Neuhirn nicht ohne weiteres schließen, daß der Mensch sich im Leben nicht zurechtfindet. Sein Gehirn kann sehr viele Windungen haben, also größer sein als der Schädelumfang vermuten läßt. Es ist auch möglich, daß er (was an den Augen sichtbar wird) sehr lebendige Instinkte und hellsichtige (intuitive) Fähigkeiten hat. Witterung, List, Schlauheit, diese vorintellektuellen Fähigkeiten, die an den alten Gehirnteilen wurzeln, ersetzen vielleicht das, was an Verstand fehlt.

Geringe Entwicklung des Vorderhirns: Abbildungen 3, Amme; 88, Australischer Eingeborener; 90, Gedankenlesende Lettin; 103, Hitler.

Starke und verhältnismäßig zu starke Entwicklung des Vorderhirns: Abbildungen 22, Fourier; 36, Dostojewski; 41, Knigge; 47, Ludendorff; 45, Humboldt; 76, Junger Zeichner; 92, Voltaire.

Nicht jeder Mensch mit hoher, weiter Stirn, breitem Mittelhaupt und umfangreichem Hinterkopf ist hochbewußt. Sein Gehirnschädel kann eine »leere Nuß« sein (Wasserkopf). Oder die Genußgier hat, was an den Augen sichtbar wird, die Entwicklung des Bewußtseins verhindert. Oder das Gehirn ist erschöpft (die Augen sind ohne Glanz, matt, schläfrig). Oder es ist, wie bei den Kindern, noch nicht richtig erwacht (naiver Blick, kindliche oder primitive Gesichtsbildung). Kurz gesagt: Es kommt nicht nur auf die Quantität des Gehirns an, sondern mehr noch auf seine Qualität. Und diese ist nicht am Umfang des Gehirnschädels, sondern (wenn auch nur bis zu einem bestimmten Grad) an der Artung des ganzen Gesichts erkennbar: an der »wilden« oder »zivilisierten« Spannung der Lippen und der Nasenflügel, an der klobigen oder zielbewußt geschliffenen Bildung des Nasenbeins, der naiven oder rechnerischen Artung des Nasenendes, der wulstig oder präzis geformten Stirn. Aber vor allem am Blick kann man erkennen, ob das Bewußtsein mehr oder weniger wach ist, und ob es über die Triebe herrscht oder von ihnen umnebelt wird.

Ob ein Mensch bewußt oder triebhaft, im Alltagssinn dumm oder intelligent ist, ob der Verstand über das Gefühl und den Willen herrscht oder umgekehrt, ob der Verstand nüchtern oder mit magischen (intuitiven) Kräften verbunden, ob er mehr beobachtend oder verarbeitend, rasch schließend oder grübelnd (analysierend) ist – diese großen Unterschiede kann man an der Stirn und dem Gesicht (besonders an den Augen) meist mit mehr oder weniger Sicherheit erkennen. Aber die genaue Feststellung des Grades, der Artung und der Ausbildung der intellektuellen Fähigkeiten entzieht sich der physiognomischen Beurteilung, das ist Sache der Psychotechnik.

Steile und zurückgeneigte Stirn

Bei Menschen, die von Jugend an die Umwelt beobachten, Tatsachen und Beobachtungen sammeln und mehr oder weniger darüber nachdenken, aber ohne die Neigung sind, bis zum Kern der Dinge einzudringen, findet man sehr oft eine zurückgeneigte Stirn. Die Überaugenwülste treten bei ihnen mehr oder weniger deutlich hervor. Dagegen haben abstrakte Denker sehr oft (aber nicht immer) eine steile, in der oberen Hälfte ausgewölbte Stirn. Aus diesen Erfahrungen schloß man, der konkrete Verstand »sitze« in der unteren, der abstrakte in der oberen Stirnhälfte. Die Erfahrung stimmt, aber die Begründung war falsch. Die richtige ist: Beim tiefen Nachdenken, das im allgemeinen die Voraussetzung des abstrakten Denkers ist, wird der Kopf (um der ungestörten Konzentration willen) eher gesenkt, beim anschauenden Aufnehmen der Umwelt eher gehoben.

In dieser Tatsache liegt der Schlüssel zum Verständnis der steilen und der zurückgeneigten Stirn: Die Stirn ist mehr oder weniger steil oder zurückgeneigt, je nachdem, ob das Gesicht von Jugend an im allgemeinen gehoben oder gesenkt wird.

Man vergleiche die Stirnen Hindenburgs (46) und Ludendorffs (47) oder Amundsens (44) und Humboldts (45).

Gehoben wird der Kopf, außer beim weltoffenen Beobachten und Schauen, im allgemeinen auch vom Leichtsinnigen, Fröhlichen und Freudigen, Kampflustigen, Unternehmungslustigen, Siegessicheren und Optimistischen, vom Selbstbewußten, Eitlen und Hochmütigen, von dem Mutigen, der dem Gegner offen entgegentritt, dem Frechen, der vor keiner Unwahrheit zurückscheut und vor keinem Schuldbeweis den Blick senkt, und von dem Schwärmerischen, der sich trunken von den Bildern und Tönen, die seine Phantasie erschaut und erhorcht, hoch über die gemeine Wirklichkeit erhebt und sich dem All ringsum, den Wolken und dem weiten Himmel hingibt. Bestimmen diese Eigenschaften den Charakter und damit die Körperhaltung von Jugend an, so bewirken sie eine mehr oder weniger zurückgeneigte Form der Stirn.

Gesenkt wird das Gesicht – außer beim tiefen Nachdenken und Grübeln – auch vom (rachsüchtigen, trotzigen oder ängstlichen) Lauerer, vom Vorsichtigen (der seinen Blick verbergen will), vom Demütigen (der sich kleiner macht und bewundernd nach oben blickt), vom Schüchternen, Beschämten und dem von schlechtem Gewissen Bedrückten, vom Enttäuschten, Melancholischen und Hoffnungslosen, vom Müden, Trägen und Schwachen, und in der reservierten Zurückhaltung, die den Kopf senkt oder zur Seite dreht, um nicht offen geradeaus blicken zu müssen.

Alle diese »kopfhängerischen« Eigenschaften bewirken, wenn sie den Charakter und die Körperhaltung von Jugend an bestimmen, eine mehr oder weniger steile Form der Stirn. Aber die Stirn des müden, melancholischen »Dummkopfs«, der den Kopf wie eine geknickte Blume hängen läßt, ist meist weniger klar und schlechter (weniger genau) geformt als die des tiefsinnigen Philosophen. Außerdem ist sie eher kindlich-kraftlos vorhängend als steil.

Wie schon angedeutet, haben nicht alle Denker eine hohe, steile Stirn. Vielleicht fanden sie ihre Erkenntnisse mehr intuitiv, oder das Denken wurde ihnen so leicht, daß sie Aufgaben, die im allgemeinen eine grüblerische, in sich versponnene Konzentration verlangen, mühelos – spielend – lösen konnten, oder die weltoffene Schaufreude mit ihrer Neigung, den Kopf zu heben, wirkte ausgleichend.

Das Fehlen der Denkerstirn ist also kein unbedingter Beweis gegen einen Denker. Andererseits gibt es hohe, steilgewölbte Stirnen, die nicht durch tiefes Nachdenken, sondern nur durch lang dauerndes (berufliches) Gebücktsitzen erworben wurden. Das Gebücktsein beim Nähen z. B. gibt der Stirn eine »leere« Steilheit und Vorwölbung. Wie von einer Denkerstirn, kann man von einer »Näherinnenstirn« sprechen. Dazu ist wieder zu sagen, daß auch das Kopf-hängen-Lassen beim Nähen irgendwie kopfhängerisch macht, und daß Menschen mit keinerlei kopfhängerischen Neigungen – ausgesprochen Leichtlebige,

Fröhliche also – auch beim Nähen meist den Kopf so halten, daß er nicht hängt.

Wie ist es, wenn ein Mensch in der Jugend, vielleicht wegen einer Krankheit, schwach und schüchtern war, dann aber sein kopfhängerisches Wesen ablegen konnte? Die in der Jugend gebildete steile Stirnform wird nicht mehr verschwinden. Sie wird nicht mehr ganz zu seinem Charakter passen, aber doch insofern aufschlußreich bleiben, als jemand, der seine jahrelange Schüchternheit überwinden mußte, eben doch einen anderen Charakter hat als ein von jeher offen in die Welt drängender.

Ähnlich ist die steile, hohe Stirn eines Mannes zu beurteilen, der in der Jugend ein philosophischer Grübler war, sich dann der Politik oder dem Gelderwerb zuwandte und nun die typische Kopfhaltung für wirklichkeitsbezogene Menschen annimmt. Die Stirnform wird mit dem geänderten Charakter nicht übereinstimmen, ist aber doch insofern aufschlußreich, als ein auf die Umwelt beobachtend konzentrierter Mensch, der früher ein philosophischer Grübler war, eben doch einen anderen Charakter hat als ein Geschäftsmann oder Politiker, der von jeher, wirklichkeitsbezogen, mit zurückgeneigter Stirn durchs Leben ging.

Seitlich ausgewölbte und gegen die Mitte vorgewölbte Stirn

Eine breite, seitlich ausgebuchtete (und steile) Stirn findet man sehr oft bei Reflektierenden, die jedes Problem von allen Seiten betrachten und in jeder Richtung durchdenken wollen. Man schloß daraus, der analytische Verstand »sitze« in den seitlichen Ausbuchtungen. Nicht die Beobachtung, sondern die Folgerung war falsch. Richtig ist: Die breite, seitlich ausgebuchtete (steile) Stirn gehört typischerweise zu Menschen, die den Kopf oft mal nach links, mal nach rechts neigen. Auf antithetische und analytische Neigungen kann man aus solcher Stirnform zwar nicht ohne weiteres schließen, aber wenn diese Menschen denken, werden sie eher das Für und Wider sorgsam prüfen, als mit einem Schnellblick urteilen und sich rasch entschließen. (Siehe die Abbildungen 22, Fourier; 36, Dostojewski; 45, Humboldt; 96, Schiller.) Die Neigung zu raschen Entschlüssen und Urteilen findet man eher bei Menschen mit Stirnen, die gegen die Mitte vorgewölbt sind (Abbildungen 16, 44, 54, 69, Trenker, Amundsen, Napoleon, Stein).

Grundregeln zur Beurteilung der Stirn

1. Menschen mit stark entwickeltem Verstand haben nie einen affenhaft kleinen Gehirnschädel.

2. Es kann sein, daß ein Europäer mit einem im Verhältnis zum übrigen Körper wenig umfangreichen Gehirnschädel gescheiter ist als einer mit einem verhältnismäßig umfangreichen Vorderhirn, weil es bei jenem besser durchgebildet ist.

3. Auf starke intellektuelle Kräfte kann man im allgemeinen nur schließen, wenn

a) der Gehirnschädel nicht allzu klein und
b) der Blick intelligent ist.

Ist der Gehirnschädel umfangreich und der Blick dumm glotzend oder naiv schauend, so entspricht die ererbte Gehirnqualität nicht der Quantität, oder die ererbten Anlagen sind erschöpft. Oder sie wurden nicht entwickelt, sei es, daß die allgemeine Kraft für die intellektuelle Anstrengung zu schwach ist, sei es, daß Faulheit, Genußsucht oder Bewegungstrieb zu groß sind, oder daß die Sexualhormone, die auf den Verstand eine narkotisierende Wirkung ausüben können, allzu reichlich produziert werden.

4. Bei ungefähr gleich großem Gehirnumfang ist die Neigung zu intellektueller Tätigkeit bei einem Menschen mit kühlem, trockenem und präzis geformtem Nasenende, regsamen nüchternen Augen, kalten Lippen und dünner Stirnhaut meist größer als bei einem mit fleischigem, gut durchblutetem, schwellend abgerundetem Nasenende, feurig-feuchten Augen, hitzigen Lippen und dicker (verfetteter oder schwartenhafter) Stirnhaut. (Beim Denken wird die Stirnhaut meist bewegt, deshalb kann bei dem intellektuell Fleißigen die Stirnhaut im allgemeinen kein Fett ansetzen. Verfettete und schwartenhaft dicke Stirnhaut weist also – wenn auch nicht immer – auf Denkträgheit.)

5. Menschen, bei denen das Bewußtsein mit seiner konzentrierenden und präzisierenden Kraft erwacht und stärker ist als die unbewußten Kräfte (Instinkte, Triebe), haben im allgemeinen eine präziser geformte Stirn als naive und überwiegend triebhafte, rauschhafte und phantastische Menschen. Zu bedenken ist dabei, daß es nicht nur eine bewußte, sondern auch eine instinktive Zielsicherheit der Bewegungen gibt.

6. Eine eher zurückgeneigte als steile Stirn findet man bei Men-

schen, die mehr Neigung zum schauenden Beobachten als zum Grübeln haben, ferner bei Mutigen, Phantasievollen, Leichtsinnigen, Heiteren, Unternehmungslustigen, Selbstbewußten, Hochmütigen.

7. Eine eher steile als fliehende Stirn haben Menschen, die mehr grübeln und rechnen als schauend beobachten, ferner die Schüchternen, Demütigen, Lauernden, Vorsichtigen, Melancholischen.

8. Männer, die das Leben zerdenken, gern und gründlich analysieren und überall ein bedenkliches Wenn und Aber, Für und Wider finden und mehr zur Beratung als zur raschen Entscheidung und Tat taugen, haben eher eine breite, steile, seitlich ausgewölbte Stirn als eine schmale, zurückgeneigte und in der Mitte vorgewölbte. (Ob überhaupt gedacht und nicht nur kurz und gut oder auch kurz und schlecht gehandelt, oder gedankenlos mit schief gelegtem, hängendem Kopf gedöst wird, das offenbart der Blick.)

9. Die Qualität des Denkens – ob es richtig oder falsch zerlegt und bindet, tief oder flach bohrt, genialisch oder kalauerisch kombiniert – ist im allgemeinen Sache der Leistungsprüfungen. Der Physiognom kann darüber nur intuitiv gefundene Vermutungen aussprechen.

10. Bei manchen Menschen sind die seitlichen Ausbuchtungen der oberen Stirnhälfte Überbleibsel der kindlich-bogigen Stirn. Sie deuten entweder darauf, daß der Gehirnschädel früh verhärtete und so das Wachstum des Gehirns vorzeitig beengte, oder daß die kindliche Schüchternheit und Schwäche ungewöhnlich lang dauerte. Ob Schwäche und Schüchternheit jetzt noch bestehen, muß die Betrachtung des übrigen Gesichts ergeben.

11. Sehr hohe und weite Stirnen können taube Nüsse sein. Der geschulte Blick erkennt die Taubheit im allgemeinen an der kraftlosen (hohlen) Formung. Außerdem verrät das Auge die geistige Leere.

12. Zum Melancholiker paßt eine steile oder vorhängende, breit und zaghaft gewölbte Stirn, zum Sanguiniker (dem Menschen mit leichtflüssiger Seele) eine flüchtig zurückgeneigte, schmale und anmutig gebogene.

13. Menschen mit eingeengter, niederer und brettartiger, kindlich bogiger oder unpräzis geformter Stirn, affenartigen Überaugenwülsten, unwachen oder tierhaften Augen und unwachem oder tierhaftem Nasenende haben auf keinen Fall einen hoch entwickelten Verstand. (Siehe Abbildung 88, Australischer Eingeborener.) Ebenso sicher ist, daß Menschen mit so hoher (umfangreicher) und präzis geformter Stirn und so wissendem Blick wie bei den Abbildungen 15 (Wieland), 22

(Fourier), 23 (Schopenhauer), 30 (Strindberg), 36 (Dostojewski), 45 (Humboldt), 47 (Ludendorff), 92 (Voltaire) keine Dummköpfe, sondern intellektuell überdurchschnittlich begabt sind.

Grundsätzliches über die Formung der Stirn

Es sei wiederholt: Die Tätigkeit des Vorderhirns prägt die Form der Stirn nicht unmittelbar. Sie (und in ihr die ganze Seele) wirkt vielmehr auf die Bewegungen des Kopfs, des gesamten Körpers und auf seine ganze Artung und bestimmt so, indirekt, die Formung der Stirn, des Gesichts und des ganzen Körpers. Weder die unmittelbare Tätigkeit des Gehirns noch die Bewegungen bestimmen *allein* die Form der Stirn (und des ganzen Gehirnschädels). Sie ist in der Anlage des Individuums vorherbestimmt, kann aber (mehr oder weniger) durch Erziehung und Schicksal beeinflußt werden.

Die Intelligenz ist (soweit überhaupt) nicht nur an der Stirn, sondern am ganzen Gesicht, besonders an den Augen und in jeder Bewegung sichtbar. (Ein intelligenter Mensch nimmt den Eßlöffel anders in die Hand als ein wenig intelligenter. Die Stirnformen sind nicht nur Merkmale für intellektuelle Fähigkeiten, sondern auch für Charaktereigenschaften – auf die man auch aus der Form anderer Körperteile schließen kann. Es ist ja nicht so, wie man früher, besonders der Phrenologe Gall, annahm, daß bestimmte Eigenschaften an bestimmten Stellen des Gehirnschädels »lokalisiert« sind. Jede einzelne Charaktereigenschaft ist von vielen anderen Eigenschaften bedingt, wird nur im Gefüge des ganzen Charakters verständlich und äußert sich auch nicht nur in einem, sondern in mehreren Symptomen oder, richtiger gesagt, im eigenartigen Aufbau des ganzen Körpers.

Die amboßhafte Festigkeit, die eine Stirn zu einem »dicken Brett« macht, gibt allen Grundeigenschaften des Charakters ihr Gepräge und formt den ganzen Körper. Sie erscheint in der Dicke und der Knotigkeit der Gehirnschale und ihrer widerspenstigen Eckigkeit, in der Wucht des Kopfs, der Breite des Stands, der Vorwölbung der Brust usf. Des amboßhaften Körpers »Geist der Schwere« behindert einerseits die Intelligenz, sich zu entwickeln, und andererseits macht die dicke, brettartige Stirn es der Intelligenz schwer, sie zu durchleuchten und zu der klaren Stirn des Intellektuellen aufzuhellen.

Wie zum wuchtigen Körper ein Geist der Schwere, gehören zum geschmeidigen Charakter nicht nur eine weiche Wölbung der Stirn, sondern ein geschmeidiger Körper, ein geschmeidiger Gang, geschmeidiges Fleisch und geschmeidiger Knochenbau, eine Gehirnschale zum Beispiel, die nicht dick und widerspenstig wie beim Amboßhaften, sondern so geartet ist, daß sie sich von den sanften Kräften des geschmeidigen Geists in sanfte Wölbungen biegen läßt.

Physiognomische Skizzen

Abbildung 88 Australischer Eingeborener: Die Stirn ist sehr schmal und fliehend, das Mittelhaupt eingeengt: das Vorderhirn, der Träger des Bewußtseins und Verstands, wenig entwickelt. Daß die klärende und präzisierende Kraft sehr schwach ist, erkennt man mit Sicherheit an der tierlefzenartigen (hemmungslos sinnlichen) Unterlippe, dem tiernüsternhaften Nasenende, der unpräzisen Bildung der Knochenteile und besonders an den tierlichterhaft leuchtenden Augen. Sie verraten eine ganz unintellektuelle, aber traumhaft tiefdringende und traumhaft verschmelzende (magische) Seele. Dieser Australier kann zwar die chemischen Zusammenhänge zwischen Ernährung und Gesundheit nicht wissenschaftlich ergründen, »wittert« sie aber instinktiv. Er kann keinen Gottesbeweis führen, erlebt aber die verborgenen Kräfte der Welt vielleicht in jedem Stein und jedem Sonnenaufgang. Er kann nicht mit logischen Argumenten überreden, wirkt aber (auf seinesgleichen) durch magische Kräfte, wie er selbst nicht durch intellektuelle Gründe, aber auf magische Weise sehr beeinflußbar ist.

Abbildung 89 Junger Neger: Bei diesem jungen Neger ist der Gehirnschädel (das Vorderhirn) umfangreicher als bei dem Australier. Der Jüngling ist zwar wacher und intellektueller, aber seine elementaren Triebe hemmten die Höherentwicklung des Bewußtseins und des Verstands bisher. Seine schleimigen, wie Moortümpel im Dämmerlicht glimmenden Augen mit den weiten Pupillen sind zwar etwas wissender, nachdenklicher, aber doch auch geistig blind. Das breite, unscharf abgerundete, gut durchblutete, fleischige Nasenende erinnert an die seltsam lebensvolle, Witterungen verstrahlende Hundeschnauze und verrät starke Instinkte, elementare Empfindungen und hitzige Gefühle. Beides, Nasenende und Augen, ist typisch für den naiven Menschen, der fast ganz von den unbewußten Mächten (von Träumen und Begierden) beherrscht ist, an das magische Hokuspokus des Stammeszauberers glaubt und für dessen Suggestionen sehr empfänglich ist. Da das Bewußtsein dieses Negers nur trüb dämmert, hat er noch kein eigentliches Selbst-Bewußtsein. Wie das Kind mit seiner Mutter, hängt er im Wesenskern noch eng mit der Welt zusammen. Er weiß daher vieles unmittelbar, das wir mühsam mit dem Verstand erforschen müssen. Andererseits kann er nur ansatzweise denken und zielbewußt wollen. Der Mangel an konzentrierender, zielbewußt vorwärtsstrebender Kraft zeigt sich auch an der unpräzis geformten Stirn mit den unscharfen Überaugenwülsten, der verschwommenen Bildung des (wie bei dem Australier kindlich nieder gebliebenen) Nasenbeins, dem Unterkiefer, aus dem noch kein Kinn vorgetrieben wurde, und dem Mund, den naturnah-elementare, vom Verstand und vom zielbewußten Willen noch nicht eingedämmte oder gebrochene Triebe formten. Die Lippen sind nicht nur locker gefügt wie bei den Abbildungen, 2, 7, 8, 68 (Donna Isabel, Königin Luise, Königin Charlotte, Danton), sondern haben die Tendenz aufzuklaffen, wie das für Menschen mit dem Hang zum Exzessiven, zum Austoben, zum Rausch typisch ist. (Um einem Mißverständnis vorzubeugen: Seele und Geist der schwarzen Rasse müssen nicht so bleiben. In Amerika, wo Intellekt und Bewußtsein fast ununterbrochen gereizt werden, hat sie sich weit vom Zustand dieses jungen Negers entfernt.)

Abbildung 90 Gedankenlesende Lettin: Diese kleine Lettin konnte nur ansatzweise lesen und schreiben lernen. Eines Tages fiel es ihrem Lehrer auf, daß Ilga, wenn er neben ihr stand und im Buch mitlas, ihre Aufgabe tadellos erledigte. Er sprach mit der Mutter, die ihm nun erzählte, daß sie vor dem Mädchen nichts zu verheimlichen vermochte. Es fand z. B. jede versteckte Näscherei. Der Lehrer berichtete über den Fall, und der Direktor des gerichtlich-medizinischen Instituts an der Universität Riga, Dr. Ferdinand von Neureiter, ließ Mutter und Tochter zu sich kommen. Wie er in seiner kleinen Schrift »Wissen um fremdes Wissen« mitteilte, ergaben seine Experimente, daß das intellektuell minderbegabte zehnjährige Mädchen Fähigkeiten hatte, die man im allgemeinen Sprachgebrauch als Hellsehen, Gedankenlesen oder sechsten Sinn, wissenschaftlich aber am besten als Wissen um fremdes Wissen und Vorstellen, fremdes Fühlen und fremdes Wollen bezeichnet. Der Experimentator gab z. B. Mutter und Tochter, die in zwei verschiedenen Zimmern saßen, den gleichen französischen Text. Die Tochter, die nie französisch gelernt hatte, konnte den Text lesen, aber nur, wenn ihre

Mutter im Nebenzimmer ihn stumm mitlas. Dabei machte das Kind die gleichen Aussprachefehler wie seine Mutter, die auch nie französisch gelernt hatte: Es las nicht selbst, sondern mit dem Verstand seiner Mutter. Es war wie ein Radioapparat, der, was er spricht, nicht selbst fühlt, denkt und will, sondern nur wiedergibt, was ein ferner Mensch vor dem Mikrophon fühlt, denkt, will und ausspricht. Dachte die Mutter als »Sender« in unklaren Worten, dann sprach die schwachsinnige Tochter-Antenne die gedachten Worte unrein oder falsch aus, dachte die Mutter die betreffenden Worte klar und intensiv, dann hatte Ilga einen »reinen Empfang« und gab die Worte klar und deutlich wieder – wobei sie deren Sinn ebensowenig verstand wie ein Lautsprecher. Eine so ausgesprochene Gabe des Gedankenlesens, wie sie bei Ilga (und Hitler) festgestellt wurde, mag zwar selten sein, aber in geringem Grade haben sehr viele Menschen (intellektuell Begabte und intellektuell Unbegabte), ohne es zu wissen, die Fähigkeit, unausgesprochene Gedanken aufzunehmen. Ein großer Teil der »diplomatischen« Kunst beruht auf der Gabe, nicht nur aus Anzeichen und Andeutungen, kriminalistenhaft, auf die verborgenen Absichten des Gegners zu schließen, sondern sie, trotz geschicktester Verstellung, unmittelbar zu erfassen – d. h. in der Seele des Gegners, ohne dessen Wissen und Willen zu lesen. Die Fähigkeit des Gedankenlesens ist wohl auch einer der Gründe, daß viele Menschen, die wegen ihres schwachen Verstands in der Schule versagten, im Leben doch große Erfolge haben.

Ilgas Stirn ist – dies läßt sich trotz der verdeckenden Haare feststellen – sehr nieder und eingeengt, das Vorderhirn also wenig umfangreich. Das Nasenbein ist für ein zehnjähriges Mädchen sehr wenig entwickelt, der Mund kalt und etwas trotzig-verbissen. Das Nasenende hat etwas Dumpfes, Geist- und Gefühlloses; aber es wirkt aus ihm eine Kraft, die schwer, und vielleicht nur von den Augen her, zu benennen ist. Die Augen verraten wie das Nasenende eine leere, kalte (geist- und gefühlsarme) Seele, die noch nicht zum Ichbewußtsein und zur intellektuellen Erfassung der Umwelt erwacht ist. Insofern haben sie etwas Blindes. Aber von ihnen geht eine seltsame (kalte) Kraft aus: eben die Fähigkeit (blind für die mit dem Verstand und den Sinnen erfaßbare Welt), die Materie »hellfühlend« zu durchdringen. Die Armut an geistigen Kräften ist dabei förderlich: Ilga muß nicht wie die meisten Medien durch Hypnose in den Zustand der Bewußtlosigkeit versetzt werden, um die eigenen Gedanken auszuschalten.

Wie der australische Eingeborene hat Ilga ein wenig entwickeltes

Vorderhirn, aber es wäre falsch, aus dieser Gehirnschädelform verallgemeinernd auf mediale Fähigkeiten zu schließen. Man muß auch das Gesicht, vor allem die Augen und das Nasenende beachten. Trotz der geringen Entwicklung von Bewußtsein und Verstand kann es sein, daß die vorbewußten (in den alten Gehirnteilen wurzelnden) Seelenkräfte nicht lebendiger sind als bei den meisten heutigen Europäern.

Abbildung 91 Indianer: Die Entwicklung des Europäers endete (vorerst) in der Überzüchtung des Intellekts und der Versandung der irrationalen Kräfte. Dieser Indianer ist hochgezüchtete Natur ohne Intellektualismus. Das Bewußtsein ist bei ihm klarer als bei dem Australier und dem jungen Neger, hat aber die irrationalen Kräfte nicht zerstört, sondern aus dem Dumpf-Triebhaften gehoben. Er weiß, wozu seine Instinkte treiben und wovor sie warnen, bedenkt es, entscheidet sich halb denkend, halb träumend und führt seine Entschlüsse mit einem unbeugsamen Willen durch, dessen instinktive Zielsicherheit durch die Berechnung präzisiert ist. Sein (von grausamen Falten hart durchschnittenes) Gesicht ist nicht so »technisch«, nicht so »kalt«, nicht so seelisch entleert wie das vieler europäischer Zeitgenossen, die an einen mechanisch rechnenden und stur auf sein Ziel zueilenden Roboter erinnern. Seine Augen haben das Gleißende der magischen Seele, obwohl aus ihnen (im Gegensatz zu dem jungen Neger und dem Australier) ein wacher Verstand spricht. In der Formung seiner Nase mischt sich die Genauigkeit des hochgezüchteten Organischen mit der Präzision des Bewußtseins. Sie ist (im Gegensatz etwa zu der des Negers) konzentriert hochgetrieben und klar – und doch auch elementar. Seine Stirn ist nicht so wulstig wie die des Negers und nicht so schwartenhaft wie die der tibetanischen Frau (Abbildung 5), aber auch nicht so durchhellt und präzis geformt wie die Voltaires.

Abbildung 92 Voltaire: Bei Voltaire siegte die Ratio über die Mächte des Instinkts, des Glaubens, der Liebe und (bis zu einem gewissen Grad) sogar über den Haß. Er spielt mit ihnen und spottet über sie. Er glaubt nicht mehr an die christlichen Dogmen, findet es aber gut, die Lehre von einem jenseitigen Gericht nicht zu verwerfen, da er fürchtet, ein ungläubiger Tyrann werde zur vergnüglichen Verdauungsanregung nach einem üppigen Souper einige Untertanen abschlachten lassen. Er läßt das Christentum aus Vernunftgründen gelten.

Voltaires Stirn ist von der regen Tätigkeit des Vorderhirns durchhellt und präzis geformt, weil seine Körperbewegungen, wie sein ganzes Wesen, vom zielbewußten Willen bestimmt waren. Außerdem ist seine Stirn steil – infolge der Neigung, den Kopf nachdenkend zu senken. Und sie ist hoch und breit, woraus man auf ein umfangreiches Vorderhirn schließen kann. Bestätigt wird dies durch den Umfang des ganzen Gehirnschädels. Das Vorderhirn ist, wie wir wissen, Träger des Bewußtseins und der intellektuellen Fähigkeiten. Der Umfang des Gehirns entspricht zwar nicht ohne weiteres dem Umfang des Verstands, aber im allgemeinen gilt die Erfahrung: Wo der Gehirnschädel so eingeengt und das Gesicht so umfangreich und gut durchblutet ist wie bei Moissi (Abbildung 18) oder dem australischen Eingeborenen (Abbildung 88), da sind die intellektuellen Fähigkeiten weniger entwikkelt als bei einer Kopfbildung, wie Voltaire sie zeigt. Voltaires Nasenbein ist, wie seine Stirn, präzis geformt, außerdem wendig-schmal. Das Nasenende ist neugierig vorschnüffelnd und (im Vergleich zu Moissi) spitz und schmal, aber nicht so karg, kalt und trocken wie etwa bei den Abbildungen 76, 54, 22 (Zeichner, Napoleon, Fourier). Einerseits bestimmte die Anstrengung des kritischen Intellektes, die das Blut von der Körperoberfläche zurückzieht, Voltaires Wesen, andererseits aber lachte er gern und liebte das kultivierte Essen und Trinken, was eine lebhafte Durchblutung der Haut bewirkt. Sein Mund ist vom spielerisch gespannten Lächeln breitgezogen, die Oberlippe verkniffen und die Unterlippe etwas vorgeschoben in der Lust des Ironikers, der es sich verkneift, seine wahren Gefühle und Gedanken zu zeigen, und seine boshafte Lust in dem elastischen Katz- und Maus-Spiel zwischen scheinbarer Schmeichelei und heimlicher, messerscharfer Kritik findet. Seine Augen liegen, für den Sanguiniker typisch, flach und drängen, plauderfreudig, etwas nach vorn. Das Auge hat die blitzende Helle des raschen, scharfen Verstands und der Spottlust. Der Blick ist sehr wach, kritisch beobachtend und sondernd, elastisch gespannt, nach Macht begierig und im Triumphgefühl des witzigen Spötters lächelnd. Es gibt auch Spötter, die sich überlegen dünken, wenn sie ihrem Partner mit einem albernen Kalauer sozusagen ein Bein gestellt haben. Aber bei keinem dieser Dummköpfe wird der Mund so genau gespannt, das Nasenende so fein zugespitzt, das Auge so wach und unverkrampft siegesgewiß und die Stirn so hoch und hell sein. Daß Voltaires Geist tief war, darf man allerdings nicht behaupten. Er selbst schrieb über sich: »Ich bin wie die kleinen Bäche, sie sind klar bis zum Grund, weil sie nicht eben tief sind.« Die sanguinische Neigung, elastisch von Problem zu Problem zu springen, vieles rasch und elastisch zu begreifen und geistreich darüber zu plaudern, nichts aber ganz durchzuarbeiten, hinderte ihn, ein so bedeutender Denker zu werden, wie die Kraft seines Intellekts es ermöglicht hätte.

Abbildung 93 Novalis: Der junge Neger und der Australier befinden sich im Zustand kindhafter Ganzheit, in dem der Unterschied zwischen Ich und Umwelt noch nicht oder noch nicht klar erfaßt wird, das Ich daher sehr leicht den Einflüssen der Außenwelt unterliegt: Ein freundliches Gesicht macht Kinder lachen, auf eine strenge Miene reagieren sie mit Angst. Außerdem besteht bei diesen seelisch-kindhaften Menschen noch keine klare Trennung zwischen Gefühl, Willen und Verstand, Wahrnehmen, Begehren und Urteilen. Ihre Erkennntnisse formen sich nicht zu Gedanken, sondern zu Bildern, Symbolen und Mythen; sie sind immer, zwangsläufig, mit Haß- oder Liebesgefühlen und Abwehr oder Annäherungsimpulsen verbunden, je nachdem, ob sie Schaden oder Nutzen versprechen. Das »Denken« des kindhaften Typus ist also unsachlich. Voltaire dagegen, dessen wache Augen pinzettenhaft sondern und greifen, weiß (wie die meisten neuzeitlichen Menschen) um die Grenze zwischen sich und der Welt. Er steht ihr mit Sympathie oder Antipathie gegenüber. Sein heller, scharfer Verstand schiebt sich zwischen ihn und die Umgebung, er beobachtet sie intellektuell und analysiert sie. Auch seine eigenen gefühlsmäßigen und intellektuellen Reaktionen beboachtet er mit intellektueller Skepsis. Er kritisiert sich selbst und unterscheidet scharf zwischen seinen gefühlsgebundenen Neigungen und seinen rationalen Erkenntnissen. Gefühl, Wille und Verstand sind in ihm getrennt.

Bei Novalis waren die kindhaften Kräfte ungewöhnlich lebendig, obwohl sein Verstand so gut entwickelt war, daß er Philosophie und Physik studieren konnte. Henrik Steffens, der norwegische Naturphilosoph schrieb in seinen Erinnerungen, Novalis habe in einer »mythischen Welt gelebt. Die ursprüngliche Mythe, die zu seinem Wesen gehörte, schloß ihm selbst das Verhältnis der Philosophie, aller Wissenschaften, der Künste und der bedeutendsten geistigen Persönlichkeiten auf... Daher bewegte er sich mit gleicher Leichtigkeit in der Wissenschaft wie in der Poesie, und die tiefsten, ja schärfsten Gedanken konnten ihre Verwandtschaft mit dem Märchen ebensowenig verleugnen wie das bunteste, scheinbar willkürlichste Märchen seine, wenn auch verborgene, spekulative Absichtlichkeit.« Ludwig Tieck schrieb:

»Das alltägliche Leben umgab Novalis wie ein wundervolles Märchen.« Friedrich Schlegel kritisierte des Novalis »beständige unruhige Abschweifungen von dem eigentlichen Gegenstand ... und seine grenzenlose Flüchtigkeit ... und daß er ewig mit schönen Talenten spielen werde, wie ein Kind mit Karten«. Charlotte von Schiller rühmte »den Zauber und den Reichtum in der Phantasie und die Kindlichkeit der Ansichten«, bedauerte aber, daß Novalis »alles mit dem Verstand zerschneiden wolle«, was sein kindliches Wesen doch nur mit der Phantasie fassen könne.

Novalis selbst erkannte die Gefahr des Verstands für seine besondere Art und fürchtete, der märchenhafte Reichtum in ihm werde versiegen und die »entsetzliche Verknöcherung des Herzens« und die »Seelenauszehrung« fortschreiten. »Sein Verstand habe sich nach und nach ausgedehnt und unvermerkt das Herz aus seinen Besitzungen verdrängt.«

Im allgemeinen wollen die Kinder recht rasch Erwachsene werden, andererseits aber haben sie Angst vor deren großer schwerer Welt. Bei Novalis war dieses Widerstreben besonders stark. Er wollte nicht in die Kälte, die Leere, in die »Nichtswürdigkeit« des Erwachsenseins eintreten. Dieser Widerwille war (neben der Hoffnung auf ein Wiedersehen mit Sophie, seiner toten Verlobten) ein Grund für seine Todessehnsucht. Seine Liebe zu Sophie von Kühn hatte »dem Herzen den verlorenen Thron wiedergegeben«. Wie leicht konnte, schrieb er, »ihr Tod dem Usurpator die Herrschaft wiedergeben«. Aber auch die Ehe mit ihr hätte, dies ließen ihn seine Beobachtungen dunkel ahnen, die verabscheute und gefürchtete Entwicklung zur Intellektualität nicht aufgehalten. So erschien es ihm als eine Schicksalsfügung, die seinem »Gemüt« entsprach, daß Sophie starb und in ihm die Sehnsucht aufflammte, das irdische Sein aufzulösen, um bald in einem anderen Reich mit ihr wiedervereinigt zu werden. Eine Schöpfung dieser Sehnsucht sind die »Hymnen an die Nacht«, die zu den schönsten Dichtungen der deutschen Sprache gehören.

Das Gesicht von Novalis ist, wie das des Schauspielers Werner Krauss (78), nicht von der Entwicklung eines individuellen Charakters zerklüftet, sondern, wie das der Kinder, eihaft (ganzheitlich) geschlossen. Es ist kindlich zart und klein und verschmälert sich von den feinen Jochbeinen zum zurückliegenden Kinn. Der Mund ist sensibel und wollüstig, seine schön geformten, etwas hektischen Lippen liegen locker übereinander und deuten eher auf kindlich schwärmende und ästhetische als reale Erlebnisse des Empfindens und Fühlens hin. Auch das Nasenende erinnert an die feinspürenden Kinder, ist aber nicht mehr ganz naiv, sondern von Bewußtsein durchwirkt. Das Nasenbein ist halbhoch, klar und abgerundet und entspricht (wie das weich überpolsterte Kinn) einem gewiß nicht aggressiven und zielbewußt täterischen, aber auch nicht mehr kindlich schwachen und richtungslosen Willen, in dem sich naiv-instinktive und bewußte Kräfte mischen. Die Brauen sind anschauend hochgewölbt. Trotz des Bewußtwerdens haben die großen, leuchtenden Augen die geweiteten Pupillen der Kinder. Sie sind von Gefühlen und Phantasien erfüllt und von der kindhaft magischen Kraft, die Leib und Seele, Erscheinung und Bedeutung als Einheit, das Alltägliche als Wunder und das Ungewöhnliche als alltäglich erlebt. Ihr Blick greift, aus irrationaler Tiefe kommend, ins Unsichtbare, gelenkt vom Wunsch, Geahntes und intuitiv Erschautes zu wissen. Die Stirn ist kindlich sanft gewölbt und deutet, zusammen mit dem Nasenende und den Augen, auf einen nicht mehr ganz naiven, noch nicht ganz bewußten, einen dämmerlichtigen Geist. (Vergleiche mit den Abbildungen 89 und 92, Neger und Voltaire.)

Die halb kindlich-magische Artung des Gesichts entspricht dem von Friedrich Schlegel festgestellten Mangel an Konzentration: Im Gegensatz zu den meisten erwachsenen Europäern erlebte Novalis, halb wissend, halb träumend, die innere Ganzheit der Welt und ihrer unzählbaren Erscheinungen. Auf die innere Ganzheit war er konzentriert. Sie, nicht ihre äußere vereinzelte Vielfalt, suchte er in phantasievollen, märchenhaften Bildern und magischen Tönen zu gestalten. Was Schlegel »grenzenlose Flüchtigkeit« und »unruhiges Abschweifen« nannte, war Konzentration auf das Wesen, das in der konsequenten Beachtung des Äußeren leicht verlorengeht.

Abbildungen 94 und 95 Ferdinand Sauerbruch und Rafael Schermann: Novalis ist im Wesen Kind geblieben, der Indianer, Goethe, Sauerbruch und Schermann wurden zwar Erwachsene, aber von den magisch-schöpferischen Kräften der Kindheit blieb in ihnen mehr erhalten als bei den meisten Europäern. Bei Sauerbruch sind alte vorbewußte Kräfte mit einem hochentwickelten Intellekt verbunden. Er konnte den organischen Zustand seiner Patienten nicht nur mit dem Verstand erfassen, sondern auch hellfühlend und intuitiv. Seine Augen verraten die aufhellende und klärende, erkältende und konzentrierende (die Pupillen verengende) Wirkung kritischen Verstands, verbunden mit dem Gleißenden, Flimmernden und Glimmenden des Magischen.

Auf das Nasenende kann man ein Wort anwenden, mit dem Sauerbruchs ganze Persönlichkeit charakterisiert wurde: quecksilbrig. Es ist (magisch) membranenhaft und (intellektuell) kühl. (Dem Nasenende und den Augen Voltaires z. B. fehlt das Magische, dem Australier und dem jungen Neger das Intellektuelle.)

Auch die Augen des Graphologen Schermann haben das seltsame Gleißen magischen Erlebens. Aber sie sind nicht so kalt und hart, sondern gefühlvoll. Sie haben (wie das Nasenende und die Wangen) etwas Tierfühlerhaft-Lebendiges, etwas Übersensibles. Die geschmeidig gewölbte und in Umweltbezogenheit etwas zurückgeneigte Stirn ist hoch und hell, aber nicht so intellektualistisch klar wie die Sauerbruchs. Sie deutet auf das wissende Fühlen (oder das einfühlende Wissen), mit dem Schermann eine Schrift als lebendig sprechendes Zeugnis einer menschlichen Seele (hellsehend) erfaßte und psychologisch deutete.

Abbildungen 96 bis 99 Schiller und Goethe: Goethes Gesicht hat das Gelockerte der durch die Ahnung vertieften und geweiteten Gefühle, das Verhüllte der Instinkte und die Klarheit eines hohen Bewußtseins. Es ist umfangreich, sinnlich und durchseelt und erinnert an den Glanz eines frühen sonnigen Morgens, den Goethe liebte. Das Dunkel geheimnisvoller Nacht ist ahnungsvoll gelichtet, aber nicht vom grellen Mittag nüchterner Aufklärung aufgesogen.

Goethes Eigenart entsprach in hohem Grad der Forderung, die er selbst in den Worten aussprach: »In dem menschlichen Geiste, sowie im Universum, ist nichts oben noch unten; alles fordert gleiche Rechte an einen gewissen Mittelpunkt, der sein geheimes Dasein eben durch das harmonische Verhältnis aller Teile zu ihm manifestiert. – Wer nicht überzeugt ist, daß er alle Manifestationen des menschlichen Wesens, Sinnlichkeit und Vernunft, Einbildungskraft und Verstand, zu einer entschiedenen Einheit ausbilden müsse, welche von diesen Eigenschaften auch bei ihm die vorwaltende sei, der wird sich in einer unerfreulichen Beschränkung immerfort abquälen.«

Das Streben nach Ganzheit schließt, wie Goethe selbst sagte, nicht aus, daß eine Kraft schwächer ist als die andere. Bei Goethe war (im Gegensatz zu Schiller) das analysierende und abstrahierende Denken verhältnismäßig wenig entwickelt. Sein von unbewußten Kräften geweitetes, dunkel leuchtendes Auge war nicht bohrend oder pinzettenhaft stechend oder rücksichtslos analysierend, sondern die Erscheinung in ihrer sinnlichen Eigenart liebevoll erfassend und intuitiv zu ihrem Wesensgrund dringend. Er schaute die Gestalt und gleichzeitig in ihr die Idee.

Goethe hatte zwar tiefe wissenschaftliche Einsichten, verdankte sie aber vor allem der geistig-sinnlichen Liebe, die zum Wesen des Lebendigen dringt. »Man lernt nichts kennen, als was man liebt, und je tiefer und vollständiger die Kenntnis werden soll, desto stärker, kräftiger, lebendiger muß Liebe, ja Leidenschaft sein.« Ihm blieb immer bewußt, daß unser Erkennen beschränkt ist, daß »wir alle in Geheimnissen wandeln, und daß wir von einer Atmosphäre umgeben sind, von der wir noch gar nicht wissen, was sich alles in ihr regt und wie es mit unserem Geist in Verbindung steht«. Er ahnte, daß alles Vergängliche ein Gleichnis, und das, was der Mensch mit den Sinnen, dem Verstand und der Intuition erfassen kann, nicht das Ganze ist.

Die Welt war ihm nicht nur atmende Gestalt oder flüchtiger Wahn von ewigen Ideen. Er neigte zwar das eine Mal zum heidnisch-sinnlichen Genuß, dann wieder wollte er sich »die Liebe zu einer schönen Frau nicht durch die Gemeinschaft einer flüchtigen Begierde besudeln«, verurteilte die »Absonderung des Sinnlichen vom Sittlichen aber bewußt, die die liebenden und begehrenden Empfindungen spaltet«, und war in seinen höchsten Stunden gleichzeitig ein den Duft und Glanz der sinnlichen Erscheinung triebhaft Genießender und ein das verborgene Wesen intuitiv Erfassender. Daß Goethe den Zwiespalt zwischen den »zwei Seelen«, der »heidnischen« und der »christlichen«, und die Zwiespalte des neuzeitlichen Menschen überhaupt immer wieder überwand, lag in der besonderen schöpferischen, elastisch regenerierenden Kraft seiner Natur. Er selbst sprach einmal davon, daß seine »Natur, wie getrennte Quecksilberkügelchen, sich so leicht wieder vereint«. (Das Stieler-Bildnis hat etwas Quecksilber-Flüssiges.)

Durch die in ihm wirkende schöpferische Kraft war Goethe zur Einheit geschlossen, obwohl bei ihm die Werkzeugkräfte Empfindung, Wille, Verstand und überhaupt die meisten »Teile« des menschlichen Seins in ihrer Sonderart (mehr oder weniger) hoch entwickelt waren. Obwohl ein in sich gerundetes Ganzes, ein Kosmos, war er mit seiner Umwelt irrational verbunden.

Sein Gesicht hat noch etwas von der Geschlossenheit des Eis, wie beim jungen Hölderlin, bei Werner Krauss und Novalis. In Schillers Gesicht dagegen liegt die schmerzvolle Spannung des Menschen, bei dem Leistungswille, Erkenntniseifer und Sehnsucht nach der körperlosen Ideenwelt die (von Natur schwachen) Kräfte liebender Hingabe und stillen Genießens geknebelt hat. In der Unterdrückung erkrankten sie zu schwelender, krampfiger Brunst. Schiller konnte für Augenblicke pathetisch schwärmerisch sein, aber diese Gefühlsausbrüche stammten, wie sein Jugendfreund Scharffenstein richtig »gewittert« hat, aus einem Mangel. Er warf Schiller vor, »seine Freundschaft sei nicht vom Freund herausgequollen, sondern vom Dichter«.

Schillers Mund ist von brünstigen Gefühlswallungen hektisch und von den trotzigen, herrschsüchtigen, leistungsgierigen Einwirkungen des Willens unschön verdickt. Auch die Wülste neben dem (etwas verkniffenen) Lippenwinkel und über dem Jochbein und die Jochbeine selbst wurden von harten, krampfhaften (grausamen) Spannungen gebildet. Wie fein sind dagegen die Jochbeine des jungen Goethe, und wie edel, sinnlich kraftvoll und doch schön geschwungen sind seine Lippen. Sie liegen (in elastisch-sanguinischer Genußfreude) locker übereinander und schwingen frei aus in die zart durchbluteten ebenmäßigen Wangen, in die geschmeidig intensive Gefühlsspannungen einen mondsichelklaren Bogen prägen. Schmiegsam und zärtlich kraftvoll ist auch die Biegung von Goethes Brauen. Sie waren, besonders in der Jugend, schauend, beschau-lich hochgewölbt. Schillers Brauen dagegen verraten die Tendenz des energischen Denkers, sie herabzuziehen, wobei sie sich sträuben und eine mehr oder weniger gerade Linie bilden.

Auf der Zeichnung von Lips und dem Gemälde von Stieler sind Goethes Nasenflügel spannungsvoll und doch locker angesetzt. Sie deuten auf die natürlich-formvolle, weder vom Willen noch vom Intellekt versteifte Haltung des Sanguinikers. Das ganze Nasenende ist gut durchblutet, anmutig schwellend und schneckenfühler-sensibel. Man vergleiche es mit Schillers hektisch-dürftigem Nasenende.

Schillers Augen waren hell (blau) und kühl; Goethe hatte eine ungewöhnlich große, leuchtende Regenbogenhaut von warmer, bräunlicher Farbe. Seine Pupillen waren von unbewußten Kräften auffallend geweitet.

Nur ein Mensch mit so gefühlvollen Augen, einem so sensiblen Nasenende, so zärtlichen Wangen und so edel genußfähigem Mund kann die Sätze schreiben: »Ich wohne in stiller Traurigkeit über meinen Gefilden. Es ist alles so unendlich hold ... Sobald unser Herz weich ist, ist es schwach. Wenn es so ganz warm an seine Brust schlägt und die Kehle wie zugeschnürt ist, und man Tränen aus den Augen zu drücken sucht, und in einer unbeschreiblichen Wonne dasitzt, wenn sie fließen, o, da sind wir so schwach, daß uns Blumenketten fesseln ...«

Solange sein Gefühl sprach, wurde Goethe von Blumenketten gefesselt, und wo er ein Mädchen liebte, mußte er immer ihre ganze Umgebung mitlieben. Aber wenn die Liebe erkaltete, dann war bei ihm, der sich in Weißlingen und Clavigo geißelte, der Wille zu schwach gegen die negativ gewordenen Gefühle und er flüchtete – gleichgültig gegen das Mädchen und seine Umgebung. »Unzuverlässigkeit der Grundsätze und Wollustliebe« waren, wie der berühmte Arzt J. G. Zimmermann, Lavaters Freund, sagte, Goethes Schattenseite. Physiognomisch ausgedrückt: Der Mund des jungen Goethe war etwas zu locker gefügt und das Knochengerüst verhältnismäßig weniger gut entwickelt als die Fleischteile, außerdem war es weich. Die Weichknochigkeit dürfte die Ursache für die Verbiegung von Goethes Nase gewesen sein. Zudem lag ihre Wurzel tief (beinahe wie bei Kindern).

Im Gegensatz zu Goethe waren bei Schiller die Knochenteile des Gesichts besser entwickelt als die Fleischteile: Bei ihm herrschte der Wille über Empfindung und Gefühl. Darum unterlag er selten der Verführung des schönen Augenblicks, darum fehlte es ihm aber auch an Grazie und an lebendigem Kontakt mit der Wirklichkeit, an der Fähigkeit, naiv mitzuempfinden und mitzufühlen.

Wie Schillers Wille sich unnachgiebig bis zur Erreichung des Ziels spannte, war sein Nasenbein (das wird besonders an der Totenmaske sichtbar) bis zur Stirn hochgetrieben, außerdem scharf, hart und spannkräftig gebogen. In Schillers Nasenform verbinden sich pathetische und intrigantische, aggressive und diplomatisch-vorsichtige Willensimpulse: Ungewöhnlich weit und pathetisch schwungvoll schießt sie nach vorn – in die Umwelt. Im unteren Drittel ist sie (das zeigt die Totenmaske besonders deutlich) gehöckert wie die Hakennasen, allerdings ohne sich zum Haken nach unten zu krümmen. Hakennasen findet man oft bei Menschen mit diplomatischen und intrigantischen Neigungen, starkem Selbstbewahrungstrieb und der (daraus oft folgenden) Unfähigkeit, sich liebend hinzugeben.

Die Lust am Ausleben des pathetischen Willens und am Ersinnen und Durchführen von Intrigen mag ein wichtiger Grund gewesen sein, daß Schiller, der lange schwankte, sich für die Dichtung entschied und Philosoph nur im Nebenberuf wurde.

Auf den Denker deuten bei Schiller das Analytisch-Spitze und wißbegierig-Vorgehende des Nasenendes, die Härte und Kälte des Gesichts (das für einen reinen Wissenschaftler aber doch zu schwül war) und Umfang und Artung der Stirn. Schillers Stirn war (wie man das oft bei grüblerischen Menschen findet) in der oberen Hälfte seitlich ausgebuchtet und steil. Goethes Stirn dagegen war geschmeidig zurückgeneigt und gegen die Mitte vorgewölbt – sein Geist nicht grüblerisch skelettierend und konstruierend, sondern (wie der Blick unmittelbar verrät) die Umwelt aufnahmebereit anschauend, die Gestalten zart und doch fest in ihrer Ganzheit erfassend und liebevoll im Gedächtnis festhaltend, zum Wesensgrund des Sinnlich-Anschaubaren dringend und (ohne analytische und abstrahierende Bemühung) mit intuitiver Schnelligkeit und Sicherheit urteilend.

In Schillers Blick ist das Intuitive mit dem Kritischen und dem Pathetischen verbunden. Er drängte – wie die krallenartig vorschießende Nase – zur Wirkung und ist gleichzeitig in sich verschlossen.

Schillers Verhältnis zur Umwelt war das eines Eroberers zur Beute, die er willkürlich gebraucht, zerlegt und umformt. Aber seine, des Hager- und Kleingesichtigen, Werkzeuge zur Erfassung und Bewältigung der Wirklichkeit waren – vergleichsweise gesprochen – kein wuchtiges, überwältigendes Schwert, sondern eine rasch bewegliche stahlharte, präzise Pinzette. Sie taugten weniger zum Kampf von Mann zu Mann, als zur indirekten Eroberung, d. h. zur Eroberung vom Schreibtisch aus – durch Ideen, pathetische Worte und das Ersinnen dramatischer Handlungen.

Auch Goethes Gesicht verrät, obwohl es umfangreich ist, wenig Eignung zum harten, offenen Kampf von Mann zu Mann. Dazu war es zu weich. Er war vor allem künstlerischer Gestalter – zwar nicht unfähig zur Verwirklichung von politischen Ideen, aber nicht mit Gewalt, sondern mit kluger Anpassung. Er hatte die Fähigkeit, mit vielen Menschen umzugehen, ohne ungeduldig zu werden. Dadurch förderte er seine Ziele.

Schiller, sagte ich, verhielt sich zu den Objekten wie ein Eroberer zur Beute, Goethe eher wie ein Liebhaber zur Geliebten. Er konnte als »Stockrealist bei allen Dingen nichts davon und nichts dazu wünschen«. Durch die allzu strenge Beobachtung der äußeren Dinge und ihrer Verhältnisse kam er in Gefahr, sich selbst und seine Innenwelt zu vergessen. Schiller dagegen erlebte und gestaltete vor allem sich selbst und das innere Reich seiner Ideen. Bei ihm war typischerweise das Gesicht im Verhältnis zu dem breiten Vorder- und Mittelhaupt klein. Bei Goethe war es ungefähr ebenso groß bzw. eher größer als der Gehirnschädel. Außerdem tauchte es mit lebendigen, aufnahmebereiten Sinnen in die Umwelt.

Goethe hatte instinktiven Kontakt mit der Wirklichkeit, Schiller konnte (aus zielstrebigem Ehrgeiz) gesellschaftlich, aber nicht im eigentlichen Sinn gesellig sein. Seine Werke sind klar und zielbewußt skelettiert, haben aber (wie ihres Urhebers Gesicht) wenig »Fleisch«, die Personen sind personifizierte Gedanken und existieren nur, solange sie handeln. Goethes Dichtungen sind (wie sein Gesicht) weniger zielstrebig-klar strukturiert, haben aber ein reiches, organisches Leben. Er verstand sich besser auf schwankende, zugängliche, umgängliche als auf harte Charaktere. Die Wurzel seiner Dichtung ist die Liebe. Schiller konnte von Liebe nur sprechen, indem er pathetisch oder sentimental wurde. Aber an die Charakterfestigkeit seiner Gestalten glaubte er mit der Selbstverständlichkeit dessen, der sich durch Gefühle nicht von Vorsätzen und Grundsätzen abbringen läßt. Seine Helden sind stark im Willen, karg im Gefühl; sein Dichten kreist um die Macht und um den Kampf; er atmet gern in der menschenvernichtenden Katastrophe. Goethe dagegen sträubte sich gegen das notwendige Hartsein des Tragikers.

Goethes Entwicklung ist eine organische Entfaltung, Schillers Leben und Schaffen ein Kampf des ethischen Willens gegen die negativen Kräfte seiner Veranlagung, die am unmittelbarsten in den »Räubern« zum Ausdruck gekommen sind: gegen das Lieblos-Brünstige, Wirkungs- und Herrschsüchtige, Intrigantische, Melancholisch-Grausame. In seinen späteren Dramen sind diese Kräfte objektiviert: Die herrschsüchtigen Worte, mit denen Königin Elisabeth ihre Rivalin Maria Stuart demütigt, sind nicht mehr ein »räuberisches« Austoben der eigenen Herrschsucht, sondern deren dichterische Gestaltung aus der Distanz und Überlegenheit des Geistes. Zeugnis dieses Kampfs und Siegs ist auch Schillers Philosophie. Er wußte, daß des Menschen Natur und die Bedingungen seines Daseins so eingerichtet sind, daß er sich nicht zu der höchsten Idee sittlicher Reinheit erheben kann, ließ sich von diesen melancholischen Erkenntnissen aber nicht, wie Schopenhauer, zur Verneinung des Lebens und zur Sehnsucht nach dem Nirwana verleiten. Er wußte, daß in der wirklichen Welt das Wohlverhalten nicht durch Wohlergehen belohnt wird, und daß unser Leben ein »furchtbar herrliches Schauspiel ... der alles zerstörenden Veränderung, des bald untergrabenden, bald schnell überfallenden Verderbens – der unaufhaltsamen Flucht des Glücks – der betrogenen Sicherheit – der triumphierenden Ungerechtigkeit und der unterliegenden Unschuld« ist. Sein elastischer Wille und sein philosophischer Geist aber ließen ihn sich zu der Überzeugung erheben: Das Rechte führt ewig Streit mit dem Schlechten, aber es *ist* – wie das Böse. Das Gute mag immer wieder unterliegen, aber auch und gerade im Untergang kann es sich beweisen: Aus der Vernichtung des Individuums, das ihm sein Leben opfert, steigt es als Sieger auf.

Schiller war keine »entschiedene Einheit« in Goethes Sinn, aus seiner Ethik aber ergibt sich eine ganzheitliche Haltung, die den Menschen seiner mehr oder weniger begrenzten Individualität mit ihren egoistischen Neigungen enthebt und ihn alle Erscheinungen des Lebens objektiv bewerten läßt.

Abbildung 100 bis 102: Charles de Gaulle wurde in der Jugend wegen seines hochaufgeschossenen Wuchses »der Spargel« genannt. Bei so gebauten Männern besteht die Gefahr, daß das von oben auf die anderen Hinunterschauen sich in Hochmut verwandelt. De Gaulles (ihm von allen zuerkannte) Arroganz hat allerdings noch eine wesentlichere Ursache: Den Traum von seiner Sendung.

De Gaulle, dieser französische Anachronismus, ist gewiß kein Intellektueller. Die alten Seelenkräfte, List und Witterung, Schlauheit und Phantasie, die Gabe des Glaubens und des Träumens, waren bei ihm stärker als der Verstand. (Seine Stirn war halbhoch, zurückgeneigt und eingeengt, eingeengt durch das Mittelhaupt, der Hinterkopf kurz. Dies waren Zeichen dafür, daß das Vorderhirn oder Neuhirn, der Träger des Bewußtseins und des Verstands, für einen Menschen des 19. und 20. Jahrhunderts einen verhältnismäßig geringen Umfang hatte.)

Der Intellektuelle neigt dazu, die Probleme durch Spruch und Widerspruch zu klären, sie zu diskutieren, wie das in Parlamenten üblich ist. De Gaulle aber war ein Gegner des parlamentarischen Verhandelns. Er liebte es, die Probleme einsam zu bebrüten und zu beträumen. Daß bei de Gaulle die unbewußten Kräfte vorherrschten, bestätigt das Gesicht mit dem dicken Nasenende, das im Alter an tumbe mittelalterliche Menschen erinnerte und als Elefantennase verspottet wurde. Auf Abbildung 100 sind de Gaulles Augen träumerisch und gefühlvoll, witternd, sinnierend und brütend, nicht hell, klar und denkerisch. Roosevelt bezeichnete sie als »seelenvoll«. Welche seelischen Kräfte erscheinen in ihnen? Kein Betrachter mit lebendigem Blick wird sie als mitfühlend und menschenfreundlich bezeichnen. Wie de Gaulle selbst sagte, war die Einsamkeit von jeher seine Versuchung. Dieser Hang bestärkte sich durch die Meinung, ein Führer – und das zu werden, war er schon früh entschlossen – müsse sich »aristokratisch« isolieren und immer auf das bedacht sein, wozu er, de Gaulle, sowieso neigte, nämlich auf Distanz und Würde. So konnte sich schon in der Jugend die allgemeine menschliche Fähigkeit, Freundschaftsgefühle zu wecken oder gar um Freunde zu werben, nicht entfalten. Später wurde aus dem Hang zur Isolierung und zum würdevollen Distanzhalten die Ichbezogenheit des Mannes, dem Churchill vorwarf, er habe keinen Sinn für »menschliche Kontakte«, und die kalte Arroganz des Führers, der wie Emanuel d'Astier de la Vigerie sagte, »auf seine Mitarbeiter herabsieht wie ein Gott, der das Unvollkommene an seiner Schöpfung betrachtet«. Emanuel Ashcroft schrieb in seiner gewiß nicht antigaullistischen Biographie: »Daß es de Gaulle nicht gelang, Frankreichs Krankheiten zu heilen, lag an seiner Kälte und der gewollten Distanz, die ihn hinderte, mit anderen auf gleicher Basis zu verhandeln. Er hatte zu wenig Liebe zu den Menschen.«

»Seelenvoll« war de Gaulles Auge, weil es von den Träumen und Wünschen vergangener Jahrhunderte erfüllt war, in denen Könige von Gottes Gnaden Frankreich zu Gloire und Grandeur führten und der Himmel (das waren noch Zeiten!) nicht einen gelernten General oder wenigstens einen Gefreiten, sondern ein Hirtenmädchen zur Rettung des Vaterlands berufen konnte. Er, der in einem royalistischen Haus Aufgewachsene, fühlte sich von Jugend an als der heimliche König Frankreichs. Schon von dem jungen Soldaten sagte einer seiner Vorgesetzten, er halte sich offenbar für den Konnetabel von Frankreich. Und einer seiner Freunde, Lucien Nachin fand einige Jahre später, de Gaulle habe »einen undefinierbaren Nimbus von Autorität« um sich gehabt.

Damit mag zusammenhängen, daß de Gaulles Gesicht oft etwas Schmollendes hatte. Der Engländer Spears fand dies bemerkenswert und schrieb, de Gaulle habe, bevor er zu sprechen begann, die dicken Lippen seines kleinen Mundes »wie schmollend« vorgeschoben. Vielleicht schmollte er mit dem Schicksal, weil er nicht als das geboren wurde, als das er sich fühlte.

Der Schmollende ist zwar unzufrieden, verschweigt aber seinen Unwillen. Er duldet das Unrecht unter passivem Protest, zumal wenn es nicht mehr oder nicht mehr ganz zu ändern ist. Als Königssohn war Charles nun einmal nicht geboren worden und alles, was er trotzdem werden konnte, war verhältnismäßig erbärmlich. Auch lag es nicht in seiner Art eines heimlichen Königssohns aus dem Mittelalter, sich das Gottesgnadentum, das ihm ungerechterweise versagt worden war, zu erobern und zu einem König, nicht von Gottes, sondern (wie der vulgäre Napoleon) von eigenen oder gar von der Parlamentarier Gnaden zu werden. Dies gab de Gaulles Aufstieg zur Macht – zu einer Macht, die größer war als die manches Königs – das Gelassene, Vornehme. Überspitzt ausgedrückt: Er war seit jeher von seiner Erlesenheit so überzeugt, daß er kein Streber werden konnte. Sein Königssohntraum trug ihn in Höhen empor, von denen herab gesehen alle bürgerlichen Ehrungen belanglos sind. Oder, wie der erwähnte Vorgesetzte es ausdrückte: »Welchen Sinn hätte eine Beförderung bei einem jungen Mann, der sich offenbar für den Konnetabel von Frankreich hält.«

Ohne diesen Königssohntraum wäre de Gaulle ein begabter französischer Offizier wie tausend andere gewesen, ein vornehmer Bürger, der spartanisch und zurückgezogen lebte und seine Pflicht tat. Den Bürger de Gaulle zeigt das Foto 101, das 1962, also im Jahr des Scheiterns seiner Algerienpolitik, aufgenommen wurde. Der Blick ist hier nicht gefühlvoll träumend, sondern sachlich beobachtend und kritisch nachdenkend. In der Tiefe der Augen liegt Enttäuschung, Zurückhaltung, weitgespanntes Planen. Es ist das Gesicht eines umsichtigen pater patriae, der sich um sein Land sorgt, aber leider – wie wir wissen – donquijotisch wurde, sobald es um seinen Königssohntraum ging und um seine Berufung als Retter der Nation.

Dieses Sendungsgefühl ließ de Gaulle (wie Mussolini und Hitler) das pomphafte Auftreten, feierliche Staatsakte und hochtrabende Reden lieben. Der einfache Sohn eines royalistischen Pädagogen war brav, die über das Bürgerlich-Humane erhobene Majestät aber soll, nach ihrer Meinung über die von französischen Soldaten in Algier verübten Folterungen gefragt, geantwortet haben: »Das ist unentschuldbar, aber eine Frage zweiten Ranges.«

Trotz seiner atavistischen Gefühle bekannte Charles de Gaulle sich im Gegensatz zu seinem Vater nicht zum Royalismus, sondern zur Republik. Aber zu einer Republik, für die er als ungekrönter König verantwortlich war. In seinen Kriegserinnerungen schrieb er: »Mein ganzes Leben hindurch habe ich in mir eine bestimmte Vorstellung von Frankreich lebendig erhalten. Sie war ebensosehr vom Gefühl wie vom Verstand belebt, und schon früh glaubte ich, daß Frankreich wie der Prinzessin im Märchen oder den gemalten Madonnen ein erhabenes und außergewöhnliches Schicksal vorbestimmt sei... Geschieht es aber, daß seine Taten oder seine Haltung vom Stempel der Mittelmäßigkeit geprägt werden, dann empfinde ich das als eine absurde Anomalie, die wohl den Mängeln des französischen Menschen, nicht aber dem Genius der Nation zugeschrieben werden darf... Frankreich, wie ich es sehe, kann nicht ein Frankreich ohne Größe sein.«

Frankreich vor dem Mittelmäßigen zu retten, die »absurde Anomalie« der parlamentarischen Politik zu verhindern und die einstige zeitweilige Größe wiederherzustellen, betrachtete de Gaulle von jeher als seine, einer neuen Jungfrau von Orleans, Berufung. Roosevelt, der ihn nicht ausstehen konnte, sagte, de Gaulle habe sich vor ihm als eine Jeanne d'Arc aufgespielt. Ähnlich spotteten andere.

Dieses Sendungsgefühl übertrug de Gaulle auf viele seiner Landsleute. Wie Hitlers heiser-hetzerische Stimme das durch den Versailler Vertrag verletzte Nationalgefühl vieler Deutscher aktivierte, so berührten de Gaulles anachronistische Phrasen von Gloire und Grandeur das durch die Niederlagen in zwei Weltkriegen krank gewordene Selbstgefühl französischer Nationalisten.

Damit hängt zusammen, daß des Generals große Zeiten immer die Krisen waren. Dann schmerzte das Wissen um die verlorene Weltgeltung am heftigsten. Und dann waren die Franzosen, wie das allgemein menschlich ist, am ehesten bereit, an Wunschträume zu glauben und ihre parlamentarischen Rechte einschränken zu lassen.

Als groteskes Beispiel für die ansteckende Kraft des gaullistischen Sendungsbewußtseins sei aus einem Artikel in »Le Monde« zitiert. Alain Clément schrieb, die Deutschen hätten dem französischen Staatschef bei seinem Besuch in Deutschland aufgeregt zugejubelt, weil sie in ihm die Personifikation des neuen Europas sahen. Sie hätten ihn »adoptiert« und »die Gestalt und Majestät [!] des Generals an die Spitze des neuen Europas emporgehoben«. So übertrug de Gaulle seine Wunschträume auf manche seiner Landsleute. Vernünftiger dürfte es sein anzunehmen, daß die Deutschen beim Besuch des französischen Staatschefs ihren Wunsch zum Ausdruck bringen wollten, die Feindschaft zwischen beiden Völkern zu beenden.

Anders als die Gaullisten, mit Ironie und Humor, reagierte Churchill auf de Gaulles Glauben an seine Berufung. In seinen Memoiren schrieb er: »Ich verstand und bewunderte sein arrogantes Gebaren, obwohl ich mich darüber ärgerte. Sogar immer dann, wenn er sich am schlechtesten benahm, schien er mir Ausdruck der Persönlichkeit Frankreichs zu sein, einer großen Nation mit ihrem ganzen Stolz, ihrer herrischen Haltung und ihrem Ehrgeiz.«

Physiognomisch wurde de Gaulles Sendungstraum für alle Völker in dem hohepriesterlichen Gehabe seines Auftretens im Fernsehen sichtbar. Die (wie ein Franzose sagte) »etwas weibischen« Hände beschwörend erhoben, die Augen in Fernen gerichtet, verkündete er seine banalen nationalistischen, oft um des Applauses willen einwandfrei falschen, also demagogischen Redensarten. Seine Stimme war weich – die Stimme eines Märchenerzählers und Rattenfängers. Ein gallischer Hahn, der Samthandschuhe trug über den nur noch erträumten Krallen.

Im Königssohntraum wurzelten de Gaulles Würde und Stolz, sein Hochmut und seine Menschenverachtung. Er mußte zwar die Erfahrung machen, daß andere in vielem tüchtiger und begabter waren als er, aber nur er hatte die Königssohn-Berufung, Glorie und Grandeur Frankreichs wiederherzustellen und dafür jedes Opfer von sich und den anderen zu fordern.

In der Verfolgung seines Wunschtraums war de Gaulle, wie oft gesagt wurde, starrsinnig. Den starren Sinn, die stur auf ein Ziel gerichtete Seele des donquijotisch von einer Idee Besessenen, hatte er vom Glauben an seine Berufung.

Die Hauptauswirkung dieses Glaubens war zunächst der »undefinierbare Nimbus von Autorität«, dann die Autorität selbst – die Macht über Frankreich. Einstimmig wurde er 1944 in das Amt des Staatspräsidenten gewählt. Er war »die Mitte der französischen Nation«, die er durch seine Person geeinigt hatte oder zu einigen hoffte. Aber die Parteien waren wiedererstanden und breiteten sich mächtig aus. De Gaulle mißbilligte das, hatte jedoch, wie er sagte, »abgesehen von der gewaltsamen Errichtung der Diktatur, die ich nicht wünsche und die unweigerlich schlimm enden würde, kein Mittel, um dieses Experiment zu verhindern«. Deshalb verzichtete er 1946 auf das Amt des Staatspräsidenten und zog sich aus dem politischen Leben zurück – in sein Schneckenhaus.

Seiner Begründung, daß er die Wiederherstellung des Parlamentarismus mißbillige, sei hinzugefügt, daß dies ihn als den Präsidenten gezwungen hätte, »demokratisch» zu verhandeln, zu diskutieren, zu debattieren. Und dazu war er unfähig.

Sein Verzicht auf die Errichtung einer Diktatur läßt sich erklären: Dies hätte seinem donquijotischen Traum widersprochen, er sei berufen, die Einheit zwischen dem Regenten und seinem Volk so wiederherzustellen, wie sie einst, im Zeitalter des Glaubens an das Gottesgnadentum, bestanden hatte. Außerdem hätte ihm zur Errichtung und

Ausübung einer Diktatur die harte Tatkraft gefehlt. Hans O. Staub schrieb in seinem Buch »Frankreich zwischen gestern und morgen«: »Der französische Staatschef ist in seiner Politik nie ein Alexander gewesen, der einen gordischen Knoten durchhauen hätte, sondern eher ein Macchiavelli, der den Knoten mit Geduld aufknüpft, der zögert und der im Grunde vor der entscheidenden Tat zurückschreckt.« Zu bedenken ist auch, daß de Gaulle sich als Diktator eine Prätorianergarde hätte schaffen müssen, von der er, wie alle Tyrannen, mehr oder weniger abhängig gewesen wäre, und dies hätte sein Unabhängigkeitsgefühl verletzt.

Als aber 1958 die Unruhe in Algerien zur Revolution und die französische Regierung durch die Uneinigkeit der Parteien handlungsunfähig geworden waren, fand de Gaulle, die Zeit sei gekommen, wieder – als Retter in der Not – die Macht zu übernehmen. Er verfertigte eine neue Verfassung, die er wie einen Maßanzug nach seinen Charakterformen zurechtschneiderte, und ließ sie nicht durch das verachtete Parlament bestätigen, dessen Macht er sehr eingeschränkt hatte, sondern durch sein Volk. Danach regierte er mit Ministern, von denen er sich vielleicht unter vier Augen beraten ließ, die er aber, wenn sie ihre Meinung im Ministerrat äußerten und damit versuchten, eine Debatte und einen gemeinsamen Beschluß herbeizuführen, zurechtwies, indem er sich erhob und die Sitzung herrisch beendete.

Es ist eine weitbekannte historische Tatsache, daß aus dem Versagen der Demokratie sehr oft die Diktatur hervorgeht oder die Anarchie – die Diktatur als Vorbeugung gegen die Anarchie. Frankreichs politische Krankheit – dies muß man betonen – gab de Gaulle die Möglichkeit, seinem Traum vom Königssohn zu folgen. Der Parteienhader bestärkte seine Meinung, es liege im Interesse Frankreichs, den Parlamentarismus soweit wie möglich auszuschalten, und er förderte seinen Wunsch, eine Alleinherrschaft zu errichten.

»Die Republik, das bin ich«, wandelte er das angebliche Wort Ludwigs XIV. dem Sozialisten Mollet gegenüber ab. Und zu seinem Finanzminister Pinay sagte er: »Ich allein mache die Politik, sie vollzieht sich einzig und allein unter meiner Verantwortung. Ich allein habe die Entscheidungsgewalt.«

De Gaulle lehnte es zwar ab, sich von einem Parlament beraten und leiten zu lassen, aber als vorsichtiger Schlaukopf ließ er Versuchsballons steigen, um das Für und Wider zu erfahren und gegebenenfalls mit

Argumenten, die er nicht selbst erfunden hatte, aufwarten zu können. Wie der Chefredakteur Jacques Faubel in »Le Monde« vergleichsweise schilderte, ließ er immer gleichzeitig vier oder fünf Eisenbahnzüge auf vier oder fünf verschiedenen Geleisen abfahren. Je nachdem, wie diese Züge rollten, stoppte er bald den einen, bald den anderen, ließ bald den einen rasen, bremste bald den anderen, bediente sich bald des einen, bald des anderen. Und er ließ den Zugführer, den er nicht mehr brauchte, fallen. Das war der andere de Gaulle. Immer wieder warf man ihm vor, er laviere und balanciere, handle heute anders, als er gestern noch angekündigt hatte, rede um des Beifallgeklatsches willen seinem Publikum nach dem Mund und leugne dann seine Zugeständnisse oder verdrehe sie wortspalterisch ins Gegenteil, er sei tatunfähig, unzuverlässig, listig und zweideutig.

Diese Verhaltensweisen wurden an seiner verhängnisvollen Algerienpolitik besonders deutlich. Zunächst verurteilte er den Ruf, Algerien müsse französisch bleiben, nicht nur nicht, sondern drückte sich so aus, daß die Franzosen, deren Vorfahren Algerien kultiviert hatten, glauben konnten oder sogar annehmen mußten, er sei für ein französisches Algerien. Auf seiner Algerienreise im Jahre 1958 rief er: »Es lebe ein französisches Algerien!« Im selben Jahr erklärte er in einer Pressekonferenz im Palais d'Orsay: »Wir müssen verhindern, daß sich Algerien von Frankreich löst. Weder Algerien noch Frankreich wollen diese Trennung.« Zuletzt aber gab er den Befehl, »diese Leute zu beseitigen«, die für ein französisches Algerien kämpften, und auf sie, in deren Händen die Trikolore flatterte, zu schießen. Hätte er sich von Anfang an nicht demagogisch, sondern offener, ehrlicher, mutiger verhalten, dann wäre die Loslösung Algeriens vielleicht unter Bedingungen erfolgt, die für die französischen Algerier, für Frankreich selbst und auch für Algerien günstiger gewesen wären.

Seine lavierende Haltung im Algerienkonflikt mochte noch im Rahmen der üblichen übelriechenden politischen Taktik liegen. Nicht entschuldbar und schäbig aber war, daß er die Offiziere, die seinen zweideutigen oder auch eindeutigen Worten vertraut und es als ihre Ehre betrachtet hatten, für das versprochene »französische Algerien« weiter zu kämpfen, vor Gericht stellen und mit dem Tod oder mit schweren Freiheitsstrafen für ihre Treue »belohnen« ließ.

Früher hatte er verkündet: »Militärische Führer sind passiven Gehorsams gar nicht fähig.« Jetzt, da gegen ihn selbst rebelliert worden war, schrie er: »Das Gesetz darf nicht verletzt werden. Das sind Rebellen gegen den Staat.« Einst hatte er selbst gegen den »Staat« rebelliert, indem er seinem Vorgesetzten, General Weygand, im Zweiten Weltkrieg (1940) den Gehorsam verweigerte und dessen Befehl nicht befolgte, aus London nach Frankreich zurückzukehren. Nicht männlich offen brach er seinen Soldateneid, sondern er drückte sich schlau mit der Ausrede, er könne augenblicklich kein Flugzeug bekommen. »Dieses Ausweichen war sicher sehr geschickt, aber keinesfalls heroisch«, schrieb Jacques Laurent in seiner »Zerstörung einer Legende«. Grundgedanken dieses temperamentvollen Buchs gegen de Gaulle sind: Der General habe immer nur seine Freunde bekämpft. »Er war unersättlich im Verfolgen, Verbannen, Einsperren und Hinrichten von Leuten, die fast alle zu seinen Anhängern gezählt hatten.« Kein General habe so viele große Heerführer besiegt, gefangengenommen oder getötet wie er, aber diese Besiegten seien nicht Feinde Frankreichs, sondern Franzosen gewesen. »Die schwache Stellung unseres Landes und de Gaulles eigener Charakter machen den Sieg über einen echten Feind unmöglich; also kann er seine Schlachten nur noch gegen Pétain und Darlan, gegen Salan oder Challe gewinnen.« De Gaulle lasse sich als erster Widerstandskämpfer feiern, »aber diese große Lüge zerbröckelt... Die Wiege des zivilen Widerstandes stand im Elsaß... Und ausgerechnet Pétain ließ ihm als erster die nötigen Gelder und Mittel zufließen.« Als eine Hauptleistung rühmt Laurent, de Gaulle habe »die Geschichte des besiegten Frankreichs zu einem Heldenepos umgefälscht und den Franzosen die Illusion gegeben, Paris habe sich aus eigener Kraft befreit und ihre Armeen hätten sich auf allen Schlachtfeldern tapfer geschlagen«. Er spricht von de Gaulles Fähigkeit, »eine Fiktion auszuschmücken«, und von seiner Liebe zu »großen Auftritten«. Diese Auftritte seien zwar nie sehr glücklich, aber sie lenkten die Aufmerksamkeit auf »die Diva«. Er nennt de Gaulle »einen Faschisten«, den »General Ohnesieg« und einen »geschickten Regisseur«, dessen »Effekthascherei vielen Franzosen gefalle«.

Vor allem führte de Gaulle die Franzosen, indem er ihnen mit ihren Wunschträumen schmeichelte, die seine eigenen waren und die ihn zu den verstiegenen Worten verführen konnten: »Es gibt drei Realitäten in der Welt, den sowjetischen Koloß, den amerikanischen Riesen und dann Frankreich – das viel kleinere Frankreich, das weiß, was es will, das weiß, wohin es geht; Frankreich, dem eine ungeheure Rolle zukommt, weil es eine universelle Berufung hat, in einem Maße, wie man es in keinem anderen Lande wiederfindet... Frankreich ist das

Licht der Welt. Frankreich hat die Fähigkeit, das Universum zu erleuchten.«

Hypernationalistische Sprüche, die an Hitler erinnern. Aber de Gaulle ist – im Gegensatz zu dem böhmischen Gefreiten – kein Amokläufer. Er ist auch kein Mann der harten Tat, sondern der großen Worte, der schönen Träume und der feinen Listen. Er weicht zurück, wenn man ihm energisch entgegentritt.

Daß de Gaulle nicht die aggressive Willenskraft eines Eroberers hatte, ist an seinem Gesicht leicht erkennbar: Es ist eher diplomatisch weich, als täterisch hart, das Auge gefühlvoll mild, der Blick nicht kühn, sondern vorsichtig, das Kinn weich überpolstert und zudem zurückliegend, die Nase hoch, ihr Ende aber gefühlvoll weich – fleischig wie eine dicke Schnecke ohne Kalkgehäuse. Auf Abbildung 102 hat er gewiß nicht die Haltung eines Alexander oder Napoleon, sondern eher die eines schüchternen Liebhabers, der zwar noch etwas spröde schmollt, aber mit einem eitlen und listig-gewinnenden Lächeln zu Gunstbezeugungen ermuntert. Die oben abstehenden Ohren wirken wie die Lauscher eines Tieres, das immer auf die leisesten Geräusche achten muß, um rechtzeitig flüchten zu können.

De Gaulle war nicht, wie Napoleon, Richelieu, Robespierre oder Ludendorff, ohne Gefühlsverbundenheit mit der Umwelt, sie äußerte sich aber ganz anders als etwa bei Danton, Briand oder Ebert: nicht als (demokratische) Anpassungsneigung, sondern einerseits als eitle Beifallsabhängigkeit, andererseits als rattenfängerhafte Fähigkeit, dem französischen Patriotismus mit ruhmreichen Erinnerungen und Hoffnungen zu schmeicheln. Patriotische Schmeichelei war das Rauschgift, mit dessen Hilfe de Gaulle ein Ziel erschleichen konnte, das zu erkämpfen er zu weich war: die autokratische Herrschaft.

Verhängnisvoll wirkte de Gaulles weichhändige Herrschsucht und sein anachronistischer Traum von der Grandeur seiner Nation in den Zusammenschlüssen der europäischen Völker. Er wollte sich nicht einordnen, sondern hier wie zu Hause die erste Geige spielen. In nationalistischer Verblendung für Frankreich erstrebte er die Führung – mit oder vielmehr vor Bonn. Denn seine Idee war wohl: »Frankreich ist nur Frankreich, wenn es an erster Stelle steht.«

Abbildung 103 bis 105 Adolf Hitler: Hitler, dieser deutsche Anachronismus, betrachtete – im Gegensatz zu de Gaulle – die Welt von unten. Er litt an den Ressentiments des im bürgerlichen Sinn Minderbegabten und daher Erfolglosen. Diese ihm unzugängliche Welt zu zerstören, war eine seiner wüsten Leidenschaften. Über seinen Charakter gibt es heute kaum Meinungsverschiedenheiten. Nur wenige sind noch immer oder schon wieder so von negativen Gefühlen erfüllt, daß sie ihn nicht für einen sadistischen Tyrannen und Massenmörder halten. Nicht ganz so eindeutig geklärt ist die Frage seiner Begabung.

Vortrefflich entwickelt waren bei Hitler einige vorintellektuelle Fähigkeiten: Die List, die ihn seine Absichten geschickt verbergen und flink ausweichen ließ. Die Schläue, die ihn zu einem gefährlichen Schleicher auf gut getarnten Wegen machte. Die Gabe, Lügen zu produzieren und sie, an die er meist selbst glaubte, überzeugend darzustellen. Die Witterung für die politische Situation, die ihm sagte, ob jeweils die Bürger oder die Antikapitalisten, die konservativen Generale oder die Bolschewisten auf dem Weg zur Macht die besseren Bundesgenossen waren. Das Gespür für die Seelenregungen eines Gesprächspartners, das ihm 1938 bei der Münchner Konferenz mit Chamberlain und Daladier verriet, daß die Engländer und Franzosen vieles tolerieren werden, ohne kriegerisch einzugreifen. So förderte – in furchtbarer Ironie des Schicksals – diese Zusammenkunft, die von allen Friedensfreunden als Beginn der europäischen Verständigung begrüßt worden war, den Ausbruch des Zweiten Weltkriegs. Diese Witterung für die Seelenregungen seiner Umgebung mag einer der Gründe gewesen sein, warum Hitler immer Menschen um sich haben wollte. Vor allem wurzelte diese Sucht natürlich in dem hemmungslosen Trieb zu reden, und dieser wieder in dem Willen zu beeinflussen und zu herrschen. Da seine Gäste meist auf seinen Redeschwall nicht antworteten (nicht antworten durften), wären ihm diese Monologe auf die Dauer vielleicht doch zu langweilig geworden, wenn sie wirklich nur Monologe und nicht ein geheimes Abhorchen verschwiegener Gefühlsreaktionen gewesen wären. Ob alle Attentate (bis auf das vom 20. Juli) mißlangen, weil Hitler Glück hatte, oder weil sein Witterungsvermögen ihn warnte, ist nicht beweisbar. Margret Boveri schrieb in ihrem »Der Verrat im XX. Jahrhundert«, Hitler habe »einen raubtierhaft sicheren Instinkt für Gefahr gehabt und immer wieder im letzten Augenblick sein Erscheinen entweder abgesagt oder so abgekürzt, daß die Pläne nicht zur Ausführung gelangten«. Hitler selbst sagte über sich: »Gott sei Dank habe ich für alles eine gute Nase. Ich kann das Unheil immer riechen, bevor es passiert.« Und Generaloberst Jodl bekannte, die Generalstäbler hätten den Autodidakten Hitler zwar durchschaut und verachtet, seien aber »von seinem sechsten Sinn« fasziniert gewesen.

Für die Beurteilung der intellektuellen Begabung kann es förderlich sein, nach den Erfolgen oder Mißerfolgen in der Schule zu fragen. Hitler mußte schon die erste Realschulklasse wiederholen und verließ die Schule, nachdem er in die vierte Klasse probeweise aufgenommen worden war und versagt hatte, besonders in Deutsch, das er sein Leben lang nicht richtig lernte, und in Mathematik, die, wie die Strategie, auf der Fähigkeit abstrakten Denkens beruht. Auf welche Art er in den folgenden Jahren seinen »Geist« gebildet hat, kann man aus seinem Buch »Mein Kampf« schließen. Es besteht zu großem Teil aus zusammengelesenen Phrasen. Aufschlußreich für seine Weiterentwicklung in den rund dreißig Jahren nach seinem Wiener Gammlerleben ist ein Satz in seinem Testament: »In dieser Zeit bildete ich mir ein Weltbild und eine Weltanschauung, die zum granitnen Fundament meines derzeitigen Handelns wurden. Ich habe zu dem, was ich einst mir schuf, nur weniges hinzulernen gemußt, zu ändern brauchte ich nichts.« Ja, falsche Meinungen zu ändern – dazu war er nicht fähig. 1945 war er immer noch nicht so intelligent geworden, seine Schuld am Untergang Deutschlands zu erkennen. Er schob sie auf die anderen – die Juden und seine neuen Feinde, die deutschen Generale.

Daß Hitler nicht »der größte Feldherr aller Zeiten« war, ist, kann man sagen, dadurch bewiesen, daß seine Niederlage eine der größten aller Zeiten wurde. Mag Hitler, können seine Verteidiger einwenden, auch nicht der größte Feldherr aller Zeiten gewesen sein, so hatte er doch in den ersten Jahren des Zweiten Weltkriegs Aufsehen erregende Erfolge, seine intellektuelle Begabung scheint demnach nicht gering gewesen zu sein. Generalfeldmarschall Erich von Manstein schrieb in seinen Memoiren allerdings, Hitler habe sich »die militärischen Siege der ersten Kriegsjahre selbst zugeschrieben«. Das heißt also, daß er nicht ihr eigentlicher Urheber war. Fremde Einfälle für eigene zu halten, ist eine weit verbreitete Eigenschaft, bei Hitler kam dazu, daß er die heute (mit der Hochzüchtung des Verstands selten gewordene) von vielen bezweifelte, aber wissenschaftlich bewiesene Fähigkeit des Gedankenlesens hatte. Daß er dabei nicht genau unterschied, ob die Einsichten, die da plötzlich in ihm aufstiegen, von seinem Unterbewußtsein erzeugt oder nur erfaßt und weitergeleitet worden waren, ist begreiflich, da das Gedankenlesen – im Gegensatz zum Lesen in einem Buch – nicht mit den bewußten, sondern den dunklen Kräften der Seele ausgeübt wird. Noch weniger als er selbst, war seine Umgebung, besonders die auf klares Denken und präzises Rechnen geschulte Generalität, sich des sehr oft fremden Ursprungs von Hitlers Einfällen bewußt. Ja, viele hätten, wäre ihnen von Hitlers Gedankenleserei gesprochen worden, diese Idee vermutlich als vorsintflutlichen Aberglauben abgelehnt. So kam es, daß Hitler seine Gesprächspartner oft mit Einsichten, die nicht in ihm selbst, sondern in einem von ihnen entstanden waren, verblüffen konnte und bei vielen als gescheiter galt, als er war. Jedenfalls in den ersten Jahren. Später ahnten viele Generalstäbler, wie eben erwähnt, Hitlers »sechsten Sinn«, der seine eigentliche Begabung war und eine der Wurzeln seiner Macht wurde: Nicht nur weil er ihm die Absichten seiner Gesprächspartner enthüllte, sondern auch weil das von seiner Umgebung durch Erfahrungen erworbene Wissen um Hitlers »sechsten Sinn« ihn unheimlich werden ließ und die Angst verstärkte.

Bei Hitlers ersten Siegen ist auch zu bedenken, daß es in einer auf Frieden und Abrüstung bedachten Welt nicht schwer war, durch listige Überraschung und ungewöhnliche Brutalität siegreich zu sein – für kurze Zeit, d. h. bis die Umwelt sich besser gerüstet und zur Abwehr zusammengeschlossen hatte. Zur Charakterisierung der Hitlerschen Methode sei an einige Tatsachen erinnert:

1935 hatte Hitler im Reichstag versichert, er habe nicht die Absicht, Österreich zu annektieren, im März 1938 jedoch ließ er es von deutschen Truppen besetzen und zu einem »Gebiet des deutschen Reiches« erklären. Vor der Besetzung Österreichs gab Göring dem tschechischen Gesandten »sein Ehrenwort, daß die Tschechoslowakei nichts vom Reich zu befürchten habe«. Er wiederholte seine Garantie im Namen der deutschen Regierung, nachdem der tschechische Außenminister versprochen hatte, die tschechische Armee werde Österreichs wegen nicht mobilisiert. Noch im Mai 1938 wurde dem tschechischen Gesandten in Berlin versichert, Deutschland habe keinerlei Angriffsabsichten gegen sein Land. Eine Woche später aber erklärte Hitler in einem Schriftstück: »Es ist mein unabänderlicher Entschluß, die Tschechoslowakei in absehbarer Zeit durch eine militärische Aktion zu zerschlagen.« Am 1. Oktober 1938 marschierten die deutschen Truppen ins Sudetenland ein und am 13. März 1939 besetzten sie den Rest der Tschechoslowakei. Angeblich, weil der tschechische Präsident darum gebeten hatte; tatsächlich, weil Hitler ihn zu dieser Bitte erpresserisch gezwungen hatte. Aus der Tschechoslowakei wurden das Protektorat Böhmen und Mähren und die Schirmherrschaft über die Slowakei.

Hitlers nächstes Opfer war Polen. 1934 hatte er mit Polen einen Nichtangriffspakt geschlossen und am 23. September 1938 dem englischen Premierminister »mit tiefem Ernst«, wie Chamberlain berichtete, versichert, »das tschechische Problem sei die letzte territoriale Forderung, die er in Europa zu stellen habe«. Die gleiche Versicherung gab er einige Tage später in einer großen Rede im Berliner Sportpalast. Als er dann im März 1939 gegen die Polen einen drohenden Ton anschlug und in London alarmierende Nachrichten über bevorstehende Angriffe gegen Danzig und Polen eintrafen, versuchten die Engländer, die aus Hitlers Vergangenheit gelernt und mit ihrer Aufrüstung begonnen hatten, nicht wieder zu vermitteln, sondern garantierten Polens Unabhängigkeit. Auch Frankreich versprach den Polen seine militärische Hilfe, falls sie angegriffen würden.

Damit begann der Widerstand gegen Hitlers Gangsterpolitik und – sein Untergang.

Daß man seiner aggressiven Gewalt Gewalt entgegenzusetzen drohte, reizte Hitler zu einem seiner vielen Tobsuchtsanfälle, hinderte ihn aber nicht, am 1. September 1939 Polen zu überfallen.

Zuvor hatte er, um ein Eingreifen Rußlands zu verhindern, Stalin damit bestochen, daß er ihm einen großen Teil der Beute versprach. Er, der jeden Verrat für erlaubt hielt und trotzdem wagte, einem Mißtrauischen zuzurufen: »Habe ich jemals in meinem Leben gelogen?«, paktierte mit den Bolschewisten. Und das, obwohl er 1935 erklärt hatte, »ein nationalsozialistisches Deutschland werde sich niemals mit dem bolschewistischen Rußland einigen, dessen Ziel die Zerstörung Europas sei«, und obwohl er schon immer die Absicht hatte, den Russen einen Teil ihres Lands zu rauben, um für die Deutschen »Lebensraum« zu schaffen. In seinem Buch »Mein Kampf« steht zu lesen: »Wenn wir heute in Europa von neuem Grund und Boden reden, können wir in erster Linie nur an Rußland und die ihm untertanen Randstaaten denken.«

Schon 1941 brach er seinen Pakt mit den Russen, um ihnen den Beuteanteil abzunehmen, den sie für ihr Schmierestehen beim Überfall auf Polen erhalten hatten. Er beachtete nicht einmal den unter Ganoven üblichen »Ehrenkodex«. (Vielleicht mißfällt es manchem Leser, daß ich hier nicht die bei Staatsmännern üblichen Ausdrücke verwende, aber es wäre, meine ich, ein wenn auch sehr bescheidenes Mittel gegen die doppelte Moral, wenn man, tun zwei das Gleiche, es immer mit den gleichen Worten bezeichnete – ein Ultimatum z. B. als Erpressung, eine Annexion als Raubüberfall oder Diebstahl.)

Vor seinem Angriff auf Rußland hatte Hitler 1940 Frankreich überrollt. Vor allem dieser Blitzkrieg begründete seinen strategischen Ruhm. Was war Hitlers Anteil? Der Engländer Allan Bullock, der Hitler in seiner großen Biographie sehr schonend behandelt, schrieb, der Sieg sei vor allem dem Durchbruch durch die Ardennen zu danken. Den Plan dazu habe General von Manstein ausgearbeitet, Hitler habe ihn akzeptiert und »scheine wirklich geglaubt zu haben, daß er von ihm stamme«. Wie es andererseits bei ihm üblich war, für seine eigenen Irrtümer andere verantwortlich zu machen.

Hitlers »größte Leistung als Feldherr« war (wieder nach dem englischen Biographen Bullock), daß er die deutschen Truppen zwang, den Winter 1941/42 in Rußland ohne Winterkleidung durchzuhalten.

Eine Leistung des Willens! Nachdem der Schlachten-»Denker« versagt hatte!

Über Einzelheiten mögen die militärischen Experten streiten, feststeht: Der Einfall in Rußland im Jahre 1941 war Hitlers Entschluß. Er hatte gewähnt, Rußland mit einem Handstreich erobern zu können. Als dies mißlungen war, verzettelte er die deutschen Kräfte als ungeduldiger »Flickschuster« in vielen gleichzeitigen Unternehmen, statt sie auf ein Ziel, auf einen Teilsieg zu konzentrieren. Hitlers Strategenwahn und seinen Versuch, die Folgen seiner falschen Kalkulation durch Willenshärte zu begrenzen, mußten mehr als eine Million deutscher Soldaten im Winter 1941/42 mit dem Leben bezahlen.

Für das, was danach – im Jahre 1942 und später – geschah, ist Hitler in höherem Grade verantwortlich, da er, der größenwahnsinnige Dilettant, den Oberbefehl über das Frontheer und die Leitung der Operationen des Ostfeldzugs selbst übernommen hatte. Wieder verzettelte er, sich über- und Stalin unterschätzend, die deutschen Kräfte. Wieder weigerte er sich, einen Fußbreit Boden aufzugeben. Wieder mußten Millionen Soldaten für Hitlers Durchhalte-Eigensinn, der in seiner Geltungssucht und in seinem Haß wurzelte, ihr Leben lassen. Symbol dafür ist Stalingrad, wo 200000 Soldaten starben und 90000 in Gefangenschaft gerieten.

Percy Ernst Schramm, der das Kriegstagebuch des Oberkommandos der Wehrmacht von 1943 bis zum Kriegsende führte, schrieb in seiner

Studie »Hitler als militärischer Führer«, der »Feldherr« Hitler sei in seiner Kriegsführung mit der Zunahme der Mißerfolge mehr und mehr dadurch behindert gewesen, daß er der auf sein »Prestige« bedachte »Propagandist« blieb. Generalfeldmarschall von Manstein urteilte in seinen Memoiren, Hitlers Abneigung, überhaupt etwas freiwillig aufzugeben, sei zutiefst in seinem Charakter begründet gewesen. »Er war ein Mann, der nur noch den brutalen Kampf bis zum äußersten kannte. Sein Denken entsprach mehr dem Wunschbild vor unseren Linien verblutender feindlicher Massen, als dem Bild des eleganten Fechters, der auch einmal auszuweichen versteht, um dann um so sicherer den entscheidenden Stoß ausführen zu können. Dem Begriff der Kriegskunst setzte er letzten Endes den der brutalen Gewalt entgegen, einer Gewalt, deren vollste Wirksamkeit durch die Macht des Willens, der hinter ihr steht, garantiert wird.« Hitler glaubte, sein Wille könne Berge versetzen. Zu der Überbewertung der Macht seines Willens kam die Überschätzung seines Könnens. Deshalb »war er nicht bereit, einen wirklich verantwortlichen militärischen Ratgeber neben sich zu sehen. Er wollte es einem Napoleon gleichtun, der nur Gehilfen und ausführende Organe seines Willens unter sich geduldet hatte. Aber er besaß weder dessen militärische Vorbildung noch gar sein militärisches Genie.«

Ob Hitlers strategische Begabung und überhaupt sein Verstand mehr oder weniger gut entwickelt waren, ist weniger wichtig als die Tatsache, daß er, wie Generalmajor Jodl schrieb, von seiner Unfehlbarkeit als Führer der Nation und des Kriegs »fast mystisch« überzeugt und deshalb für die Ratschläge der Sachverständigen unzugänglich war. So entstand das, was Percy Ernst Schramm Hitlers »Illusionsstrategie« nennt. Außerdem waren die Leidenschaften, Süchte und Ressentiments bei Hitler sehr viel stärker als die Vernunft. Deshalb war er zum Oberbefehlshaber völlig untauglich. Deshalb konnte er den neuen deutschen Staat nicht bauen, wobei er die Fehler der Weimarer Verfassung zwar vermeiden, die individuellen Rechte aber soweit wie möglich, klug und human, hätte respektieren müssen. Deshalb konnte er zwar siegen, oder richtiger gesagt, gangsterhaft überfallen, erpressen und vergewaltigen, ausbeuten und zerstören, niedermetzeln und niederbrennen, aber nicht das gestalten, was für einen politisch Erfahrenen und vernünftig Denkenden das Nächste hätte sein müssen: den föderativen Zusammenschluß der besiegten Staaten zu einem neuen Europa.

Hitler verdankte seinen kurzen Aufstieg (neben den vorintellektuellen Fähigkeiten der Schlauheit, Witterung und List) vor allem seinem Willen, der durch keinerlei moralische Bedenken gehemmt, sondern durch einen barbarischen Amoralismus aufgepeitscht war; seinem von Haß und Rachsucht dämonisierten, von Wahnideen fanatisierten, seinem hysterisch-unbeugsamen, machtgierigen und tobsüchtigen, wutschnaubenden und zerstörungssüchtigen, suggestiven und pervers verbrecherischen Willen. Ihm unterlagen nicht nur die von Leidenschaften, Wünschen und Ängsten, nie von der Vernunft bestimmten Massen, sondern auch viele Männer mit geschultem Verstand und starkem Willen. Generale fuhren ins Hauptquartier mit dem festen Entschluß, die Hoffnungslosigkeit der Lage darzustellen, wenn sie aber Hitler von Angesicht zu Angesicht gegenüberstanden, erlahmten Wille und Verstand.

Bei dieser Überlieferung kann der Skeptiker vermuten, die Offiziere seien nicht oder nicht nur von Hitlers Suggestionskraft bestimmt worden, sondern auch von der Erkenntnis, daß seine Sturheit gegen die Sprache der Vernunft völlig ungebrochen war und eine offene Meinungsäußerung noch immer nur das eine bewirken würde: ihre Absetzung, vielleicht auch ihre Ermordung. Überzeugender ist das Geständnis Albert Speers: »Während meiner Tätigkeit als Architekt bemerkte ich, daß mich seine Gegenwart, ob für kürzere oder längere Zeit, müde machte, mich erschöpfte und ausleerte. Dadurch wurde die Fähigkeit zu unabhängigem Arbeiten gelähmt.« Und P. E. Schramm fand Hitlers Suggestionskraft »unheimlich«.

Wenn jemand seinem suggestiven Willen nicht unterlag und Bedenken äußerte, wurde Hitler wütend bis zur Tobsucht. Dies geschah auch, aber nicht nur aus Rechthaberei, nicht nur aus Herrschsucht. Es ging um den magischen Kontakt, um den störenden und zerstörenden Einbruch des argumentierenden Intellekts in die Welt des hypnotischen Willens.

Weil er in der Welt der dämonisierten Willensentfaltung und magischen Witterung lebte und sein Intellekt weniger entwickelt war, haßte Hitler die Intellektuellen. Diese Abneigung war eine der Wurzeln seiner Feindschaft gegen das intellektuell hochgezüchtete Volk der Juden. Dazu kam, und dies dürfte bei Hitlers Antisemitismus sehr viel wichtiger gewesen sein, daß er, von dem geraunt wurde, er sei sexuell ein »Neutrum«, den Frauen gegenüber sehr starke Minderwertigkeitsgefühle hatte, der Jude aber als rücksichtsloser Verführer galt. (Dementsprechend zeichnete das antisemitische Hetzblatt »Der Stürmer« den Juden als dicklippigen Faun.) In »Mein Kampf« regte der Antisemit Hitler sich leidenschaftlich auf über die Verführung von Hunderttausenden von Mädchen durch »krummbeinige, widerwärtige Judenbankerte«. Wieso ließen Mädchen sich von Juden verführen, obwohl diese nicht schöner als Hitler, sondern »krummbeinig« und »widerwärtig« waren? Weil das, was Hitler als »widerwärtig« empfand, zwar für ihn abstoßend, für die Frauen aber anziehend war, nämlich die sexuelle und erotische Kraft.

Nun gerieten allerdings Tausende Frauen in Erregung, wenn Hitler seine Schimpf- und Lügenkanonaden in die Luft kreischte oder bellte. Aber dies war: Begeisterung für den »Führer«, für den willensstarken Mann, der aus der Masse hervortritt und sich zu ihrem »Herrn« erhebt, indem er zu ihr spricht. Wie dieser Vorgang bei Hitler selbst, so war auch die Begeisterung für ihn meist exaltiert und hysterisch. (Womit nicht gesagt sein soll, daß jeder selbst hysterisch ist, den Frauen und Männer, zur Masse geballt, exaltiert beklatschen.)

Die damalige, sehr starke antisemitische Zeitströmung verstärkte Hitlers individuellen Haß gegen die Juden. In verhängnisvoller Wechselwirkung putschte sie ihn immer wieder auf, und er reizte die Pogromstimmung immer wieder zu verbrecherischer Leidenschaft. Aber die Wurzel seines Antisemitismus blieben seine Minderwertigkeitsgefühle. Deshalb war sein Haß so maßlos und für keine Vernunftgründe zugänglich. Er mußte die Juden vernichten, weil sie ihn, den Größenwahnsinnigen, an seine Minderwertigkeiten erinnerten. Und er mußte sich selbst zerstören, weil sein Größenwahn aus dem Gefühl stammte, daß er minderwertig sei, und er seine Minderwertigkeit nur mit sich selbst beseitigen konnte. Alles, was er tat, war letzten Endes Selbstmord.

Hitler erklärte nicht nur die Juden, die er von Jugend an haßte, für vernichtenswert, sondern alle Menschen, die nicht blauäugig, blond und hochgewachsen waren. Er vergötzte die »nordische Rasse«, zu der er selbst nicht gehörte, und diffamierte die Typen, die dunkelhaarig und kleinwüchsig waren wie er. Daß jemand verherrlicht, was er sein möchte, und aus Selbsthaß die Menschengattung herabsetzt, zu der er gehört, ist keine Seltenheit. Bei Hitler wurde daraus ein perverser Fanatismus, der dem Wunschbildtypus das verbrecherische Recht gab, die verachtete Menschenart zu schinden und auszurotten.

Bei aller Verblendung konnte Hitler sich auf die Dauer nicht der

Erkenntnis verschließen, daß seine – des Schwarzsträhnigen, Schlechtgebauten – Vergötzung des blonden, hochgewachsenen Typus eine komische Situation geschaffen hatte. Er suchte einen Ausweg, indem er mit einem Taschenspielertrick aus klein groß, aus schwarz blond machte und erklärte, nordisch sei, wer sich zu ihm bekenne und bereit sei, ihm, dem Sklaven, der seine Ketten zerbrochen hatte, sklavisch – verantwortungslos – zu folgen. Da er, Hitler, sich bedingungslos zu Hitler bekannte, wurde er im Hui rein nordisch.

Wie Hitler kein »nordischer Herrenmensch« war, so wollte er auch nicht im eigentlichen Sinn herrschen, sondern sich als der Überlegene aufspielen, unterjochen und niedertreten, vergewaltigen und zerstören. Er liebte weder die Deutschen noch die Österreicher, noch die nordische Rasse, die ihn (wie der Jude) an seine Minderwertigkeit erinnerte, und er liebte auch sich selbst nicht, sondern wollte vernichten – die Juden, sich selbst und die Deutschen. Daß er auch deren Ausrottung wünschte, zeigte sich eindeutig, als er Albert Speer 1945 den (von diesem nicht ausgeführten) Befehl gab, ganz Deutschland zu zerstören, auch die »Grundlagen, die das Volk zu einem primitiven Weiterleben braucht«. Denn die Deutschen hätten sich seiner »als nicht würdig erwiesen«, sie seien »minderwertig« und deshalb »des Untergangs würdig«. Einer der Männer, die hinter dem Attentat vom 20. Juli 1944 standen, General Henning von Treskow sagte (ehe er an der Front den Tod suchte, um nicht in die Sadistenhände der Gestapo zu fallen): »Jetzt wird die ganze Welt uns beschimpfen. Aber ich bin nach wie vor der felsenfesten Überzeugung, daß wir recht gehandelt haben. Ich halte Hitler für den Erzfeind der ganzen Welt.« Carl J. Burckhardt schrieb in seinen Erinnerungen »Meine Danziger Mission«: »Es ist nicht ganz abwegig anzunehmen, daß der unersättliche Haß, der in Hitler wirkte, im unbewußten Teil seines Wesens mit der verhüllten, aber immer vorhandenen Gewißheit zusammenhing, daß am Ende das furchtbarste Mißlingen stehen werde und ein persönlicher Untergang, wie er ihm dann in der Reichskanzlei am 30. April 1945 bereitet war.« Der Schriftsteller René Schickele empfand Hitlers Reden als »öffentliche Lustmordhandlungen«. Luis Trenker erzählte in seiner Autobiographie, der Düsseldorfer Architekt Emil Fahrenkamp habe, als Hitler 1939 auf einem Bierabend in der Reichskanzlei erschien, gesagt: »Schauen Sie ihn an, furchtbar, wie ein Lustmörder sieht er aus!« Ernst Jünger schloß aus der auffallenden Tatsache, daß Hitler, etwa beim Abschreiten einer Front, »die Pudenta« gern mit der Mütze oder der Hand verdeckte, auf einen »Defekt«. Diesen Defekt suchte er nicht nur hinter der Mütze zu verbergen, sondern auch durch blendende Taten. Und das Ungeheure, Perverse dieser Taten entwucherte zum Teil wieder eben diesem Defekt – der minderwertigen und daher immer unbefriedigten Sexualität, die seine Aggressivität übersteigerte und ins Sadistische trieb.

Der Haß, nicht eigentlich der Wille, war Hitlers stärkste Triebkraft. Bezeichnend ist, daß er, der im Zweiten Weltkrieg Generalen und Admiralen schroff diktierte, im Ersten Weltkrieg nicht zum Unteroffizier befördert wurde, weil er (wie berichtet wurde) nicht befehlen konnte. Damals fehlte es ihm überhaupt an Führungseigenschaften. Er, der »Spinner«, konnte keinen Kontakt zu Kameraden finden, sondern blieb meist, schweigend und lustlos-brütend, für sich. Nach 1918 vollzog sich in Hitler eine Veränderung, die auf den lange angestauten Neid des Erfolglosen zurückzuführen ist, den ätzenden Haß des Gescheiterten, die Verbitterung und das Minderwertigkeitsgefühl des Ehrgeizigen, der nach oben wollte, aber zu wenig begabt war. Neid, Haß und Verbitterung hatten seine Seele zerätzt, bis sie sich in Wutkrämpfen wand und in Zornekstasen aus ihm kläffte und kreischte, bellte und brüllte.

Eine psychologische Erfahrung, auf die schon bei Robespierre hingewiesen wurde, beweist, daß Zorn und Fanatismus die Kräfte steigern und gegen fremdes Recht blind machen, rücksichtslos gegen sich selbst und andere. Zornige und Fanatische können im Tobsuchtsanfall Leistungen vollbringen, die nicht nur die Kraft, über die sie im normalen Zustand verfügen, sondern das Allgemein-Menschenmögliche weit übersteigen. In solcher Raserei kommt die Seele (wie bei den Ekstasen edler Begeisterung und aufopfernder Liebe) in Verbindung mit ihren tiefsten Gründen, die im Alltag unzugänglich sind wie verschüttete Keller. Hieraus zieht sie ihre übernormalen Kräfte – die rasende Gewalt dämonischer Vernichtungswut, oder die Gabe der alles erduldenden Selbstaufopferung.

Das Verhängnis war nun, daß Hitlers pathologischer Haß mit der Verbitterung der Arbeitslosen, der durch die Inflation Verarmten, den Rachegelüsten der Militaristen, den Pogromneigungen der Antisemiten und dem Zorn der Bauern in Kontakt geriet, die durch infame Steuergesetze von ihren Höfen vertrieben wurden und dann zusehen mußten, wie man ihr Eigentum für wenig Geld einsteigerte. Jeder erfahrene Redner weiß, wie sehr die Zustimmung des Publikums seine Kraft steigert, und daß es leicht ist, stürmischen Beifall zu finden, wenn man dem nach Brot und Rache Hungernden Brot und Rache verspricht. So weckte Hitler in steter Wechselwirkung Orkane der Begeisterung in den Massen, indem er seinen Haß, der auch ihr Haß war, in die Luft schrie – und seine schon hysterisch überhitzte Berserkerwut wurde durch den Beifall der Massen ins Unmenschliche gesteigert.

Hitler wurde als Sprachrohr des deutschen Volks bezeichnet. Man kann dem zustimmen – nur muß man das Wort »Volk« einschränken. Er war das besessen röhrende Megaphon des durch Not und Verbitterung blind und rasend gewordenen Teils der Deutschen. Er war ihr kreischendes Sprachrohr und er war ihr Tyrann, war ebensosehr überwältigt vom geheimen Wünschen der Masse, wie er Verführer und Überwältiger der Masse war. Er sprach aus, was in ihrer kranken Seele wie in seiner eigenen kranken Seele Verwesungsblasen warf und dämonisch gehässig juckte. Das Ausbrechen der Krankheit in ihm und in einem Teil des deutschen Volks machte ihn zum Redner, oder richtiger gesagt: zum Schreier.

Hitler und seine Anhänger umschloß ein magischer Kreis. Dessen bannende Kraft hätte sich vielleicht durch nüchterne Kritik, ätzende Ironie und messerscharfe Satire zerstören lassen. Darum wurde jede Kritik verboten und jeder, der bei klarem Verstand geblieben war und sich der tobenden Berauschung fernhielt, als »Intellktueller« verfemt. Die magische Verbindung zwischen Führer und Gefolge war auch der Grund, warum man über jeden anderen Nazi eher spotten durfte als über Hitler. Er war für seine Anhänger tabu.

Auf dem magischen Kontakt zwischen Hitler und einem Teil der deutschen Masse beruhte seine persönliche Macht. Zur politischen Macht aber verhalfen ihm auch die Spekulationen der kalten Rechner, der Großindustriellen und der Generale, die hofften, Hitler werde die aufsässig gewordene Masse bändigen (wobei sie richtig kalkulierten), und sie könnten ihn, den ungebildeten Emporkömmling, gängeln und bald beiseite schieben (wobei sie sich sehr täuschten). Dazu kamen die Unzufriedenheit der Bürger mit der Arbeit, oder richtiger gesagt: der Arbeitsunfähigkeit des Parlaments und die durch Jahrhunderte anerzogenen und eingeprügelten monarchischen Gefühle. Nachdem sich viele der allzu vielen Fürsten benommen hatten, als seien sie von Satans Gnaden, waren diese Gefühle bei den meisten Deutschen zwar zersetzt, aber doch noch vorhanden und ließen den kleinbürgerlich oder gar arbeiterhaft auftretenden Nachfolger der in Glanz und Pomp regierenden Fürsten (z. B. den Reichspräsidenten in der Badehose) lächerlich erscheinen. Die Rückkehr der Fürsten wünschte man nicht, und die neuen Regenten wollte man nicht anerkennen. So flüchteten viele, auch geistig Gebildete, zu romantischen Wunschbildern. Statt mit dem Verstand eine demokratische Lösung der parlamentarischen Schwierigkeiten zu suchen, träumten sie, die Nachkommen politisch unterentwickelter Generationen, von einem übermenschlichen Führer, der, wie Heidegger in seiner Rektoratsrede 1933 sagte: »Selbst und allein die heutige und künftige Wirklichkeit und Gesetz ist« – ein Gesetz selbstverständlich, das in genialer Überlegenheit dem Ganzen dient, ohne die Rechte der Teile zu verletzen. Als aufgeklärte Menschen des zwanzigsten Jahrhunderts konnten diese Intellektuellen selbst nicht recht an ihre Wunschträume glauben und ersetzten den Mangel an Überzeugungskraft durch jugendstilhaft übertriebene Formung, oder sie täuschten sich und ihre Hörer durch tiefsinnigtuendes Wortgepränge darüber hinweg, daß ihre Gedanken Stroh waren, das schon im vergangenen Jahrhundert leer gedroschen worden war.

Als diese Intellektuellen dann an seinen Taten erkannten, daß Hitler nicht der romantisch erträumte Führer (an den sie im Grunde nie geglaubt hatten), sondern ein machtgieriger Tyrann war, fielen viele von ihm ab und gingen in die innere Emigration.

Otto Dietrich, der Reichspressechef des Dritten Reiches, schrieb in seinem Buch »Zwölf Jahre mit Hitler«: In dem Gesicht Hitlers, »das sich nach außen zeigte, erblickte das Volk den genialen und edlen Menschen, dem es seine Führung anvertraute – im zweiten, das er verborgen hielt, spiegelte sich die Dämonie seiner Seele, die ins Verderben führte«. Der Reichspressechef konnte zwar nicht umhin, die Vernichtung zur Kenntnis zu nehmen und seinen Führer anzuklagen, aber sich und das deutsche Volk entschuldigte er damit, es sei durch Hitlers »edles« Gesicht getäuscht worden. Nein, Hitlers Gesicht war in keiner Stunde edel, sondern stets ordinär. Es war immer Ausdruck der Ressentiments des Gescheiterten, der sein Schicksal nicht mit der Gelassenheit des Vornehmen hinnimmt, sondern sich an denen rächen will, die ohne ihr Zutun vom Schicksal besser bedacht wurden und ihre höhere Begabung entwickelt haben. Es war immer Ausdruck des Hasses, der Mißgunst, der Zerstörungswut. Haben die Deutschen dies wirklich nicht gesehen? Haben sie es wirklich nicht in Hitlers kreischender Stimme gehört und im Anblick seiner eisigen Basiliskenaugen gefühlt? Nein, Hitler hat sie nicht mit einer edlen Maske getäuscht, er zeigte ihnen seine unverhüllte Fratze. Verschieden war nur, daß sie meist von ungestilltem Haß, brennender Rachsucht und tobsüchtigem Zerstörungstrieb verzerrt, manchmal aber in befriedigter Machtgier und gesättigtem Sadismus triumphierend gelöst war. Gerade wegen des Unedel-Niederträchtigen in ihm wählte der seelisch erkrankte Teil der Deutschen ihn zum Führer. Weil er, der wütend Kreischende, den Nationalisten Revanche für den rachsüchtig-bornierten Vertrag von Versailles, den sieben Millionen Arbeitslosen Brot und Macht gegenüber ihren Ausbeutern und den Antisemiten Vernichtung ihres Konkurrenten und ihres Sündenbocks versprach, deshalb gaben sie ihm die Macht (die er verbrecherisch mißbrauchte). Will man sie entschuldigen, so kann man sagen: In jedem Volk läßt eine Niederlage den Wunsch nach Revanche entstehen, und hungernde Massen werden leicht von dem verführt, der ihnen Brot verspricht. Die Menschen neigen dazu, für gut zu halten, was ihnen nützt, und wenn ihre Seele von Leidenschaften bedrängt ist, bejubeln viele den Verbrecher, der ihnen die Erfüllung ihrer Begierden verspricht, auch wenn ihr Gewissen, wäre es ungetrübt, die Mittel dazu abgelehnt hätte. So wurde ein Teil der Deutschen von Hitler verführt. Nicht weil sie ihn edel fanden, sondern weil er ihre durch Not und Demütigung erzeugte Neigung zu Gewalt und List als neue Moral verherrlichte.

Hitlers Gesicht war geformt von Brutalität, hart und kalt. In den, wie bei seiner Mutter, magisch weißgrauen Augen lag eher die Neigung zu perversen als zu natürlichen Lusterlebnissen. Es fehlte die gefühlsmäßige Verbundenheit von Mensch zu Mensch. Diesen Kontaktmangel tarnte er durch sein hysterisches Geschrei von Kameradschaft und Volksverbundenheit. Auch wenn wir nicht mit Grauen und Entsetzen erfahren hätten, wovon die schmutzig-glasigen Augen der Abbildung 103 träumten, wüßten wir doch, daß diese Wünsche aus den fauligen Abfallgruben der Seele stammten. Hätten wir Hitlers amokläuferischen Willen auch nicht kennengelernt, wir wüßten doch, daß dieses Kinn nicht von einem zielbewußten, sondern (wie das harte, geblähte Nasenende) von einem wutschnaubenden, tobsüchtigen Willen so klobig-brutal geformt wurde. Auch wenn wir die kreischenden Ausbrüche des Tyrannen nicht gehört hätten, wüßten wir doch, daß dieser lippenlose Mund von Haß und Zerstörungssucht zerdrückt und verbogen wurde und unfähig war, echte Worte der Liebe und des Mitempfindens zu sprechen.

Hitlers Kopf zeigte keines der Merkmale, die man bei durchschnittlich intelligenten Europäern findet. Das Mittelhaupt war eingeengt, der Hinterkopf dürftig, die Stirn schmal und zurückgeneigt – das Vorder- oder Neuhirn, der Sitz des Bewußtseins und des Verstands, also wenig umfangreich, woraus sich schließen läßt, daß die alten Kräfte, die Triebe und Instinkte, die Witterung und die Phantasie, stärker waren als die Fähigkeit, Erlebnisse und Wünsche bewußt zu machen, kritisch zu durchleuchten und zielbewußt zu lenken. Dies bestätigen die Augen: Sie waren süchtig glotzend und ohne denkerische Konzentration, verdunkelt von aufgewühltem Schlamm wie auf der Abbildung 103 oder glasig starrend von dämonischen Kräften. Auf manche Menschen scheinen sie wie die Medusa gewirkt zu haben, jenes Ungeheuer der griechischen Sage, von der erzählt wurde, ihr Blick lasse vor Furcht und Abscheu erstarren und versteinern. Das Basiliskenhafte der Augen war natürlich nicht immer gleich stark, es entfaltete sich mit der Dynamik des Willens und ist auf vielen Fotos nicht, auf einigen nur schwach sichtbar (wie auf Abbildung 104). Im Blick, Mund und Kinn spürt man die augenblicklich ruhende Brutalität. Auch in der Pranke, die das Gürtelschloß umfaßt und herabzieht, kommt latent etwas von der Teppichbeißerwut, der Gier abzuwürgen, der Lust, Gewalt anzuwenden, zum Ausdruck. Sogar in der Biegung des rechten Handgelenks liegt Aggressivität; betrachtet man es zusammen mit der Pranke und dem Blick, dann urteilt der physiognomische Instinkt: ein Schläger, dessen wichtigstes Argument lautet: »...dann hau' ich dir in die Fresse!«

Bei Arno Brekers idealisierter Büste wurde das Basiliskenhafte in die gebieterisch vorgewölbten Augen eines Herrschers verwandelt, der sachlich weithin plant, konzentriert nachdenkt und seinen Willen zielbewußt durchsetzt. Brekers Büste ist insofern eine vermutlich nicht beabsichtigte Kritik, als er Hitlers Augen das gab, was dem böhmischen Gefreiten zum Staatsmann und Feldherrn fehlte. Außerdem formte er Kinn und Nasenbein präziser. Bei dem Nasenende hat er, wie schon in einem früheren Abschnitt erwähnt, das Knorpelig-Harte und Wutschnaubend-Geblähte zwar gut herausgearbeitet, es aber so umgeformt, so verfeinert, daß es zu einem temperamentvollen, aber doch halbwegs beherrschten und von der Vernunft geführten Mann passen würde. Der Zahnbürste über den (auch hier unhuman formlosen) Lippen gab er eine anmutige Wölbung. Brekers Hitler ist kein Furcht und Abscheu erregender Basilisk. Wollte Hitler so gesehen werden oder wäre ihm eine dämonische Büste vielleicht lieber gewesen? War Furcht und Abscheu zu erregen nicht sein unbewußtes Bestreben? Dienten diesem untergründigen Wunsch nicht die oft drohend in die Stirn gestrichene (auf Härte und Kraft des Willens deutende) schwarze Roßhaarsträhne und das absurde Bärtchen, das er sich unter dem wüterichhaft geblähten und knorpelig harten Nasenende wachsen ließ? Machte es ihn zur Medusa? Oder zu einer Karikatur dieser prähistorischen Dame?

VIII

SCHEINBARE WIDERSPRÜCHE

Schreibtischtäter

Abbildungen 106 bis 108 Heinrich Himmler und Adolf Eichmann: Wer es nicht schon weiß, wird sich sehr wundern, daß so der Mann ausgesehen hat, der die Macht erringen konnte, Millionen zu Zwangsarbeit zu degradieren, sie den Pranken von Folterknechten oder den Spritzen gewissenloser Mediziner auszuliefern und sie in Gaskammern ermorden zu lassen. Wie er dasteht, der »sanfte Heinrich«! Auf Schnappschüssen ist seine Haltung meist ausgesprochen schlapp, hier ist sie trotz des Bemühens, vor der Kamera eine gute Figur zu machen, gewiß nicht militärisch straff. Nur in den Augen liegt Spannung. Einer von Himmlers Schulkameraden erzählte, diese Haltung sei schon damals für den späteren SS-Gewaltigen typisch gewesen. Bei Spielen sei er schlapp-untätig, aber beobachtend dabeigestanden.

Himmler organisierte in der schwarzen Leibgarde, der SS, ein Instrument der Macht, das er selbst als »Reichsführer SS« beherrschte. Da seine SS in den Konzentrationslagern kommandierte und er 1934 Chef der Geheimen Staatspolizei, 1943 zudem Innenminister, 1944 auch noch Befehlshaber des Ersatzheers wurde, war er, der immer im Hintergrund blieb, nach Hitler der Mächtigste. Die Wurzel seiner Herrschaft aus dem Hinterhalt war, daß er seines Führers Wünsche, auch die nur angedeuteten, übereifrig erfüllte und zum Organisator der Massenvernichtungspläne des perversen Fanatikers wurde. Sonst wäre er, der Subalterne, der sich lieber überdevot verbeugte als kämpfte, nie emporgekommen – und wohl auch nie zum Verbrecher geworden. Der herrschsüchtige Schulmeister hätte gewünscht, alle Menschen, die nicht mithelfen wollten, die Seuchenübertragung durch die Stubenfliege zu bekämpfen, zur Strafe und Erziehung in ein »Fliegenzimmer« (ein kahles Zimmer, in dem es nichts gab als Fliegenschwärme) einzusperren. Aber auf die Idee, Menschen, die anders waren als er, zu vernichten, statt sie zu erziehen, wäre er kaum je gekommen. Wie viele seiner

Zeitgenossen hatte er von den Recken der germanischen Vorzeit geträumt, aber zu Taten außerhalb der Legalität wäre er nicht nur zu feige und zu schwach gewesen, dies hätte auch seiner Neigung zu Ordnung, Gesetz und Ehrenhaftigkeit widersprochen. Vergewaltigung und Massenmord mußten dem Sulbalternen von seinem obersten Führer befohlen werden. Er war ein »Radfahrer«, der nach unten tretend, schulmeisterlich belehrte, kleinlich dirigierte und einem seiner SS-Führer, der bei der von Hitler befohlenen Judenvernichtung nicht willenlos spurte, diktatorisch befahl: »So wird regiert und nicht anders«, der aber dem Allermächtigsten sklavisch gehorchte. Himmler sei Hitler geistig hörig gewesen, schrieb der Reichspressechef Otto Dietrich in seinem Buch »Zwölf Jahre mit Hitler«. Und der »sanfte Heinrich« selbst versicherte, er würde sich selbstverständlich auf Hitlers Befehl erschießen – ohne nach einer Begründung zu fragen, denn der Führer habe immer recht.

In seinem Buch »Der SS-Staat« meint Kogon, es sei schwer zu begreifen, daß Himmler so große Macht über die SS haben konnte, denn »der Mann war lächerlich, unmilitärisch, und die SS wußte es. Er war ein Tugendbold, wie er im Buche steht, ordentlich, kleinbürgerlich, fleißig, pedantisch, kein Feldherr, kein Staatsmann, kein Denker, kein Wüstling, kein Narr. Was hat der SS an ihm eigentlich imponiert? Sie nannten ihn selbst überall kaum anders als den ›Reichs-Heini‹... Und doch, was sie mit ihm verband, war«, vermutet Kogon, »überhaupt nicht seine Person, sondern seine Leistung: der Aufbau der SS, die er als pedantischer Bürokrat durch und durch organisierte und zu einem in allen Teilen und jederzeit beherrschbaren Herren- und Sklavensystem machen wollte.«

Wie Kogon den Charakter schilderte, so war auch Himmlers Aussehen: kleinbürgerlich, temperamentlos, schlapp, brav. Wie der Charakter war das Gesicht: knabenhaft ungeprägt, unreif, fad, banal. Es wirkte frostig wie ein glitschiger Fisch aus der Gefriertruhe, unangenehm kalt wie abgestandene Brühe. Die hohe, weite Stirn über der klaren, aber gewiß nicht aggressiven Nase, dem schmalen, leidenschaftslosen Mund und dem zwar breiten, aber zurückliegenden Kinn weist auf den Organisator vom grünen Tisch hin, den Rechner, der nicht direkt, nicht durch seine Person, sondern nur indirekt, aus dem Hinterhalt, durch fein ersonnene Pläne und Spinnennetze Macht üben kann. Die Augen bezeichnete Kogon als »zynisch«. Auf unserem Brustbild erscheint in Himmlers verkniffenen Augen der spitze Dolch bürokratischer Bosheit. Der Blick fixiert mit der Ruhe des Machtbewußten, der seine Überlegenheit genießt, auf einen Angriff nicht offen reagiert, aber entschlossen ist, sich zu revanchieren und den Gegner zu vernichten – mit den hinterhältigen Waffen seiner bürokratischen Organisation.

Daß Burschen wie Himmler zu großer Macht kommen, die sie dann sadistisch-legal mißbrauchen, ist eine Gefahr unserer Zivilisation. Himmler ist typisch für eine neue Art des Verbrechers: den Schreibtischmörder, dessen Entsetzen erregende Taten in Widerspruch zu seinem dürftigen Sein stehen. Beim Schreibtischtäter sind Wille und Verstand zu exaktem Funktionieren und zu automatischem Gehorsam erzogen. Ohne daß ihn selbst mörderische Triebe bewegen, wird er zum Helfer bei Massenmorden, folgsam dem Befehl eines verbrecherischen Staatsoberhaupts. Wie Adolf Eichmann, der mit unermüdlichem Eifer und peinlicher Sorgfalt Millionen von jüdischen Männern, Frauen und Kindern in den Tod transportierte, obwohl er (wie Hannah Arendt in ihrem Bericht »Eichmann in Jerusalem« schrieb) »nicht einmal ein Fall von wahnwitzigem Judenhaß, von fanatischem Antisemitismus oder von besonderer ideologischer Verhetzung war«. Eichmann selbst bedauerte nach der deutschen Niederlage 1945 charakteristischerweise, daß er nunmehr ein führerloses Eigenleben zu führen habe, daß er sich an keiner Stelle irgendwelche Richtlinien geben lassen könne, daß er von keiner Stelle Befehle erhalte. In seinem Prozeß in Jerusalem entschuldigte er sich: Seine Schuld sei sein Gehorsam gewesen. Wenn der Führer ihm befohlen hätte, den eigenen Vater zu töten, hätte er auch dies getan. Nicht als Mensch habe er seine Verbrechen begangen, sondern als »bloßer Funktionär« – aus Pflichtgefühl.

»Ein frommer Knecht war Fridolin, ergeben der Gebieterin?« Falls jemand folgern sollte, Schillers schlecht gereimten Verse paßten auf Eichmann, würde er sich täuschen. »Fromm« war dieser Knecht Fridolin (dies ist typisch für die Schreibtischtäter) nur gegen die Gebieterin. Welcher Art sein Benehmen sonst war, zeigt das Bild aus der Zeit, in der er als gut funktionierender SS-Mann seine Verbrechen beging. Die Augen sind intelligent, zielbewußt und etwas verkniffen. (Das Zusammenkneifen der Lider ist für den Schreibtischtäter vermutlich typisch.) Der Blick ist frech-aggressiv und drohend-fixierend. (Auch das drohende Fixieren dürfte typisch für den Schreibtischverbrecher werden.) Der Mund ist, wie die Augen, etwas verkniffen, außerdem vom oft geübten hämischen Grinsen etwas schiefgezogen. Das Kinn ist breit und klar geformt, hart und vordrängend – das Bild eines Strebers, der bedingungslos gehorcht, um Karriere zu machen, der die Macht, die er durch seinen Gehorsam gewonnen hat, genießt und sich im Hartsein wohl fühlt. Er ist kein Verbrecher aus Leidenschaft – aus Haß oder Mordlust, sondern ein schikanöser Bürokrat, ein Zyniker, der feixt, weil seine »Pflicht«-Erfüllung ihm Vergnügen macht. Man kann es auch umgekehrt ausdrücken: weil die legale Befriedigung seiner kleinlichen Bosheit als unbedingter Gehorsam gilt und ihm beim Klettern auf der Karriereleiter förderlich ist.

Die Schreibtischtäter stehen am Ende der Entwicklung, die mit dem kinnlosen Barbaren begann, den elementare Wut treibt, seinen Gegner am Hals zu packen und mit den eigenen Händen zu erwürgen. Sie setzte sich dann in den Männern mit klobiger Nase und mächtigem Kinn fort – den Landsknechtsnaturen, kühnen Bergsteigern, Kasernenhoftyrannen, tapferen Frontoffizieren – und wandelte sich zu dem klargesichtigen Typus des Generalstabsoffiziers, der, genau und sorgfältig planend, die Truppe vom Schreibtisch aus lenkt. Oder des Unternehmers, der Fabriken organisiert und mit seinen Arbeitern nicht mehr persönlich, sondern durch Funktionäre verhandelt. Oder des Diplomaten, der nicht einer mäusefangenden Katze vergleichbar ist, sondern dem Schachspieler, der jeden Zug genau berechnet. Oder des Astronauten, der sich am kühnsten Unternehmen aller Jahrhunderte, der Landung auf dem Mond, beteiligt, aber nicht einem unmittelbaren, himmelstürmenden Tatendrang folgt, sondern als Ausführender in einen vorausberechneten Plan eingefügt ist, dessen einzelne Stufen er sehr diszipliniert mit präzisen Handgriffen verwirklichen muß. Er ist mutig, denn er wagt etwas, von dem niemand weiß, ob es nicht mit seinem Untergang enden wird. Dies konnte man auch von Amundsen sagen, der als erster zum Südpol vorstieß. Dessen Mut aber war etwas anderer (man könnte sagen: älterer) Art: viel mehr die unmittelbare, zum Abenteuer drängende Kühnheit der Wikinger, zu der typischerweise die Adlernase gehört.

An einem kühnen Unternehmen beteiligte Menschen haben typischerweise nur dann ein kühnes Gesicht, wenn es zu ihrem Charakter gehört, wie Amundsen oder MacArthur von stürmischem Tatendrang unmittelbar dazu getrieben zu werden. Wer als Bediener einer Apparatur Taten vollbringt, die seinen eigenen Mut weit übersteigen, dessen Gesicht kann ohne die Zeichen besonderer Kühnheit sein. Entsprechendes gilt für den Mann, der als Glied einer Organisation – einem

Gesetz oder einem Befehl gehorchend – verbrecherische Taten ausführt: Sein Gesicht kann ohne die Spuren verbrecherischer Neigungen sein. Er wird zum Verbrecher aus Gehorsam – einem Motiv, das schwerer zu verstehen ist als etwa der Mord aus Eifersucht –, aus vulkanischem Haß oder kleinlicher Gehässigkeit, aus elementarer oder krämerhafter Habgier, aus der Zerstörungssucht des Minderwertigen oder des enttäuschten Idealisten.

Roboter

Schon im Abschnitt »Grenzen und Möglichkeiten der Physiognomik« wurde gesagt: »Die Physiognomik kann mit Bestimmtheit nur feststellen, was festgeprägt, was Charakter wurde.« Und: »Die Physiognomik erfordert das organische Sehen, das die Nuancen erfaßt, die Einfühlung, die hinter dem Sichtbaren die Seele erfühlt, und die Intuition, die aus allen Einzelheiten ein ganzheitliches Urteil bildet. Das organische Beobachten wird in unserer technischen Zeit vernachlässigt...«

Jetzt, zum Schluß, seien diese Erkenntnisse mit anderen Worten wiederholt: Die Kunst, aus dem Gesicht zu lesen, läßt sich am Gesicht des Roboters, in dem die (das Gesicht prägende) Erlebnisfähigkeit und mit ihr das (Kainsmale setzende) Gewissen erstorben sind, nicht ausüben. Da er mehr oder weniger entseelt ist, kann auch er selbst nicht oder nur oberflächlich im Gesicht lesen.

Der Subalterne an den Schalthebeln der Macht

Was vom Schreibtischtäter gesagt wurde, gilt ähnlich vom Typus des braven Subaltern-Beamten, der durch seine Partei an die Schalthebel der Demokratie, vielleicht sogar bis zum obersten Sessel, gelangt ist. Er kann eine Macht ausüben, die in keinem Verhältnis zu seiner persönlichen Kraft und seinen (bescheidenen) individuellen Fähigkeiten steht. Da dem so ist, entspricht auch sein Gesicht – das nichtssagende Gesicht des mit leichter Hand Recht und Unrecht verfügenden Funktionärs – nicht seinen Taten.

Gegentypus zum Schreibtischtäter

Bei vielen Menschen unserer abendländischen Zivilisation ist das Gesicht zwar leer – ungeformt – nichtssagend, aber während des Sprechens wird es lebendig, vielleicht leuchtend. Leuchtend von den guten Gedanken, die sie in sich aufgenommen haben. Diesen Gegentypus treiben, wie den Schreibtischverbrecher, nicht »eigene« Gefühle, Instinkte oder Leidenschaften. Fast wie ein »Roboter« gibt er die edlen Gedanken wieder, die in ihm gespeichert wurden und nun abgerufen werden. Das Wort »gespeichert« deutet in diesem Zusammenhang auf die wichtige Funktion der Erziehung hin – vor allem bei der Entwicklung des Gewissens.

ANHANG

BILDERVERZEICHNIS

Die Seitenzahlen beziehen sich auf den Textteil

Abbildungen im Text

BILDNACHWEIS

Der größte Teil der Abbildungen stammt aus dem umfangreichen physiognomischen Bildarchiv des Autors, andere wurden dem Bildarchiv des Rentsch Verlages entnommen. Zur Verfügung wurden gestellt: Vom Archiv Keystone Pressedienst Martin KG, München, die Abbildungen 9, 34, 53, 64 und 70, vom Bildarchiv der Staatsbibliothek Preußischer Kulturbesitz, Berlin, die Abb. 17a, 25, 60 und 64, vom Bildarchiv im Süddeutschen Verlag, München, die Abb. 14, 35, 43 und 81, von der Adalbert-Stifter-Gesellschaft, Wien, die Abb. 19, von Ullstein-Eschen, Berlin, die Abb. 21, vom Ullstein Bilderdienst, Berlin, die Abb. 105, 106 und 107, von der Schopenhauer-Gesellschaft, Frankfurt a. M., die Abb. 23, vom Schiller Nationalmuseum, Marbach/Neckar, die Abb. 26, 27 und 97, von Frau Erna Lendvai-Dircksen, Coburg (Umschau Verlag, Frankfurt a. M.), die Abb. 49, 50 und 51, von der Bundesbildstelle des Presse- und Informationsamtes der Bundesregierung, Bonn, die Abb. 101, von der United Press International (Dieter Hespe) die Abb. 102 und vom Zeitgeschichtlichen Bildarchiv Heinrich Hoffmann, München, die Abb. 104. Die Abbildungen 24 und 80 wurden Lavaters Physiognomischen Fragmenten, die Abb. 90 Ferdinand von Neureiters »Wissen um fremdes Wissen« entnommen.